Thorsten Droste

Venedig

Spaziergänge durch die Viertel der Lagunenstadt: Kirchen und Museen, Plätze und Paläste, Brücken und Kanäle

Kunst-Reiseführer

Die wichtigsten Sehenswürdigkeiten auf einen Blick

★
Umweg lohnt

★★
keinesfalls versäumen

Inhalt

Vorwort

Obwohl die Industriewelt des 20. Jh. bedrückend nah an Venedig herangerückt ist, liegt immer noch, unverändert, der Zauber des Geheimnisvollen und Märchenhaften über der Stadt in der Lagune. Rasch vergisst man die künstliche Nabelschnur des Bahndamms, der die einstige ›Königin der Meere‹ seit dem 19. Jh. an das Festland bindet. Man glaubt sich in eine fremde Welt versetzt, in der anders gelebt wird, andere Maßstäbe und Erfahrungen gelten. Diese Eigengesetzlichkeit wird weitgehend von der besonderen Geografie einer Stadt diktiert, die auf mehr als hundert kleinen Inseln errichtet wurde. Venedig ist ein einziges Labyrinth. Anfangs empfindet das fast jeder als Irritation. Aber schon bald spürt man in der ständigen Suche den besonderen Reiz, denn man geht keinen (Um-)Weg umsonst. Wenn man glaubt, durch eine vermeintlich geschickte Abkürzung schneller ans Ziel zu gelangen, findet man sich unversehens auf einem kleinen Campo wieder, den man nie zuvor gesehen hat, entdeckt einen verträumten Palazzo an einem Seitenkanal, hält überrascht vor einer Kirchenfassade inne, die in keinem Buch verzeichnet ist.

Nicht wenige lassen sich aber von dem Gewirr der Gassen und Kanäle einschüchtern. Sie halten sich an die gelben Schilder, die den Weg zu den wichtigsten Plätzen und Sehenswürdigkeiten weisen, und bleiben damit getreulich auf jenen Routen, die Insider leicht verächtlich ›Trampelpfade‹ nennen. Dieses Buch möchte dem Venedigbesucher helfen, sich auch in versteckte Winkel vorzuwagen. Die beschriebenen Rundgänge sind als Vorschläge zu verstehen und kapitelweise so zusammengestellt, dass sie annähernd gleich lang dauern. Wer sich auf das Wichtigste beschränkt, wird den Programmvorschlag eines Kapitels in einem halben Tag absolvieren. Wer sich Zeit für Besonderheiten nimmt, sollte für jeden Rundgang einen ganzen Tag einkalkulieren. Ebenso ist die Kombination von Rundgängen möglich. So lassen sich z. B. problemlos die Kapitel »Von der Salute-Kirche nach S. Trovaso« und »Im Sestiere Dorsoduro« oder »Im Sestiere Cannaregio« mit dem Rundgang »Von der Jesuiten- zur Madonna dell'Orto-Kirche« verbinden. Die Rundgänge beginnen stets entweder am Markusplatz oder nahe einer Schiffsstation und enden ebenfalls an einer solchen.

Das Buch soll in erster Linie ein Begleiter zu den Kunstschätzen Venedigs sein. Es hieße aber, die Stadt einseitig zu erleben, wenn man sie ausschließlich von der musealen Seite her betrachtete. Es wurde deshalb versucht, durch Randbemerkungen und Exkurse den Facettenreichtum dieser einzigartigen Stadt mitanklingen zu lassen. Darüber hinaus habe ich die Hoffnung, ein Stück von der Lebensfreude vermitteln zu können, die mich selber – immer wieder neu – auf jedem Schritt in Venedig begleitet.

Thorsten Droste

Kultur und Geschichte

Streifzug durch die Geschichte

Entstehung der Lagunensiedlung

Als mit dem Einfall der Germanenvölker in das Territorium des römischen Imperiums die tausend Jahre währende Ära der ›Pax Romana‹ endete, kündigte sich bereits im Verborgenen eine neue glanzvolle Epoche abendländischer Geschichte an: Der **Niedergang Westroms** machte die Geburt Venedigs erst möglich. Die bis in das fünfte nachchristliche Jahrhundert menschenleere Lagune mit ihren Inselgruppen wurde zur Zuflucht der Festlandsbewohner. Die Bevölkerung Aquileias, Altinums und anderer Küstenstädte der oberen Adria hatte sich vor den Westgoten Alarichs in das unzugängliche Inselgewirr der Lagune gerettet. Die Bedrohung durch die Westgoten war jedoch nur von kurzer Dauer, sodass wohl viele Flüchtlinge wieder in ihre Heimatstädte zurückgingen. Etliche dagegen blieben auf den Inseln. Die später verbreitete Version, wonach Venedig am 25. März 421 n. Chr. gegründet wurde, ist weitgehend fiktiv. Dennoch entspricht sie dem zeitlichen Rahmen der tatsächlichen Besiedlung überraschend genau.

Durch die **Invasion der Hunnen** (452) wurde eine **zweite Besiedlungswelle** ausgelöst. Damals sollen ganze Gemeinden auf die Inseln geströmt sein. Die erste wichtige Quelle über die Situation der Lagunenbevölkerung stammt aus dem Jahr 523. Ein halbes Jahrhundert zuvor hatte der Germanenfürst Odoaker den letzten weströmischen Kaiser, Romulus Augustulus, abgesetzt, war aber seinerseits von Theoderichs Ostgoten besiegt worden (493).

Theoderichs einflussreichster Ratgeber war der gelehrte **Cassiodor.** Von ihm stammt ein umfangreicher Brief an die Seeveneter. Er fordert darin die »maritimen Tribunen« auf, Tribute in Istrien einzutreiben. In seiner poetisch gefärbten Sprache geht Cassiodor auf die Lebensumstände der Lagunenbewohner ein. Er stellt fest, sie »scheinen zur See und auf dem Lande gleichermaßen heimisch zu sein«. Ihre Hütten glichen »den Nestern von Seevögeln, vor denen ihre Boote wie Pferde angebunden« seien. Und weiter: »Ihre Siedlungen liegen verstreut und sind durch Wälle aus Weidengeflecht vor den Fluten des Meeres geschützt«. Die ersten Einwohner der Lagune verstanden es demnach recht wohl, sich den schwierigen Verhältnissen ihrer neuen Umgebung anzupassen. Der eigentliche Grund des Schreibens, die Aufforderung zur Eintreibung des Tributes, macht deutlich, dass die Veneter bereits in dieser Frühzeit als Seefahrer Ansehen genossen.

◁ Antonio Canal, gen. Canaletto, Ausschnitt aus dem Gemälde »Dogenpalast und Justizpalast«, 1750

Schon bald nach dem Tode Theoderichs des Großen (526) marschierten die Truppen **Kaiser Justinians** unter dessen genialem Feldherrn Narses in Oberitalien ein (552/53), um den Hegemonieanspruch des byzantinischen Ostroms im Westen zu behaupten. Auch die Laguneninseln kamen dabei unter das kaiserliche Protektorat.

Eine dritte und zugleich **letzte Besiedlungswelle** rollte auf die Lagune zu, als die **Langobarden** 568 in Oberitalien einfielen. Sie müssen die Bevölkerung der von ihnen eroberten Städte mit unvorstellbaren Gräueltaten malträtiert haben, sodass Tausende – gleich welchen Standes, vom Sklaven bis zum Patrizier – den Schutz der Lagune aufsuchten. Um 580 verlegte der Patriarch von Aquileia, Paulinus, seinen Sitz auf die nördlichste Laguneninsel, nach Grado. Malamocco, Murano, Torcello und andere Inseln wurden durch den Zustrom zu bedeutenden Siedlungsstätten. Ein schmaler Küstenstreifen an der oberen Adria blieb jedoch von der langobardischen Okkupation unbehelligt und zählte auch weiterhin zum Hoheitsgebiet des byzantinischen Kaisers, sodass Venetien vorerst noch der Verwaltung des Exarchats Ravenna unterstand. Da die **byzantinische Herrschaft** aber erheblich geschwächt war – 602 hatte die Armee revoltiert, dann belagerten 628 Bulgaren, Gepiden und Slawen Konstantinopel, 646 gingen Syrien, Ägypten und Mesopotamien an die vorwärtsdrängenden Araber verloren –, begann Venedig sich im Laufe dieses bewegten 7. Jh. von Byzanz zu lösen. 697 fand dies seine erste Manifestation: Der Exarch von Ravenna ernannte einen ›Duca‹ zum Herrn über die Lagunensiedlungen. Dieser erste Duca, Paoluccio Anafesto (697–717), residierte zunächst in Heraclea. Sein Nachfolger, Marcello Tegaliano (717–26), muss seine Aufgabe als Interessenvertreter des oströmischen Kaisers derart ernst genommen haben, dass es 726 zu einer Erhebung kam. Der Aufstand wurde von den Langobarden unterstützt und führte zum Erfolg: Mit Orso Ipato (727–37), dem ersten frei gewählten Dogen, schien die Loslösung von Byzanz vollzogen. In einem militärischen Gegenschlag stellte Byzanz jedoch zehn Jahre nach der Revolte seine einstige Vormachtstellung wieder her. Orso wurde liquidiert, und unter dem Druck des Kaisers hat man einen neuen Dogen gewählt, den man bezeichnenderweise ›Maestro dei Militi‹ (737–42) nannte. Zugleich verlor Heraclea seine Führungsrolle, und der Sitz des Dogen wurde nach Malamocco verlegt. Der spätestens seitdem bestehende Groll der Venezianer gegen den großen Rivalen Byzanz entlud sich noch Jahrhunderte später in einer blutigen Rache: der Eroberung Konstantinopels 1204.

Bildung eines Staatswesens

Vorerst aber schienen sich die Lagunensiedlungen gegenseitig aufzureiben, und die Bildung eines übergreifenden Staatswesens ging in den Händeln **rivalisierender Geschlechter** unter. Die Einigung wurde schließlich durch eine Bedrohung von außen herbeigeführt. Dem Dogen Maurizio Galbaio (764–87) war dessen Sohn Giovanni (787–804) im Amt gefolgt, der seinerseits noch zu Lebzeiten seinen Sohn zum Mitregenten erhob. Diese dynastische Politik wurde von Byzanz lebhaft unterstützt. Daraufhin fand sich eine republikanische Partei, die eine profränkische Politik verfolgte, gegen die Galbaio-Sippe zusammen. 804 wurde Obelerio Antenoreo (804–10), der mit einer Fränkin verheiratet war, im Exil in Treviso zum Dogen gewählt. Mit einer starken Anhängerschaft gelang es ihm, die Galbaios zu vertreiben. Nachdem er auf diese Weise von der Lagune Besitz genommen hatte, zog er zu Karl dem Großen, dem er den Treueeid schwor. Dieser offene Affront gegen den Kaiser Ostroms hatte zur Folge, dass 806 eine Flotte von Byzanz in Bewegung gesetzt wurde, die die Vormachtstellung Konstantinopels in der Lagune wiederherstellen sollte. Durch einen Kompromiss – Obelerio erkannte die Oberhoheit Ostroms formal an – rettete der Doge seine Haut. Das rief nun wieder die Franken auf den Plan, deren Streitmacht unter der Führung Pippins, des Sohnes Karls des Großen, 810 gegen die Lagune vorrückte. Der glücklose Doge ergab sich dem Franken, nachdem ihn die erbosten Venezianer ohnehin schon abgesetzt hatten. Pippin wollte nun der unbotmäßigen Lagunensiedlung einen Denkzettel verpassen. Brandolo und Chioggia wurden dem Erdboden gleichgemacht, Malamocco, der Sitz des Dogen, wurde erobert. In dieser höchsten Not gelang es dem eilends gewählten Dogen Angelo Partecipazio (810–27), die Wende herbeizuführen. Er verschanzte sich mit den Verteidigern auf dem wegen seiner schlammigen Umgebung nur schwer zugänglichen *Rivo alto* (später: Rialto). Pippin versuchte, über Pontonbrücken die Stellung zu nehmen. Aber gefährliche Strömungen vernichteten die Brücken, Pferde und Kriegsgerät versanken im Morast. Pippin brach die Belagerung ab und zog nach Mailand, wo er kurz darauf verstarb.

Dieser **militärische Erfolg der Venezianer** hatte eine dreifache, weittragende Wirkung: Zum einen wurden der bis dahin nur eine untergeordnete Rolle spielende Flecken des Rialto und die ihn umgebende Inselgruppe zur Keimzelle der bald rasch wachsenden Stadt, zum anderen wurde der Grundstein für ein einheitliches und lokal an einen festen Platz gebundenes Staatswesen gelegt. Schließlich hatte Venedig durch den **Friedensvertrag von Aachen** (812) seine Stellung im Spannungsfeld zwischen Orient und Okzident gefestigt, aus der die Stadt über Jahrhunderte ihre Macht und ihren Reichtum bezog.

Aufstieg zur Großmacht

Noch unter dem Doganat des Siegers von 810, Angelo Partecipazio, entwickelte sich eine **rege Bautätigkeit.** Es entstand der erste Dogenpalast, der bereits an der Stelle des heutigen Bauwerks errichtet wurde. Somit wurden schon früh die beiden beherrschenden städtebaulichen Akzente gesetzt mit dem Regierungssitz an der Mündung des Canal Grande einerseits und dem Handelszentrum um den Rialto andererseits. Eine weitere wichtige Maßnahme war die Errichtung von Brücken. Das Stadtgebiet Venedigs verteilt sich auf 118 Inseln, die es untereinander zu verbinden galt. Schon in karolingischer Zeit soll es an die hundert hölzerne Brücken gegeben haben. Trotz dieser baulichen Aktivitäten muss man sich das Bild der Stadt im 9. Jh. eher ländlich vorstellen. Alle Profangebäude wurden aus Holz errichtet –

das Bauen in Stein blieb vorerst ein Privileg der Kirche. Weite Teile der Laguneninsel waren teils verwildert, teils wurden sie landwirtschaftlich genutzt. Selbst der Dogenpalast verfügte über einen eigenen Gemüsegarten.

Parallel mit dem Ausbau der Stadt ging die **Ausweitung des Handels** einher. Das brückenbauende Venedig, nun selbst zu einer Brücke zwischen Ost und West geworden, wusste diese Stellung geschickt zu nutzen, indem es Luxusgüter aus dem Orient heranführte – Seidenstoffe, byzantinisches und persisches Kunsthandwerk, Pfeffer und andere Gewürze, Geruchsstoffe, auch Pelze aus Russland usw. –, die in Pavia umgeschlagen und von dort nach Norden transportiert wurden. Neben diesen einen hohen Profit garantierenden Luxusgütern wurde auch Massenware vertrieben: Öl aus Istrien und das in der heimischen Lagune gewonnene Salz.

Einen bedeutsamen Einschnitt in der Geschichte der Stadt markiert das Jahr 827. Damals war die Insel Olivolo – heute S. Pietro di Castello – zum Bischofssitz erhoben worden. Das gab den Anlass für Venedig, das bislang unter dem Patronat des **hl. Theodor** gestanden hatte, sich nach einem prominenteren Heiligen umzusehen. Das Interesse am Besitz bedeutsamer Reliquien ist nur aus der mittelalterlichen Denkweise zu verstehen, wonach sich die himmlische Hierarchie in der materiellen Manifestation von Reliquien auf Erden widerspiegelte. Den besten Markt dafür bot Nordafrika, wo zahlreiche Heilige gewirkt und ihre letzte Ruhestätte gefunden hatten. Gezielt segelte deshalb eine kleine Flotte gegen Alexandria, wo die Gebeine des **hl. Markus** verwahrt wurden. Von Markus hieß es, dass er nach seinem Aufenthalt in Rom eine Zeitlang in Aquileia tätig gewesen war, weshalb man in ihm so etwas wie den ersten Bischof von Venedig sah. Die Translation der Reliquien ist nur bruchstückhaft überliefert und von zahlreichen Legenden ausgeschmückt worden. Im Wesentlichen soll sich folgendes abgespielt haben: Zwei Kaufleute stahlen sich in die Kirche, in der die Reliquien in einem Sarkophag ruhten, stemm-

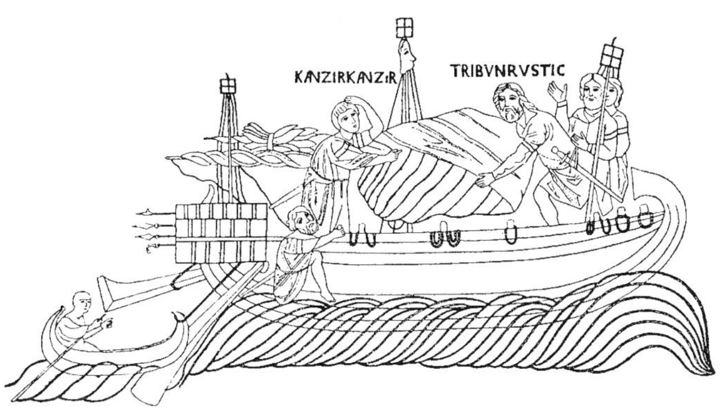

Überführung der in Alexandrien geraubten Markusreliquien nach Venedig (Nachzeichnung eines Mosaiks aus San Marco)

ten dessen Deckel auf und entnahmen ihm die Gebeine des Heiligen. Diese verstauten sie sodann in einem Fass, das sie mit Schweinespeck anfüllten. Da den Muslimen das Berühren von Schweinefleisch untersagt war, gelang es den listigen Venezianern, die kostbare Beute ungehindert durch die Zollstation des Hafens zu schmuggeln. Die Venezianer bereiteten den erfolgreichen Schiffen bei ihrer Ankunft einen triumphalen Empfang. Der hl. Theodor hatte ausgedient, fortan galt San Marco als der göttliche Repräsentant der selbstbewussten Stadt.

Bemerkenswert ist die Behandlung, die den Reliquien nach ihrem Eintreffen zuteilwurde. Statt in die Bischofskirche auf Olivolo schaffte man sie zunächst in den Amtssitz des Dogen. Somit diente der hl. Markus nicht nur dazu, das Selbstwertgefühl der Lagunenbevölkerung zu stärken, sondern darüber hinaus vor allem, die Stellung des Dogen und der Staatsmacht hervorzuheben. Bezeichnenderweise wurden die kostbaren Reliquien auch später nicht in die Bischofskirche der Stadt, sondern alsbald in die neu errichtete **Markuskirche,** Hauskapelle des Dogen und zugleich Staatskirche der Republik, übertragen. Es überrascht, in welchem Maße hier das religiöse sich mit dem weltlichen Element verbindet, ja, ihm regelrecht dienstbar gemacht wird. San Marco war künftig die Hauptkirche der Stadt, der Bischof fristete auch weiterhin sein Dasein in der Peripherie. Nicht zuletzt deshalb ist Venedig dem päpstlichen Rom immer ein Dorn im Auge gewesen. Die Venezianer selbst formulierten diese Situation – heute würde man das Ausdruck des Selbstverständnisses nennen – in dem Schlagwort: »Siamo veneziani, poi cristiani!« (Frei übersetzt: »In erster Linie sind wir Venezianer und in zweiter auch Christen!«)

Ablehnung der dynastischen Erbfolge

Nach der Mitte des 9. Jh. zerfiel das von Karl dem Großen geschaffene gewaltige Reich. Seine Erben verloren an Einfluss und konnten sich insbesondere gegen die rivalisierenden Machthaber in Italien nicht mehr durchsetzen. Die Folge waren andauernde Streitigkeiten und lokale Fehden. Der Grund dafür lag in erster Linie in dem Prinzip der dynastischen Erbfolge, worin die Venezianer ein Grundübel der Geschichte erkannten. In einer erstaunlich modern anmutenden Entschließung lehnte Venedig für alle Zeiten die Erblichkeit der **Dogenwürde** ab. Zudem wusste die junge Republik ihren Vorteil aus den Händeln der anderen zu ziehen, indem sie sich neutral verhielt. Ihre **Flotte** war schließlich um die Mitte des 9. Jh. derart erstarkt, dass sie fortan als die mächtigste Seestreitmacht im Mittelmeer galt. Die treibende Kraft beim Ausbau der Flotte war der Doge Pietro Tradonico (836–64). Doch trotz seines energischen und selbstlosen Eintretens für den Staat wurde er am Ostermontag des Jahres 864 ermordet, denn er hatte den Versuch unternommen, seinen Sohn zum Mitregenten und Nachfolger zu machen. Der Doge hatte zwar eine glanzvolle Stellung inne, aber er galt doch immer nur als ein *primus inter pares.* So

1311 ließ Venedig erstmals ein Prunkschiff bauen, und bald wurde die ›Bucintoro‹ genannte Staatsgaleere zum Symbol venezianischer Macht. Der kolorierte Kupferstich (nach einer Zeichnung von Pierre Mortier, um 1700) zeigt die Zeremonie der Vermählung des Dogen mit dem Meer, die alljährlich an Christi Himmelfahrt stattfand

wurde auch Pietro Candiano IV. (959–76) nebst seinem damals gerade erst drei oder vier Jahre alten Sohn ermordet. Das Motiv seiner Mörder war wiederum die Furcht vor des Dogen unverhohlenem Bestreben nach der Errichtung einer eigenen Herrscherdynastie. Pietro hatte Waldrada von Tuscien, eine Nichte Kaiser Ottos des Großen, geehelicht und damit seinem Doganat den Anstrich imperialen Machtstrebens verliehen. Waldrada wurde zwar bei dem Gemetzel verschont, aber die Venezianer hatten dennoch den Zorn Ottos II. auf sich gezogen, der auf eine Strafexpedition gegen die Stadt sann. Nur sein früher Tod 983 verhinderte den Plan, der für Venedig katastrophale Folgen hätte haben können.

Zur Aussöhnung mit den Ottonen kam es unter dem weitsichtigen Dogen **Pietro Orseolo II.** (992–1009), der schon im Jahr seines Amtsantrittes ein Friedensabkommen mit Otto III. schloss. Nachdem so im Westen wieder für Ruhe gesorgt war, wandte sich Pietro Orseolo einem Problem zu, das den venezianischen Handel schon seit Langem empfindlich störte und mittlerweile zu einer existenzbedrohenden Gefahr angewachsen war: das Piratenunwesen der Slawen in der Adria. Ausgerechnet in dem magischen Jahr 1000, in dem viele den Weltuntergang erwarteten, gelang es Pietro Orseolo, die mächtigen Städte Zara (Zadar), Trau und Spalato (Split) zu erobern. Dem siegreichen Heimkehrer wurde der Titel eines ›Dux Dalmatiae‹ verliehen. Seit diesem Jahre wurde alljährlich am Himmelfahrtstag die mystische Vermählung des Dogen mit dem Meer gefeiert. Der Doge fuhr jenseits des Lido aufs offene Meer, in das er einen goldenen Ring warf – ein

Ritual, das dreierlei beinhaltete: Es sollte den Slawen eine bleibende Warnung sein, zugleich das ungestüme Element günstig stimmen und schließlich wohl auch eine Art symbolischer Reinwaschung der Venezianer von ihren Sünden bewirken.

Der Feldzug Pietro Orseolos macht eines deutlich: Hatte bislang der Vorteil der Lagune darin gelegen, dort sicher und nahezu unangreifbar zu sein, so wandte sich nun die Blickrichtung der Venezianer aus der Defensive in die Offensive. Dies hatten auch die Byzantiner erkannt, die gegen die **Normanneninvasion** die venezianische Flotte zu Hilfe riefen. Als Gegenleistung verpflichteten sie sich, alljährlich der Markuskirche 20 Pfund Gold zu stiften. Dieser Tribut eines einstigen Herrn an den früheren Untertan muss die Venezianer mit Stolz erfüllt haben. Die landgierigen Normannen, die schon zuvor die Normandie und England besetzt hatten (1066), waren in den 1080er-Jahren ins Mittelmeer vorgedrungen und hatten Süditalien und Sizilien erobert. Ihren weiteren Vorstoß ins östliche Mittelmeer verhinderten die Venezianer, die nach wechselvollen Kämpfen siegreich aus der Auseinandersetzung hervorgingen. Kaiser Alexios I. Komnenos gewährte Venedig daraufhin völlige **Abgabefreiheit** (1083), was der Republik einen entscheidenden Wettbewerbsvorteil in der Konkurrenz mit anderen handeltreibenden Städten bescherte. Das von Kaiser Alexios gewährte Privileg wurde zum Grundstein für die jahrhundertelange Vorherrschaft Venedigs im östlichen Mittelmeer und seinen späteren Aufstieg zur territorialen Kolonialmacht.

Eroberung Konstantinopels

An der Wende vom 11. zum 12. Jh. entsprach das Erscheinungsbild der Stadt noch nicht annähernd ihrem heutigen Aussehen. Die Wohnbauten bestanden auch weiterhin noch vorwiegend aus Holz, was wiederholte, zum Teil verheerende Brandkatastrophen nach sich zog. So war das ganze Stadtgebiet eine **ständige Baustelle.** Das Bauen vollzog sich weitgehend als planloser Wildwuchs. Die enormen Mengen an Bauholz wurden aus den Wäldern Istriens und Dalmatiens herangeschafft, was dort die Verkarstung ganzer Landstriche zur Folge hatte. Erst allmählich – seit dem anbrechenden 12. Jh. – wurde zunehmend Stein verwendet. Eines der bedeutendsten Bauvorhaben dieser Zeit war die gewaltige Schiffswerft, das **Arsenal,** zu dem 1104 der Grundstein gelegt wurde.

Die Anlage einer großen Werft war mittlerweile zu einer politischen Notwendigkeit geworden, denn die Handelsflotten der Pisaner und Genuesen waren zu immer stärker werdenden Konkurrenten für Venedig herangewachsen. Es zeigte sich schon bald, dass man sich keineswegs auf den Lorbeeren von 1083 ausruhen konnte. Eine andere **Beeinträchtigung des venezianischen Handels** ging von der dalmatinischen Küste aus. Nicht nur das auch weiterhin florierende Piratenunwesen erschwerte den Schiffen der Venezianer den Durchzug durch die Adria, auch Städte, die bislang zu Venedig gehalten hatten, muckten auf. 1111 kam es in Zara zur Revolte, und die Republik musste fünf Jahre darauf verwenden, die abtrünnige Stadt wieder zur Räson zu bringen. Im selben Jahr gewährte der byzantinische Kaiser den Pisanern eine Herabsetzung der Zölle, was einen schmerzlichen Eingriff in die Privilegien Venedigs bedeutete.

An einem anderen, die ganze abendländische Christenheit beschäftigenden Ereignis hatten die Venezianer zunächst kaum einen Anteil: an der **Kreuzzugsbewegung.** Hierbei hatten sich Pisa und Genua als weitsichtiger gezeigt, indem sie spontan die enorme, sich neu auftuende Verdienstquelle als Schiffsausrüster erkannt hatten. Nach der Eroberung Jerusalems 1099 hatten sie feste Stützpunkte im Heiligen Land anlegen können. Diesen Wettbewerbsnachteil machte der Doge Domenico Michiel (1118–29) wieder wett, indem er, einem Hilferuf des christlichen Königs von Jerusalem, Balduins II., folgend, 1122 eine Flotte den Kreuzfahrern zum Entsatz schickte. Der Zeitpunkt war günstig gewählt, denn mittlerweile lagen Pisa und Genua in Fehde und banden ihr militärisches Potential im Krieg gegeneinander. 1123 errangen die Venezianer einen entscheidenden Sieg gegen die Ägypter vor **Askalon.** Anschließend beteiligten sie sich an der Belagerung von **Tyrus,** das im Jahr darauf fiel. Die Dauer des Feldzugs hatte Michiels Barmittel aufgezehrt, weshalb er nach der Eroberung von Tyrus die Leute seines Gefolges überredete, kleine Lederstreifen anzunehmen, auf denen die ihnen geschuldete Summe eingeritzt war. Die Historiker sehen darin den ersten Fall von Scheckverkehr in der europäischen Geschichte. Die Beteiligung am Kampf gegen die Ungläubigen machte sich bezahlt. Venedig erhielt je ein Drittel der Hafenstädte Tyrus und Askalon. Auch im Westen, auf der *Terra ferma,* dem festländischen Hinterland der Lagune, hatten die Venezianer mittlerweile territoriale Ambitionen realisiert, was zu einem kurzen lokalen Krieg mit Padua führte.

Zwischen Schmach und Weltgeltung

Im Laufe des 12. Jh. verschlechterten sich die Beziehungen zwischen Venedig und Konstantinopel zusehends. Venedig hatte mit den Normannen einen Separatfrieden geschlossen, um endlich Ruhe in der Adria zu schaffen. Byzanz seinerseits suchte eine stärkere Annäherung an die Genuesen, denen es Vergünstigungen einräumte, während die Abgaben für venezianische Kaufleute drastisch heraufgesetzt wurden. Der schwelende Hass brach 1177 offen aus. Nach einem Scharmützel zwischen Venezianern und Genuesen im Hafen von Byzanz wurden kurzerhand die Venezianer als Urheber der Händel ausgemacht und ihre Schiffe beschlagnahmt. Es heißt, Enrico Dandolo, der spätere Eroberer Konstantinopels, sei Augenzeuge dieser Schmach gewesen.

Daheim jedoch konnte sich Venedig zunächst als **politische Kraft** von Weltgeltung profilieren. Die Stadt hatte sich zwar 1167 der Allianz der lombardischen Städte und des Papstes gegen den staufischen

Kaiser Friedrich I. Barbarossa angeschlossen, war aber in der Nachfolgezeit im Kampf **zwischen Kaiser und Papst neutral** geblieben. Venedig bot sich deshalb als Begegnungsort zwischen Alexander III. und Friedrich I. an, nachdem diese durch monatelange diplomatische Vorarbeit ihren Willen zur Aussöhnung hatten erkennen lassen. Unter dem Dogen Sebastiano Ziani (1172–78) kam es 1177 zu dem denkwürdigen Zusammentreffen zwischen dem Staufer und Papst Alexander III. Der Doge legte die Hände der großen Kontrahenten ineinander. Aber Venedig wäre nicht die Stadt kühl kalkulierender Geschäftsleute, wenn es sich allein damit begnügt hätte, sich im Ruhme dieser diplomatischen Bravourleistung zu sonnen. Es ließ sich von beiden Seiten seine Bemühungen honorieren. Der deutsche Kaiser gab eine Garantieerklärung auf sicheres Geleit für venezianische Händler im ganzen Territorium des Reiches ab und senkte die Zölle auf venezianisches Handelsgut. Der Papst seinerseits gewährte jedem Besucher der Markuskirche Ablass. Das bedeutete konkret einen Zuwachs an Pilgern, die im Mittelalter immer eine sichere Einnahmequelle versprachen.

In der Folgezeit kam es zu dramatischen Verschiebungen auf der welthistorischen Bühne. 1187 eroberte Sultan Saladin Jerusalem zurück. Der daraufhin gestartete **3. Kreuzzug** endete nach dem tragischen Tod Friedrichs I. (1190) ergebnislos. Sein Nachfolger, Heinrich VI., hatte Süditalien und Sizilien dem Heiligen Römischen Reich einverleibt. Er war es, der den 1192 zum Dogen gewählten Enrico Dandolo in dessen Feindseligkeiten gegen Byzanz und Pisa zurückhielt, um seine eigenen Weltherrschaftspläne nicht durch zusätzliche Unruheherde zu komplizieren. Aber 1197 starb der Staufer überraschend, das deutsche Kaisertum fiel von der Höhe seiner Macht ins Bodenlose. 1198 wurde mit Innozenz III. ein eifriger Verfechter der Kreuzzugsidee auf den Stuhl Petri gewählt, und schon im Jahr nach seiner Wahl proklamierte der Papst den **4. Kreuzzug.** Dieses Mal ließ sich Venedig den fetten Brocken nicht entgehen. 1201 wurden die Verhandlungen über die Transport- und Versorgungsmodalitäten geführt. Die Kreuzfahrer stellten ein Heer von 30 000 Mann in Aussicht. Die Überfahrt dieses Kontingents und seine volle Verpflegung über einen Zeitraum von neun Monaten sollten Venedig mit 85 000 Silbermark honoriert werden.

Schwarzes Kapitel oder Triumph

Von da an ging so gut wie alles schief – jedenfalls aus der Perspektive des Papstes, nicht jedoch aus dem Blickwinkel Venedigs, das in **Enrico Dandolo** die vielleicht faszinierendste Dogengestalt seiner Geschichte gefunden hatte. Zunächst einmal nahmen die gekrönten Häupter Europas an dem Kreuzzug nicht teil. Deutschland war durch die verhängnisvolle Doppelwahl von 1198 paralysiert, die Königreiche England und Frankreich rangen miteinander um die Vorherrschaft in Aquitanien (Südwestfrankreich). Dann starb der zum Führer des Kreuzzuges bestimmte Graf der Champagne, bevor es überhaupt losging; die Leitung wurde daraufhin Bonifatius, Markgraf von Montferrat, übertragen. Diese Schwächung in der Führungsspitze mag ein Grund dafür gewesen sein, dass Dandolo so starken Einfluss gewinnen und schließlich zur bestimmenden Figur dieses Kreuzzuges werden konnte – und das, obwohl der auf einem Auge völlig erblindete und auf dem anderen schwachsichtige Greis zu diesem Zeitpunkt bereits 95 Jahre alt war. Als schließlich die Ritter mit ihrem Gefolge in Venedig eintrafen, stellte sich heraus, dass es nur etwa die Hälfte der in Aussicht gestellten Zahl war. So war denn auch die ausgehandelte Summe nicht zusammenzutreiben, obwohl die Ritter das letzte ihnen zur Verfügung stehende Silber zusammenkratzten. Venedig schmolz das Metall ein und prägte daraus seine ersten Silbermünzen. Der gerissene Doge handelte nun aus, dass er auf die Restsumme – etwa ein Drittel des festgesetzten Betrages – verzichten würde, wenn das Heer als Gegenleistung das unbotmäßige Zara (Zadar) für Venedig zurückerobern würde. Das war eine Ungeheuerlichkeit: ein christliches Kreuzfahrerheer zur Eroberung einer christlichen Stadt zu missbrauchen! Der Papst reagierte prompt: Er drohte jedem, der sich an einem solchen Unterfangen beteiligen würde, mit dem Bann. Dandolo einigte sich mit dem päpstlichen Legaten auf einen Kompromiss. Im Gegenzug für die Eroberung Zaras sollte sich Venedig nicht nur als Transportausrichter, sondern selber aktiv mit fünfzig Galeeren an dem Kreuzzug beteiligen.

Ende August 1202 setzte sich die Streitmacht in Bewegung, wenige Wochen später wurde **Zara** (Zadar) im Sturm genommen. Dandolo überredete nun die Verantwortlichen, das Heer in Zara überwintern zu lassen. Er musste Zeit gewinnen, denn das erklärte Ziel der Kreuzfahrer hieß nicht Jerusalem, sondern Ägypten. Aber gerade Ägypten war Venedigs wichtigster Handelspartner, und ein Überfall auf das Land hätte für die Venezianer eine wirtschaftliche Katastrophe bedeutet. Dandolo war zu diesem Zeitpunkt über die aktuellen **Verhältnisse in Byzanz** bestens auf dem Laufenden. Kaiser Alexios III. stand gerade in Verhandlungen mit Venedigs Erzrivalen Genua. Dieser Alexios III. war als Usurpator an die Macht gekommen. Er hatte seinen Vorgänger Isaak II. Angelos gewaltsam abgesetzt und geblendet. Dessen Sohn, Alexios, war die Flucht gelungen. Dieser wandte sich nun Hilfe suchend an das Kreuzfahrerheer, um mit dessen Gewalt wieder auf den ihm rechtmäßig zustehenden Thron zu gelangen. Sein Angebot war verführerisch. Er versprach nicht nur die Wiedervereinigung der seit 1054 getrennten Ostkirche mit Rom – ein Lockmittel für den Papst –, sondern stellte auch die Zahlung von 200 000 Silbermark in Aussicht. Dandolo nahm die Spielkarte auf und führte die Flotte gegen Byzanz. Trotz ihrer starken Bastionen fiel die Stadt im Juli 1203. Der blinde Isaak wurde aus der Haft befreit und als Basileus inthronisiert. Das jedoch durchkreuzte die Pläne des Dogen, denn nicht der Vater, sondern sein Sohn Alexios war sein Schützling, dessen

Der venezianische Doge Enrico Dandolo krönt Balduin von Flandern während des vierten Kreuzzugs 1204 zum Kaiser von Konstantinopel (venezianische Fayence, um 1550/60, Museo Civico Correr)

Mitregentschaft er dann auch durchsetzen konnte. Aber Alexios IV. hatte den Mund wohl zu voll genommen. Zunächst brachte er nur einen Bruchteil der versprochenen Geldsumme auf, zum anderen widersetzte sich die Bevölkerung von Konstantinopel der kirchlichen Wiedervereinigung mit Rom. Unter der Führung des Alexios Dukas, des Schwiegersohnes des abgesetzten Alexios III., kam es Anfang 1204 zur Revolte. Alexios IV. wurde ermordet, sein Vater starb nur wenige Tage später. Dandolo und mit ihm die Kreuzfahrer fühlten sich um den Lohn ihrer Mühen betrogen und stürmten Byzanz ein zweites Mal – und diesmal holten sie sich selbst, was ihnen ihrer Meinung nach zustand. Die Chronisten beschreiben die **Plünderung der Stadt** als einen Akt von unvorstellbarem Vandalismus. Wahllos wurde geplündert und geschändet, geraubt und gemordet. Die Venezianer griffen nach dem fettesten Teil der Beute; als prachtvollstes Gut wurden die **vier Bronzepferde,** die später als ›Rosse von San Marco‹ berühmt wurden, im Triumph in die Heimat gebracht. Das byzantinische Territorium wurde unter den Siegern aufgeteilt. Über ein Schrumpfreich gebot der von Dandolo eingesetzte Balduin von Flandern. Dieses künstlich geschaffene lateinische Kaisertum hielt sich ein halbes Jahrhundert. 1261 konnte Michael Palaiologos den Thron für das griechische Kaisertum zurückerobern, aber Byzanz blieb seitdem nur noch ein Schatten seiner früheren Macht. Venedig sicherte sich die Küste von Epirus bis zur Peloponnes, Euböa, Kreta, Rhodos und zahlreiche andere Inseln in der Ägäis. Enrico Dandolo, der Drahtzieher des ganzen Unternehmens, der auf Kosten anderer so viel für Venedig geleistet hatte, sah die Heimat nicht wieder. Er starb 1205 an den Folgen eines Leistenbruchs, den er sich während eines scharfen Rittes zugezogen hatte.

Aus der Sicht Außenstehender ist die Eroberung Konstantinopels immer wieder als schwärzestes Kapitel venezianischer Geschichte gebrandmarkt worden, den Venezianern selbst jedoch schien die Bezwingung des ungeliebten Rivalen der größte Triumph ihrer an Glanzpunkten nicht eben armen Geschichte. Eines steht jedenfalls unbestreitbar fest: Durch die Eroberung Konstantinopels und den damit verbundenen **territorialen Zuwachs** hatte Venedig seinen Wandel von der Großmacht zur **Weltmacht** vollzogen.

Marco Polo

Um **neue Handelsverbindungen mit dem Osten** auszuloten, unternahmen die Brüder Niccolò und Maffeo Polo nach der Mitte des 13. Jh. eine Reise, die sie bis an den Hof des **Kublai Khan** führte. Der Herrscher des Riesenreiches, das sein Großvater, der gefürchtete Dschingis Khan, erobert und das Kublai durch die Unterwerfung Chinas noch vergrößert hatte, nahm die beiden Venezianer wohlwollend auf. Er entließ sie mit der an den Papst gerichteten Bitte, einhundert Lehrer an seinen Hof zu entsenden, um Kontakt mit dem christlichen Abendland herzustellen. Der Papst ließ jedoch die große Chance zu einer christ-

Marco Polo am Hof des Kublai Khan, der das Monopol für Perlenfischerei und Türkisgewinnung besaß (Französische Buchmalerei von 1375 zur Reisebeschreibung Marco Polos, die er nach 25 Jahren in China in genuesischer Kriegsgefangeschaft seinem Zellengenossen diktierte)

lichen Mission des Mongolenreiches ungenutzt. Er entsandte lediglich zwei Priester, die ihre Reise bereits in Syrien entnervt aufgaben.

1271 traten die Brüder Polo eine zweite Reise zum Hofe des Großkhans an, diesmal in Begleitung Marcos, des gerade erst 17-jährigen Sohnes Niccolòs. Marco Polo genoss die uneingeschränkte Sympathie des Kublai Khan, der sich des **diplomatischen Geschicks** des Venezianers bediente und ihn mit den unterschiedlichsten Missionen in alle Teile seines Reiches entsandte. 1292 entließ der Khan Marco Polo und honorierte ihn für seine Dienste mit kostbaren Geschenken. Marcos Rückreise führte über Indochina, Sumatra und Ceylon. Erst drei Jahre später traf er nach **24-jähriger Abwesenheit** wieder in der Heimatstadt ein. Dort gelangte er rasch zu Ansehen und Wohlstand und heiratete in die Patrizierfamilie der Loredan ein.

In der Seeschlacht von Curzola geriet er 1298 in die **Gefangenschaft der Genuesen.** Im Kerker zu Genua diktierte er dem Pisaner Rusticiano den Bericht seiner abenteuerlichen Reise und seines Aufenthaltes am Hofe des Großkhans. Schon nach kurzer Zeit kam er wieder frei und kehrte nach Venedig zurück, wo er 1325 starb. Die Venezianer mochten seinen Schilderungen keinen rechten Glauben schenken. Seine Beschreibungen von Größe und Pracht der Städte im Mongolenreich galten als übertrieben, weshalb man ihm den Spitznamen ›Messer Milione‹ gab. **Marco Polos Bericht** aber eröffnete die moderne Erforschungsgeschichte Asiens und wurde zur Lieblingslektüre des Entdeckerzeitalters.

Staatsverfassung

Der Aufstieg Venedigs hatte weittragende Konsequenzen für seine **innerstaatliche Organisation.** Zwar war es dem Dogen gelungen, sich aus der byzantinischen Verwaltungshierarchie zu lösen, alsbald forderte aber die wirtschaftlich potente kaufmännische Führungsschicht ihrerseits politische Rechte ein. Es kam zu einer für Europa beispiellosen Ausdifferenzierung der politischen Machtbefugnisse.

Die Verfassung Venedigs entstand jedoch keineswegs aus einem Guss. Erstmals sprechen Quellen des 12. Jh. von einem Gremium, das dem Dogen beratend und korrigierend zur Seite trat. Daraus entwickelten sich im Laufe des ausgehenden 12. Jh. der Kleine und der **Große Rat.** Letzterer wählte 1172 den Dogen erstmals in eigener Regie; ein Prozedere, das zuvor *per acclamationem* durch die Volksversammlung vorgenommen worden war. Zugleich wurden die Kompetenzen des Dogen eingegrenzt. Unter anderem hatte er bei seiner Wahl sogenannte ›Promissiones‹ (Wahlversprechen) verbindlich abzulegen. Der Dualismus zwischen dem Dogen und der venezianischen Führungsschicht trat damit ungeschminkt zutage. Von Beginn an war die Entwicklung nicht auf eine Demokratisierung nach heutigem Verständnis ausgerichtet, vielmehr zeichnete sich die Ausbildung einer oligarchischen Struktur ab.

Der **Kleine Rat,** dessen Sechszahl seit 1189 belegt ist – jeder der sechs Stadtbezirke Venedigs (S. Croce, S. Polo und Dorsoduro auf der Südseite des Canal Grande, Cannaregio, S. Marco und Castello auf seiner Nordseite) stellte einen Abgeordneten –, bereitete Gesetzesvorlagen vor und führte zusammen mit dem Dogen in den in der Folgezeit entstehenden zahlreichen Körperschaften den Vorsitz. Zu den beiden wichtigsten zählten die **Quarantia** (benannt nach ihren ursprünglich 40 Mitgliedern), die seit etwa 1220 die Befugnisse einer

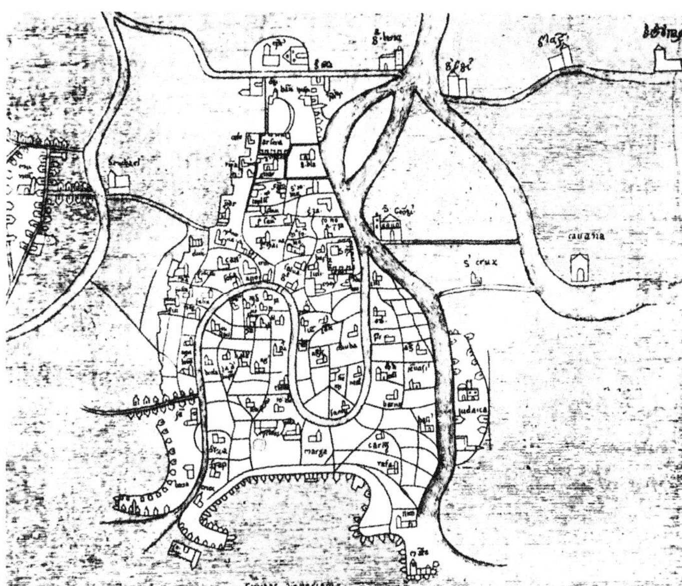

Der älteste Stadtplan Venedigs aus dem 14. Jh. Die heutige Stadtstruktur ist bereits erkennbar

Finanz- und Gerichtsbehörde wahrnahm, sowie der **Senat,** der sich zu Beginn der 1230er-Jahre konstituierte und sich vornehmlich mit Fragen der Schifffahrt und des Handels befasste. Beide Staatsorgane, anfangs Kommissionen des Großen Rates, grenzten nach und nach ihre Zuständigkeitsbereiche voneinander ab. Während der Senat ausschließlich politisch-administrative Ressorts verwaltete, oblagen der Quarantia in erster Linie Aufgaben auf dem Gebiet der Jurisdiktion.

Aufgrund der fortschreitenden Vielschichtigkeit staatlicher Zuständigkeit wurde im ersten Drittel des 14. Jh. das **Collegio dei Savi,** ursprünglich ein Senatsausschuss, als eine weitere wichtige Institution ins Leben gerufen. Ihm wurden die Vorbereitung von Senatssitzungen sowie Handels- und Marineangelegenheiten übertragen. Gleichfalls aus dem Senat ging zu Beginn des 15. Jh. das **Collegio** hervor, das zusammen mit dem Dogen, dem Kleinen Rat und drei Vertretern der Quarantia als eine Art ›Ministerrat‹ fungierte.

Über einen Zeitraum von mehreren hundert Jahren entstand eine Vielzahl an Institutionen in der vornehmlichen Absicht, Macht zu delegieren und zu teilen. Auch wenn später die einzelnen Körperschaften in enger gefassten Bereichen tätig waren, war der Gedanke einer strengen Gewaltenteilung in Venedig nie wirklich spürbar. Nicht die Trennung von Sachgebieten stand im Vordergrund als vielmehr die **Aufsplitterung der Macht** und ihre Verteilung auf zahlreiche Gremien mit einander überschneidenden Kompetenzen. Es sollte gewährleistet werden, dass einzelne oder Gruppen nicht zu mächtig würden.

Als Venedig gegen Ende des 12. Jh. den Weg zu einer **Adelsrepublik** einschlug, war der Zugang zum Großen Rat, der alle politischen Grundsatzentscheidungen fällte, noch relativ regellos. Da aber alle einflussreichen Ämter durch den Großen Rat vergeben wurden, versuchten die altaristokratischen Kreise, die Ratsfähigkeit zu ihren Gunsten strenger zu reglementieren. Eine 1297 eingeleitete Reform endete 1323 mit der Festschreibung der Erblichkeit des Mitgliedsrechts. Daraufhin erhöhte sich zunächst die Anzahl der Ratsmitglieder. Es wurde verbindlich festgelegt, welchen Familien zukünftig das Recht zu politischer Einflussnahme zustand. Sie wurden bereits 1314 in einem Verzeichnis erfasst, das Anfang des 16. Jh. als Grundlage für das »Libro d'Oro« (das Goldene Buch) diente, im Grunde nichts anderes als ein Geburten- und Eheregister des Adels.

Das straffe Staatswesen hatte zwei Feuerproben zu bestehen. Im Jahre 1310 kam es unter Führung **Baiamonte Tiepolos** zu einem Zusammenschluss der von der Dogenwahl ausgeschlossenen Familien. Die Rebellion konnte niedergeschlagen werden. Postwendend schufen die Herrschenden eine neue Institution. Der **Zehnerrat,** zunächst als Untersuchungskommission gedacht, konnte sich 1335 fest institutionalisieren und griff später erheblich in politische Entscheidungen ein. Seine personelle Überschaubarkeit wie auch seine teilweise geheimdienstlich anmutende Arbeitsweise befähigten ihn, die Vormachtstellung einer kleinen, elitären Adelskaste zu sichern. Bespitzelung und Denunziation gehörten seither zum politischen Alltag der

»Die höchst erhabene Stadt der Veneter ist heute der einzige Hort der Freiheit, des Friedens und der Gerechtigkeit, die einzige Zuflucht der Guten, der einzige Hafen für die von den Stürmen der Kriege und Tyranneien geschüttelten Flöße all derer, welche gut leben möchten, eine Stadt reich an Gold, doch reicher noch an Ehre; stark durch Macht, doch stärker noch durch Tugend; beständig in Marmor errichtet, doch beständiger noch durch die Einheit ihrer Gemeinschaft; salzig sind die Wasser, die sie umfließen, doch sichert sie das Salz der Weisheit ihrer Bürger.«
Francesco Petrarca, Briefe (1364)

Republik, die sich soeben den wohlklingenden Titel ›Serenissima‹ (Durchlauchtigste) zugelegt hatte. Der Zehnerrat fungierte in der Folgezeit auch als Inquisitionsgericht, vor dem zahllose Sittenprozesse ausgetragen wurden.

Die Unerbittlichkeit, mit der die Adelsoligarchie ihre Stellung fortan behauptete, zeigt auch die **Niederschlagung des zweiten Umsturzversuches** im 14. Jh., der diesmal sogar von einem Dogen selbst ausging. Der Doge **Marino Falier** (1354–55) war von dem Liebhaber seiner Frau, einem jungen Patrizier, öffentlich bloßgestellt worden. Der Zehnerrat aber ahndete die Majestätsbeleidigung mit einem auffallend milden Urteil von zwei Monaten Haft und einem Jahr anschließender Verbannung. Allein daran ist zu erkennen, wie eng die Adelsgeschlechter zusammenhielten. Deutlicher konnte dem Dogen seine Kompetenzlosigkeit kaum demonstriert werden. Falier plante nun, indem er Kontakt mit den stets wachen oppositionellen Kräften suchte, durch eine Volkserhebung die im Goldenen Buch verzeichneten Familien auszuschalten. Das Komplott flog jedoch auf, Falier wurde verhaftet und nach kurzem Prozess am 17. April 1355 an eben derselben Stelle enthauptet, an der er im Jahr zuvor inthronisiert worden war. Francesco Petrarca, der mit Falier befreundet war, hat dieses Ereignis treffend resümiert: »Den Dogen, die nach ihm kommen (gemeint ist Falier), sei gesagt, sie mögen sich darüber im klaren sein, dass Dogen keine Herren, geschweige denn Herzöge, sondern lediglich mit Ehren ausgestattete Sklaven der Republik sind.«

Die Umsturzversuche Tiepolos und Faliers waren nicht die einzigen Erschütterungen, die Venedig im Laufe des 14. Jh. zu überstehen hatte. Eine Gefahr ganz anderer Art drohte von der **Pest,** die 1348 aus dem Orient eingeschleppt worden war und der rasch weitere Epidemien (1359 und 1361) folgten. Die Bevölkerung wurde um die Hälfte reduziert, ganze Adelsgeschlechter wurden durch den ›Schwarzen Tod‹ ausgerottet. Die derart geschwächte Republik verwickelte sich nun in den Krieg mit Genua, in dessen Verlauf sie bis an den Rand ihrer Existenz gedrängt wurde.

Machtkampf mit Genua

Schon 1261 hatten die Genuesen entscheidend mitgeholfen, das griechische Kaisertum wieder in seine alten Rechte einzusetzen, und sich dadurch eine beherrschende Stellung in der Levante sichern können. Nur zwei Jahrzehnte später war es ihnen gelungen, den schärfsten Rivalen, Pisa, auszuschalten, das nach der katastrophalen Niederlage von Meloria (1284) nur noch ein Schattendasein fristete. 1372 brach der **Krieg zwischen Venedig und Genua** offen aus. Auf Zypern war es anlässlich der Krönungsfeierlichkeiten für Peter II. zu Streitigkeiten zwischen Venezianern und Genuesen gekommen, die rasch in blutige Kämpfe ausarteten. Die Venezianer plünderten das Genuesenviertel und töteten zahlreiche Gegner. Genua setzte daraufhin eine

Strafexpedition in Marsch, die 1374 vor Famagusta auftauchte und die Stadt im Sturm eroberte. Venedig verlor damit einen seiner wichtigsten Stützpunkte. Des Weiteren versuchten die Genuesen 1377 die Festung Tenedos am Eingang der Dardanellen den Venezianern abzunehmen, die diese erst zwei Jahre zuvor besetzt hatten, um ihre freie Durchfahrt ins Schwarze Meer abzusichern. Der Angriff wurde abgewehrt. Aber nun wandte sich Genua gegen Venedig direkt. 1379 prallten die Flotten nahe Pula vor der istrischen Küste aufeinander. Die Venezianer, zuvor durch eine Grippewelle empfindlich geschwächt, wurden unter ihrem **Admiral Vittore Pisani** vernichtend geschlagen und liefen nur noch mit einer Schrumpfflotte von einem halben Dutzend Schiffen den Heimathafen an. Pisani wurde eingekerkert, und man schickte einen dringenden Hilferuf an **Admiral Carlo Zeno,** der mit einer anderen venezianischen Flotte im östlichen Mittelmeer operierte. Aber schon wenige Wochen nach der Schlacht von Pula tauchten die Genuesen, die sich zudem mit Padua und Ungarn verbündet hatten, vor der Lagune auf. Die Venezianer sperrten die Zufahrten zur Lagune, indem sie kleinere Schiffe versenkten. Der Feind aber eroberte Chioggia und hatte damit unmittelbar vor der Stadt Fuß gefasst.

In dieser höchsten Bedrängnis hob der Zehnerrat das Urteil gegen Pisani wieder auf. Er nahm die Neuaufrüstung der Flotte in die Hand. In einer kaum vorstellbaren Kraftanstrengung wurden innerhalb weniger Wochen 34 Schiffe gebaut und ausgerüstet. Alle Schichten der Bevölkerung leisteten dazu ihren Beitrag. 30 Familien errangen durch ihren selbstlosen Einsatz das begehrte Privileg, in das Goldene Buch aufgenommen zu werden. Aber möglicherweise wären alle diese Anstrengungen vergebens gewesen, wenn die Genuesen ihre auf Chioggia gewonnene Position genutzt hätten. Stattdessen zögerten sie den Angriff hinaus, wohl nicht zuletzt, weil sie die unberechenbaren Untiefen der Lagune und ein Auflaufen ihrer Schiffe fürchteten – die Venezianer hatten wohlweislich alle Bojen und Markierungen beiseite geräumt. Ambrosio Doria, der Befehlshaber der genuesischen Streitmacht, setzte offenbar auf eine Auszehrung der Stadt, die man auch vom Festland her umzingelt hatte. In der Tat hatte sich die Versorgungslage gegen Ende des Jahres 1379 in Venedig dramatisch zugespitzt.

Wende und Kompromiss

Da kam am 1. Januar 1380 die Wende. Carlo Zeno erreichte die Stadt mit 18 Schiffen, deren Laderäume zum Bersten mit Beutegut aus gekaperten genuesischen Schiffen angefüllt waren. Die Versorgung war damit gesichert. Schon am 6. Januar stießen Zeno und Pisani vereint gegen **Chioggia** vor, das sie unter schweren Beschuss nahmen. Doria kam dabei ums Leben. Sein Nachfolger, Grimaldi, musste sich schließlich nach beträchtlichen Verlusten ergeben. Venedig war gerettet. Aber der Krieg schleppte sich noch bis in das folgende Jahr weiter. Beide Städte hatten zuletzt derart viel Substanz in diesem Kriege eingebüßt, dass man sich unter Vermittlung des Grafen Amadeus von Savoyen im August 1381 in Turin an den Verhandlungstisch setzte. Da Venedig trotz seines Erfolges von Chioggia nicht als der unbestreitbare Sieger aus der Auseinandersetzung hervorgegangen war, war die Position der Serenissima nicht die beste. Man einigte sich auf einen **Kompromiss.** Venedig trat Dalmatien an Ungarn ab, die Mark Treviso ging an die in Padua herrschende Familie der Carrara, und Tenedos, das eine so wichtige Rolle gespielt hatte, wurde dem neutralen Vermittler, Savoyen, zugesprochen. Aber Genua, vom Krieg geschwächt und durch zusätzliche Parteikämpfe von innen her ausgehöhlt, war als Rivale im Levantehandel praktisch ausgeschaltet.

Ungeachtet all dieser Wirren hatte die emsige **Bautätigkeit** in Venedig im Laufe des 14. Jh. ihren Fortgang genommen. Der Südflügel des Dogenpalastes, seit 1340 im Bau, wurde gegen 1400 fertiggestellt. Seit dem zweiten Viertel des Jahrhunderts wuchsen die mächtigen Kirchen der beiden Bettelorden in den Himmel, und den Canal Grande säumten bereits zahlreiche prachtvolle Paläste. Es begann sich jenes **gotische Bild** herauszubilden, das das Gesicht der Stadt auch heute noch im Wesentlichen prägt.

Das Gemälde »Prozession der Reliquie des hl. Kreuzes auf der Piazza S. Marco« von Gentile Bellini (Accademia) entstand 1496 und vermittelt einen lebendigen Eindruck vom Markusplatz im ausgehenden 15. Jh. und dem festlichen Aufzug einer Prozession. Im Vordergrund parallel zum Bildrand die Mitglieder der Scuola Grande di S. Giovanni Evangelista; rechts erkennt man den Dogen und sein Gefolge

Goldenes Zeitalter

Die Verluste, die die Republik im Kompromissfrieden zu Turin hatte hinnehmen müssen, erwiesen sich in der Folgezeit als vergleichsweise gering, ja, sie konnten schon bald wieder eingeholt werden. Für Stabilität im Innern sorgten nicht nur die auffallend langen Amtszeiten der Dogen in der ersten Hälfte des 15. Jh. – zwischen 1400 und 1457 gab es nur drei Dogen, unter ihnen Francesco Foscari, dessen 34 Jahre währendes Doganat das längste in der Geschichte der Stadt war –, sondern auch das autokratische Festhalten an der im 14. Jh. festgelegten Staatsform, das nun zum Vorteil ausschlug. Während zahlreiche andere Städte Oberitaliens sich in Parteikämpfen und Geschlechterfehden, Wechsel von Adels- und Volksherrschaft aufrieben, konnte Venedig vor dem Hintergrund einer zwar autoritären, aber **konstanten Binnenstruktur** seinen faszinierenden Aufstieg fortsetzen, der die Serenissima schließlich zur größten Territorialmacht in Oberitalien machte. Der Weg dorthin wurde beherrscht von den Auseinandersetzungen mit dem großen Kontrahenten **Mailand,** wo die

Dynastie der Visconti zu unumschränkter Alleinherrschaft gelangt war. Giangaleazzo Visconti dehnte den Einfluss Mailands rasch aus; 1387 hatte er Verona und Vicenza überrannt, es folgten Bologna, Padua, schließlich Perugia und Siena. Als Giangaleazzo seinen kühnen Traum einer Krone über ganz Italien verwirklichen wollte, starb er überraschend 1402 während der Belagerung von Florenz. Da sein Sohn noch unmündig war, führte die Herzoginwitwe die Regentschaft vormundschaftlich weiter. Diese Schwächung Mailands nutzte der Doge Michele Steno (1400–13), der die Städte Padua, Vicenza und Verona 1406 dem festländischen Besitz Venedigs wieder einverleiben konnte. Stenos Nachfolger, Tomaso Mocenigo (1413–23), setzte diese **Expansionspolitik** auf der *Terra ferma* zwar fort, indem er 1418 Friaul besetzte; im Übrigen aber war er eher bemüht, den Ausgleich unter den mächtigen Stadtstaaten Oberitaliens herzustellen.

Ausdehnung auf dem Festland

Als Mocenigo die erfolgreiche Bilanz seiner Regierungszeit zog, gab er seinen Mitbürgern zugleich eine Warnung mit. Sie sollten unbeirrt die Politik des Handels und des Ausgleichs mit den Feinden weiterverfolgen, dann sei ihnen »alles Gold der Christenheit gewiss«. Er empfahl einige Nachfolger und riet von der Wahl Francesco Foscaris zum Dogen ab. Ahnte er etwas von dessen Machtgelüsten auf der *Terra ferma?* Dennoch fiel die Wahl nach dem Tode Mocenigos auf eben jenen **Francesco Foscari** (1423–57), der dann auch sogleich voller Ehrgeiz Venedigs Ausdehnung auf dem Festland vorantrieb. Mittlerweile hatte der Sohn Giangaleazzo Viscontis, Filippo Maria, die Eroberungspolitik seines Vaters wiederaufgenommen. Als er 1425 Florenz eine empfindliche Niederlage beigebracht hatte, schlossen Venedig und Florenz eine Allianz gegen Mailand.

Doch nun wurde eine Schwäche Venedigs offenbar, die der weitblickende Mocenigo bei seiner Warnung vor Foscari als seinem Nachfolger vor Augen hatte: Die Serenissima, die auf den Meeren als unbesiegbar galt, hatte nur mangelnde Erfahrung mit dem Kriege zu Lande und musste sich deshalb bei ihrer Kriegsführung auf *condottieri* verlassen, Söldnerführer, die ihr strategisches Talent und ihre Unerschrockenheit in den Dienst des Meistbietenden stellten. In Francesco Bussone, bekannt unter dem Namen **Carmagnola,** glaubte man den geeigneten Mann gefunden zu haben. Da er in Diensten der Visconti gestanden hatte, betrachteten einige seine Anheuerung mit Skepsis. Dennoch wurde der Condottiere wie ein Fürst aufgenommen, erhielt einen Palazzo am Canal Grande und wurde mit Geldern überhäuft. Als es ihm gelang, Cremona und Brescia für die Venezianer einzunehmen, zwei Städte, die wegen ihrer Eisen- und Waffenindustrie begehrt waren, herrschte grenzenloser Jubel. In der Folgezeit jedoch verschleppte Carmagnola die Operationen gegen Mailand und geriet in den Verdacht, mit den Mailändern zu konspirieren. 1432 wurde er deshalb im Dogenpalast in einen Hinterhalt gelockt, überrumpelt und unverzüglich auf der Piazzetta hingerichtet.

Indes schwelte der Krieg mit Mailand weiter. Auf der Suche nach einem geeigneten Nachfolger für Carmagnola entschied man sich für Erasmo da Narni, genannt **Gattamelata,** der den Kampf gegen Mailand 1441 erneut aufnahm. Das verloren gegangene Cremona wurde zurückgewonnen, Ravenna kam unter venezianisches Protektorat. 1447 starb der letzte Visconti. Die Bevölkerung von Mailand rief eine Republik aus, aber der einstige Söldnerführer im Dienste der Visconti, Francesco Sforza, mit Bianca, der Tochter des letzten Visconti, verheiratet, schlug die Erhebung nieder und übernahm 1450 die Herzogswürde. Sforza brachte den Jahrzehnte währenden Kleinkrieg mit Venedig zum Ende. 1453 wurde Frieden geschlossen. Venedig hatte unter Foscari die größte Ausdehnung seiner Geschichte erreicht. Abgesehen von den umfangreichen Besitzungen in der Levante gebot die Republik nun in Italien über Friaul, Teile der Lombardei sowie die Städte Ravenna, Padua, Treviso, Verona, Vicenza, Brescia und Bergamo. Um diesen Besitz zu sichern, wurde 1455 die dritte berühmt gewordene Condottieregestalt in den Sold der Republik übernommen: **Bartolomeo Colleoni.**

Drehscheibe der internationalen Wirtschaft

In allen Bereichen des politischen, wirtschaftlichen und kulturellen Lebens entfaltete Venedig im Laufe des 15. Jh. seine in ganz Europa bewunderte Stellung. In würdiger Nachfolge Marco Polos unternahm Giosafat Barbaro Erkundungsreisen nach Polen, Georgien, ins Moskowiterreich und nach Aserbeidschan. Andere **Expeditionen** stießen im Atlantik bis zu den Lofoten und zu den Kanarischen Inseln, in Afrika bis in den Senegal vor. Die Handelswege reichten von den zahlreichen Häfen in der Levante bis hinauf nach Brügge und Southampton. Venedig war zu einer Drehscheibe der internationalen Wirtschaft geworden.

Inzwischen hing auch der Lebensnerv der Serenissima nicht mehr nur an dem einzigen Faden des Fernhandels. In der Stadt selbst war eine umfangreiche Industrie entstanden. Schon bald nach der Erfindung der **Buchdruckerkunst** sicherte sich Venedig auf diesem neuen Gebiet eine überragende Stellung. Gegen Ende des 15. Jh. übertraf der Ausstoß venezianischer Druckereien jenen der großen Metropolen Rom, Mailand und Florenz zusammen. Die Stadt, in der später Giovanni Gabrieli, Claudio Monteverdi und Antonio Vivaldi wirken sollten, wurde zur Geburtsstätte des Musikaliendrucks. Tausende von Arbeitern waren in der Seiden- und Baumwollweberei tätig. Aus den kleinen Glasbläsereien des Mittelalters waren mittlerweile Großbetriebe geworden, die ihre Kunst auf Murano ausübten. In dieser **vielgestaltigen und betriebsamen Industrie** muss man sich ferner die Arbeit der Mosaizisten, Holzschnitzer, Geschützgießer, Schiffsbauer, Elfenbeinschnitzer vorstellen; auch die großen Färbereien, Zuckerraffinerien, Seiden- und Kerzenfabriken gehören in dieses Bild. Man genierte sich auch nicht, trotz aller päpstlichen Verdikte, alljährlich zweimal einen großen Sklavenmarkt abzuhalten.

Weiter entstanden die **prachtvollen Bauten,** die die Zeitgenossen ebenso in Erstaunen versetzten, wie sie auch heute noch den Besucher in ihren Bann zu ziehen vermögen. Der auffallend konservative Grundzug Venedigs hatte ein langes Festhalten an tradierten byzantinischen Formen mit sich gebracht. So wurde die Romanik praktisch übersprungen, und erst mit der **Gotik** drang im 14. Jh. westliches Formengut in Venedig ein. Entlang den Ufern des Canal Grande prunkten die gotischen Paläste, eine Legion von Kirchen reckte ihre Campanile in den Himmel. Der Holzbau war nun endgültig aus dem Stadtbild verbannt und durch Bauten aus Ziegel und Marmor ersetzt worden. Aber die schönste Blüte, die dieses facettenreiche Gebilde Venedig hervorbrachte, sollte der **Malerei** vorbehalten bleiben, die sich im Laufe des 15. Jh. aus der starren Umklammerung der *maniera bizantina* löste und zu ihrer eigenen, unverwechselbar venezianischen Ausdrucksform fand.

Die Waagschale sinkt

Nachdem die Expansion der Türken den Handlungsspielraum der Venezianer im Laufe der ersten Hälfte des 15. Jh. schon vielfach eingeschränkt hatte, erfolgte 1453 der entscheidende Schlag: **Konstantinopel** wurde von Sultan Mehmed II. erobert und war seither Hauptstadt des Osmanischen Reiches. Der Triumph Dandolos von 1204 erscheint nun in anderem Licht. Sein Angriff gegen das oströmische Kaisertum hatte dessen Schwäche begründet und den Niedergang von Byzanz eingeleitet. Nach den Verlusten von Teilen der Peloponnes (1466) und Euböas (1470) waren Venedig Schlüsselpositionen in der Levante verloren gegangen. Das unabhängige Zypern stach der Serenissima deshalb besonders ins Auge, und sie sicherte sich dessen Besitz durch einen geschickten Schachzug. Die Patrizierin **Caterina Cornaro** wurde 1472 als ›Tochter der Republik‹ adoptiert und mit Jakob II. von Zypern verheiratet, dem man diese Eheschließung durch die atemberaubend hohe Mitgift von 100 000 Dukaten schmackhaft gemacht hatte. Nur acht Monate nach der Hochzeit starb Jakob II. – ein Giftmord gilt als wahrscheinlich. Auf jeden Fall war sein Tod der Republik von großem Nutzen. Als auch Caterinas Sohn aus dieser kurzen Ehe, Jakob III., bereits 1474 starb, war Caterina zwar offiziell Regentin über Zypern, aber hinter ihr stand als eigentlicher Herrscher Venedig. 1489 konnte Caterina dazu bewogen werden, in die Heimat zurückzukehren, wo sie mit großem Pomp und tagelangen Willkommensfeierlichkeiten geehrt wurde. Danach zog sie sich auf ihren Ruhesitz in Asolo bei Treviso zurück und ward von Venedig, das der Caterina Cornaro die Herrschaft über Zypern verdankte, bald vergessen. Aber der Vormarsch der Türken war noch lange nicht beendet. Die

Caterina Cornaro, Königin von Zypern, auf einem Gemälde (um 1500, Museum der bildenden Künste, Budapest) von Gentile Bellini, der als Porträtmaler einen so guten Ruf genoss, dass er von Sultan Mohammed II. nach Konstantinopel gerufen wurde

Unterwerfung Ägyptens (1517) war eine Katastrophe, die dem Fall von Konstantinopel in nichts nachstand. Fortan musste sich Venedigs treuester und dauerhaftester Handelspartner unter das Joch der Fremdherrschaft beugen. Venedigs bewährte Handelswege nach Kleinasien, Persien und in den Fernen Osten unterlagen künftig der **Kontrolle durch die Türken.**

Zwei andere Ereignisse, die die Welt von Grund auf änderten, sollten ebenso tief greifend die Interessen Venedigs beeinträchtigen wie das Türkendilemma. 1492 entdeckte der Genuese Christoph Columbus die **Neue Welt,** 1498 der Portugiese Vasco da Gama den Seeweg nach Indien. Mit einem Schlage wandelte sich das Kräfteverhältnis im Mittelmeerraum. Innerhalb weniger Jahre entriss **Lissabon** Venedig seine Monopolstellung im Pfeffer- und Gewürzhandel. Die Portugiesen konnten ihre Waren um zwanzig Prozent günstiger anbieten als die Venezianer, die nicht nur durch höhere Transportkosten, sondern auch durch einen Preisfestlegungsvertrag mit dem Sultan ins Hintertreffen geraten waren. Das Handelsimperium der Serenissima geriet ins Trudeln. Bereits um 1510 war der Handel mit Flandern ganz eingestellt worden, der Gewürzhandel um 60 Prozent zurückgegangen.

Aber es sollte noch schlimmer kommen. Im Februar 1508 schlossen Vertreter Spaniens, Deutschlands, Frankreichs und der Kurie in Mailand eine **Allianz gegen Venedig,** deren Ziel es war, die von Venedig besetzten Territorien in Oberitalien zurückzuerobern. Übereilt stürzte sich Kaiser Maximilian I. in den Krieg, dem sich der zögernde Ludwig XII. von Frankreich zunächst noch fernhielt. Als aber Maximilian gezwungen war, einen demütigenden Frieden zu schließen, trat nun auch Frankreich mit Entschlossenheit ins feindliche Lager. Im Dezember desselben Jahres 1508 wurde die ›Liga von Cambrai‹ gebildet, der sich neben Spanien, Deutschland und Frankreich auch die Herzöge von Mantua, Ferrara und Savoyen anschlossen. Die vielbeneidete Serenissima wurde von allen Hunden gehetzt. Der Papst hatte sich zwar offiziell an der Liga nicht beteiligt, aber er griff in die groß angelegte Treibjagd mit ein, indem er Venedig 1509 mit dem Bann belegte. Auf dem Stuhl Petri saß zu diesem Zeitpunkt Julius II., der wegen seines aufwendigen Lebensstils und Mäzenatentums ständig in Geldnöten war.

Das Ziel der Liga war klar: Jeder versprach sich ein Stück von dem großen Kuchen, den man insgeheim schon im Voraus untereinander aufgeteilt hatte. Das Kräfteverhältnis bei einer derartigen Übermacht ließ den Venezianern keine Chance. 1509 wurden sie bei Agnadello vernichtend geschlagen. Damals hielt wieder einmal einer jener großen Greise, die so oft die Geschicke der Republik in schweren Stunden gelenkt hatten, das Staatsruder in Händen: **Leonardo Loredan** (1501–21), der bei seiner Wahl bereits über siebzig Jahre zählte. Ihm gelang es, das für Venedig verhängnisvolle Bündnis zu sprengen. Zunächst einigte er sich 1510 mit dem Papst. Venedig verzichtete auf seine bisher in Anspruch genommenen Rechte, selber Bischöfe zu ernennen und den Klerus zu besteuern. Letzteres bedeutete, dass künftig Gelder, die Venedig bislang für sich eingeheimst hatte, nach Rom

Giovanni Bellini porträtierte den Dogen Leonardo Loredan im Jahre 1501, kurz nach dessen Amtsantritt (London, National Gallery). Der schon über Siebzigjährige lenkte erfolgreich die Geschicke der Republik Venedig in der schweren Zeit der Liga von Cambrai (1508)

fließen sollten. Mittlerweile hatten sich auch Maximilian und Ludwig von Frankreich über der Frage nach der Vorherrschaft über die Lombardei zerstritten. Der eigentliche Zankapfel hieß Mailand, auf das Ludwig XII. durch seine Großmutter, Valentine Visconti, einen legitimen Anspruch erheben zu können meinte. Als mit Leo X. 1513 ein den Venezianern wohlgesonnener Medici die Nachfolge Julius' II. antrat, bildete sich nunmehr eine ›Heilige Liga‹ gegen Frankreich. In der Schlacht von Novara (1513), in die auch die Schweizer Eidgenossen eingriffen, wurde Frankreich geschlagen und – wenn auch nur vorübergehend – aus Oberitalien vertrieben. So hatte Venedig zwar noch einmal seinen Kopf retten können, aber es verlor weite Teile seines Machtbereiches im Westen, der sich nun auf das Veneto selbst mit den Städten Verona, Vicenza und Padua reduzierte.

Kaum war es an der Westflanke zur Ruhe gekommen, begann es wieder im Osten zu rumoren. Dem **weiteren türkischen Vormarsch** waren 1522 Rhodos, 1540 Ägina, Mykonos, die nördlichen Sporaden und Monemvasia zum Opfer gefallen. Nachdem es bereits eingangs des Jahrhunderts schon einmal eine verheerende Explosion im Arsenal gegeben hatte, flog 1569 das gesamte Pulvermagazin in die Luft, was der Welt größte Werft in einen Trümmerhaufen verwandelte. Der Sultan wähnte Venedig in dieser Situation geschwächt und wagte den Vorstoß auf Zypern. 1571 wurde **Famagusta** belagert, das der venezianische Kommandant Marcantonio Bragadin über Monate halten konnte. Schließlich musste er vor der Übermacht kapitulieren und übergab die Festung, nachdem man ihm freies Geleit zugesichert hatte. Aber die Türken brachen ihr Wort – wohl nicht zuletzt, weil Bragadin noch am Vorabend seines Abzuges seine türkischen Gefangenen niedergemacht hatte – und ließen ihm auf dem Marktplatz von Famagusta die Haut bei lebendigem Leibe abziehen. Auf diese Nachricht rüstete Venedig zum **Gegenschlag.** Gemeinsam mit dem Papst und Spanien schloss man erneut eine ›Heilige Liga‹, deren Flotte Anfang Oktober 1571 im Golf von Korinth die türkische Seestreitmacht stellte. Nahe dem Städtchen Lepanto (heute Naupaktos) kam es zur Schlacht, die den Venezianern ein letztes Mal in ihrer Geschichte einen überragenden Sieg bescherte, an dem auch Don Juan d'Austria, der illegitime Sohn Kaiser Karls V., entscheidenden Anteil hatte. Dennoch erwies sich der Erfolg als **Pyrrhussieg.** In den nachfolgenden Verhandlungen wurde Venedig von seinen eigenen Verbündeten derart unter Druck gesetzt, dass es auf den wichtigen Posten Zypern verzichten musste.

Innere Entwicklung

Während diese politischen Ereignisse den einstigen Einflussbereich der Serenissima Stück um Stück zurückstutzten, zeichneten sich auch im Innern **Zersetzungsprozesse** ab. Die Kluft zwischen Armen und Reichen war zu Ende des 15. Jh. größer denn je zuvor. Dabei waren auch einst wohlhabende Adelsfamilien unter den Mittellosen anzutreffen. Der Senat wurde mit Petitionen um Unterstützungen und Steuererleichterungen überschüttet. Zwar wurde nach außen hin viel Wert auf den Anschein karitativen Wohlverhaltens gelegt, es wurden öffentliche Speisungen und Feste für Arme veranstaltet, aber hinter den Kulissen scheint das egozentrische Kaufmannskalkül den Ton angegeben zu haben. Francesco Falier und Gabriele Bon brachten 1492 vor dem Senat den Antrag ein, 70 000 Dukaten zur Unterstützung verarmter Standesgenossen bereitzustellen. Als sie trotz guten Zuredens auf ihrer Petition beharrten, wurden sie kurzerhand nach Zypern in die Verbannung geschickt. Dagegen scheinen sich viele im Staatsdienst Stehende hemmungslos an öffentlichen Geldern bereichert zu haben, wie aus Nachprüfungen der Finanzverwaltung und aus anklagenden Predigten beherzter Geistlicher hervorgeht. Die **Korruption** reichte bis in die höchsten Staatsämter.

Die wirtschaftlich angespannten Verhältnisse im beginnenden 16. Jh. führten zu einer **allgemeinen Verunsicherung.** Die Folge war der Zusammenbruch mehrerer namhafter Banken. Krankheitsepidemien verdüsterten des Weiteren den Horizont; neben den wiederholten Ausbrüchen der Pest wurde die Syphilis zu einer zweiten Geißel der Bevölkerung. Nachdem es bereits Ende des 15. Jh. erste Verordnungen zur Eindämmung der gefährlichen Krankheit gegeben hatte, wurde 1522 die Melde- und Behandlungspflicht für Syphiliskranke eingeführt – ein für das damalige Europa richtungweisender Erlass.

Früher trug dieses Gemälde Vittore Carpaccios (um 1510, Museo Civico Correr) den Titel »Zwei Kurtisanen«. 1992 gelang zwei italienischen Kunsthistorikern der Nachweis, dass das Bild Teil eines größeren Zusammenhangs war und heute nur noch ein Fragment ist. Demnach sind die Damen keineswegs Kurtisanen, sondern ganz im Gegenteil Vertreterinnen der besseren venezianischen Gesellschaft, die auf die Rückkehr ihrer sich auf der Jagd befindenden Ehemänner warten. So wurde das Gemälde in »Die Erwartung« umbenannt

Die sich abzeichnende Untergangsstimmung kam in der Abwendung zahlreicher begüterter Familien von ihrer Stadt zum Ausdruck. Während noch am Canal Grande die schönsten Paläste der Renaissance entstanden, bauten sich viele Adlige Landsitze auf der *Terra ferma.* Die ›Villegiatura‹ ist nicht nur ein sinnfälliger Ausdruck der humanistischen Hinwendung zu antiker Form und dem römischen Ideal des *locus amoenus,* sondern zugleich in der damit verbundenen **Stadtflucht** erkennbares Signal des Rückzugs in eine den Realitäten der wirtschaftlichen Umwälzungen Venedigs abgewandte Nostalgie. Venedig ist auch im 16. Jh. immer noch reich, immer noch mächtig, aber der Zenit ist überschritten, der Niedergang der Serenissima unabwendbar geworden.

Rolle der Frau

Die patriarchalische Grundstruktur Venedigs hat den Frauen durch alle Jahrhunderte eine untergeordnete Rolle zudiktiert. Auf der politischen Bühne taucht als nennenswerte Gestalt neben Caterina Cornaro, der Königin von Zypern, nur **Bianca Cappello** (1548–87) auf. Die Tochter aus einem der großen Häuser hatte sich in einen kleinen Angestellten, Piero Buonaventura, verliebt. Als die Familie die Beziehung unterbinden wollte, entzogen sich die beiden Liebenden durch Flucht nach Florenz, wo Bianca die Gunst Francesco de Medicis erlangte. In Venedig war sie in Abwesenheit zum Tode verurteilt worden. Nach dem Ableben seiner ersten Frau ehelichte der Medicifürst die Venezianerin. Eine Großherzogin von Toscana aber konnte die Republik schlecht mit einem Todesurteil behaftet lassen. Die stets opportunistisch eingestellte Serenissima verlieh der Bianca Cappello alsbald den schmückenden Titel »Tochter der Republik« und ließ das Urteil in der Schublade verschwinden. Diese Affäre macht zweierlei deutlich: Zum einen wurden Vergehen gegen sittliche Gebote mit unerbittlicher Härte geahndet, zum anderen aber wurden großzügig Ausnahmen eingeräumt, wenn es die Lage erforderte.

Luxus und Raffinement der **Kurtisanen** Venedigs genossen im Europa des 18. und 19. Jh. einen schon legendären Ruf. Rousseau war von einer Vertreterin dieses Standes derart tief beeindruckt, dass er darüber den eigentlichen Zweck seines Besuches bei ihr vergaß. Man schätzt, dass es um 1500 mehr als 12 000 Prostituierte in der Stadt gab – immerhin sechs Prozent der Gesamtbevölkerung. Die Syphilis fand dadurch eine erschreckende Verbreitung, weshalb sehr bald der Analverkehr in Mode kam – in der irrigen Meinung, damit der Ansteckung aus dem Wege gehen zu können. Auch die Homosexualität scheint im 16. Jh. besonders verbreitet gewesen zu sein; nicht selten wurden Vergewaltigungen an Knaben und jungen Männern bekannt. Den Prostituierten wurde deshalb gestattet, sich mit bloßen Brüsten im Fenster zu zeigen – eine nach heutigen Erkenntnissen wohl verfehlte Taktik, Homosexuelle auf andere Gedanken zu bringen.

Niedergang

Gegen Ende des 16. Jh. schien es, als könne Venedig noch einmal an seine alten Glanzzeiten anknüpfen. Der Besuch Heinrichs III. von Frankreich ist als äußeres Zeichen für das scheinbar wiedergewonnene Selbstbewusstsein der Serenissima zu deuten. Aber die Waagschale, die sich im 16. Jh. zuungunsten der Republik zu senken begonnen hatte, verhielt nur für einen Augenblick in der Schwebe, um dann vollends zu fallen.

Im 17. Jh. erhielt die **Schifffahrt** durch das bedrohlich anwachsende Piratenunwesen in der Adria einen weiteren kräfteverzehrenden Gegner. Allein im Jahre 1603 verlor die Flotte ein ganzes Dutzend Schiffe, in der Folgezeit wuchsen die Verluste noch weiter. Da proportional die Versicherungsprämien anstiegen, wagte kaum noch einer, in den Bau neuer Schiffe zu investieren. Die Tätigkeit des Arsenals ging drastisch zurück. Auch waren die großen Galeeren, einst der Stolz der Mittelmeerschifffahrt, zu schwerfällig geworden und galten als nicht mehr zeitgemäß. Englische und holländische Schiffe, die leichter gebaut waren und schneller Fahrt machten, besorgten nun selbst den Transport ihrer Güter.

In einem kirchenpolitischen Streit – 1605 war Venedig zum dritten Mal im Laufe seiner Geschichte mit dem Bann belegt worden – hatte die Republik auch gegenüber dem Papst, dem sie immer die Stirn geboten hatte, ein weiteres Stück ihrer Eigenständigkeit aufgeben müssen. Hatte man in der Nachfolge von Lepanto eine relativ ausgeglichene Beziehung zu den Türken unterhalten, um jedenfalls das, was vom Orienthandel noch geblieben war, nicht weiter zu gefährden, so flammten nach der Mitte des 17. Jh. die Feindseligkeiten wieder auf. Unter dem Dogen Giovanni Pesaro (1658–59) wurde erneut um Kreta gekämpft, das unter seinem Nachfolger Domenico Contarini (1659–75) endgültig verloren ging. Nach einigen erklecklichen Erfolgen Francesco Morosinis (1688–94) gegen die Türken schon vor und während seines Doganats brachte das anbrechende 18. Jh. ein letztes Aufbäumen gegen die **Hegemonie der Türken** in der Levante. Unter ihrem

Vittore Carpaccios »Markuslöwe« (1516, Sala dei Filosofi im Dogenpalast) scheint ungewollt schon den bevorstehenden Niedergang der Serenissima zu betrauern – melancholisch wendet das Tier den Blick von Venedig ab

Der Doge Francesco Morosini verfolgt die türkische Flotte im April 1659, während der Auseinandersetzungen zwischen Venedig und der Türkei um die Vormachtstellung im östlichen Mittelmeer (zeitgenössisches Gemälde der venezianischen Schule, Museo Civico Correr)

Dogen Giovanni Cornaro II. (1709–22) entschloss sich die Serenissima zu einem letzten Versuch, das Blatt doch noch zu wenden. Für die Kriegsführung gewann man überraschend Johann Matthias Graf von der Schulenburg, der sich nach glänzenden Erfolgen für den deutschen Kaiser im spanischen Erbfolgekrieg zu diesem Zeitpunkt bereits zur Ruhe gesetzt hatte. Die Verhandlungen fanden in Wien statt, und Österreich förderte die Vorbereitungen zu dem Feldzug gegen den Feind im Osten. Der eigentliche Nutznießer hieß denn auch am Ende **Österreich.** Zwar gelang es dem heldenmutigen Schulenburg, Korfu, die Schlüsselstellung der Adriaausfahrt ins Mittelmeer, gegen eine erdrückende feindliche Übermacht zu halten, aber die überragenden Siege Österreichs unter Prinz Eugen bei Peterwardein (1716) und bei Belgrad (1717), wo das türkische Heer praktisch aufgerieben wurde, ließen die Erfolge Venedigs verblassen. 1718 wurde der Friede zu Passarowitz geschlossen, der den Österreichern eine enorme Ausdehnung ihres Machtbereiches nach Osten sicherte. Schulenburg empfahl den Venezianern, das völlig veraltete Kastell auf Korfu auf den neuesten Stand der Fortifikationsarchitektur zu bringen. Aber als er 1719 dort zu einer Inspektion eintraf, war kurz zuvor das Pulvermagazin in die Luft gegangen und hatte die Festung zerstört.

Stadt als Schaustück

Venedig, die einstige ›Königin der Meere‹, zog sich nun ganz in sich selbst zurück. Die Stadt wurde Tummelplatz für Spieler und Gaukler, Tagediebe und Wichtigtuer. Aber in der Gestalt Casanovas wusste sie selbst darin noch Grandezza zu bewahren. Der **Karneval** beschäftigte die Gemüter mehr als die große Politik, in der die Stadt ohnehin nichts mehr zu vermelden hatte. Immerhin öffnete sich dadurch ein neuer

Napoleon ließ 1797 die »Rosse von San Marco« nach Paris abtransportieren, wo sie 20 Jahre auf der Place du Carrousel standen, bevor sie 1815 an Venedig zurückgegeben wurden (zeitgenössischer Stich)

Markt: Venedig bot sich selbst als Schaustück und Handelsgut an. Zu Anfang des 18. Jh. strömten bereits 30 000 Fremde in die Stadt, um das Spektakel des Karnevals zu erleben – eine nicht unerhebliche Einnahmequelle. Auch das gebildete Europa entdeckte die Stadt und ihre Kunstschätze; ihr Besuch gehörte schon bald zum **klassischen Bildungsprogramm** des Italienreisenden. Charles de Brosse, Jean-Jacques Rousseau und Goethe berichteten ausführlich von ihren Aufenthalten. Venedig selbst gebar noch im Dämmerlicht des Untergangs einige Künstler von Rang: auf dem Gebiet der Malerei Guardi, Canaletto, Piazzetta und Tiepolo, im Bereich der Oper Cavalli, Legrenzi und dessen Schüler Lotti; als Komödiendichter beherrschten die Kontrahenten **Carlo Goldoni** und **Carlo Gozzi** die Theaterszene.

Indes gingen die großen Umwälzungen des 18. Jh. in Europa an Venedig spurlos vorüber. Und als am 15. Mai 1797 die Truppen Napoleons vor der Stadt auftauchten, wurde ihnen kein ernsthafter Widerstand entgegengesetzt. Der letzte Doge, Ludovico Manin (1789–97), dankte eilends ab, der Große Rat löste sich auf – die Republik hörte auf zu bestehen. Die Stadt wurde nun zum **Spielball fremder Mächte.** Die Zeit französischer Besatzung dauerte zunächst bis 1798, dann traten die Franzosen Venedig an Österreich ab. Nach dem Sieg Napoleons bei Austerlitz 1805 wurde es wieder unter den ›Schutz‹ Frankreichs gestellt und dem künstlichen Königreich des Eugène

Beauharnais zugeschlagen. Die Säkularisation erfasste Venedig; Klöster und Kirchen wurden aufgelöst. Mit dem Abtreten Napoleons wechselte lediglich die Gestalt des Fremdherrschers. Nach dem Wiener Kongress gebot der Kaiser Österreichs über die einstige Republik.

Die Spannungen, die sich aus der unseligen Fremdherrschaft ergaben, fanden in der Revolution von 1848 ihr vorläufiges Ventil. Daniele Manin wurde zum Präsidenten der neuen Republik ausgerufen, aber schon im Jahr darauf musste Venedig erneut vor Österreich kapitulieren. Es bedurfte erst der indirekten Hilfe durch **Preußen,** Venedig die Freiheit wiederzugeben. In der Auseinandersetzung mit Preußen hatte Österreich mit Frankreich ein Geheimabkommen geschlossen. Darin überließen die Österreicher das Veneto den Franzosen gegen die Zusicherung, dass Frankreich in dem bevorstehenden Krieg Neutralität wahren würde. Entgegen den Erwartungen Napoleons III. siegten jedoch die Preußen bei Königgrätz (1866), und Österreich war gezwungen, auch mit Italien, das seit 1861 unter Victor Emanuel II. seine Einigung als Nationalstaat festigte, Frieden zu schließen. Am 21. und 22. Oktober 1866 wurde im ganzen Veneto eine Volksabstimmung durchgeführt, in der darüber entschieden werden sollte, ob das Veneto seinen eigenen Weg gehen oder sich der panitalienischen Bewegung anschließen sollte. Unter Hunderttausenden von Stimmberechtigten votierten nur verschwindende 65 für die Eigenständigkeit. Am 7. November hielt **Victor Emanuel II.** Einzug in Venedig, das seitdem Bestandteil des italienischen Staates und Provinzhauptstadt ist.

»Im verräterischen Sonnenlicht sehen wir Venedig verfallen, verarmt und ohne Handel. Aber bei Mondlicht hüllen die vierzehn Jahrhunderte ihrer Größe die Stadt in einen Glorienschein, und noch einmal ist sie die fürstlichste unter den Nationen der Erde.«

Mark Twain, »Die Arglosen im Ausland« (1867)

Luxusgesetze

Die Vielzahl der Feste, die in Venedig gefeiert wurden, und der Aufwand, der damit einherging, muss unvorstellbar gewesen sein. Als exemplarisch für diesen Prunk kann der Aufenthalt Heinrichs III. von Frankreich (1574) gelten. Palladio hatte eigens für den hohen Gast einen Triumphbogen aus Holz und Leinwand entworfen. Man fuhr den König mit einer Prachtgaleere, die von vierzehn aufwendig ausgestatteten Schiffen begleitet wurde, zur Piazza. Auf einem war eine Glasbläserwerkstatt eingerichtet worden, die zur Unterhaltung des Königs ihre Kunst vorführte. Als Ofen diente ein Drache, der aus Maul und Nüstern Feuer spie.

An dem anschließenden Bankett nahmen 3000 Gäste teil, es wurden 1200 verschiedene Speisen aufgetragen. Während dieser zehn Tage waren die sog. Luxusgesetze außer Kraft. 1299 waren zum ersten Mal **Gesetze zur Regelung des privaten Luxus** formuliert worden. Den Frauen wurde das Tragen von Perlen und Schmuck im Haar verboten, die Menge des zur Herstellung der Kleidung verwendeten Stoffes sowie die Länge der Schleppen festgelegt. Hochzeitsgäste – ihre Zahl war auf maximal 40 Personen eingeschränkt worden –

durften dem Brautpaar lediglich einen Becher schenken. Zwar wurden diese Gesetze 1306 widerrufen, aber schon 1334 mit größerer Schärfe erneut bestätigt. Seitdem wurden alljährlich zweimal Gesetzesnovellen zur Eingrenzung des privaten Luxus verkündet. Dieses stetige Aufwärmen zeigt, wie wenig sich die Venezianer offenbar um die Erlasse kümmerten. Als den Frauen das totale Verbot des Tragens von Schmuck in der Öffentlichkeit zu weit ging, protestierten sie beim Papst, der ihnen prompt recht gab und ihnen zu ihrem Schmuck zurückverhalf. Geschickt wurden die komplizierten Bekleidungsvorschriften umgangen, indem z. B. nach dem Verbot des Tragens von Brokat zahlreiche Venezianer – Männer wie Frauen – ihre Bekleidung aufschlitzten, um die raffinierte und kostbare Unterwäsche zu zeigen. Die Luxusgesetze erfassten nicht nur den äußeren Habitus des einzelnen, sie sorgten sich auch um den Pomp an Schiffen und Bauten. Mitte des 16. Jh. wurde es untersagt, Gondeln farbig zu bemalen und mit Pelzen auszuschlagen. Der staatlich verordnete Trauerflor der Gondeln ist keinesfalls Ausdruck einer von Endzeitahnungen getrübten Stimmung.

Wie alles in Venedig muten auch die in ihrer Art für Europa singulären Luxusgesetze absonderlich an. Aber wenn man einmal von der Äußerlichkeit absieht, dass sich der Staat ein Monopol beim Repräsentieren sichern wollte, scheint ein tiefer Sinn den Verordnungen innezuwohnen. Es galt, soziale Spannungen einzudämmen, durch Verwischung der sichtbaren Spuren zwischen Arm und Reich den Neid der Minderbemittelten gegenüber den Privilegierten niederzuhalten.

Massentourismus

Im Jahr 2007 hat der Magistrat der Stadt mit realen Kampfmaßnahmen gegen den Massentourismus begonnen. Omnibusse, die vom Kontinent zum Parkplatz auf dem Tronchetto fahren, müssen eine Gebühr von nahezu 400 € bezahlen, jeder weitere Tag des Parkens auf dem Tronchetto kostet nicht weniger. So vergrault man wirkungsvoll die ungeliebten Tagestouristen, aber bedauerlicherweise auch die geldbringenden Bildungsurlauber.

Venedig heute

Bedrohungen für die Lagunenstadt

Für eine Stadt, die seit ihrer Geburtsstunde im und durch den Austausch mit Fremden lebte, ist der Tourismus keine Neuerscheinung. Schon früh lernten die Venezianer damit zu leben, dass auch andere die Liebe zu ihrer Stadt teilten. Unter der Lawine jedoch, die der moderne **Massentourismus** losgetreten hat, droht die Stadt allmählich zu ersticken. Um den Zustrom der Tagesausflügler einzudämmen, hat der Stadtrat 2007 eine drastische Maßnahme ergriffen. Omnibusse müssen jetzt für die Überfahrt vom Festland zum Parkplatz auf dem Trochetto eine Gebühr von nahezu 400 € berappen. Der Omnibustourismus ist seither tatsächlich drastisch zurückgegangen.

Weitere Bedrohungen für die Lagunenstadt kommen noch aus einer anderen Richtung. Schon 1846 hatten die Österreicher die einstige ›Königin der Meere‹ an die Leine gelegt. Sie schlugen vom Festland eine **Eisenbahnbrücke** nach Venedig, über die heute bis zu hundert Züge täglich rollen. Gegen eine derartige Anbindung an das Festland hatte sich die Stadt jahrhundertelang erfolgreich zur Wehr gesetzt. In früheren Zeiten hatte man eigens die natürlichen Flussläufe der Brenta, der Sile und Piave sowie deren Nebenarme umgeleitet, um eine Versandung der Lagune zu verhindern. Seit dem 19. Jh. ist Venedig streng genommen keine Insel mehr, und im 20. Jh. wurde die Verklammerung mit dem Festland noch verstärkt: 1933 wurde ein parallel zur Bahnbrücke verlaufender **Damm für den Autoverkehr** aufgeschüttet. Er sollte der arbeitenden Bevölkerung der Stadt eine schnellere Verbindung zu den im Hinterland entstandenen Industrierevieren schaffen. Venedig hatte sich nämlich schon früh an den industriellen Aufschwung anschließen können. Nach der Eröffnung des Suezkanals 1869 hatte der beinahe funktionslos gewordene Hafen überraschend eine neue Schlüsselstellung erlangt. Schon bald wurde das Arsenal reorganisiert. Die Lagunenstadt selbst aber bot nicht den erforderlichen Raum zur Errichtung größerer Betriebe. Darum wich man auf das Festland aus, wo nun die Industriehäfen von Mestre und Marghera entstanden. Nach 1945 sind gewaltige Raffinerieanlagen errichtet worden, denen die Ansiedlung chemischer Fabriken folgte. Diese Industrie aber braucht Süßwasser in großen Mengen, das man durch Bohrungen dem Grundwasser entzieht. Das stetige Abpumpen des Grundwassers hat zur Bildung von unterirdischen Hohlräumen geführt, die das **Absinken Venedigs** beschleunigen. War die Stadt bis zu Beginn des 20. Jh. um etwa 9 cm pro Jahrhundert tiefer in den Grund gesackt, so hatte sich seitdem diese Marke bis zu Beginn der Siebzigerjahre verzehnfacht! Das Wasser der Adria, mit dem sich der Doge einst so harmonisch verehelichte, ist dadurch zur lebensbedrohenden Gefahr geworden.

Hochwasser war stets eine latente Gefahr, die jedoch nur äußerst selten zum Tragen kam. 1102 war die Insel Malamocco in den Fluten versunken, aus dem Jahr 1339 wird von einer verheerenden Springflut berichtet. Während zwischen 1879 und 1959 die Piazza San Marco zwanzigmal höher als einen halben Meter unter Wasser stand, ist sie seitdem schon mehr als vierzigmal in diesem Maße überflutet gewesen. Gegen die Flut war das letzte monumentale Bauwerk der freien Republik errichtet worden, die *murazzi* (1744–82), ein 4 km langer Damm aus istrischen Granitblöcken vor dem Lido von Pellestrina. Die bislang größte **Flutkatastrophe** hat im November 1966 die Vision vom Untergang Venedigs zu einer bedrückend nahen Realität werden lassen. Die *murazzi* wurden überspült und zum Teil zerstört, der immer rascher werdende Verfall zahlreicher Bauwerke wurde in jenen Tagen, als der Schirokko, ein heftiger Südwind, das Zurückweichen der Wassermassen verhinderte, sichtbar beschleunigt. Seitdem ist fast mehr debattiert als gehandelt worden. Immerhin ist ein erster schwacher Hoffnungsschimmer zu erkennen. Nachdem die Zahl der artesischen Brunnen reduziert wurde, sinkt die Stadt seit 1975 deutlich weniger. Anfang der Achtzigerjahre wurde ein gigantisches Projekt in Angriff genommen: Die drei Durchgänge von der Lagune zur offenen Adria sollten durch versenkbare Schleusen geschützt werden. Der gigantischen Kosten wegen lag das Projekt lange auf Eis, soll nun aber doch realisiert werden, da die Gefahr der Hochwasser immer drängender wird.

Lesetipp

2011 erschien ein neues Buch zur Geschichte Venedigs, das den Leser dank seiner lebendigen und faktenreichen Beschreibungen in Bann schlägt: »Venedig erobert die Welt – Die Dogen-Republik zwischen Macht und Intrige« von Roger Crowley.

Aber das Hochwasser ist nicht der einzige Feind. Für die modernen **Riesentanker** wurden tiefe Fahrrinnen in die Lagune gebaggert, die die Strömungsverhältnisse drastisch verändert haben. Waren früher zahlreiche Kanäle, die ja Relikte einstiger Bäche und Flüsse sind, noch in Bewegung, so ist das Wasser jetzt mehr und mehr zum Stillstand gekommen. Früher konnte sich die Stadt ohne eigenes Zutun selbst reinigen, heute findet kein ausreichender Austausch des Wassers mehr statt. Damit kann wiederum der **Industrieschmutz,** der sowohl aus der Luft als auch vom Wasser her die Gebäude angreift, sein Zerstörungswerk ungehemmter fortsetzen.

Stimmung des Untergangs

Neben den Maßnahmen gegen das Hochwasser und die schädigenden Emissionen aus den Industrieanlagen muss eine konsequente Restaurierung der gesamten Stadt durchgeführt werden. An vielen Stellen arbeiten seit Jahren Franzosen, Deutsche, Amerikaner, Australier und Engländer.

Aber die Spuren der Morbidität werden wohl nie ganz zu tilgen sein. Sie gehören auch zum Erscheinungsbild Venedigs und haben in einer eigenen Kulturrichtung ihren Niederschlag gefunden, die die **Stimmung des Untergangs** zum ästhetischen Erlebnis hochstilisiert hat. Bereits 1883 hatte sich Richard Wagner, dessen »Tristan und Isolde« weitgehend in Venedig entstanden war, die Kulisse des Palazzo Vendramin-Calergi als würdigen Rahmen für sein Dahinscheiden erkoren. Gottfried Benn erinnert in einer Zeile seines schwermütigen Gedichtes »Selbsterreger« an dieses Ereignis. Sechs Jahre später starb Robert Browning in der Ca' Rezzonico. Die Melancholie des sterbenden Venedig bildet die Kulisse für Gabriele D'Annunzios Roman »Il fuoco« (Feuer) und für Hemingways »Across the river and into the trees« (Über den Fluss und in die Wälder), für Thomas Manns Novelle »Tod in Venedig« und für Daphne du Mauriers Erzählung »Dreh dich nicht um« (vielen vielleicht eher unter dem Titel der brillanten Verfilmung »Wenn die Gondeln Trauer tragen« bekannt). Zuletzt reihten sich der Engländer Ian McEwan mit seinem Roman »Der Trost von Fremden«, Patricia Highsmith mit »Venedig kann sehr kalt sein«, Josef Brodsky mit »Ufer der Verlorenen« und Juan Manuel de Prada mit dem Buchtitel »Trügerisches Licht der Nacht« in die lange Reihe literarischer Äußerungen zu Venedig ein. Der finnische Autor Hannu Raittila nimmt in seinem Roman »Canal Grande« die internationalen Bemühungen um den Erhalt Venedigs humorvoll auf die Schippe (die deutsche Übersetzung erschien 2005). Er wurde für dieses Buch mit dem Finlandia-Preis ausgezeichnet, der höchsten literarischen Ehre Finnlands.

Weiterhin hat mittlerweile auch die **Abwanderung** der einheimischen Bevölkerung aufs Festland bedrohliche Ausmaße angenommen. Da die Mietpreise ins Astronomische gewachsen sind, können sich viele keine Wohnung in der Stadt mehr leisten. Wurden in den

1970er-Jahren noch rund 100 000 Einwohner gezählt, so ist die Bevölkerungszahl inzwischen unter 70 000 gesunken und tendiert aktuell gegen 60 000, und dieser Trend der Abwanderung hält an. Heute dienen zahlreiche Wohnungen Wohlhabenden aus dem In- und Ausland als Zweitresidenz und stehen deshalb über weite Strecken des Jahres leer.

Aber dessen ungeachtet geht das Leben in der Lagunenstadt weiter. Kinder gehen zur Schule, Studenten besuchen ihre Kollegs, Hausfrauen treffen sich auf dem täglichen Markt am Rialto. Und gelegentlich unterbrechen die **traditionellen Feste** das Alltagsgeschehen, Feste, von denen man auch heute spürt, dass sie sich ihre Ursprünglichkeit bewahrt haben und nicht als Schau für die Touristen inszeniert werden.

Karneval

Venedigs Karneval ist so alt wie die Stadt selbst. Sein Ursprung liegt, wie bei allen Karnevalsfesten Italiens, in den **römischen Saturnalien,** großen Maskenfesten, die zur Jahreswende gefeiert wurden. Der offizielle Beginn war der St. Stephans-Tag, der 26. Dezember, den Schluss markierte wie überall der Aschermittwoch. Während das Ende der Karnevalszeit unangetastet blieb, wurde dagegen der Anfang allmählich vorgezogen. Im frühen 18. Jh. schließlich begann der Karneval schon im Oktober, die Weihnachtszeit bildete nur eine kurze Unterbrechung in einer fast ein halbes Jahr währenden Maskerade. Im 14. Jh. war es verboten, sich zu maskieren, weil die Herrschenden fürchteten, dass sich hinter der Anonymität der Vermummung ein Verrat besser inszenieren ließ. Aber das Verbot, das in der Folgezeit ständig wiederholt wurde, stieß offenbar auf taube Ohren.

In der Zeit der österreichischen Okkupation im 19. Jh. geriet dieses bezeichnend venezianische Fest in Vergessenheit. Es gab auch wenig Anlass mehr zum Feiern. Erst 1980 haben Künstler, namentlich Leute vom Theater, den vergessenen Karneval aus seinem fast zweihundert Jahre dauernden Schlummer wieder zum Leben erweckt. Seitdem strömen die Besucher auch in den sonst wenig beliebten Monaten Februar und März in die Stadt, aber der Karneval ist in erster Linie ein **Fest der Venezianer** selber. Die zehn Tage vor Aschermittwoch sind eine sinnenbetörende Orgie der Fantasie. Nur selten sieht man konfektionierte Kostüme. Jeder Venezianer bastelt mit Liebe und Hingabe an seiner Verkleidung, dazu trägt man die alten traditionellen Masken oder skurrile Eigenkreationen. Arlecchino, Pulcinella, Pantalone und andere Gestalten der klassischen Commedia dell'Arte tanzen auf der Piazza neben Monstern aus dem Weltall, Briefkästen mit zwei Beinen, Königen aus dem Morgenland, Schlümpfen oder prachtvoll gewandeten Herrschaften des Rokoko. Auf den Campi spielen Straßentheater und Musik-

Ippolito Caffi, »Karnevalsabend auf der Piazza San Marco« (Ausschnitt), 1850, Galleria d'Arte Moderna, Venedig

gruppen, die Bühnen der Stadt greifen mit ausgefallenen Inszenierungen ihrerseits in das große Spektakel mit ein. Den ersten Höhepunkt markiert der *giovedi grasso,* der Donnerstag vor Aschermittwoch, an dem in früheren Zeiten öffentliche Stierhatzen stattfanden, die heute mit einem Pappbullen pantomimisch nachvollzogen werden. Am Sonntag und noch einmal am Faschingsdienstag brodelt die ganze Stadt. Ein Feuerwerk beendet den Rausch, in dem die Venezianer die Apotheose ihrer glanzvollen Stadt feiern.

Kunstgeschichte Venedigs

Malerei

Unter den drei Hauptgattungen der Bildenden Künste – Architektur, Malerei und Skulptur – besetzt in der Kunstgeschichte Venedigs die Malerei unangefochten den ersten Platz. Natürlich besitzt Venedig bedeutende Bauwerke, nur wurden diese zumeist von Architekten errichtet, die aus der Lombardei oder aus anderen Städten bzw. Landschaften Italiens stammten. Andrea Palladio und Jacopo Sansovino sind zwei der prominentesten Beispiele. Berühmte Maler dagegen sind in großer Zahl aus Venedig selbst hervorgegangen, wobei sich zwei Blütezeiten feststellen lassen: die Renaissance und das Rokoko.

Die Ursprünge der **Tafelmalerei** liegen in Venedig wie in ganz Italien im 13. Jh. Das älteste bekannte Bild des Mittelalters – es befindet sich heute im Museo Correr – ist die Bemalung einer Truhe, die nachträglich zu einem Reliquienschrein (Sarkophag der hl. Giuliana) umfunktioniert wurde. Die dort auf der Deckelunterseite dargestellten Heiligen sind in einem Stil gemalt, der der **Gotik** Westeuropas, namentlich Frankreichs, verpflichtet ist. Im 14. Jh. erfolgte die Hinwendung zu **byzantinischen Vorbildern.** In der Accademia und im Museo Correr hängen zahlreiche Beispiele der Malerei dieser Epoche, die man die *maniera bizantina* nennt (s. S. 215 und 82). Goldgrund, Unkörperlichkeit der Figuren, goldgehöhte Stege und Gewandsäume sind deren Kennzeichen, die insgesamt von einer strengen, hieratischen Darstellungsweise zeugen. Es handelt sich dabei um Merkmale, die auch für die Malerei in anderen Kunstzentren Italiens typisch sind und nicht als besonders charakteristisch für Venedig auffallen.

Frührenaissance

Erst im 15. Jh. gewinnt die Malerei Venedigs ihr **eigenes Profil.** Doch hielt die Renaissance nur zögerlich ihren Einzug in der Lagunenstadt und fasste hier erst in der zweiten Hälfte des 15. Jh. Fuß. Die Malerei blieb zunächst den religiösen Themen verpflichtet, wichtigste Aufgabe der Maler war, wie zuvor im Mittelalter, der Altar. Als beliebteste Form setzte sich die *sacra conversazione* durch. Auf diesen Bildern thront entweder die Muttergottes oder (seltener) eine andere Heiligengestalt im Mittelpunkt, ihr zuseiten befinden sich weitere Heilige, männliche wie weibliche, die meistens meditativ in sich versunken erscheinen. Von einer ›Konversation‹ ist nichts zu erkennen, der Begriff der *sacra conversazione* ist also ein Hilfsbegriff. Der mittelalterliche Goldgrund verschwindet, an seine Stelle treten Hintergrundsarchitekturen oder Landschaftsdarstellungen, die Menschen werden nun realistisch und in ihrer physischen Präsenz dargestellt. Von Florenz übernahmen die venezianischen Künstler die Zentralperspektive.

Der wichtigste Vertreter der venezianischen Malerei der Frührenaissance ist **Giovanni Bellini.** Giambellino, wie er auch kurz genannt wird, setzte sich intensiv mit den neuen Strömungen der festländischen Renaissancekunst auseinander. Als Vorbild für den neuen Realismus dienten ihm der Florentiner Donatello und sein aus Padua stammender Schwager Andrea Mantegna. Deren krassen Verismus aber milderte er im Sinne einer mehr gefühlsbetonten Zartheit. In Fragen der Maltechnik schulte er sich an Antonello da Messina.

Hatte die gotische Malerei Venedigs noch die Temperamalerei bevorzugt, so bedienten sich die Renaissancekünstler zunehmend der **Öl- bzw. Mischtechnik,** die eine differenziertere Darstellungsweise ermöglichte. Durch besonders feine Lasuren war es Antonello da Messina gelungen, Nuancierungen zu erreichen, die bis dahin unbekannt gewesen waren. Diese Maltechnik hatten im frühen 15. Jh. die Niederländer, allen voran Jan van Eyck, entwickelt. So wie Venedig und die Niederlande, vor allem Flandern, wirtschaftlich in engem Kontakt standen, kam im 15. Jh. gleichzeitig ein lebhafter kultureller Austausch zustande, von dem übrigens auch die Musikgeschichte berührt wurde (Entstehung der Mehrhörigkeit). Das Wechselverhältnis zwischen Venedig und dem Norden ist lange Zeit in seiner Tragweite nicht hinreichend gewürdigt worden. Erst seit wenigen Jahren setzt sich die kunstgeschichtliche Forschung intensiver damit auseinander. In dieser Hinsicht haben die Ausstellung »Venedig und der Norden«, die zum Jahreswechsel 1999/2000 im Palazzo Grassi stattfand, und der sie begleitende Katalog bahnbrechende Erkenntnisse vermittelt.

Die Technik der Ölmalerei wurde zur Grundlage von Giambellinos Schaffen. Sein großes Verdienst ist es, die venezianische Malerei über ihre bis dahin herrschende unverbindliche Farbigkeit hinausgehend mit der Leuchtkraft seiner strahlenden Palette bereichert zu haben. An Zartheit, sanfter und doch niemals sentimental wirkender Innigkeit sind die Werke Bellinis nicht mehr übertroffen worden (Abb. s. S. 171 und 220).

Neben Bellini profilierte sich **Vittore Carpaccio** als fantasiebegabter Chronist, der umfangreiche Bilderzyklen für verschiedene Scuole in Venedig schuf. Mit einem neuen Sinn für die Lebenswirklichkeit hat er in seinen Hintergrundsansichten, als erster Maler überhaupt, Alltagsszenen und Stadtansichten Venedigs im Bilde festgehalten (Abb. s. S. 34, 36 und 242).

Neben Bellini und Carpaccio ist **Cima da Conegliano** als dritter Hauptvertreter der venezianischen Frührenaissance zu nennen. Der um 1460 geborene Cima kam nach einer mehrjährigen Ausbildung 1492 nach Venedig, wo er den größten Teil seines Lebens verbrachte. Erst 1516 kehrte er in seinen Heimatort zurück und verstarb dort kurz darauf (1517 oder 18). Anfangs unter dem Einfluss Antonello da Messinas stehend, geriet er in Venedig in den Bannkreis Giovanni Bellinis. Trotz dieser großen Vorbilder fand Cima zu seiner ganz eigenen Sprache, die ihren schönsten Ausdruck in seiner Form der **Landschaftsdarstellung** fand. Bernard Berenson (in: »Die italienischen Maler der

Die »Madonna mit dem Orangenbaum« von Cima da Conegliano entsand um 1495 und hängt heute in der Accademia ▷

Renaissance«) meinte von Cima, er sei der einzige Künstler seiner Zeit gewesen, dem es gelungen sei, »die leichte und weiche Atmosphäre zu erspüren, in die die italienische Landschaft getaucht ist«.

Hochrenaissance

Bald nach 1500 löste die Hoch- die Frührenaissance ab. Die von den Malern dargestellten Gruppierungen werden bewegter, die klare Gliederung der Kompositionen weicht einem Bildaufbau, der die Hauptfiguren nicht mehr in den Mittelpunkt stellt. **Giorgione** steht am Beginn dieser neuen Entwicklung.

Obwohl er selbst keine Schule im eigentlichen Sinne begründet hat, denn er unterhielt kein eigenes Atelier, haben zahlreiche Maler die von Giorgione ausgehenden Anregungen aufgegriffen. In erster Linie sind Tizian, Jacopo Palma der Ältere, Paris Bordone, Sebastiano del Piombo, Vincenzo Catena und Pordenone zu nennen. Das Revolutionäre in der Kunst Giorgiones liegt in dem Zurücktreten des Zeichnerischen zugunsten einer **lichterfüllten, lockeren Malweise.** Hierin ist Giorgione für die ganze venezianische Malerei der Folgezeit, bis hin zu Tiepolo und Guardi, richtungsweisend gewesen. Daneben hat er der sich im 16. Jh. verselbstständigenden Landschaftsmalerei entscheidende Impulse gegeben und der Ikonografie neue Horizonte erschlossen. Für beides ist die »Tempesta« (Accademia) ein Paradebeispiel (Abb. s. S. 226).

Tizian ist das alles überragende Genie der venezianischen Hochrenaissance. In seiner Frühzeit nahm er die unterschiedlichsten Anregungen auf. Für seinen Werdegang war vor allem die Berührung mit Giovanni Bellini und Giorgione ausschlaggebend. Auch mit Dürer hatte er Kontakt und erlernte von ihm (1506) den Holzschnitt, den er fortan gerne für Entwürfe großformatiger Bilder verwendete. Erst nach dem Tode Giorgiones entfaltete Tizian seine große Begabung und fand zu einem eigenen Stil. Während in den frühesten Werken die menschliche Figur nur einen Teil des ganzen Bildgeschehens ausmachte, wurde sie nun zusehends zum beherrschenden Mittelpunkt seines Interesses. Darüber hinaus löste sich Tizian von der klassischen Ausgewogenheit Bellinis und schuf Bilder, in denen eine pulsierende Bewegtheit die Komposition durchwaltet. Als Hauptwerk dieser ›protobarocken‹ Phase gilt die »Assunta« in der Frarikirche. Die Konzentration auf die **menschliche Gestalt** führte fast automatisch zu Tizians Meisterschaft in der Porträtkunst.

Nach 1530 bricht eine Phase der Beruhigung an. Charakteristisch für diese Epoche ist der »Tempelgang Mariens« in der Accademia. Ab etwa 1550 spricht man vom Altersstil Tizians. Er verzichtete nun ganz auf schmückendes Beiwerk, das psychologische Interesse an der menschlichen Physiognomie und Anatomie, besonders der Zustand des Leidens, tritt in den Vordergrund. Die »Laurentius-Marter« in der Jesuitenkirche steht stellvertretend für die 1560er-Jahre. Der Bildraum wird mehr und mehr von einer tiefen Räumlichkeit geprägt, die in

Tizian, »Assunta« (Mariä Himmelfahrt), 1516/18, Altar in der Kirche S. Maria Gloriosa dei Frari ▷

krassen Licht- und Schattenkontrasten zum Ausdruck kommt. Die »Verkündigung« in S. Salvatore ist in tiefes Dunkel getaucht, aus dem die hellen Partien schlaglichtartig aufleuchten. In den letzten Jahren seines Wirkens wird die Palette gedeckter. Hatten in den früheren Jahrzehnten leuchtende Töne, vor allem das Rot, seine Malweise bestimmt, so werden diese zunehmend von Braun-, Grau- und Ockertönen abgelöst. In der späten »Pietà« in der Accademia vollenden sich dieses »Finstere, zum Brutalen Gesteigerte und die koloristischen Möglichkeiten des Missfarbenen« (Theodor Hetzer).

Tizians Wirkung war derart erdrückend, dass sich im engeren Umkreis seiner Werkstatt keine eigenen Persönlichkeiten entfalten konnten. So haben sich denn auch Tintoretto und El Greco schon bald von ihm abgewendet, um ihre eigenen Wege zu suchen. Für die Nachwelt aber ist die Leistung Tizians richtungsweisend geworden. Velázquez, Rubens, van Dyck und Rembrandt bauen in Farbgebung und der Technik der weichen Pinselführung auf dem Schaffen Tizians auf. Im Rahmen der Porträtkunst reicht sein Einfluss weit über das 16. Jh. hinaus und hat bis in das Œuvre Goyas und Lenbachs fortgewirkt.

Spätrenaissance

Zwei Maler, die in jungen Jahren aus dem Schatten Tizians heraustraten, läuteten in Venedig das Zeitalter der Spätrenaissance ein: Jacopo Tintoretto und Paolo Veronese.

Tintoretto ist in jeder Hinsicht ein Gegenpol zu Tizian. Während dieser mit den Fürsten seiner Zeit in engem Kontakt stand und Auftraggeber in ganz Europa hatte, blieb Tintoretto zeitlebens dem nahen Umkreis seiner Heimatstadt verbunden. Seine wichtigsten Auftraggeber waren die Signoria, die Scuole und Kirchen Venedigs. Dies ist auch der Grund dafür, dass die Kunst Tintorettos, so bahnbrechend sie in mancher Hinsicht auch war, praktisch keine Nachahmung gefunden hat, während Tizians Leistungen anhaltend weiterwirkten. Tizian war zudem ein kühler Rechner, der oftmals mit seinen Auftraggebern umfangreiche Korrespondenzen über Zahlungsmodalitäten führte. Diese profane Seite im Wesen Tizians drückte sich nicht zuletzt in der großen Zahl seiner weltlichen Bilder aus, vor allem in den Herrscherporträts. Tintoretto dagegen war ein Schwärmer, der vor dem geistigen Hintergrund der Gegenreformation sein Genie fast ausschließlich in den Dienst der **religiösen Malerei** stellte.

Als Hauptvertreter des **Manierismus,** des Spannungsfeldes zwischen Renaissance und Barock, hat er Werke von visionärer Kraft geschaffen, in denen Illusionsräume, gefühlsbetonte Dramatik und optische Verzerrungen den Ton angeben. Dabei ist es wichtig, sich vor Augen zu halten, dass Tintoretto bei aller Impulsivität seines Temperaments in seiner Arbeit zum Teil mit verblüffender Gründlichkeit zu Werke ging. Es ist überliefert, dass er bei großen Aufträgen zuerst die Raum- und Lichtverhältnisse inspizierte. Sodann schuf er ein Miniaturmodell des betreffenden Raumes und stellte kleine, aus Wachs geformte Modelle hinein, die er nach der ihm vorschwebenden Komposition anordnete, um an ihnen die Wechselwirkung von Licht und Schatten zu beobachten. Die derart gewonnenen Erkenntnisse wurden abschließend noch einmal an Ort und Stelle überprüft, die Komposition entsprechend geändert und umgruppiert. Erst dann begann Tintoretto zu malen.

Zu seinen frühesten, sicher datierbaren Werken zählt die Abendmahlsdarstellung in S. Marcuola (Abb. s. S. 259). Wenn sich darin auch schon erkennbar die Opposition gegen Tizian rührt, bleibt Tintoretto doch anfangs der klassischen Kompositionsweise treu. Namentlich dieses Bild steht unter dem Einfluss Leonardos (»Abendmahl« in Mailand). Zu seiner persönlichen Formensprache fand Tintoretto in dem »Markus-Wunder« in der Accademia. Hier werden die

Das große Gemälde von Tintoretto, »Der hl. Markus befreit einen zur Marter verurteilten Sklaven« (1548, Accademia), stammt aus der Scuola di S. Marco

Einflüsse älterer Meister, auch Tizians, und die manieristische Zeitströmung miteinander verbunden. Ein für die damalige Sichtweise ungewöhnliches Motiv ist dabei der perspektivisch stark verkürzte und in Unteransicht wiedergegebene Markus, der von oben her in das Geschehen gleichsam niederstürzt. Das Bemühen um **Tiefenillusion** beherrschte sein weiteres Schaffen, wie es u. a. im »Abendmahl« in S. Trovaso exemplarisch deutlich wird. Seit 1564 entstanden in über 20 Jahren die Gemäldezyklen für die Scuola di S. Rocco, in denen Tintoretto die Emotionalisierung des Geschehens zu einer spannungsgeladenen Dramatik steigert (Abb. s. S. 182). Den Höhepunkt seines Schaffens markiert das kurz vor seinem Tode entstandene Abendmahl in S. Giorgio Maggiore, das in einer überraschenden Synthese Bewegtheit und Ruhe, Sakrales und Profanes miteinander zu einer Wirkung von großer Intensität verdichtet.

Neben Tizian und Tintoretto ist **Veronese** der dritte Gigant unter den venezianischen Malern des 16. Jh. Seine Bilder atmen eine frische, unkomplizierte **Natürlichkeit.** Mit Vorliebe stellte er Lokalfarben nebeneinander. In seiner Heiterkeit unterscheidet er sich von dem schwärmerischen Tintoretto und von dem Ernst Tizians. Die Darstellungen festlicher Ereignisse sind von Lebenslust sprühende Chroniken des prunkvollen Venedigs im 16. Jh., das sich so unbekümmert über die politischen Realitäten hinwegzusetzen scheint (Abb. s. S. 128 und 230). Erst im Alter wurde seine Palette gedeckter, stumpfe Grün- und Blautöne treten in den Vordergrund. Die Maler des 18. Jh, Tiepolo und seine Zeitgenossen, sahen in Veronese ihr leuchtendes Vorbild und griffen in der Wahl ihres Kolorits auf seine Palette zurück.

Barock

Das 17. Jh. ist das Zeitalter des Barock in Italien. Die wichtigsten Malerschulen dieser Epoche hatten ihre Sitze in Bologna, Rom und Neapel, nicht jedoch in Venedig! Denn Venedig, das eben noch – im 16. Jh. – in Europa tonangebend gewesen war, hat sich in dieser Zeit nahezu sang- und klanglos von der internationalen Kunst-Bühne verabschiedet. Diese Stadt der stillen Töne fand offenbar keinen Geschmack an dem polternden und auftrumpfenden Gehabe des Barockzeitalters. Das sollte sich erst in der Endphase dieser Epoche, im **Rokoko,** grundlegend ändern. Im Settecento Veneziano gebar die Lagunenstadt wieder eine Legion großartiger Künstler, allen voran Giovanni Battista Tiepolo, der zu den Vollendern des Rokoko in Europa zählt.

Tiepolo, der wie Tizian im Ausland und für große Fürstenhäuser arbeitete, hat ein fast unübersehbares Œuvre hinterlassen. In seiner Frühzeit setzte er sich mit den früheren Meistern venezianischer Malerei auseinander, vor allem mit Tintoretto und Veronese sowie mit den etwas älteren Zeitgenossen Piazzetta und Sebastiano Ricci. Er entwickelte daraus, insbesondere in den Fresken, sein eigenes farbenprächtiges Kolorit, dessen **Pastelltönigkeit** ein allgemeines Charakteristikum der Rokokomalerei wurde (Abb. s. S. 235). Sein Aufenthalt in Würzburg, wo er Teile der dortigen Residenz ausmalte, hat der süddeutschen Rokokokunst entscheidende Impulse gegeben. Dennoch blieb die Kunst Tiepolos schon zu seinen Lebzeiten nicht unumstritten und geriet nach seinem Tode schnell in Vergessenheit. Es ist bezeichnend, dass Goethe die Landschaftsbilder seines Sohnes Domenico in der Villa Valmarana den Fresken des Vaters vorzog. Erst im 20. Jh. sind die Stellung und der schöpferische Genius Tiepolos wiederentdeckt und gebührend gewürdigt worden (Michael Baxandall: »Tiepolo und die Intelligenz der Malerei«, erschienen 1996).

Es ist überraschend, wie unterschiedlich der Stil der **Künstler dieser Epoche** ausfällt. Sebastiano Ricci ist, ähnlich wie Tiepolo, dem Kolorit Veroneses verpflichtet. Die brauntönige Palette Giovanni Battista Piazzettas dagegen zeigt sich vom Kolorismus Giorgiones und Tizians beeinflusst. Francesco Guardi malte mit lockerem Pinsel Venedig-Ansichten, in deren Sfumato eine Vorahnung auf den Impressionismus heraufdämmert. Antonio Canal genannt Canaletto wurde mit seinen fotografisch exakten Stadtpanoramen ein sachlicher Chronist des 18. Jh. (Abb. s. S. 8, 54 und 274), während Pietro Longhi mit seinen zum Teil burlesken Alltags- und Karnevalsszenen ein Meister der Genremalerei war. Rosalba Carriera wiederum, eine der wenigen Frauen, die es zu Ruhm brachten, machte den Typus des in Pastellkreide gemalten Porträts zu ihrem persönlichen Markenzeichen.

So wie manche Pflanzen kurz vor ihrem Absterben noch ein letztes Mal eine unvorstellbare Blütenpracht entfalten, so hat auch die Serenissima in den letzten Jahren ihrer Existenz als freie Republik eine Gruppe von Künstlern hervorgebracht, die mit ihren Werken die Kunstgeschichte Europas bereichert haben und jene Venedigs in einem rauschenden Schlussakkord ausklingen ließen.

Sakrale Baukunst

Am Beginn der Kirchenbaukunst in Venedig steht die im 11. Jh. errichtete **Markuskirche,** die dem Typus der byzantinischen Kreuzkuppelkirche folgt. Das direkte Vorbild war die von den Türken Mitte des 15. Jh. zerstörte Apostelkirche in Konstantinopel. San Marco macht die Mittlerrolle, die Venedig zwischen Orient und Okzident spielte, besonders augenfällig, denn die Dogenkirche wurde ihrerseits zum Vorbild für die Kathedrale St. Front in Périgueux in Südwest-Frankreich, der größten Kuppelkirche der Romanik in Westeuropa. Die romanische Baukunst der benachbarten Lombardei, der führenden Kunstlandschaft Italiens im Hochmittelalter, hat nur geringe Spuren in der Lagune hinterlassen.

In Venedig selbst steht heute außer der Markuskirche kein weiterer Bau der **Romanik,** nur auf Murano findet sich in Gestalt der Kirche SS. Maria e Donato ein markantes Denkmal dieser Epoche. Vor allem die Ansicht des Chores mit einer in zwei Geschossen gegliederten Zwerggalerie lässt den Einfluss der kontinentalen Romanik er-

kennen. Im Innern der dreischiffigen Basilika fühlt man sich dagegen eher an frühchristliche Kirchenräume erinnert, denn anstatt eines Gewölbes überfangen offene hölzerne Dachstühle das Lang- und das Querhaus.

In welchem Maße San Marco zum Urbild des venezianischen Kulturraums wurde, verdeutlicht ein Besuch auf Torcello, wo mit der Kirche **S. Fosca** ein verkleinertes und vereinfachtes Abbild der Do-

genkirche steht. Diese prägende Kraft der Markuskirche reichte weit über den Zeitrahmen des Mittelalters hinaus. Besonders die Renaissance, die ja ohnehin den **Zentralbau** zu ihrem Lieblingskind erkoren hatte, schuf unterschiedliche Variationen zu diesem Thema. Der großartigste Zentralbau Venedigs nach San Marco ist die **Salute-Kirche,** die Baldassare Longhena im 17. Jh. erbaut hat. Er ist zugleich der einzige Architekt von internationalem Rang, der von Herkunft

Blick auf S. Marco und den Dogenpalast, gemalt von Antonio Canal, gen. Canaletto, »Markusplatz in Venedig«, um 1740/50

Venezianer war. Auch noch der letzte Sakralbau Venedigs, die im späten 18. Jh. errichtete Kirche S. Geremia (im Sestiere Cannaregio), ist ein Zentralbau.

In der Zeit der **Gotik** dagegen setzten die Architekten, wie damals überall in Europa, auf das Muster der **längs gerichteten dreischiffigen Basilika.** Teils wurden diese Basiliken eingewölbt, teils verzichtete man – wohl weniger aus Kosten- als mehr aus statischen Gründen – auf Einwölbungen. Der vorherrschende Gewölbetypus ist das Kreuzrippensystem, das man in Venedig aus der französischen Kathedralbaukunst übernahm. Ansonsten ist der Einfluss der nordfranzösischen Kathedralgotik gering geblieben. Deren auffälligste Merkmale wie die Zurückdrängung der Wand und deren großzügige Öffnung in farbigen Fenstern sowie das akzentuierte Vertikalstreben sind der gotischen Baukunst Venedigs fremd geblieben. Die Basiliken haben zumeist einen eher hallenartigen Charakter mit hoch gezogenen Seitenschiffen und mit Fenstern sind die Baumeister sparsam umgegangen. Einzig die Chöre der Franziskaner- und der Dominikanerkirche besitzen eine Durchfensterung, die den Chorlösungen großer Kathedralen Frankreichs nahekommen.

Profane Baukunst: Der venezianische Palazzo

So wie die ganze Stadt in der europäischen Kunstgeschichte eine Sonderstellung einnimmt, ist auch der venezianische Palazzo mit der Feudalarchitektur im übrigen Europa nicht vergleichbar. Während überall sonst die Frühform aristokratischen Bauens von der Notwendigkeit zur Verteidigung geprägt war, brauchte man in der geschützten Lagune keine Rücksicht auf fortifikatorische Gesichtspunkte zu nehmen. Zudem blieb Venedig der innerparteiliche Kampf erspart, der andere Städte des Mittelalters, namentlich in Oberitalien, so heftig erschütterte und selbst innerhalb umfriedeter Städte Wohnbauten von oft martialischem Aussehen entstehen ließ – die Geschlechtertürme der Toskana sind dafür eindrucksvolle Beispiele.

Der venezianische Palazzo ist von Anbeginn offen und zugänglich. Damit wurde zugleich eine Grundhaltung festgelegt, die später nur geringfügige Veränderungen erfuhr. Bei aller Unterschiedlichkeit der aufeinanderfolgenden Stilperioden blieb die venezianische Palastarchitektur bestimmten Grundprinzipien über Jahrhunderte treu. Sie wurden wohl variiert, aber nicht im Grundsätzlichen umgestoßen.

Stilperioden

Bis in das frühe **13. Jh.** wurde weitgehend in Holz gebaut. Erst allmählich setzte sich das technisch aufwendigere, aber dafür auch beständigere Baumaterial des Steins durch. Die ältesten Steinbauten befinden sich bezeichnenderweise im Rialto-Bezirk, also dem wirtschaftlichen Zentrum der Stadt.

Da Venedigs Blick in Richtung Osten zu einer Durchdringung mit dem byzantinischen Kunstkreis geführt hatte, während der westlich-romanische Einfluss lange Zeit wirkungslos blieb, zeigen auch die ersten Paläste einen Stil, den man treffend als **›veneto-byzantinisch‹** bezeichnet hat. Der Palazzo dieser ersten Epoche ist zweigeschossig. Das Untergeschoss öffnet sich in einer Arkadenreihe, deren Bögen sich gestelzt über schlanken Säulen erheben. Die Fenster im Obergeschoss wiederholen das Motiv der fortlaufenden Arkadenreihe. In der Horizontalen herrscht eine Dreigliederung. Einen breit gelagerten Mittelteil flankieren schmale Seitentrakte, in deren Gestalt die Erinnerung an frühmittelalterliche Turmkonstruktionen wach geblieben ist. Bezeichnenderweise nennt man sie deshalb auch **Torreselli.**

Damit hat die Architektur des 13. Jh. bereits Formulierungen fest gelegt, die bis in das 18. Jh. verbindlich bleiben sollten. Zum einen ist die **Fassade** grundsätzlich zur Wasserseite gerichtet – das gilt auch für jene Palazzi, die später an kleineren Seitenkanälen entstanden –, zum anderen blieb die Dreiteilung als Grundmuster verbindlich. Desgleichen wurde am geraden Abschluss nach oben über alle Jahrhunderte festgehalten. Spitze Giebel, wie sie vor allem in der nordischen Architektur tonangebend wurden, sind der venezianischen Bauweise im profanen Bereich fremd geblieben.

Mit dem Eindringen der **Gotik** wurde der venezianische Palazzo um ein Stockwerk erhöht. Zugleich wurde das untere Geschoss weitgehend geschlossen, an die Stelle der offenen Arkadenreihe traten ein oder zwei spitzbogige Tore. Die Fassade wurde stärker rhythmisiert, indem nun glatte Wandflächen im Wechsel mit Fenstern erscheinen. Die gotische Bauweise bedeutet jedoch keine Abwendung von der Tradition, sie ist lediglich eine Umwandlung der veneto-byzantinischen Stufe in einen neuen Stil. Der nordische Habitus der Gotik mit seiner diaphanen, also räumlich zu verstehenden Struktur wird in Venedig ins Flächenhaft-Dekorative übersetzt. Träger des dekorativen Ausdruckswillens wurde das Maßwerk, das sich über dem Grundmuster des Kielbogens und des Vielpasses in unterschiedlichen Spielarten und Variationen entfaltet.

Auch die **Renaissance** brachte nach der Mitte des 15. Jh. keinen grundsätzlichen Gesinnungswandel. Im Gegensatz zum Proportionsideal des neuen Zeitalters, das alle Bauteile als gleichgewichtig in eine ausgewogene Ordnung brachte, blieb die Dreiteiligkeit mit der Betonung des mittleren Abschnitts verbindlich. Gliedernde Elemente wie Pfeiler, Säulen oder Pilaster erfüllen auch weiterhin in erster Linie schmückende Aufgaben und dienen nur untergeordnet der Sichtbarmachung struktiver Zusammenhänge.

Wie die vorangegangenen Stilepochen erfuhr auch der **Barock** seine spezifisch venezianische Umwandlung. Die Paläste wurden zwar noch größer, raumgreifender, prächtiger, aber sie steigern sich nicht zu jenem überladenen Pathos, das für den Barock römischer Prägung kennzeichnend ist. Die Dreiteilung der Fassade jedoch wurde im Barock gelegentlich zugunsten ihrer Vereinheitlichung aufgegeben.

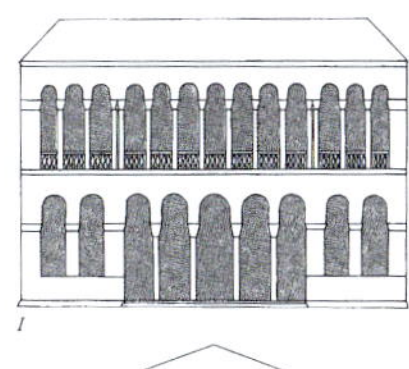

Die Entwicklung der venezianischen Palastfassade

oben: Veneto-byzantinisch, 13. Jh. (Beispiel: Palazzo Loredan, Rekonstruktion des ursprünglichen Zustands ohne die beiden später aufgesetzten Geschosse)

Mitte: Gotik, 14. und 15. Jh. (Beispiel: Palazzo Pisani-Moretta)

unten: Renaissance, 16. Jh. (Beispiel: Palazzo Contarini delle Figure)

Alle drei Beispiele befinden sich am Canal Grande.

Innerer Aufbau und Bauweise

Die beengten Platzverhältnisse auf den Laguneninseln haben den inneren Aufbau des Palastes mitbestimmt. Entweder wurde auf einen Innenhof ganz verzichtet, oder er wurde in nur bescheidenem Umfang gehalten, denn Baugrund war teuer und rar. In der Regel hat der venezianische Palazzo zwei Zugänge: einen vom Wasser aus und einen anderen von der Landseite. Beide führen in das **Andron,** einen Korridor, der die gesamte Tiefe des Bauwerks durchmisst. Dieser Hausflur diente als Zubringer für die links und rechts angrenzenden Räume, die hauptsächlich als Lager- und Büroräumlichkeiten genutzt wurden. Die Verbindung zu den oberen Stockwerken erfolgte bis in das 15. Jh. vorwiegend über eine Außentreppe. Erst dann wurde das Treppenhaus im Innern üblich. Dem Andron im Parterre entspricht der **Portego** genannte Hausflur im Obergeschoss, das man als **Piano nobile** bezeichnet. Nach außen öffnet sich der Portego in die zentrale Fenstergruppe, die an praktisch keinem Palazzo fehlt.

Den Wirtschaftsräumen unten entsprechen oben die Wohnräume. Dieser Aufriss erfuhr bereits in der späten Gotik eine Differenzierung. In den Seitentrakten des Untergeschosses wurden kleinere Zwischengeschosse, **Mezzanine,** eingezogen, die später – in der Renaissance – mittels quer durch das Andron verlaufende Gänge miteinander verbunden wurden. Da diese kleineren Räume leichter zu beheizen waren, wurden sie anfangs als Aufbewahrungsorte für wertvolle Stoffe, Möbel und Bücher, später, als in der Barockzeit die Seitenräume des Portego zunehmend repräsentative Zwecke erfüllten, auch als Wohn- und Schlafräume genutzt.

Arbeiter beim Einrammen von Pfählen für das Fundament eines Palazzo (Tuschzeichnung aus dem 18. Jh.)

Wie die bauliche Struktur erlebten auch die **Bauweise** und die verwendeten Materialien über Jahrhunderte keine grundsätzliche Veränderung. Zu Beginn der Errichtung eines Palazzo war es zunächst erforderlich, das Wasser mittels eines Walles aus Holzbohlen abzudämmen. Sodann wurden in den Grund Pfähle von etwa 2 m Länge gerammt. Unebenheiten glich man mit hartem Lehm aus. Auf diese Fläche wurden Bohlen aus Lärchen-, Walnuss- oder später auch Mahagoniholz gebreitet. Darauf wurde das Fundament aus Ziegelsteinen gelegt, das sich noch unter dem Wasserspiegel befand. Hierüber folgte eine Lage istrischen Marmors, der nicht nur die Stabilität sicherte, sondern dank seiner Härte auch optimalen Schutz gegen aufsteigende Feuchtigkeit bot. Auf diesem Sockel wurde der Palazzo hochgezogen, wobei in gotischer Zeit der größte Teil der Wände aus Ziegeln gemauert wurde, aus deren gleichmäßiger Rotfläche sich die eingefügten Marmorteile – Fensterrahmungen, Maßwerke, Balkone etc. – kontrastreich absetzten. In der Renaissance wurden die Ziegelmauern, zumindest an den Fassaden, vollständig mit Marmorinkrustationen verdeckt.

Wenn wir heute von »Palazzo« sprechen, müssen wir uns vergegenwärtigen, dass diese Bezeichnung ursprünglich verpönt war. In Venedig gab es nur einen Palazzo, nämlich den Amtssitz des Dogen und der Signoria. Alle anderen aristokratischen Bauten hießen schlicht **Casa** (Haus) oder in Kurzform ›Ca'‹, ganz unabhängig von ihrer Größe. Dieses terminologische Understatement ist als Ausdruck republikanischen Selbstverständnisses zu sehen. So wie der Doge als ein Primus inter Pares galt, war auch der Aristokrat im engeren Umfeld seines Wohnbereiches das Haupt unter (scheinbar) Gleichgestellten. Es war z. B. durchaus üblich, dass Arbeiter oder Angestellte den Taufpaten für ein Patrizierkind abgaben, wie umgekehrt ein Patrizier Pate für Kinder aus ärmeren Familien stehen konnte.

Skulptur in Venedig

Die Überschrift dieses Kapitels ist bewusst so gewählt. »Skulptur in Venedig«, und nicht »Venezianische Skulptur«, denn eine solche gibt es praktisch nicht. In der auf schwammigem Untergrund erbauten Stadt musste der Malerei zwangsläufig die Führungsrolle zufallen. Das Bauen war unerlässlich, aber das überließ man getrost den Architekten, die man vom Festland in die Lagune berief. Skulptur war dagegen verzichtbar und sie hat in Venedig stets nur eine **untergeordnete Rolle** gespielt.

Dieses mangelnde Verhältnis der Venezianer zum Medium der Skulptur wird exemplarisch deutlich, wenn man sich das Schicksal der berühmten bronzenen Rosse von San Marco vor Augen hält. Nachdem die Venezianer sie 1204 in Byzanz erbeutet und in den Heimathafen verfrachtet hatten, ließ man sie zunächst gute zwanzig Jahre im Arsenal verstauben, weil man einfach keine Verwendung für sie fand. Wer den genialen Einfall hatte, sie dann an einer so exponierten Stelle wie an der Fassade von San Marco aufzustellen, wo sie fortan als ein Symbol venezianischer Macht fungierten, ist nicht geklärt.

Sämtliche bildhauerische Arbeiten von Rang, die wir heute in Venedig erleben, wurden prinzipiell von italienischen Künstlern geschaffen, die gastweise in Venedig weilten. Einige von ihnen ließen sich dauerhaft in der Lagunenstadt nieder, wo sie ein gutes Auskommen genossen. Einer der ersten, dessen Biografie uns in Umrissen greifbar wird, ist **Pietro Lombardo** gewesen, der bald nach der Mitte des 15. Jh. von der Lombardei nach Venedig übersiedelte und dort zu den Mitbegründern der Renaissance gehörte. Seine wichtigsten Schüler waren seine Söhne Tullio (1455–1532) und Antonio (1458–1516). Sie arbeiteten an praktisch allen Projekten des Vaters mit und führten nach dessen Tod selbstständig Aufträge in Venedig aus.

Den stärksten Zustrom an namhaften Bildhauern erlebte Venedig in der Zeit der **Hochrenaissance,** der einzigen Epoche, in der auch in Venedig ein spürbar größeres Verlangen nach skulpturaler Gestaltung von Kirchen-, Palastfassaden und Plätzen bestand. Andrea del Verrocchio schuf damals das Reiterstandbild des Condottiere Bartolomeo Colleoni. Jacopo Sansovino lockte man mit interessanten Angeboten nach Venedig, wo sich der Florentiner für den Rest seines Lebens niederließ.

Daten zur Geschichte

Entstehung und Frühzeit der Lagunenrepublik

24. März 421 Legendäres Gründungsdatum von Venedig, die Besiedlung der Lagune wurde durch die Völkerwanderung ausgelöst.

452 Bedingt durch den Einfall der Hunnen in Oberitalien zweite Besiedlungswelle auf den Laguneninseln.

476 Endgültiger Zusammenbruch des Weströmischen Reiches.

523 Erste schriftliche Quelle zu Venedig, ein Brief Cassiodors, Ratgeber Theoderichs des Großen, an die Seeveneter.

552/53 Kaiser Justinian entsendet seinen Feldherrn Narses mit dessen Legionen nach Oberitalien, um den Hegemonieanspruch Ostroms in dieser Region zu manifestieren.

um 580 Der Patriarch Paulinus verlegt seinen Sitz von Aquileia auf die Insel Grado.

7. Jh. Allmähliche Lösung Venedigs aus der Bevormundung durch Byzanz.

697–717 Der erste Doge, Paoluccio Anafesto, vom Exarchen von Ravenna ernannt, residiert in Heraclea.

727–37 Orso Ipato, der erste frei gewählte Doge.

737 Die Insel Malamocco wird neuer Sitz des Dogen.

804–810 Der Doge Obelerio Antenoreo leistet Karl dem Großen den Treueeid – ein offener Affront gegen Byzanz; wenig später erkennt der Doge andererseits die Hoheit von Byzanz über Venedig an – ein offener Affront gegen den Karolinger.

810 Vergeblicher Versuch Pippins, Sohn Karls des Großen, Venedig zu erobern.

812 Der Frieden von Aachen sichert Venedig über Jahrhunderte seine Stellung im Spannungsfeld zwischen Orient und Okzident.

Der Aufstieg zur Großmacht

827 Die Insel Olivolo – heute S. Pietro di Castello – wird zum Bischofssitz erhoben.

828 Venezianische Kaufleute holen die Reliquien des hl. Markus aus Alexandria nach Venedig. Markus ist fortan der Patron von Venedig.

9./10. Jh. Eine oligarchisch-republikanische Staatsform bildet sich heraus.

864 Der Doge Pietro Tradonico wird ermordet, weil er eine dynastische Politik betrieb.

Aus demselben Grund wird der Doge Pietro Candiano IV. ermordet.	976
Unter dem Dogen Pietro Orseolo II. erobert Venedig die dalmatinischen Städte Zara (Zadar), Trau und Spalato (Split); seither feiert der Doge alljährlich die symbolische ›Vermählung mit dem Meer‹.	1000
Die Venezianer vereiteln das Vordringen der Normannen im östlichen Mittelmeer.	um 1080
Der Kaiser von Byzanz Alexios I. Komnenos gewährt den Venezianern völlige Abgabefreiheit.	1083
Grundsteinlegung zum Arsenal, das alsbald der Welt größte Schiffswerft werden sollte.	1104
Sieg der Venezianer über die Ägypter bei Askalon.	1123
Venedig beginnt auch auf der *Terra ferma*, dem oberitalienischen Festland, Eroberungspolitik zu betreiben.	Anfang 12. Jh.
Der Doge Sebastiano Ziani (1172–78) versöhnt Papst Alexander III. und den deutschen Kaiser Friedrich I. Barbarossa miteinander.	1177
Die Venezianer beteiligen sich am 4. Kreuzzug; erste Erstürmung von Byzanz. Initiator ist Doge Enrico Dandolo (1192–1205).	1203
Zweite Eroberung von Byzanz durch die Venezianer, die nun das lateinische Kaisertum mit Balduin von Flandern institutionalisieren. Euböa, Kreta, Rhodos und andere Inseln werden venezianischer Besitz.	1204

Auf dem Höhepunkt der Macht

Genua hilft entscheidend mit, den griechischen Kaiser wieder zu inthronisieren. Wenig später tritt der Konflikt zwischen Genua und Venedig offen zutage.	1261
Glücklose Rebellion gegen die Adelsoligarchie unter Baiamonte Tiepolo.	1310
Der Doge Marino Falier wird nach dem letzten ernsthaften Versuch eines Staatsstreichs hingerichtet.	1355
Zwischen Genua und Venedig bricht Krieg aus.	1372
Die Genuesen belagern Venedig.	1379
Venedig schüttelt die Belagerung der Genuesen ab.	1380
Ende des Krieges mit dem Friedensschluss zu Turin, Genua war als Rivale im Levantehandel fortan praktisch ausgeschaltet.	1381
Der Doge Michele Steno bringt die Städte Padua, Vicenza und Verona in venezianischen Besitz.	1400–1413
Der Doge Tomaso Mocenigo besetzt das Friaul, sucht aber zugleich	1413–1423

die Verständigung mit den anderen mächtigen Stadtstaaten Oberitaliens und warnt vor einer weiteren Ausdehnung Venedigs auf dem Festland.

1423–1457 Francesco Foscari hat das mit 34 Jahren Dauer längste Doganat der Geschichte Venedigs inne. Er führte einen jahrelangen Krieg gegen Mailand. Die Condottiere Carmagnola und Gattamelata eroberten für Venedig unter anderem die Städte Brescia und Cremona, die zuvor den Mailändern gehört hatten.

1453 Frieden zwischen Mailand und Venedig.

1455 Die Republik stellt den dritten großen Condottiere in ihren Dienst, Bartolomeo Colleoni. Er sichert Venedigs Besitz auf dem Festland: Padua, Ravenna, Treviso, Vicenza, Verona, Brescia und Bergamo. Mitte des 15. Jh. hat die Republik Venedig den Zenit ihrer Macht erreicht.

Der Niedergang

1453 Die Türken erobern Byzanz, das fortan Hauptstadt des osmanischen Reiches ist.

1460 Venedig verliert Teile der Peloponnes, vier Jahre später die Insel Euböa an die Türken. Schlüsselpositionen gehen verloren.

1489 Venedig verschafft sich zum Ausgleich für die Verluste die Herrschaft über Zypern.

1492 Entdeckung Amerikas durch Christoph Columbus.

1498 Vasco da Gama entdeckt den Seeweg nach Indien. Die großen Entdeckungen Ende des 15. Jh. schwächen Venedig, die Bedeutung des Mittelmeerhandels geht zurück.

1508 Spanien, Deutschland und Frankreich und der Papst schließen sich in der ›Liga von Cambrai‹ gegen Venedig zusammen. Dem Dogen Leonardo Loredan (1501–21) gelingt es dank geschickter Diplomatie, die Allianz 1510 zu sprengen.

1517 Die Türken erobern Ägypten, fortan unterliegt der Handel im gesamten östlichen Mittelmeer der Kontrolle durch die Türken.

1522 Rhodos fällt an die Türken.

1540 Venedig verliert die Inseln Ägina und Mykonos, ferner die nördlichen Sporaden und Monemvasia.

1571 Der Sultan erobert Zypern. Venedig rüstet noch einmal zum Gegenschlag und erringt Anfang Oktober desselben Jahres den Seesieg von Lepanto, einen Pyrrhussieg, denn unter dem Druck der Verbündeten muss Venedig auf Zypern verzichten.

1576/1630 Zwei verheerende Pestepidemien kosten ein Drittel der Bewohner Venedigs das Leben.

Kreta geht an die Türken verloren, 1687 die Peloponnes.	**Mitte 17. Jh.**
Im Frieden von Passarowitz verliert Venedig fast alle seine Besitzungen in Dalmatien und Griechenland, die einstmals mächtige Seerepublik ist zur Bedeutungslosigkeit verurteilt.	**1718**
Napoleon erobert Venedig, der letzte Doge, Ludovico Manin (1789–1797) dankt ab – die Republik hört auf zu bestehen.	**15. Mai 1797**

Venedig im 19. und 20. Jahrhundert

Frankreich hatte Venedig an Österreich abgetreten, 1805 wird die Stadt wieder dem ›Schutz‹ Frankreichs unterstellt.	**1798–1805**
Nach dem Wiener Kongress kommt Venedig erneut unter die Herrschaft der Österreicher.	**1815**
Die Österreicher legen den Eisenbahndamm zum Festland an; Errichtung neuer Hafen- und Industrieanlagen.	**1846**
Erhebung gegen die Fremdherrschaft unter Daniele Manin, der zum Präsidenten einer unabhängigen Republik ausgerufen wird.	**1848**
Feldmarschall Radetzky schlägt die Revolte nieder.	**1849**
Das Intermezzo der österreichischen Herrschaft endet, Venedig schließt sich dem geeinigten Italien an und ist fortan Hauptstadt der Provinz Veneto.	**1866**
Die Kunst-Biennale wird gegründet, auf der seither die aktuellen Strömungen der Gegenwartskunst vorgestellt werden.	**1895**
Vor allem in der zweiten Jahrhunderthälfte gigantischer Ausbau der Hafen- und Industrieanlagen in Mestre und Marghera.	**20. Jh.**
In Venedig wird einer der ersten faschistischen Kampfverbände gegründet.	**1919**
Die Film-Biennale wird auf dem Lido ins Leben gerufen.	**1932**
Parallel zum Bahndamm wird eine Brücke für den Autoverkehr gebaut.	**1933**
Im Zweiten Weltkrieg bleibt Venedig von Zerstörungen verschont und wird gegen Kriegsende vorübergehend von Amerikanern besetzt.	**1939–1945**
Die fortschreitende Industrialisierung des Hinterlandes führt nicht nur zu einer immer größeren Belastung von Luft und Wasser der Lagune, sondern bewirkt auch ein unaufhaltsames Sinken der Stadt.	**1945–1970**
Die bislang schlimmste Hochwasser-Katastrophe rüttelt die Verantwortlichen auf: Der Industrie werden Beschränkungen auferlegt, es werden keine neuen Brunnen mehr gebohrt, der Prozess des weiteren Absinkens der Stadt wird allmählich gebremst. Trotzdem bleiben auch weiterhin große Umweltprobleme.	**1966**

1980 Der seit Napoleons Zeiten in Vergessenheit geratene Karneval wird wieder ins Leben gerufen, der seither im Februar jeden Jahres Hunderttausende Besucher nach Venedig lockt.

seit 1980 Zahlreiche historische Bauwerke Venedigs werden unter großem finanziellen Aufwand systematisch restauriert.

1983 Mit dem Austritt der USA aus der UNESCO wird das geplante Projekt einer Kette von Schleusen, die Venedig vor dem Hochwasser schützen sollen, vorläufig ausgesetzt.

1990 Die Stadt würdigt ihren bedeutendsten Künstler, Tizian, mit einer großen Ausstellung im Dogenpalast.

1994 900-Jahr-Feier der einstigen Staatskirche San Marco.

1995 Die Biennale feiert ihren 100. Geburtstag.

1996 Im Januar brennt das weltberühmte Fenice-Theater aus. Der 300. Geburtstag des Malers G. B. Tiepolo wird mit einer großen Ausstellung in der Ca' Rezzonico begangen.

1997 Beginn des Wiederaufbaus des Fenice-Theaters.

Venedig in der Gegenwart

2004 Wiedereröffnung des Teatro La Fenice.

2007 Venedig beginnt, sich vehement gegen den Massentourismus zur Wehr zu setzen. Erste Maßnahme: Omnibusse müssen für die Einreise eine astronomische Gebühr bezahlen.

2008 Eine vierte Fußgänger-Brücke wird beim Piazzale Roma über den Canal Grande geschlagen. Im selben Jahr eröffnet das Hilton Hotel in den wiederhergestellten Baulichkeiten der einstigen Molino Stucky auf der Giudecca-Insel.

2009 In der restaurierten Dogana del Mar neben der Salute-Kirche wird das Museum zeitgenössischer Kunst eröffnet. Darin ist jetzt ein Teil der Kunstsammlung des französischen Industriellen und Mäzens François Pinault ausgestellt. Ein anderer Teil seiner Sammlung befindet sich bereits seit 2005 im Palazzo Grassi.

2009/10 Der Louvre in Paris zeigt eine Ausstellung von Bildern Tizians, Tintorettos und Veroneses, die zuvor in Boston zu sehen war.

2011 Auf der 54. Kunst-Biennale wurde der deutsche Pavillon mit dem Goldenen Löwen, der höchsten Auszeichnung, gewürdigt. Die Installation mit Arbeiten des im August 2010 verstorbenen ›Gesamtkünstlers‹ Christoph Schlingensief wurde von seiner Witwe Aino Laberenz und Susanne Gaensheimer, der Kuratorin des deutschen Pavillons, vor Ort eingerichtet.

Galerie bedeutender Künstler

Giovanni Bellini (um 1430–1516)

Die Geburt Giovanni Bellinis (um 1430) ist von einem Schleier des Geheimnisvollen umhüllt. Die Tatsache, dass er im Testament der Frau seines Vaters, Anna da Pesaro, neben den Geschwistern Gentile und Nicolosia nicht genannt wird und dass er gemäß einer anderen Quelle nicht im Hause des Vaters lebte, hat Stoff zu der Vermutung geliefert, er sei ein illegitimes Kind Jacopo Bellinis gewesen. Nichtsdestotrotz scheint sein Verhältnis zum Vater wie auch zum Bruder Gentile herzlich gewesen zu sein, da er mit beiden engen Kontakt hatte und oft zusammenarbeitete. Die möglicherweise außereheliche Herkunft könnte erklären, warum Giovanni trotz seiner größeren Begabung meist hinter seinem Bruder Gentile zurückgesetzt wurde. So wurde Giovanni z. B. zugunsten Gentiles übergangen, als der Sultan von Konstantinopel 1479 um die Entsendung von Venedigs bestem Porträtisten an seinen Hof bat. Bis 1479 war Giovanni mehr oder minder mit kleineren Aufträgen von privater Seite beschäftigt gewesen. Als aber in jenem Jahr sein Bruder Gentile nach Konstantinopel berufen wurde, nahm er dessen Platz bei der Ausmalung des Dogenpalastes ein. Dieser erste große öffentliche Auftrag zog zahlreiche Projekte von gewichtigen Auftraggebern nach sich, sodass Giovanni in den Achtzigerjahren ein gesuchter Maler war. Bezeichnend für den Charakter des Künstlers war es, dass er sich kaum weltlichen Themen verschrieb, sondern beharrlich an der christlich-religiösen Thematik festhielt. Auch ließ er sich von seinen Auftraggebern nicht in seine Bildprogramme hineinreden, wie aus dem überlieferten Briefwechsel mit der Marchesa Isabella d'Este hervorgeht. Zunehmend integrierte Bellini seinen religiösen Bildern die Landschaftsdarstellung. Bald schon war sie nicht mehr bloßes Beiwerk, sondern gewann vielmehr einen eigenen künstlerischen Stellenwert. In dieser Hinsicht entstand eine wechselseitige Befruchtung mit seinem Zeitgenossen Cima da Conegliano. Auf der Höhe seines Schaffens führte Bellini die Malergenies Giorgione und Tizian in die Kunst ein. Obwohl ihr Lehrer, war Bellini seinerseits für Anregungen der jüngeren Generation empfänglich, die er in seinem Spätwerk verarbeitete. Bellini starb 1516 in seiner Heimatstadt.

Vittore Carpaccio (um 1460–1526)

Die genauen Lebensdaten dieses neben Giovanni Bellini und Cima da Conegliano dritten wichtigsten Vertreters der Frührenaissancemalerei in Venedig liegen weitgehend im Dunkeln. Er wurde um das Jahr 1460 vermutlich in Venedig geboren. Über seine Ausbildung ist nichts bekannt. Sein erstes datiertes Werk stammt von 1490. Zwar ist seine Mitwirkung an der Ausmalung der Sala del Maggior Consiglio im Dogenpalast belegt, aber die dortigen Arbeiten sind alle ein Opfer des Feuers geworden. Seine wichtigsten Auftraggeber waren die Scuole,

»Die Natur gab ihm einen so sanften Geist, dass er die Farbgebung der Öl- wie der Freskomalerei durch Lebhaftigkeit, Weichheit, Einheit und zarte Übergänge der Schatten bereicherte. Dies war die Ursache, dass viele treffliche Meister jener Zeit bekannten: er sei geboren, den Gestalten Geist einzuhauchen und die Frische des lebendigen Fleisches treuer nachzuahmen, nicht nur als die venezianischen Maler, sondern auch als die Maler von überall.«
Giorgio Vasari über Giorgione, »Künstler der Renaissance« (1550/68)

für die er mehrere Zyklen schuf. Der eine befindet sich noch in situ in der Scuola di S. Giorgio degli Schiavoni, der früher entstandene Zyklus mit Bildern zur Ursula-Legende ist heute in der Accademia zu bewundern. Ferner arbeitete er gemeinsam mit Gentile Bellini an der Ausmalung für die Scuola Grande di S. Giovanni Evangelista (ebenfalls in der Accademia). Seine erzählerische Begabung machte Carpaccio zum wichtigsten Chronisten des Lebens in Venedig während der Wende vom 15. zum 16. Jh., das den Rahmen für zahlreiche seiner Bildschöpfungen lieferte. Im Alter wurde er auch mit Aufträgen auf der Terra ferma und in Istrien bedacht. Er starb 1526.

Giorgione (1477/78–1510)

Giorgione, eines der größten Künstlergenies der europäischen Kunstgeschichte, ist zugleich auch eine ihrer rätselhaftesten Erscheinungen. Als Geburtsjahr vermutet man 1477 oder 78. Der aus Castelfranco stammende Künstler hieß mit bürgerlichem Namen Zorzo oder Zorzi, eine venezianische Sprechform von Giorgio. Sein späterer Name Giorgione bedeutet soviel wie ›großer Giorgio‹. Zeitgenössische Quellen über ihn sind fast keine überliefert, wenn man von einigen dürftigen Zahlungsbelegen absieht. Über seinen künstlerischen Werdegang kann nur spekuliert werden. Als sicher muss gelten, dass er mit Giovanni Bellini, dem zu Beginn des 16. Jh. anerkanntesten Maler Venedigs, Kontakt hatte. Inwieweit er aber auch bei jenem in die Lehre ging, ist nicht zu bestimmen. Im jugendlichen Alter von eben Anfang Dreißig fiel Giorgione der Pest zum Opfer. Sein Œuvre umfasst deshalb nur wenige Werke, die genaue Zahl ist seit jeher umstritten. Da zahlreiche Maler in der Art Giorgiones weiterarbeiteten, ja in Einzelfällen unfertige Bilder Giorgiones von Kollegen vollendet wurden (an einigen Werken ist die Hand Tizians nachweisbar), sind in der Zuschreibung unsignierter Gemälde zum Teil sehr widersprüchliche Ansichten vertreten worden. Praktisch jeder Kunsthistoriker, der über Giorgione gearbeitet hat, hat seinen eigenen Œuvrekatalog aufgestellt. Zu den wenigen gesicherten Werken zählen die beiden in der Accademia. Nur 28 weitere in alle Museen der Welt verstreute Werke sind mit Sicherheit von der Hand Giorgiones. Der überragende Rang Giorgiones wurde bereits von seinen Zeitgenossen erkannt und gewürdigt. Vergeblich bemühte sich die kunstsinnige Herzogin Isabella d'Este, kaum dass sie von dem überraschend frühen Tod des Meisters erfuhr, eines seiner Werke zu erwerben. Ihr Agent in Venedig teilte mit, dass kein Werk Giorgiones zum Verkauf stehe.

Pietro Lombardo (1435–1515)

Wie mit Jacopo Sansovino und anderen Bildhauern holte sich Venedig in der Gestalt Pietro Lombardos einen auswärtigen Meister der Skulptur, da die Stadt in diesem Bereich kaum eigene schöpferische Kräfte besaß. Pietro Solaro wurde um 1435 in Carona in der Lombardei geboren. Später nannte man ihn nach der Landschaft seiner Herkunft Pietro Lombardo, was in der Folgezeit der offizielle Familienname wurde. Pietro erhielt seine künstlerische Schulung als Bildhauer und Architekt in der Toskana. Von dort zog er nach Padua, wo er sich schnell einen Namen machte. Bereits in den 1450er-Jahren war er gelegentlich in Venedig tätig, Anfang der 70er-Jahre wurde er fest in die Lagunenstadt berufen, wo er für den Rest seines Lebens blieb. Zu seinen ersten Großaufträgen gehörte die Dekoration von S. Giobbe, es folgten zahlreiche Dogengräber in SS. Giovanni e Paolo. Das unbestrittene Meisterwerk Pietro Lombardos ist die Miracoli-Kirche, deren Bau und Ausstattung von ihm entworfen und ausgeführt wurden. Er starb hochbetagt 1515 in seiner Wahlheimat.

Baldassare Longhena (1598–1682)

Baldassare Longhena wurde 1598 in Venedig geboren. Mit dem Bau der Salute-Kirche wurde der damals 33-Jährige auf einen Schlag berühmt und in der Folgezeit mit Aufträgen förmlich überschüttet. Dennoch blieb die Salute sein Hauptwerk, deren Bau er zeitlebens überwachte. Ihre Weihe erfolgte erst fünf Jahre nach dem Tode Longhenas (1682), der als Venedigs einziger Barockarchitekt von Weltrang gelten muss. Sein Wirken hat vor allem das Gesicht des Canal Grande in dieser Epoche entscheidend geprägt, wo er neben der Salute-Kirche die Paläste Belloni-Battagia, Giustinian-Lolin, Rezzonico und Pesaro schuf. Anfangs noch stark unter dem Eindruck der Renaissance stehend, löste sich Longhena später von deren Vorbildern und formulierte kraftvolle Werke, in denen die Fülle des plastischen Dekors den Ton angibt. Den Gipfel dieser Entwicklung stellt die reich gestaltete Fassade der Ospedaletto-Kirche nahe SS. Giovanni e Paolo dar. Dennoch blieb Longhena, dessen Werke, von wenigen Villen auf dem Festland abgesehen, weitgehend in Venedig selbst entstanden, zeitlebens der Formensprache des 16. Jh. verbunden. Deshalb nimmt sein Œuvre innerhalb der europäischen Barockkunst eine Sonderstellung ein und ist zugleich signifikant für die Eigenständigkeit der venezianischen Kunstgeschichte.

Andrea Palladio (1508–80)

Palladio wurde 1508 in Padua geboren und hieß mit bürgerlichem Namen Andrea della Gondola. 1524 trat er in die Zunft der Maurer und Steinmetze in Vicenza ein. Richtungweisend für seine künstlerische Laufbahn wurde die Freundschaft, die ihn seit etwa 1536 mit dem um Jahre älteren Giangiorgio Trissino verband. Dieser vielseitige Humanist – er war Dichter, Mathematiker, Philosoph und Laienarchitekt – regte Andrea, dem er den Beinamen Palladio gab (eine Anspielung auf die antike Göttin der Weisheit), zum Studium der Musik, Literatur und Mathematik an. Besonders vertiefte sich Palladio in die Architekturtraktate Vitruvs. 1545 nahm Trissino ihn nach Rom mit, wo er zwei Jahre blieb und sich mit der römischen Baukunst auseinan-

Andrea Palladio, Punktierstich von Friedrich Wilhelm Meyer, um 1810 nach zeitgenössischem Bildnis

dersetzte. Schon bald nach seiner Rückkehr nach Vicenza gewann Palladio den Wettbewerb um die Neugestaltung des Palazzo della Ragione, der sog. Basilika in Vicenza. Dadurch wurde er über Nacht berühmt und erhielt innerhalb kurzer Zeit weitere wichtige Aufträge. Sein Hauptaugenmerk richtete er auf die Villenarchitektur, die in der zweiten Hälfte des 16. Jh. ihre Blütezeit erlebte. So macht denn auch die Profanarchitektur den Hauptteil seines umfangreiches Œuvres aus. Erst spät wandte er sich der Sakralbaukunst zu. Seine in diesem Bereich entstandenen Werke konzentrieren sich weitgehend auf Venedig. Der Neubau des geplanten Baukomplexes für die Carità (heute Accademia) wurde nur zu Teilen ausgeführt. Es folgten die Fassade für S. Francesco della Vigna und schließlich die beiden Großaufträge für S. Giorgio Maggiore und Il Redentore, deren beider Fertigstellung der Baumeister nicht mehr erlebte – er starb 1580. In seinen Bauten strebte Palladio eine möglichst originalgetreue Annäherung an die Architektur der römischen Antike an. In der Villenarchitektur formulierte er einen ›Idealtyp‹ (zentraler Kernbau, davor ein offener Portikus, begleitende Wirtschaftsgebäude), den er in unterschiedlichen Variationen realisierte. Seine Kirchen stellen ebenfalls den Versuch dar, die Antike mit den Erfordernissen des christlichen Sakralbaus zu vereinen. Die von ihm formulierte Lösung der Fassadengestaltung wurde für ganze Künstlergenerationen richtungweisend und wirkte weit über das Veneto hinaus. Neben den antiken Vorbildern orientierte sich Palladio auch an den großen Architekten der Renaissance, Bramante, Michelangelo, Raffael, Sansovino u. a., deren Vorstellungen zum Teil in seine eigenen Bauten einflossen. Die Wirkung Palladios reichte nicht nur über Jahrhunderte, sondern auch über Kontinente. Die englische Villenarchitektur des 18. Jh. wurde mit dem Schlagwort des Palladianismus belegt. Über England fanden die Gedanken Palladios schließlich Eingang in die Baukunst Amerikas im 19. Jh.

Jacopo Sansovino (1486–1570)

Jacopo Sansovino wurde 1486 in Florenz geboren und hieß mit bürgerlichem Namen Tatti. Erst später nahm er den Namen seines Lehrers Andrea Sansovino an. Er begann seine Laufbahn als Bildhauer. Durch seine langjährigen Romaufenthalte hatte er nicht nur Kontakt mit den großen Vertretern der Hochrenaissance, sondern erlebte die Bild- und Bauweise der Antike aus eigener Anschauung. Die Restaurierung und das Kopieren römischer Skulpturen gehörten zu Jacopos Lehrzeit bei Andrea Sansovino, unter dessen Anleitung er sich auch zum Baumeister ausbildete. Vor den Wirren des Sacco di Roma floh Sansovino nach Venedig, wohl mit dem Plan, von dort nach Frankreich zu emigrieren. In Venedig aber wurde er sogleich mit dem Auftrag einer Restaurierung der Hauptkuppel von San Marco festgehalten, und schon zwei Jahre darauf bekleidete er das Amt des Proto, des obersten Baumeisters von San Marco. In Venedig fand Sansovino ein breites Betätigungsfeld, sowohl als Architekt wie als Bildhauer. Die Stadt, die bis dahin selbst keinen Bildhauer von Rang hervorgebracht hatte, hat sich in Sansovino einen herausragenden Vertreter dieses Fachs gesichert. Viele seiner Werke sind noch am Platz ihrer ursprünglichen Bestimmung zu bewundern, so etwa die Skulpturen an der Loggetta, die Kolossalstatuen an der Scala dei Giganti, die Bronzetür zur Sakristei in San Marco. Daneben wurde er mit Bauaufträgen überschüttet: S. Francesco della Vigna, S. Giuliano, S. Geminiano, Palazzo Corner, genannt Ca' Grande, die Markusbibliothek u. a. m. Sansovino blieb entgegen den manieristischen Strömungen seiner Zeit dem klassischen Ideal der Hochrenaissance treu und machte deren Sprache in Venedig heimisch. Die Fassade der Markusbibliothek zeigt deutlich, in welchem Maße der Künstler das venezianische Bestreben nach Dekoration – im Rom der ersten Hälfte des 16. Jh. noch undenkbar – adaptierte. Die Markusbibliothek ist zugleich Sansovinos Hauptwerk, von dem Jacob Burckhardt sagte, es sei »das prächtigste profane Gebäude Italiens«.

Giovanni Battista Tiepolo (1696–1770)

Tiepolo wurde 1696 als Sohn eines Schiffsmaklers in Venedig geboren. Seine künstlerische Ausbildung erhielt er bei Gregorio Lazzarini (von ihm stammten die Wandbilder im Bruderschaftssaal der Scuola Grande dei Carmini). Bereits als Zwanzigjähriger trat Tiepolo mit ersten Werken vor die Öffentlichkeit. 1719 heiratete er Cecilia, die Schwester Francesco Guardis, mit der er neun Kinder hatte. Nach einer raschen Karriere wurde er bereits 1726 als *celebre pittore* bezeichnet. Bald riefen ihn Aufträge aus seiner Heimatstadt fort. Auf ausgedehnten Reisen kam er nach Mailand, Würzburg und schließlich – als gefeierte, internationale Koryphäe – nach Madrid, wo er 1770 starb.

Jacopo Tintoretto (1518–94)

Jacopo Tintoretto wurde 1518 in Venedig geboren. Sein bürgerlicher Name lautete Robusti. Im Gegensatz zu dem Weltreisenden Tizian hat Tintoretto den engeren Umkreis seiner Heimat nie verlassen. Lediglich 1580 hat er sich einmal auf Reisen begeben. Aber sein Weg führte nur bis Mantua, wo er die Ablieferung von bestellten Bildern überwachte – und selbst bei dieser Gelegenheit verzichtete er nicht auf die Begleitung seiner Frau Faustina, die er 1550 geheiratet hatte. Mit ihr hatte Tintoretto sieben Kinder, zwei Söhne, die er zu Malern ausbildete, und fünf Töchter, von denen eine gleichfalls in die Fußstapfen des Vaters trat. 1539 bezeichnet sich Tintoretto in einer Urkunde als Meister, das erste ihm mit Sicherheit zugeschriebene Bild stammt jedoch erst von 1545. 1548 wurde der Dreißigjährige mit dem »Markus-Wunder« (Accademia) auf einen Schlag berühmt. 1551 erhielt er seine ersten Staatsaufträge, des Weiteren arbeitete er für die Scuole S. Marco und S. Rocco. Namentlich die letztere wurde sein wichtigster Auftraggeber. 1574 konnte sich Tintoretto ein größeres Haus nahe der Madonna dell'Orto-Kirche kaufen. Allerdings hat sich der begnadete

Jacopo Tintoretto, Selbstbildnis, Scuola Grande di S. Rocco

Künstler wohl wenig um finanzielle Dinge gekümmert. In dem Ehrgeiz, interessante Projekte an sich zu ziehen, hat er oftmals nur zum Selbstkostenpreis, gelegentlich sogar gänzlich unentgeltlich gearbeitet, was ihn bei seinen Malerkollegen nicht gerade beliebt machte. Tizian hat aus seiner Antipathie nie einen Hehl gemacht. Für die Impulsivität seines Charakters ist eine Episode bezeichnend, die im Zusammenhang mit dem ersten Auftrag der Scuola di S. Rocco berichtet wird. 1564 hatte die Bruderschaft einen Wettbewerb für die Darstellung der Verklärung des hl. Rochus ausgeschrieben, die das Mittelfeld der Decke der Sala dell'Albergo schmücken sollte. Während Zuccari, Veronese und Salviati zum festgesetzten Termin ihre Entwurfszeichnungen einreichten, hatte Tintoretto gleich das vollständige Bild gemalt und am Vorabend der Entscheidung heimlich an der Decke angebracht. Als die Scuolamitglieder und die Künstler zur Entscheidung zusammentraten, soll Tintoretto die Versammlung mit der Enthüllung seines bereits ausgeführten Vorschlages überrumpelt haben, den er darüber hinaus der Scuola zum Geschenk machte. Der Coup hatte sich jedenfalls gelohnt. Das Bild wurde nicht nur angenommen, Tintoretto erhielt auch den Auftrag für die weitere Ausmalung der Scuola. Die Unbekümmertheit gegenüber Geldfragen führte aber dazu, dass Tintoretto bei seinem Tode 1594 praktisch mittellos war. Seine Witwe musste beim Senat mit der Bitte um eine Jahresrente in Höhe von 12 Dukaten vorstellig werden.

Tizian (um 1477/1490–1576)

Tiziano Vecellio soll um das Jahr 1477 in Pieve di Cadore, einem Alpendorf im nördlichen Veneto, geboren worden sein. Sein Alter – er starb 1576, wäre also 99 Jahre alt geworden – hat immer Staunen und Zweifel hervorgerufen. Zu Beginn des 20. Jh. setzte sich die Ansicht durch, dass Tizian erst um 1490 das Licht der Welt erblickte. Diese inzwischen allgemein anerkannte These ist zuletzt im Katalog zur großen Tizian-Ausstellung, die 1990 im Dogenpalast stattfand, bekräftigt worden. Noch nicht 20-jährig, kam er nach Venedig, wo er in das Atelier Sebastiano Zuccatos eintrat. Schon bald wechselte er zu dessen einstigem Lehrer Gentile Bellini und schließlich in die Werkstatt dessen bedeutenderen Bruders, Giovanni Bellinis. Daneben geriet er unter den Einfluss von Giorgione, mit dem er die Außenfront des Fondaco dei Tedeschi ausmalte (1508, nicht mehr erhalten). Nach dem frühen Tod Giorgiones hat Tizian etliche von dessen unfertig zurückgebliebenen Werken vollendet (u. a. die berühmte »Ruhende Venus« in Dresden). Nach einem vorübergehenden Aufenthalt in Padua, wohin er 1511 vor der in Venedig wütenden Pest geflohen war, richtete er 1513 ein eigenes Atelier in Venedig ein. In rascher Folge entstanden zahlreiche Werke, die den Ruhm des Meisters begründeten. 1518 schuf er sein wichtigstes Altarbild, die »Assunta« für die Frari-Kirche, wenige Jahre später ein anderes berühmtes Gemälde für dieselbe Kirche, die sog. Pesaro-Madonna. Sein Ruf reichte inzwischen weit über die Grenzen Venedigs hinaus. Seit 1530 entstanden Bilder im Auftrag

Tizian, Selbstporträt, Holzschnitt von 1550

der Herzöge von Urbino und Kaiser Karls V., der in Mantua zum ersten Mal ein Werk Tizians gesehen hatte. Nicht unerheblich war dabei die Publicity, für die sein Freund, der scharfzüngige Pietro Aretino, sorgte, der seit 1527 nach langem Romaufenthalt wieder in Venedig Fuß gefasst hatte. Zu den großen Auftraggebern gesellte sich in den 40er-Jahren die Familie Farnese, aus der 1534 mit Paul III. jener Papst hervorging, der auf dem Konzil zu Trient die Gegenreformation einleitete. 1545 wurde Tizian an den Vatikan berufen, wo er mit den Ehrenbezeugungen für einen Fürsten empfangen wurde. 1548 reiste er nach Augsburg, wo Karl V. Reichstag hielt. Das dort entstandene Porträt des Kaisers befindet sich heute in München (Alte Pinakothek). Tizian wurde in Deutschland mit Aufträgen förmlich überschüttet, sodass er zwei Jahre später noch einmal nach Augsburg reiste, wo er sich ein ganzes Jahr lang aufhielt. Für Tizians weiteres Schaffen wurde der Kontakt mit Karls V. Sohn von Bedeutung, der später als Philipp II., König von Spanien, sein wichtigster Auftraggeber werden sollte. Die meisten der aus den 1550er- und 60er-Jahren stammenden Arbeiten waren für Madrid bestimmt. Tizian war bis ins hohe Alter hinein tätig. Noch kurz vor seinem Tode entstand die Pietà, die der Künstler für sein eigenes Grabmal bestimmt hatte (heute in der Accademia).

Paolo Veronese (1528–88)

Paolo Caliari, 1528 in Verona geboren, wurde unter dem Namen seiner Vaterstadt bekannt. Mit 23 Jahren trat er erstmalig als Künstler hervor. Er hatte gemeinsam mit anderen Malern die Fresken in der von Sanmicheli erbauten Villa Soranzo geschaffen. Daraufhin wurde er nach Venedig berufen, wo er für die Familie Giustinian das Madonnenbildnis in S. Francesco della Vigna malte. Der junge Veronese wurde in den Kreis der Künstler aufgenommen, die damals mit der Ausschmückung des Dogenpalastes beschäftigt waren. Die Ausmalung der Sakristei von S. Sebastiano war sein erster selbstständig ausgeführter größerer Auftrag. Es folgte die Ausmalung derselben Kirche (1556), und schon im selben Jahr genoss Veronese bereits derart hohe Wertschätzung, dass ihm mit den Stimmen Tizians und Sansovinos eine der begehrtesten Auszeichnungen der Republik verliehen wurde, die Goldene Kette der Prokuratoren von San Marco. In der Folgezeit war Veronese ein von weltlichen und geistlichen Auftraggebern gesuchter Mann, dessen breit gefächerter Werkkatalog Fresken und Tafelbilder, christliche, allegorische, mythologische, historische Themen und Porträts umfasst. Veronese, der Venedig, abgesehen von kurzen Unterbrechungen, seit den 50er-Jahren kaum mehr verließ, starb hoch angesehen im Jahr 1588. Veroneses Ruf war auch nach seinem Tode derart ungebrochen, dass seine Werkstatt mit seinen Söhnen Carletto und Gabriele, seinem Bruder Benedetto und seinem Neffen Alvise Benfatto, genannt dal Friso, noch lange über das Ableben des Meisters hinaus erfolgreich weiterarbeiten konnte. Die Grundlage dafür bildeten Skizzen und Entwürfe aus dem Nachlass des Meisters.

Paolo Veronese, Kupferstich von Pier Antonio Pazzi nach Selbstbildnis

Rundgänge durch Venedig

ACTV

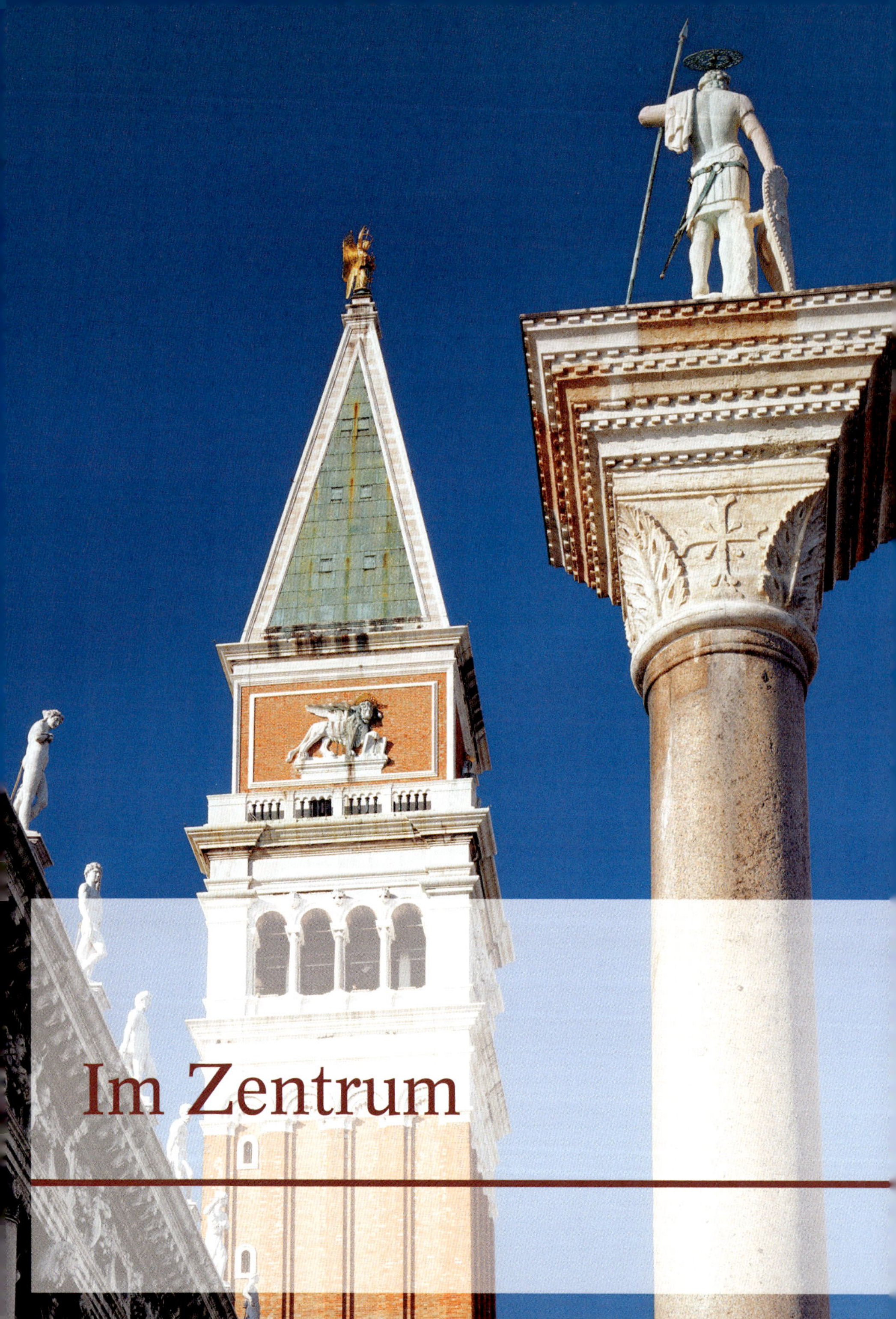

Im Zentrum

Piazza und Piazzetta

Cityplan Piazza und Piazzetta S. 76

Piazza San Marco

Im Zentrum

Besonders sehenswert: Piazza San Marco, Museo Civico Correr, San Marco, Dogenpalast

Wer das erste Mal in die Stadt kommt – egal, zu welcher Tages- oder Jahreszeit –, sollte zunächst die Piazza San Marco aufsuchen. Zum einleitenden Genuss zählt es, Venedig so zu erleben, wie es sich dem Ankömmling früherer Zeiten präsentierte: von der Seeseite her. Die Fahrt auf dem Canal Grande gleich zu Beginn ist zwar eine große Verlockung, aber die Vielfalt der Eindrücke wird den Venedigneuling eher verwirren. Besser besteigt man am Bahnhof bzw. am Piazzale Roma das Linienschiff Nr. 82, das durch den Canale della Giudecca zur Riva degli Schiavoni fährt. Kurz bevor das Schiff an der Haltestelle vor der Redentore-Kirche festmacht, gewahrt man – zunächst noch als schemenhafte Kulisse – in der Ferne den Campanile von San Marco, daneben die Kuppel der Salute-Kirche und weiter rechts die Fassade von S. Giorgio Maggiore. Im Näherkommen fügen sich die einzelnen Teile zu jener prächtigen Stadtfassade, mit der Venedig seinen Besuchern seit Jahrhunderten einen festlichen Empfang bereitet.

Vorbei am Dogenpalast gelangt man über die Piazzetta auf den Markusplatz. Für den Venezianer gibt es nur eine Piazza – alle anderen Plätze nennt man Campo. Diese terminologische Unterscheidung leuchtet ein, denn an keiner anderen Stelle der Stadt gibt es eine derart weiträumige Platzanlage, zum anderen markiert der Markusplatz mit seinen begrenzenden Gebäuden das politische und repräsentative Herzstück der einstigen Republik. Napoleon, der Venedig so übel mitgespielt hatte, hat zumindest den Fremdenführern einen guten Dienst erwiesen, indem er den seither immer wieder zitierten Ausspruch tat, dass dies der »schönste Salon Europas sei, würdig, nur den Himmel als Dach über sich« zu haben. Eines trifft an dieser Bemerkung sicher zu: Der Platz ist den Venezianern eine Art ›Salon‹, er ist das Forum, auf dem man sein Schwätzchen hält, aber auch große Feste feiert. Man wird den Platz niemals menschenleer erleben. Zur unbeschreibbaren Atmosphäre gehört es, dass sich auch der Fremdling diesem wohltuenden Ambiente spontan integriert fühlt.

Dabei ist dieses Meisterwerk städtebaulicher Konzeption keineswegs in einem Zuge entstanden, sondern das Ergebnis eines jahrhundertelangen Wachstumsprozesses. Die Ausdehnung der Piazza war bereits im 12. Jh. in ihren heutigen Ausmaßen festgelegt, aber von den umgebenden Bauten standen einzig die Markuskirche und der Campanile. Damals war der Platz noch ungepflastert und von dem Lauf eines Kanals quer durchzogen. Nach zwei Pflasterungen im 13. und 14. Jh. wurden im 18. Jh. Piazza und Piazzetta gleichartig mit grauen Platten ausgelegt, in die mit Marmor mäanderförmige Bahnen eingefügt sind.

◁ Der Campanile und eine der beiden Säulen auf der Piazetta mit dem hl. Theodor

◁◁ S. Maria della Salute

Die Ostseite des Platzes beherrscht die breit gelagerte Fassade der Markuskirche, die beiden Längsachsen mit den Alten und Neuen Pro-

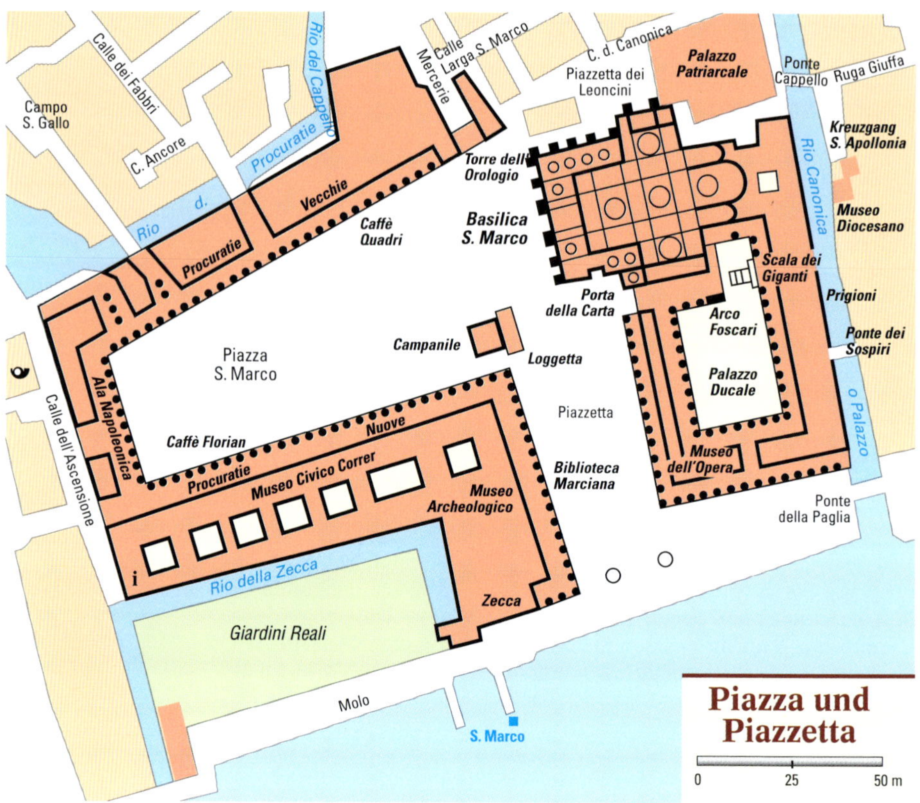

Piazza und Piazzetta

kuratien entstanden im 16. Jh. Den Abschluss nach Westen bildet der zu Beginn des 19. Jh. errichtete Napoleonische Flügel. Der Platz hat einen trapezoiden Grundriss, wie er häufig in der venezianischen Baukunst, namentlich in der Palastarchitektur, auftaucht. Beim Campanile beträgt die Breite 82 m, nach Westen verengt sich der Platz auf 56 m. Seine Gesamtlänge misst 175 m. Von der Markuskirche aus gesehen wirkt die Piazza durch die Verengung noch länger.

Campanile und Loggetta

Der **Campanile** wurde über älteren, vermutlich karolingischen Fundamenten im dritten Viertel des 12. Jh. errichtet, der Aufbau der Glockenstube mit dem pyramidalen Spitzdach darüber entstand im beginnenden 16. Jh. 1517 wurde die vergoldete Statue des Erzengels Gabriel auf seiner Spitze angebracht, die sich 95 m über den Platz erhebt. Die wuchtige Erscheinung des Turmes mit seinen geschlossenen

Wandflächen, die nur durch Lisenen gegliedert sind, was neben der Verjüngung des Bauwerks nach oben das kraftvolle Aufwärtsstreben unterstreicht, ist der westlichen Romanik verpflichtet. Seine Funktion im Zusammenhang mit den umliegenden Gebäuden und im Stadtganzen ist vielschichtig. Zunächst ist er den Ankommenden ein weithin sichtbares Orientierungszeichen, wie er andersherum den Venezianern einen idealen Ausguck in die Ferne bot. Der horizontalen Längsrichtung der Piazza und der Prokuratien zu ihren beiden Seiten setzt er einen entschiedenen Vertikalakzent als Ausgleich entgegen. Seit der Neugestaltung des Platzes im 16. Jh. übernahm er die Funktion eines Bindegliedes zwischen Piazza und Piazzetta, in deren Dreh- und Angelpunkt er seitdem steht. Durch Hinzufügung der Loggetta im Osten wurde schließlich ein städtebaulich bedeutsamer Zusammenhang mit der Scala dei Giganti im Innenhof des Dogenpalastes hergestellt.

Der beherrschenden Stellung im städtebaulichen Bild verdankt der Campanile seine Bedeutung als Wahrzeichen der Stadt. Er erfüllte auch praktische Funktionen. Im Krieg gegen die Genuesen hatte man Kanonen in der Glockenstube aufgestellt. Hier demonstrierte Galilei dem Dogen seine neueste Erfindung, das Teleskop. Beim Klang des *Maleficio,* der Glocke des schlimmen Omens, wurden Verbrecher auf der Piazzetta hingerichtet. Goethe sah von dort oben das erste Mal das Meer.

Der unerschütterlich scheinende Campanile wurde dennoch durch wiederholte Blitzeinschläge zu Beginn des 20. Jh. arg in Mitleidenschaft gezogen. Die Gefahr eines Einsturzes war rechtzeitig erkannt worden, die mittäglichen Salutschüsse und selbst das Spiel der Musikkapellen auf der Piazza wurden verboten. Anfang Juli 1902 wurde die Piazza gesperrt. Am 14. Juli, vormittags kurz vor 10 Uhr, fiel dann der *padron della casa* (der Herr des Hauses) fast lautlos in sich zusammen. Die vorangegangenen Sicherheitsmaßnahmen hatten verhindern können, dass Menschen dabei zu Schaden kamen. In neun Jahren Bauzeit wurde der Campanile wieder aufgebaut, »*com'era, dov'era*« (wie er war und wo er war), allerdings um schätzungsweise 600 Tonnen leichter und im Innern mit einem Aufzug versehen. Die Glocken stiftete Papst Pius X., der vor der Besteigung des Stuhles Petri Patriarch von Venedig gewesen war. Der populäre Papst wurde 1954 heiliggesprochen, und seine sterblichen Überreste wurden fünf Jahre später nach Venedig überführt. Den Venezianern hatte er vor seinem Aufbruch nach Rom versprochen: »O vivo o morto, ritornerò« (ob lebend oder tot, ich kehre zurück). Nun hat Venedig beide wieder: seinen alten Campanile und in Pius X. einen weiteren Heiligen.

Campanile

Fahrt mit dem Lift auf den Campanile Okt.–März tgl. 9.45–16 Uhr, April–Juni tgl. 9.45–17 Uhr, Juli–Sept. tgl. 9.45–20 Uhr Mit dem Lift kann man auf die Aussichtsterrasse des Campanile fahren, der Eingang befindet sich in der Loggetta. Man steht in luftiger Höhe und genießt einen außerordentlichen Blick über die Stadt und über die Kuppeln von San Marco.

Loggetta

1536–40 wurde dem Campanile an seiner Ostseite die **Loggetta** vorgeblendet, ein Werk des Jacopo Sansovino. Da die kleine Halle erst später der Palastwache als Standort während der Sitzungen des Gro-

Piazza San Marco mit Blick auf die Basilica und den Campanile. »Wer nicht sein Herz stärker klopfen fühlt, wenn er auf dem Markusplatze steht, der lasse sich begraben, denn er ist tot, unwiederbringlich tot« (Franz Grillparzer, Tagebuch der Reise nach Italien, 1819)

ßen Rates diente, wird ihr ursprünglicher Zweck ein rein baukünstlerischer gewesen sein. Das Motiv der Arkaden stellt eine Art Überleitung zu der im selben Jahre begonnenen Markusbibliothek und zu den Prokuratien her. Zudem wird die Loggetta in einen inhaltlichen Zusammenhang mit der Scala dei Giganti gestellt, mit der sie in einer Fluchtlinie liegt. Die Anordnung der Arkaden greift das antike Triumphbogenmotiv auf. Die Loggetta bildet damit den Abschluss einer *Via triumphalis.* Diesem übergreifenden Gedanken fügt sich das ikonografische Programm der von Sansovino geschaffenen Nischenfiguren ein. Die Statuen Minervas, Merkurs, Apolls und Nikes (Siegesgöttin) symbolisieren die Staatstugenden der Republik, ebenso das mittlere der drei Reliefs in der Attikazone mit einer Allegorie der Gerechtigkeit. Die seitlichen Reliefs beinhalten Anspielungen auf die Herrschaft Venedigs über Zypern und Kreta. Die kleine Balustrade und die kunstvoll verzierte Bronzetür (von Antonio Gai) wurden erst im 18. Jh. hinzugefügt.

Procuratie Vecchie und Procuratie Nuove

Der Bau der **Alten Prokuratien** wurde kurz nach 1500 begonnen. Nachdem ein Brand das Projekt vorübergehend zum Erliegen gebracht hatte, wurde nach 1517 unter der Leitung von Bartolomeo Bon weitergearbeitet. Das für das ganze venezianische Stadtbild charakteristische Motiv der fortlaufenden Arkadenreihe bestimmt die Fassadengestaltung. Das Untergeschoss öffnet sich in fünfzig Bögen zum Platze hin, die beiden geschlossenen Obergeschosse verdoppeln diese Zahl auf hundert. Als ein typisches Beispiel der Frührenaissancearchitektur wirkt das Gebäude trotz seiner beträchtlichen Abmessungen leicht und locker. Andererseits vermisst man die gliedernden Elemente, die den florentinischen Bauwerken ihre klare Ordnung verleihen. Die Endlosfolge der Arkaden ohne erkennbare Zwischenakzente wirkt wie ein spätes Erbe der veneto-byzantinischen Bauweise des 13. Jh., zugleich ist sie Ausdruck des der venezianischen Kunst eigenen Irrationalismus.

Die Prokuratoren waren im Mittelalter für alle Belange der Markuskirche zuständig. Seit dem 15. Jh. wurden ihre Kompetenzen zunehmend erweitert, bis daraus ein umfangreicher Verwaltungsapparat entstanden war, der die Aufsicht über alle öffentlichen Bauvorhaben führte. Die Prokuratoren stellten einen eigenen Baumeister, den sog. Proto, für ihre Belange in Dienst.

Der Beamtenapparat der Prokuratoren war gegen Ende des 16. Jh. derart angewachsen, dass gegenüber den Alten Prokuratien ein neuer Trakt angelegt wurde, der auch die Wohnungen der Würdenträger aufnahm. Die Bauleitung hatte zunächst ab 1583 Vincenzo Scamozzi, nach seinem Tode 1616 führte Baldassare Longhena das Vorhaben zu Ende (1640). Die **Procuratie Nuove** stellen eine ums Eck geführte spiegelbildliche Fortsetzung der Markusbibliothek dar. Allerdings wurde deren zweigeschossiger Aufriss durch ein drittes, leicht zurückspringendes Stockwerk nach oben erweitert. Der bestehende Bau der Neuen Prokuratien ersetzte einen mittelalterlichen Vorgängerbau, der weiter vorgeschoben war und bündig mit dem Campanile abschloss.

Torre dell'Orologio (Uhrturm)

Der große Uhrturm, der die Alten Prokuratien nach Osten beschließt, wurde in den letzten Jahren des 15. Jh. errichtet. Die ihn flankierenden Seitentrakte wurden zwischen 1502 und 1506 aufgezogen. Die ursprünglich zweigeschossigen Flügel wurden erst 1755 durch das dritte, leicht zurückspringende Geschoss erhöht. Der Aufriss der Torre dell'Orologio verdeutlicht einen grundsätzlichen Wesenszug der venezianischen Kunst. Die Sprache der Architektur tritt zugunsten dekorativer Elemente in den Hintergrund. Im Gesamteindruck dominieren das vergoldete Zifferblatt der Uhr, die Nische mit der sitzenden Muttergottes darüber und das Obergeschoss mit dem Markuslöwen vor blauem Hintergrund. Am Epiphanietag (6. Januar) und in der Himmelfahrtswoche setzt ein Mechanismus zu jeder vollen Stunde Figuren der Heiligen Drei Könige in Bewegung, die im Halbkreis um die Muttergottes herumziehen. Auf der Plattform des

Venedigs Geschäftsviertel

Hinter dem Turm, den man unten durch einen Torbogen durchschreiten kann, beginnen die Mercerie, Venedigs betriebsames Hauptgeschäftsviertel.

Turmes stehen die in Bronze gegossenen Mohren (1497), die mit schweren Hämmern die Stunden schlagen. Städtebaulich erfüllt der Uhrturm eine wichtige Funktion. Als Blickfang von Süden, von der Wasserseite her, schafft er eine axiale Durchdringung von Piazza und Piazzetta.

Ala Napoleonica

Die letzte einschneidende Maßnahme, die der Piazza ihr endgültiges Aussehen verlieh, war die Errichtung des Querflügels im Westen. An dieser Stelle stand bis in das beginnende 19. Jh. die Kirche S. Geminiano, die 1807 auf Geheiß Napoleons abgerissen wurde. Der Eroberer Venedigs, inzwischen zum Kaiser der Franzosen aufgestiegen, wünschte eine standesgemäße Residenz in der Lagunenstadt, die ihm in den Neuen Prokuratien eingerichtet wurde. Als monumentaler Eingang zu den kaiserlichen Gemächern wurde die Ala Napoleonica, auch Ala Nuovissima genannt, konzipiert. Sie greift das zweigeschossige System von Sansovinos Bibliotheksbau an der Piazzetta wieder auf. Während sich jedoch die Bibliotheksfassade nach oben in einer Reihe freistehender Statuen auflockert, lastet auf dem Obergeschoss des Napoleonischen Flügels eine massive Attika. Der westliche Abschluss der Piazza wirkt dadurch ein wenig schwerfällig. Es ist überhaupt die Frage, ob dieser Eingriff in die gewachsene Substanz besonders glücklich war. Die Ala Napoleonica stellt den aus der Sicht des Klassizismus nachvollziehbaren Wunsch nach einer definierten Begrenzung des Platzes dar. Aber diese Schaffung ›klarer Verhältnisse‹ steht im Widerspruch zum venezianischen Kunstwesen, in dem das Fließende, die offene Form als Überraschungsmoment einen durch alle Zeiten und Stilepochen gleichbleibenden Grundakkord bildet.

Die Untergeschosse sämtlicher die Piazza umgreifenden Bauten einschließlich der Markusbibliothek sind schon von Beginn an an private Geschäftsleute verpachtet worden, sodass die heute darin befindlichen Geschäfte einen historisch sinnvollen Platz einnehmen. Die Alten Prokuratien beherbergen in ihren Obergeschossen zum Teil öffentliche, zum Teil private Büroräume (Versicherungen, Anwaltskanzleien etc.). Die Obergeschosse der Neuen Prokuratien wurden nach 1918 im Innern umgebaut. In ihren Räumlichkeiten befindet sich heute das **Museo Civico Correr** zur Stadtgeschichte Venedigs. Der Eingang befindet sich im Napoleonischen Flügel, dessen einstiger Ballsaal im ersten Stock heute für besondere Veranstaltungen der Stadt genutzt wird. Ein weiteres Museum, das **Museo Archeologico,** ist unter einem Dach mit der Markusbibliothek in der Libreria des Sansovino an der Piazzetta vereint worden.

Eine Attraktion ist das **Caffè Florian** im Parterre der Neuen Prokuratien. Es trägt den Namen seines Gründers, Floriano Francesconi, und wurde im Jahre 1720 eröffnet. Es ist damit das älteste Kaf-

◁ *Der große Uhrturm (Torre dell'Orologio) wurde Ende des 15. Jh. errichtet*

Caffè Florian

Mark Twain, der sich sonst eher distanziert über Venedig äußerte, berichtete, dass er »keine glücklicheren Stunden verlebte als die, welche ich täglich vor dem Caffè Florian verbrachte.«

feehaus Italiens. Die heutige Ausstattung stammt von 1858. Jeder der kleinen Räume hat seine eigene thematisch fixierte Dekoration (z. B. Saletta Cinese, Saletta Persiana usw.). Das Caffè Florian hat seinen festen Platz in der Weltliteratur. Hier überarbeitete Marcel Proust seine Ruskinübersetzung; Goethe, Thomas Mann und Ernest Hemingway verkehrten im Florian. Das schräg gegenüber in den Arkaden der Alten Prokuratien untergebrachte **Caffè Quadri** ist kaum minder berühmt.

Museo Civico Correr

Museo Civico Correr ★

Museo Civico Correr

April–Okt. tgl. 9–19 Uhr, Nov.–März tgl. 9–17 Uhr, geschlossen an hohen Feiertagen

Das Museum zur Geschichte Venedigs ist im lang gestreckten Gebäudetrakt der Neuen Prokuratien untergebracht (Eingang in der Ala Napoleonica). Das Museum trägt den Namen seines Gründers Teodoro Correr (1750–1830). Der Kunstinteressierte wird sich in der Hauptsache der kleinen, aber qualitätvoll bestückten Gemäldesammlung widmen. Dorthin gelangt man durch eine Flucht von Sälen, die ihr heutiges Aussehen im 19. Jh. erhielten. Zunächst kommt man durch Ballsaal, Thronsaal und Speisesaal. Erst in Saal 6 beginnt die Ausstellung mit Gegenständen zur **Geschichte Venedigs.** Man durchschreitet die Libreria dei Teatini (Saal 8) und die Münzsammlung (Saal 11); eindrucksvoll in Saal 12 die Galeerenmodelle. In Saal 14, der unter das Motto »Venezia Forma Urbis« gestellt ist, ist der berühmte Stadtplan des Jacopo de Barbari aus dem Jahr 1500 ausgestellt. Wen es von hier gleich zur Gemäldegalerie zieht, erreicht diese von Saal 14 über eine Treppe, die in das darüber befindliche Stockwerk führt. Man kann aber auch den Rundgang durch das Correr-Museum zunächst noch fortsetzen. In den folgenden Sälen 15–18 ist die **Waffensammlung** ausgestellt. Der Weg zurück Richtung Saal 14 führt durch Kabinette. Dort sieht man in den Räumen 19–22 **Kleinbronzen.**

Museo del Risorgimento

Im zweiten Stockwerk ist übrigens als eine Unterabteilung des Correr-Museums das Museo del Risorgimento untergebracht. In elf Räumen ist die Geschichte Venedigs vom Ende der freien Republik 1797 bis zur Eingliederung der Stadt in das geeinte Königreich Italien 1866 dokumentiert.

Die **Gemäldesammlung** ist chronologisch geordnet. In den Sälen 23–29 hängen hauptsächlich Bilder aus Gotik und Spätgotik, darunter auch Werke der Maler Paolo und Lorenzo Veneziano. Die Malschule von Ferrara (Cosmè Tura) ist in den Räumen 30/31 gegenwärtig. Sehr aufschlussreich sind die Säle 33–35, wo das Verhältnis Venedigs zu den Niederlanden im 15./16. Jh. beleuchtet wird. Wichtigster Mittler zwischen Venedig und dem Norden war der Wanderkünstler Antonello da Messina, der anlässlich seines Venedig-Aufenthaltes 1475 den venezianischen Malern die Technik der Ölmalerei nahebrachte. Von ihm sehen wir in Saal 35 eine unvollendete Pietà; es ist das einzige in Venedig erhaltene Bild des großen Sizilianers. Saal 36 ist der Malerdynastie der Bellini gewidmet. Vom Vater Jacopo ist eine breitformatige Kreuzigung ausgestellt, von dem Sohn Gentile ein Porträt des Dogen Giovanno Mocenigo und von dem berühmtesten der Bellini, Giovanni, mehrere Werke aus seiner Frühzeit. Zu beachten ist besonders die kleinformatige Kreuzigung. In der dort wiedergegebenen Landschaft im Hintergrund wird deutlich, in welchem Maße die Malerei der Frührenaissance unter dem Einfluss der altniederländischen Malerei stand. Das bekannteste Bild des Museums finden wir in Saal 38. Es zeigt zwei ein wenig gelangweilt dreinschauende Damen mit Schoßhündchen und anderem Hausgetier. Früher trug das Bild den irreführenden Titel »Zwei Kurtisanen«. Erst 1992 gelang den Kunsthistorikern F. Polignano und A. Gentili die sensationelle Neudeutung des Bildes. Es handelt sich demnach um ein Fragment, um die untere Hälfte von ursprünglich zwei Szenen, die vermutlich auf einer Tür angebracht waren. Die obere Hälfte ist gleichfalls erhalten und befindet sich heute im Getty-Museum in Los Angeles. Dort sind Männer in der Lagune bei der Entenjagd dargestellt. Entsprechend sind hier auf der Tafel im Correr-Museum nicht zwei Kurtisanen, sondern ganz im Gegenteil zwei noble Damen der gehobenen Gesellschaft Venedigs zu sehen, die auf die Rückkehr ihrer Ehemänner von der Jagd warten. Der neue Titel beider Bilder ist deshalb »Die Erwartung«. In den letzten Sälen finden sich hauptsächlich Bilder der Hoch- und der Spätrenaissance. Beachtenswert ist vor allem in Saal 40 das Bild einer stillenden Maria von Lorenzo Lotto von 1525.

Über dieselbe Treppe, die man gekommen ist, geht es wieder zurück in die historischen Säle des Museo Civico Correr. Man wendet sich jetzt nach links und durchschreitet mit den Räumen 45–53 Kabinette, in denen das **Alltagsleben** der Venezianer in zurückliegenden Jahrhunderten beleuchtet wird. Verblüfft wird mancher vor jener Vitrine Halt machen, in der extrem hochhackige Damenschuhe des 16. Jh. ausgestellt sind.

Museo Archeologico

Das Archäologische Museum hängt jetzt, anders als früher, mit dem Museo Civico Correr zusammen. Man findet den Zugang über Raum 18 im Museo Correr. Nachdem in der Zeit der Renaissance das Sammeln von antiken Bildwerken in Mode gekommen war, boomte der Kunstmarkt, und es gelangten zahlreiche Werke griechischer und römischer Herkunft nach Venedig. Die vormaligen Privatsammlungen flossen nach Ende der Republik zusammen. Die heutige Aufstellung in Räumen der Neuen Prokuratien und der Markusbibliothek kam erst nach 1945 zustande. Das Spektrum der Sammlung reicht von griechischen Skulpturen aus klassischer Zeit bis zu römischen Büsten der späten Kaiserzeit, also rund ein Jahrtausend antiker Geschichte ist hier gegenwärtig. Besonders qualitätvoll ist vor allem die Gruppe der römischen Porträtköpfe.

Am Ende des Rundgangs erreicht man schließlich den großen Saal der Markusbibliothek. Er erhielt nach jahrelanger Zweckentfremdung erst 1929 sein heutiges, der Renaissance nachempfundenes Aussehen.

Museo Archeologico
tgl. 9–14 Uhr

Biblioteca Marciana

Piazza und Piazzetta bilden über einem L-förmigen Grundriss eine Einheit und beschreiben damit ein in Venedig verbreitetes Muster einer Platzanlage. Bis 1175 war die Piazzetta ein Hafenbecken, das dann zugeschüttet und zu einem Platz gestaltet wurde.

1537 wurde der Grundstein zur Bibliothek gelegt, die die umfangreiche Sammlung des Kardinals Bessarione aufnehmen sollte, die dieser der Republik vermacht hatte. Die Leitung hatte Jacopo Sansovino. Der Bau, der anfangs zügig voranschritt, geriet 1545 ins Stocken, nachdem die Decke des großen Saales eingestürzt war. Sansovino, den man dafür verantwortlich machte, wurde ins Gefängnis geworfen. Es bedurfte der Vermittlung durch Tizian und Aretino, den Architekten wieder aus der Haft freizubekommen. 1554 war der Bau bis zur 16. Arkade (vom Campanile aus gezählt) fertiggestellt. Die von Sansovino offenbar nicht geplante Verlängerung um weitere sieben Arkaden bis zum Molo nahm erst Scamozzi 1582 bis 1588 vor.

Die **Fassade** der Markusbibliothek stellt eine der vollkommensten Schöpfungen der italienischen Renaissance dar. Das Untergeschoss öffnete sich, wie bei öffentlichen Bauten Venedigs üblich (Dogenpalast, Prokuratien u. a.), in einer gewölbten Halle. Die Arkadenbögen ruhen auf Pfeilern, ein Motiv, das sich eng an römisch-antike Vorbilder anlehnt. Die Bögen des geschlossenen Obergeschosses dagegen werden von zierlichen Säulen getragen, die frei stehend aus dem Mauerverband gelöst sind. Die Arkaden beider Geschosse werden durch Halbsäulen, die den Pfeilern vorgeblendet sind, gegeneinander abgegrenzt. Die damit verbundene plastische Durchformung der Wand entspringt nicht der florentinischen Renaissance, die die Bauglieder mehr in der Fläche zurückhält, sondern zeigt sich von der Hochrenaissance römischer Prägung inspiriert. Gänzlich unrömisch mutet dagegen die Ecklösung an, die der langen Front keinen entschiedenen Abschluss vermittelt, sondern sich gleichsam in der zierlichen Gestalt flach gehaltener Pilaster verflüchtigt. Dieses ›Offenlassen‹ ist wieder ein venezianischer Wesenszug, ebenso wie die Vielfalt des in Relief gehaltenen Dekors, der nach oben an Fülle zunimmt und in dem abschließenden Fries mit girlandentragenden Putten einen wahrhaft festlichen Abschluss erfährt. Das symbiotische Erscheinungsbild der Bibliothek, in dem römische und venezianische Züge zu einer eigenen Formensprache verschmelzen, ist nur aus der Biografie ihres Schöpfers Sansovino zu erhellen, der nacheinander in Florenz, Rom und zuletzt in Venedig tätig war.

Säulen auf der Piazzetta

Am Südrand der Piazzetta, nur wenige Schritte vom Wasser entfernt, stehen die beiden monolithischen Säulen, an denen in früheren Zeiten große Schiffe festmachten. Der Überlieferung zufolge sollen sie aus dem Orient gekommen und von Nicolò Barattieri, dem Erbauer der ersten (hölzernen) Rialto-Brücke, aufgerichtet worden sein. Zwischen den Säulen wurden Hochverräter und Kapitalverbrecher mit dem Schwerte enthauptet. Zugleich sind die Säulen als Herrschaftszeichen der Republik zu verstehen. Auf ihren Spitzen stehen Figuren des ›alten‹ und des ›neuen‹ Patrons von Venedig, Theodor und der Markuslöwe. Während die Marmorstatue Theodors als eine römische Arbeit des 2. Jh. n. Chr. gilt, der man nachträglich Schild und Lanze hinzugefügt hat, ist die Herkunft des bronzenen Löwen ungewiss. Er war ursprünglich eine Chimäre und wurde erst durch die Anbringung der Flügel und des Buches zum Markussymbol umgedeutet.

Ein venezianisches Sprichwort rät: »Guardate dell'entrecolumni« (Hütet euch vor dem Platz zwischen den Säulen). Es spielt auf die tragische Rolle des Marino Falier an, von dessen Umsturzversuch bereits die Rede war. Man berichtet, dass Falier in Abwesenheit zum Dogen gewählt worden war, während er auf einer diplomatischen Reise zum päpstlichen Hof in Avignon unterwegs war. Bei seiner Rückkehr herrschte dichter Nebel über der Lagune, und die Prunkgondel, die den neugekürten Dogen in die Stadt bringen sollte, stieß abseits des Dogenpalastes genau zwischen den beiden Säulen an den Kai, an der Hinrichtungsstätte – ein böses Omen! Im Jahr darauf wurde Falier wegen seines angeblichen Umsturzversuches hingerichtet.

Die Säulen auf der Piazzetta sind als Herrschaftszeichen der Republik zu verstehen. Auf ihren Spitzen stehen Figuren des ›alten‹ und des neuen‹ Patrons von Venedig: Theodor und der Markuslöwe

Zecca (Münze)

Die staatliche Münzprägestätte (Zecca, von arabisch *sicca* = Münze), die ihre Fassade der Lagune zuwendet, wurde von Sansovino im selben Jahr wie die benachbarte Bibliothek begonnen und bereits 1545 fertiggestellt. Der anfangs zweigeschossige Bau erhielt etwa dreißig Jahre später ein drittes Stockwerk. Im Gegensatz zu der ausschließlich vom Motiv der Arkade bestimmten Fassade der Bibliothek weist die Zecca nur im Untergeschoss eine Bogenreihe auf, die beiden darüber liegenden haben hochrechteckige Fenster. Das Gebäude wirkt dadurch massiver und geschlossener, was vielleicht seine Bestimmung als Hort einer staatsschatzähnlichen Institution symbolisiert. Die Prägestätte war noch bis 1870 in Funktion. Heute dient das Bauwerk als Bibliothek, nachdem 1905 ein großer Teil der Biblioteca Marciana hierher transferiert wurde.

Die breit angelegte Stadtfassade Venedigs zur Meerseite hat westlich der Zecca einen schmerzlichen Verlust erlitten. Dort stand bis 1807 der staatliche Kornspeicher. Als in den Neuen Prokuratien die Gemächer Napoleons eingerichtet wurden, riss man den alten Kornspeicher ab, um einen freien Ausblick auf die Lagune zu schaffen. Anstelle des Bauwerks wurde ein Park angelegt, die **Giardini Reali.** An der Südwestecke des Parks steht ein neoklassizistischer Pavillon, nach dem Repräsentationsschiff des Dogen **Bucintoro** genannt.

Piazzetta dei Leoncini

Wir kehren auf die Piazza zurück. Links von der Markuskirche setzt sich der Platz in der Piazzetta dei Leoncini fort, die ihren Namen nach den dort aufgestellten Löwen aus rotem Marmor hat (1722 von Giovanni Bonazza geschaffen). Der kleine Platz erhielt erst im 19. Jh. sein heutiges Aussehen. Seine östliche Breitseite nimmt der **Palazzo Patriarcale,** der Sitz des Patriarchen von Venedig, ein. Er wurde zwischen 1837 und 1850 erbaut, nachdem erst damals der Bischofssitz der Stadt von S. Pietro di Castello nach San Marco verlegt worden war.

Der Rundgang endet wieder vor San Marco. Bevor wir uns der Kirche selbst zuwenden, richten wir noch einen Blick auf die drei **Fahnenmasten** davor. Sie wurden Ende des 15. Jh. aufgestellt und trugen einst die Flaggen der drei von Venedig eroberten Königreiche Morea (Peloponnes), Kandia (Kreta) und Zypern. So markieren auch diese Fahnenmasten, ähnlich den Säulen auf der Piazzetta, den Machtanspruch der Serenissima. 1505 wurden den hölzernen Schäften bronzene Füße mit figürlichen Reliefs hinzugefügt. Am Fuß des mittleren Fahnenmastes sieht man drei kleine Medaillons mit einem Porträt des Dogen Leonardo Loredan, der Venedig in den schweren Zeiten der ›Liga von Cambrai‹ gerettet hatte. Es ist dies das einzige Beispiel eines Dogenporträts in der Öffentlichkeit.

San Marco

Baugeschichte

San Marco ist nicht nur das bedeutendste und am reichsten ausgestattete mittelalterliche Bauwerk Venedigs, die Kirche ist zugleich einer der erstaunlichsten Sakralbauten des europäischen Mittelalters. Neben der ungewöhnlichen Architektur fasziniert die Fülle des Dekors, der in vielen Punkten nirgends einen Vergleich findet: Der Mosaikzyklus ist der umfangreichste des Abendlandes, die Rosse von San Marco stellen die einzige aus der Antike erhaltene Quadriga dar, die Pala d'Oro ist nach dem Klosterneuburger Altar des Nicolaus von Verdun der Welt zweitgrößtes Emailbildwerk.

Auch in seiner Bedeutung nimmt San Marco eine Sonderstellung ein, denn die Kirche war nicht der Sitz des Bischofs, sondern bis zum Ende der Republik Hauskapelle der Dogen und somit zugleich offizielle Staatskirche. Erst im 19. Jh. wurde San Marco Metropolitankirche.

Der heutige Bau ist der dritte an dieser Stelle. Die erste Markuskirche, die noch weitgehend aus Holz errichtet worden war, entstand unmittelbar nach der Ankunft der Reliquien des Evangelisten in Venedig. Als der Doge Pietro Candiano 976 ermordet wurde, hatte man den Dogenpalast in Brand gesteckt. Das Feuer griff auf die Markuskirche über und zerstörte sie vollständig. Der Nachfolger des ermordeten Dogen, Pietro Orseolo I. (976–78), ließ den Bau wiederher-

San Marco ★★
Besonders sehenswert:
Mosaiken,
Pala d'Oro
›Rosse von San Marco‹

Besichtigungstipp

Im Zuge der Restaurierungsmaßnahmen in den 1990er-Jahren wurde auch eine Ausleuchtung der Gewölbezone installiert, die allerdings nur zeitlich begrenzt eingeschaltet wird. Zuletzt galt: Die Beleuchtung wird täglich nur eine Stunde lang, zwischen 11.30 und 12.30 Uhr, angeschaltet. Eine Innenbesichtigung von San Marco legt man am besten in diese Zeit.

Querschnitt durch San Marco

San Marco, Museen in der Markuskirche
April–Sept. tgl. 9.45–17 Uhr, Okt.–März tgl. 9.45–16.45 Uhr Die Mitnahme von Rucksäcken und Taschen in den Narthex und in den Innenraum von San Marco ist nicht gestattet. Am Eingang findet eine Personenkontrolle statt. Gepäck kann aber gebührenfrei in einer kleinen Garderobe abgeben werden. Sie befindet sich auf der Nordseite der Markuskirche. Man biegt von der Piazzetta dei Leoncini in die erste Gasse links ein, der Eingang zu der Garderobe kommt nach 20 m auf der rechten Seite dieser Gasse. Sie ist morgens ab 9.30 Uhr geöffnet (s. auch Tipps S. 91 u. 101).

stellen. Diese zweite Markuskirche wurde im 11. Jh. abgerissen und durch den bestehenden Neubau ersetzt, der im Wesentlichen in den Regierungsjahren des Dogen Domenico Contarini (1043–70) entstand und nach ihm auch »Contarini-Kirche« genannt wird. Von den Vorgängerbauten wurde der zentrale Grundriss übernommen. Eine erste Weihe ist aus dem Jahr 1071 überliefert; die Fertigstellung ist spätestens mit der Einmauerung der Markusreliquien unter dem Hauptaltar (1094) anzusetzen.

Nach der Eroberung von Byzanz begann eine zweite groß angelegte Bauphase, die das Gesicht der Contarini-Kirche nachhaltig veränderte. Die Kuppeln wurden außen erhöht, der Narthex um eine nördliche Vorhalle erweitert. Die bis dahin weitgehend schmucklose Kirche wurde außen, zum Teil auch innen mit Marmorplatten inkrustiert und ausmosaiziert. Am Außenbau fanden zahlreiche Spolien aus der umfangreichen Beute der Kreuzfahrer Aufstellung. Diese repräsentative Ausschmückung ist vor dem Hintergrund der Ereignisse von 1177 (Frieden von Venedig zwischen Friedrich I. Barbarossa und Papst Alexander III.) und 1204 zu sehen, Meilensteine auf dem Weg Venedigs zur größten See- und Handelsmacht im Mittelmeerraum.

Eine dritte einschneidende Veränderung hob gegen Ende des 14. Jh. an und zog sich bis in das anbrechende 16. Jh. hin: die Phase der Gotisierung. Zahlreichen Fenstern wurde gotisches Maßwerk eingezogen, die Bögen im Obergaden des Außenbaus von Wimpergen überfangen, zwischen denen offene Tabernakel mit frei stehenden Statuen hochgezogen wurden. Einen letzten Eingriff in die Bausubstanz bedeutete die Einrichtung der Cappella Zen an der Südwestecke. In der Folgezeit wurden zahlreiche Mosaiken des Mittelalters durch Neuschöpfungen ersetzt, am Bau selber jedoch keine weiteren Veränderungen mehr vorgenommen.

In den zurückliegenden Jahrzehnten wurden große Anstrengungen unternommen, die Markuskirche grundlegend zu restaurieren. Die Arbeiten waren 1994, im 900. Jahr der Fertigstellung der Contarini-Kirche, weitgehend abgeschlossen.

Außenbau

Grundriss San Marco s. S. 95

Am Contarini-Bau waren die Kuppeln von der Piazza aus nicht zu sehen. Erst die voluminöse Erhöhung rückte sie ins Blickfeld, was seither die orientalisierende Wirkung des ganzen Bauwerks unterstreicht. Die **Westfassade (A;** die Buchstaben und Ziffern verweisen auf den Grundriss) gliedert sich in fünf Bögen, deren mittlerer mit dem Hauptportal sich über die anderen erhebt. Ihnen entsprechen im Geschoss darüber fünf weitere Bögen in der gleichen Anordnung. Die im Urzustand schmucklose Fassade erhielt im 13. Jh. ihre Mosaiken und im 14. Jh. die plastische Dekoration, die sich in manchem von der französischen Kathedralgotik inspiriert zeigt. Abweichend aber von den Vorbildern in der Ile de France wurden die Portalgewände an-

◁ Gesamtansicht der Westfassade von San Marco

statt mit Skulpturen lediglich mit Säulen ausgestattet. Dieselbe Beobachtung gilt für die Tympana. Wo an romanischen und gotischen Kirchen Frankreichs und Deutschlands die Vielzahl der Heiligen körperlich greifbar wird, sind hier die Darstellungen als Mosaik in die Fläche einer Kuppellünette gebannt. Von den Mosaiken des 13. Jh. ist lediglich das über der **Porta di S. Alippio (1;** links) erhalten. Es zeigt die Überführung des Leichnams des hl. Markus in die Kirche. Überraschend detailgetreu ist die Markuskirche in ihrem Aussehen um 1265 wiedergegeben. Man erkennt die zu dieser Zeit bereits vergrößerten Kuppeln und die Bronzepferde. Die weiteren Mosaiken entstammen dem 17. bis 19. Jh. Den glanzvollen Mittelpunkt der Fassade markieren die **bronzenen Pferde** auf der Galerie, die die Venezianer 1204 in Konstantinopel erbeutet hatten. Die Originale wurden nach der Restaurierung 1982 in das Museo Marciano gebracht und draußen durch Kopien ersetzt.

Ungewöhnlich für das sonst dem Medium der Skulptur gegenüber zurückhaltende Venedig ist der Reichtum qualitätvoller Skulpturen in den Bögen über dem Hauptportal. Der untere Bogen zeigt verschlungene Ranken. Im mittleren sind die Monatsarbeiten und im Bogen darüber Berufe dargestellt. Besonders interessant ist dieser äußere dritte Bogen. Es überrascht, wie lebensnah und wirklichkeitsgetreu hier in der Zeit um 1200 die Männer bei ihrer Arbeit aufgefasst sind. Links unten erkennt man Kalfaterer bei ihrer Tätigkeit, Leute, deren Aufgabe im Arsenal es war, mit Teer und Pech die Schiffsböden wasserundurchlässig zu machen.

Über der Porta di S. Alippio ist ein Mosaik des 13. Jh. erhalten, das die Überführung der Gebeine des hl. Markus in die Markus-Kirche zeigt, deren Aussehen überraschend detailgenau wiedergegeben ist

In den spätantiken, an der Südwestecke des Tesoro vermauerten Porphyrfiguren vermutet man die Tetrarchen, den Kaiser Diokletian und seine Mitregenten Valerius, Maximian und Constantius Chlorus

Die der Piazzetta zugewandte **Südseite** ist ein Baustein der Gesamtanlage der ›Stadtfassade‹. Die Fortführung des zweigeschossigen Aufrisses und die gotischen Tabernakel machen die repräsentative Bestimmung dieser Seite ebenso deutlich wie die hier befindlichen Spolien, die beiden reich mit ornamentalen Reliefs überzogenen **Pfeiler (2),** die aus der zerstörten Polyeuktoskirche in Byzanz stammen und 1204 nach der Eroberung von Byzanz durch die Venezianer als Beutegut hierher gelangten. Die Polyeuktoskirche wurde in den Jahren 524–527 n. Chr. erbaut. Aus derselben Zeit stammen die Pfeiler auf der Piazzetta. Hier hat man sie (ähnlich den beiden großen Säulen am anderen Ende der Piazzetta) als Herrschaftszeichen zu verstehen.

Ebenfalls spätantik sind die **Porphyrfiguren (3),** die in die Südwestecke des Tesoro vermauert sind. Der Porphyr hat die Farbe des Pupur. In der römischen Kaiserzeit war es den Herrschern vorbehalten, Gewänder in Purpur zu tragen. Da der Porphyr in der späten römischen Kaiserzeit so rar geworden war, dass es ausschließlich den Herrschern und deren Familienangehörigen vorbehalten war, sich in diesem edlen Stein darstellen zu lassen, vermutet man in den vier Männern die Tetrarchen (Kaiser Diokletian und dessen Mitregenten Valerius, Maximian und Constantius). Einer alten venezianischen Legende zufolge handelt es sich um vier Bösewichter, die bei dem Versuch, den Schatz von San Marco zu rauben, in Stein verwandelt wurden.

Auch die der Piazzetta dei Leoncini zugewandte **Nordseite** von San Marco ist als Schauwand konzipiert. Geschosseinteilung und Gliederung entsprechen der Westfassade. Unter der vierten Arkade öffnet sich die **Porta dei Fiori (4)** mit einem Relief der Geburt Christi im Tympanon. In die Wand sind etliche byzantinische Reliefplatten eingelassen, in der ersten Arkade eine Darstellung des leeren Thrones Christi auf Erden mit zwölf Lämmern als Symbolen für die Apostel **(5;** sog. Hetoimasia). Andere Stücke mit Darstellungen des hl. Georg, des hl. Demetrius, der vier Evangelisten, Christi und der Muttergottes sind venezianische Arbeiten des 13. Jh. und stammen möglicherweise von der älteren Ikonostasis der Markuskirche, die um das Jahr 1400 abgebrochen wurde.

Narthexmosaiken

Im Zuge der umfangreichen baulichen Veränderungen an der Contarini-Kirche im Verlauf des 13. Jh. wurde die nördliche **Vorhalle (B)** errichtet und zugleich der bis dahin flach gedeckten westlichen Vorhalle ein Gewölbe eingezogen. Die Mosaiken entstanden über die Spanne eines Dreivierteljahrhunderts etwa zwischen 1220 und 1300. Das Bildprogramm ist ein geschlossener alttestamentarischer Zyklus, der mit der Genesis beginnt und mit dem Leben Mosis endet.

Die erste **Kuppel in der Südwestecke (6)** schildert die Begebenheiten der **Schöpfungsgeschichte.** Die Bilder sind in drei konzentrischen Kreisen übereinander geordnet. Es beginnt im inneren Kreis mit der Taube, dem Symbol des hl. Geistes, die über dem Wasser schwebt. Daran schließen sich (gegen den Uhrzeigersinn) an: Trennung von Licht und Finsternis, die Schaffung des Himmelsgewölbes, Trennung von Wasser und Erde, die Erschaffung der Pflanzen. Der innere Kreis umfasst demnach die ersten drei Schöpfungstage. Im mittleren Streifen folgen die Ereignisse der folgenden drei Schöpfungstage: Erschaffung der Gestirne, der Fische und Vögel, der Säugetiere, schließlich die Erschaffung Adams, dem in der folgenden Szene die Seele in Gestalt einer kleinen geflügelten Figur eingegeben wird. Der äußere Streifen erzählt in elf Feldern zunächst die Namengebung der Tiere, sodann die Erschaffung Evas aus einer Rippe Adams und in mehreren Abschnitten den Sündenfall, seine Entdeckung und die Vertreibung aus dem Paradies. Im letzten Bild dieser Reihe sieht man das erste Menschenpaar bei der Verrichtung irdischer Arbeiten. Adam ist mit der Feldarbeit, Eva mit dem Spinnen beschäftigt. Eine originelle Orientierung bieten die weißgewandeten Engel, deren Zahl jeweils angibt, um den wievielten Schöpfungstag es sich handelt.

Detail aus der Kuppel in der Südwestecke mit der Schöpfungsgeschichte: Gottvater führt Eva dem Adam zu

Über dem Eingang zur Kirche, der **Porta di S. Clemente (7),** folgen die **Geburt Kains und Abels** sowie deren Vorbereitung zum Opfer, über der Pforte zur Cappella Zen das Opfer der beiden Brüder und über der Außentür zur Piazza die Bestrafung Kains. Der Zyklus setzt sich in den angrenzenden Tonnenwölbungen, die den Lichtschacht vor dem Hauptportal flankieren, mit der Schilderung der **Sintflut** und des **Lebens Noahs (8, 9)** in 15 Einzelbildern fort. In der linken Tonne werden auf der zur Piazza neigenden Halbseite der **Turmbau zu Babel** und die Trennung der Menschen in unterschiedliche Sprachgruppen gezeigt. Die anschließende zweite Kuppel führt das **Leben Abrahams (10)** in 19 Einzelszenen breit aus. Auch die Lünetten über der **Porta di S. Pietro (11)** und der Tür nach draußen gehören in diesen thematischen Rahmen. Hier erkennt man Abraham mit den drei Engeln und gegenüber (zur Piazza) die Geburt Isaaks.

In der **Kuppel über der Nordwestecke (12)** beginnt der umfangreiche Bilderreigen mit Begebenheiten aus dem **Leben Josephs,** der sich in den zwei folgenden Kuppeln weiter fortsetzt. Er umfasst insgesamt 40 Einzelszenen. In der ersten Kuppel beginnt der Zyklus mit den Träumen Josephs, worin sich einmal die sieben Garben, ein zweites Mal die Gestirne des Himmels vor ihm verneigen. Des Weiteren wird Joseph von seinen Brüdern in die Grube geworfen und schließlich als Sklave an ägyptische Händler verkauft. Der Ring schließt sich mit der Heimkehr der Brüder, die ihrem Vater Jakob das blutbefleckte Gewand Josephs zeigen.

Die anschließende **Kuppel (13)** erzählt, angefangen von dem Verkauf Josephs an Potiphar über seine Rückweisung von Potiphars Frau, seine Gefangennahme bis hin zu den Träumen des Pharaos und Josephs Deutungen derselben. Hier sind auch die Pendentifs mit vier Darstellungen in das Thema einbezogen. In der **dritten Josephs-Kuppel (14)** endet die Bildfolge mit Darstellungen Josephs als Statthalter in Ägypten, seiner Hilfe für die Brüder und zuletzt der Aussöhnung mit ihnen.

Die **letzte Kuppel (15)** berichtet aus dem Leben Mosis: Das Knäblein wird von des Pharaos Tochter aus dem Nil geborgen, Moses tötet den Ägypter, schlichtet Streit zwischen zwei Juden, hilft den Töchtern des Jethro, der brennende Dornbusch, der Durchzug des Volkes Israel durch das Rote Meer und das Manna- bzw. Wasserwunder.

Die Reihenfolge der Darstellungen entspricht der chronologischen Entstehung der Mosaiken. Der Zyklus wird durch etwa 50 Heiligen-, Engels- und Prophetengestalten bereichert, die aber nicht alle zur Originalsubstanz gehören, sondern zum Teil Restaurierungsergebnisse vom 16. bis zum 19. Jh. sind.

Im **Gewände des Hauptportals** sind Figuren der Maria und anderer Heiliger erhalten, die noch zur Dekoration der Contarini-Kirche gehören. Dies führt sehr anschaulich die künstlerische Entwicklung Venedigs vom 11. zum 13. Jh. vor Augen. Die älteren Mosaiken zeigen die Gestalten beengt, in starrer Haltung und akzentloser Reihung. Sie sind ganz der byzantinischen Tradition verpflichtet und wurden wohl auch von griechischen Mosaizisten ausgeführt. Die Werke des 13. Jh. dagegen, von venezianischen Künstlern geschaffen, vollziehen eine Hinwendung zu westlichen Strömungen. Ihr Kolorit ist farbenprächtig, die agierenden Personen sind in einen szenischen Bezug zueinander gesetzt und zeigen – undenkbar im byzantinischen Kunst-

San Marco, Grundriss

A Westfassade mit Hauptportal
B Narthex
C Sakramentskapelle
D Cappella di S. Clemente
E Cappella di S. Pietro
F Cappella dei Mascoli
G Cappella di S. Isidoro
H Tesoro
I Baptisterium
J Cappella Zen
1 Porta di S. Alippio
2 Syrische Reliefpfeiler
3 Tetrarchen
4 Porta dei Fiori
5 Byzantinisches Relief mit der Hetoimasia
6 Genesis-Kuppel
7 Porta di S. Clemente
8 Noah-Mosaiken
9 Fortsetzung des Noah-Zyklus' und Turmbau zu Babel
10 Leben des Abraham
11 Porta di S. Pietro
12–14 Leben Josephs
15 Szenen aus dem Leben Mosis
16–17 Grab des Dogen Vitale Michiel und seiner Frau Felicità
18–20 Weitere Dogengräber
21 Pfingst-Kuppel
22 Passions-Gewölbe
23 Himmelfahrt Christi
24 Johannes-Vita
25 Szenen aus dem Leben Jesu
26 Vier Heilige
27 Wiederauffindung der Markusreliquien und Szenen aus dem Leben Mariens
28 Kuppelmosaik im Chor mit der Darstellung des segnenden Christus
29–32 Vier Engelstatuen
33–34 Kanzeln
35 Ikonostase
36 Jakobus-Altar
37–38 Sängerkanzeln Jacopo Sansovinos
39 Hochaltar
40 Pala d'Oro
41 Sakramentshäuschen des Sansovino
42 Bronzetür des Sansovino
43 Marien-Altar mit byzantinischer Ikone der »Maria Nicopeia«
44 Grab des Dogen Andrea Dandolo
45 Taufbecken
46 Altar der »Madonna della scarpa«
47 Grabmal des Kardinals Zeno
48 Aufgang zum Museo Marciano

kreis – perspektivische Überschneidungen. Die Lebendigkeit der kompositorischen Gruppierung verbindet sich mit köstlicher Liebe zum Detail und verblüffend sicherer Erfassung der Anatomie von Mensch und Tier. So gesehen sind die Narthexmosaiken dem abendländisch-romanischen Kunstkreis enger verwandt als dem byzantinischen. Der Sinn für dekorative Wirkung ist dabei wiederum ein charakteristischer Zug venezianischen Empfindens.

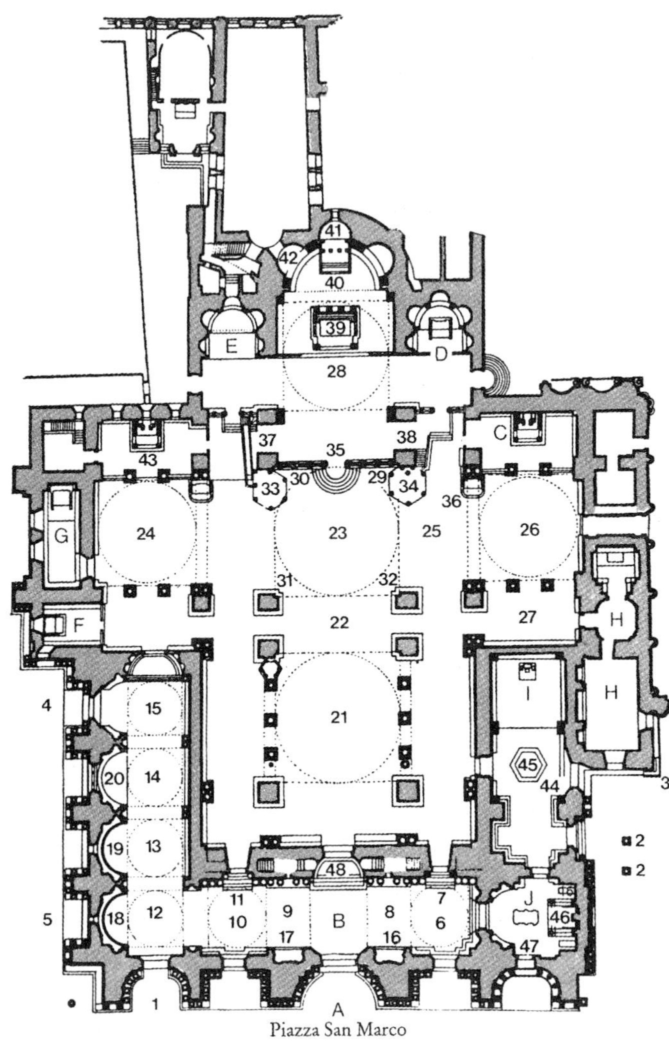

Über der Betrachtung der Mosaiken vergisst man fast völlig die anderen zum Teil bemerkenswerten Einzelheiten des Narthex. Hervorzuheben ist die aus Byzanz stammende **Bronzetür** in der **Porta di S. Clemente (7),** die Ende des 11. Jh. als Geschenk Kaiser Alexios Komnenos' nach Venedig gelangte. Ihr wurden zu Beginn des 12. Jh. die Bronzeflügel des Hauptportals nachgebildet. Gleichfalls byzantinischen Ursprungs ist die elegante Gittertür, die die Cappella Zen vom Narthex trennt.

Der aus verschiedenfarbigen Marmorteilen eingelegte **Fußboden** entstammt noch zu weiten Teilen der Contarini-Kirche und wurde im 13. Jh. erweitert. Fußböden dieser Art sind eine Übersetzung des im Osten verbreiteten Teppichmotivs in das dauerhaftere Material des Steins.

In den Nischen links und rechts vom Haupteingang sind die **Gräber (16, 17)** des Dogen Vitale Michiel I. (1096–1101) und seiner Frau eingelassen. Man wird sich der schlichten Form dieser Gräber erinnern, wenn man in SS. Giovanni e Paolo die Entwicklung und Entfaltung des venezianischen Dogengrabmals erlebt. In der nördlichen Narthexhalle befinden sich **weitere Dogengräber (18–20).**

Innenraum

Die Markuskirche ist über dem Grundriss eines griechischen Kreuzes errichtet worden. Das Grundmaß bildet das Vierungsquadrat, aus dem alle weiteren Raumproportionen abgeleitet sind. Zu allen vier Seiten grenzen gleich gestaltete, mit Kuppeln überwölbte Raumeinheiten an, lediglich die Ostpartie ist durch das Presbyterium mit einer Hauptapsis und begleitenden Seitenapsiden verlängert. Die Vierungspfeiler sind nicht massiv, sondern durchbrochen und in vier Pfeiler unterteilt. Die über den Vierungspfeilern aufgehenden Tonnengewölbe stellen die Verbindung zu den angrenzenden Kuppelräumen her. Die Durchbrechung der Pfeiler sowie die Arkadenbögen im vorderen Teil der Kirche rufen den Anschein einer Dreischiffigkeit her-

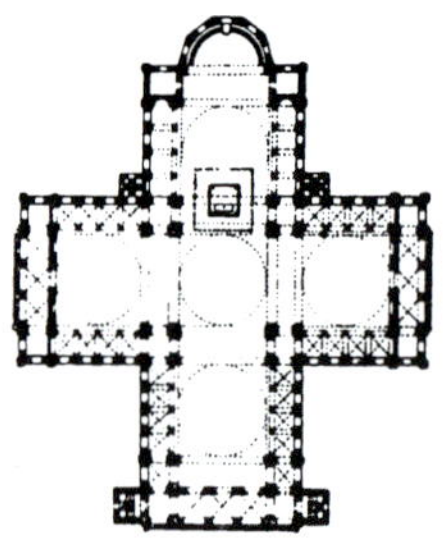

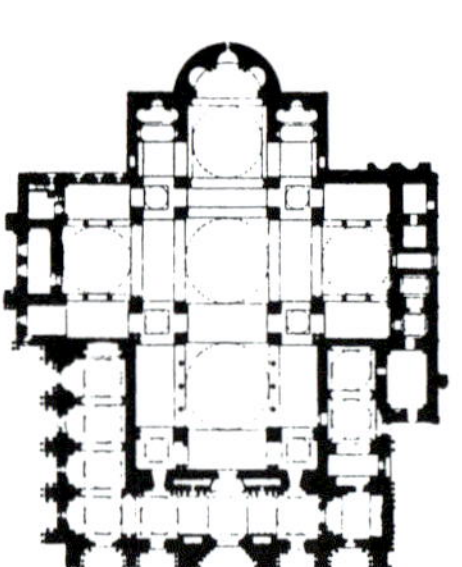

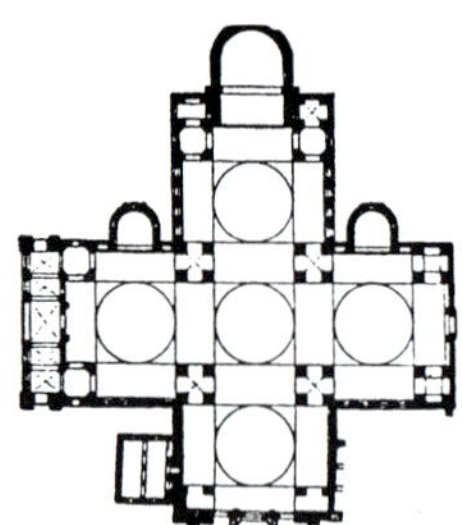

San Marco als Vermittler zwischen Ost und West – die Grundrisse im Vergleich

links: die Apostelkirche in Konstantinopel

Mitte: San Marco

rechts: die Kathedrale St-Front in Périgueux (Südwestfrankreich)

vor. Obwohl der Zentralbaugedanke im Vordergrund steht, kommt es dadurch zu einer Durchdringung von Zentralbau und längs gerichteten Achsen, was durch die Verlängerung der ›Seitenschiffe‹ in die Seitenkapellen des Chores zusätzlich unterstrichen wird.

San Marco lehnt sich in Grundriss- und Aufrissgestaltung eng an die im 6. Jh. erbaute (und 1453 zerstörte) Apostelkirche in Byzanz an, den ersten Vertreter dieses Fünfkuppeltyps. In Venedig verschleiern jedoch die Abgrenzung der seitlichen Raumteile und das sich damit anbahnende basilikale Denken das Prinzip des Zentralbaus, das bei dem Vorbild in Byzanz unangetastet im Vordergrund stand. Wenn auch der byzantinische Einfluss vorherrscht, ist doch die westliche Komponente in San Marco nicht zu übersehen. Ebenfalls von der romanischen Baukunst des westlichen Abendlandes ist die Hallenkrypta (für Besucher nicht zugänglich) herzuleiten. San Marco nimmt eine Vermittlerrolle ein, indem Formen aus beiden Richtungen zu einer Synthese verschmelzen. Darüber hinaus hat San Marco den byzantinischen Kuppelbau im Westen eingeführt. Seit dem ausgehenden 11. Jh. entstand im südwestlichen Frankreich eine ganze Reihe von Kuppelbauten. In der Kathedrale von Périgueux wurde sogar ein Zentralbau in genauer Übereinstimmung mit dem venezianischen Vorbild errichtet.

Das 12. und 13. Jh. haben die Contarini-Kirche in wesentlichen Punkten umgewandelt. Die Emporen, die bis dahin von den Säulen getragen wurden, mussten weichen. Es blieben als Relikte Laufgänge, die sich durch die ganze Kirche ziehen. Um einheitliche Flächen für den musivischen Dekor zu schaffen, wurden zudem zahlreiche Fenster vermauert, was die Lichtsituation grundlegend veränderte. Heute empfängt San Marco sein Licht ausschließlich von oben durch die Fensteröffnungen in den Kuppeln und aus den großen Bogenöffnungen im Westen und Süden. Ursprünglich erhielt der Raum zusätzliches Licht aus der unteren Zone. Dadurch ist die Gewölbezone, die in der Auffassung des Mittelalters als Abbild des Himmels galt, mit stärkerem Gewicht belegt worden.

Mosaiken

Die Mosaiken – sie bedecken eine Fläche von 4240 m² – haben die Architektur restlos überwuchert. Auch in dieser Hinsicht weicht San Marco von byzantinischen Vorbildern ab, in denen »die Architektur das Beherrschende« bleibt (Otto Demus). Die Contarini-Kirche besaß nur einzelne Mosaikikonen (heute zum Teil im Museo Marciano), das heutige Bildprogramm entstand im Wesentlichen gegen Ende des 12. und im Verlauf des 13. Jh. Seit dem 15. Jh. wurden wiederholt Restaurierungen und Erneuerungen vorgenommen, etliche Arbeiten nach Entwürfen Tintorettos ausgeführt. Aber diese späteren Mosaiken nehmen sich unvorteilhaft neben den mittelalterlichen aus. Wir gehen deshalb auch nur auf die älteren ein.

Der Innenraum von S. Marco ist ringsum mit Mosaiken bedeckt

Das **Mosaik der ersten Kuppel (21)** gehört zu den ältesten und fällt noch in die letzten Jahrzehnte des 12. Jh. Dargestellt ist das **Pfingstwunder.** Im Zenit schwebt die Taube, von der goldene Strahlen auf die zwölf Apostel ausgehen, die am unteren Kuppelrand thronen. An der Wand des rechts hinter den Säulen angrenzenden Raumteils: Szenen aus der Karwoche und aus der Apostelgeschichte, die in das erste

Viertel des 13. Jh. zu stellen sind. Thematisch schließt sich daran das sog. **Passionsgewölbe (22)** an, jene Tonne, die die vordere Kuppel von der im Zentrum scheidet. Man sieht: Judaskuss, Gefangennahme und Kreuzigung (rechts), die Frauen am leeren Grabe (im Scheitel), Christus in der Vorhölle und den Auferstandenen im Kreise der Jünger mit dem ungläubigen Thomas (links). Diese Mosaiken aus der Zeit um 1200 sind ein stilistischer Brückenschlag zwischen den Aposteln der Pfingstkuppel und den Begebenheiten aus der Apostelgeschichte rechts unterhalb davon. Während die Apostel als freiräumige Gestalten ganz auf die Wirkung der Einzelfigur zielen, wird später das Szenarium gedrängter, und die Figuren überschneiden einander. Zugleich verhärtet sich die Kontur. Sind die Apostel der Pfingstkuppel noch in großzügig gebauschte Gewänder gehüllt, so nimmt die Struktur der späteren Gewandungen eine in Zackenlinien und mehr ornamental aufgefasste Erscheinung an. Dieselbe Entwicklung von einem »barocken« Spätstil der Romanik zu einer in ihren Anfängen starren Gestalt der Gotik hatte sich unmittelbar zuvor in der französischen Skulptur des 12. Jh. abgespielt.

Die **Mittelkuppel (23)** wurde etwa gleichzeitig mit dem Passions-Gewölbe ausmosaiziert. Das Thema ist die **Himmelfahrt Christi.** Am Kuppelrand stehen, durch Ölbäume (Hinweis auf das Paradies?) voneinander getrennt, die Apostel, in der Längsachse der Kirche Maria, die von Engeln umgeben ist. Im Kuppelzenit schwebt Christus in einem Sternenkreis vor blauem Grund, der von Engeln getragen wird. Das Bildprogramm wird durch 16 weibliche Tugendpersonifikationen in den Fensterzwischenräumen bereichert. In den Pendentifs sitzen die vier schreibenden Evangelisten (stark restauriert).

In der **Kuppel des linken Querarmes** ist die **Vita Johannes' des Evangelisten (24)** in verschiedenen Bildern dargestellt: Johannes erweckt die tote Drusiana zum Leben, Heilung des Stactäus, der Diana-Tempel stürzt auf die Worte des Heiligen hin ein, Johannes soll aus dem Kelch mit Gift trinken (alle diese Darstellungen gehen nicht auf biblische Überlieferung, sondern auf Schilderungen der »Legenda aurea« zurück). Die Johannes-Kuppel fällt noch in das 12. Jh. und ist der Pfingst-Kuppel stilistisch verwandt, die Mosaiken darunter sind überwiegend jüngeren Datums.

In der **Kuppel des Südarmes (26)** stehen vier Heilige: **Nikolaus, Clemens, Blasius und Leonhard,** von denen die Markuskirche Reliquien besaß. In der Tonne zwischen dieser und der zentralen Kuppel sind weitere **Szenen aus dem Leben Jesu (25)** zu sehen: die Versuchungen, Einzug in Jerusalem, Fußwaschung.

An der nach Westen gerichteten **Wand des südlichen Kuppelraumes** erkennt man Begebenheiten aus dem **Leben Mariens und des Markus (27).** Der Legende zufolge waren die Gebeine des Stadtpatrons, die beim Brand der ersten Markuskirche 976 vernichtet worden waren, 1094 durch ein Wunder wiederaufgetaucht. Sie sollen sich selbsttätig aus der gegenüberliegenden Wand gelöst haben. Dort sind jetzt Wunder und Gleichnisse Christi dargestellt.

Teppichartige Ornamentstrukturen aus Marmorstücken schmücken den Fußboden von San Marco

In der **Chorkuppel (28)** schließlich erscheint der **segnende Christus** im Kreise von Propheten und der Muttergottes. Der Christus als Pantokrator in der Apsiswölbung ist eine Rekonstruktion des 16. Jh. (Original: 12. Jh.).

Die Betonung der Ost-West-Achse im Grundriss findet eine auffallende Parallele in der Ikonografie der Kuppelmosaiken. Die der Hauptachse werden als theologisch bedeutsamer gegenüber denen der Seitenkuppeln herausgestellt. Daneben fällt die hierarchische Staffelung nach oben auf. An den Wänden sind zuunterst Einzelfiguren von Heiligen dargestellt. In der nächsthöheren Zone erscheinen die Zyklen des Marien- und Jesulebens; die heilsgeschichtlich bedeutendsten Ereignisse sind in die Himmelssphäre der Kuppelzone gerückt.

Eine andere Art von Mosaik bewahrt den geduldigen Betrachter vor der drohenden Genickstarre: der mit Marmorstücken ausgelegte **Fußboden,** der unseren Blick wieder nach unten lenkt. In großen Flächen sind teppichartige Ornamentstrukturen geschaffen, die jedoch keinen Bezug auf die architektonische Gliederung des Bauwerks nehmen, wie es später bei Pavimenten dieser Art der Fall werden sollte (z. B. S. Maria della Salute).

Skulpturen und Altäre

Obwohl Venedig im Allgemeinen kein tieferes Verhältnis zur Skulptur entwickelt hat, zeigt gerade die Markuskirche – besonders im Bereich der Vierung – eine überraschende Vielzahl plastischer Bildwerke. Als die ältesten Skulpturen der Stadt gelten die vier vergoldeten **Engelstatuen (29–32)** an den Kanten der Vierungspfeiler. Sie stehen den Werken Benedetto Antelamis nahe, des bedeutendsten Bildhauers Italiens im ausgehenden 12. Jh., der seinerseits Anregungen der französischen Skulptur aufgenommen hatte. Hieran lässt sich Venedigs allmähliche Öffnung nach Westen erkennen, die auch im Stil der Mosaiken, besonders der des Narthex, zu beobachten ist.

Während diese Engel dem 13. Jh. angehören, ist jener, der die **Kanzel** links vor der Ikonostasis schmückt **(33),** ein Werk des anbrechenden 14. Jh. Die Kanzeln selbst – eine weitere rechts vor der Ikonostasis **(34)** – sind aus älteren Teilen zusammengesetzt und zeigen den in ganz Italien verbreiteten Typ der Säulenkanzel.

Wichtigster Blickfang ist die **Ikonostase (35).** Sie wurde zwischen 1394 und 1404 von den Brüdern Jacobello und Pierpaolo dalle Masegne und deren Werkstatt als Ersatz für eine ältere Chorschranke geschaffen, von der Einzelteile in die Nordwand der Markuskirche (außen) vermauert wurden. In der Stadt der Arkaden erleben wir hier einen der seltenen Fälle einer Kolonnadenreihe. Gedrungene kleine Säulen tragen das waagerechte Gebälk, in dessen Mitte sich ein Bronzekruzifix erhebt. Daneben stehen Freifiguren des hl. Markus, der Muttergottes und der zwölf Apostel.

Weitere qualitätvolle Plastik findet sich am **Jakobus-Altar (36)** rechts vor der Cappella S. Clemente am Vierungspfeiler. Dieses Werk der Frührenaissance – gestiftet von dem Dogen Cristoforo Moro (1462–71) – stellt die chronologische Fortsetzung der bisher besprochenen Skulpturen dar und wird der Werkstatt Pietro Lombardos zugewiesen.

An der Ostwand des nördlichen Kuppelraumes steht der **Altar der »Maria Nicopeia« (43),** dessen heutiger Aufbau aus dem 17. Jh. stammt. Er bildet den Rahmen für eine byzantinische Ikone, die wahrscheinlich auch zur Beute Dandolos gehörte. Jedenfalls wird sie schon 1234 urkundlich erwähnt. Das Bild ist von kleinen Emailplatten mit Darstellungen verschiedener Heiliger eingefasst. Die Ikone genoss hohes Ansehen. Man schrieb ihr eine Beschützerrolle für Venedig zu und stellte sie an hohen Festtagen auf dem Hauptaltar auf.

Durch die **Cappella S. Clemente (D)** betreten wir nun den Chor (hier ist Eintritt zu bezahlen). An den Seiten des Vorchores stehen zwei **Sängerkanzeln (37, 38)** mit Reliefs von Jacopo Sansovino. Sie schildern Stationen aus dem Leben des hl. Markus. Deutlich klingen in den Arbeiten des aus Florenz stammenden Meisters Erinnerungen an die florentinische Skulptur namentlich Donatellos an.

Der **Hochaltar (39)** wurde im 19. Jh. aus verschiedenen Teilen neu zusammengefügt. Die Alabastersäulen, die den Altarbaldachin tragen, verdienen eine eingehendere Betrachtung. Jeder Schaft ist in neun Streifen übereinander mit Reliefs verziert. Die Säule hinten links zeigt Szenen aus dem Leben Mariens von der Geburt bis zu ihrer Vermählung mit Joseph. An der linken vorderen Säule mündet die Bildfolge in einen Leben-Jesu-Zyklus. Dieser Themenbereich setzt sich an den beiden rechten Säulen fort und endet an der vorderen mit der Passion. Das antike Vorbild der Triumphsäule wird hier ins Christliche übertragen und zugleich ins Kleinformat übersetzt. Dem Stil nach sind die Säulen spätromanisch (Ende 12./Anfang 13. Jh.). Vielleicht handelt es sich aber auch (zumindest bei dem hinteren Paar) um byzantinische Werke (6. Jh. n. Chr.?), die im Mittelalter überarbeitet wurden. Nach Ansicht der neuesten Forschung sollen sogar alle vier Säulen aus dem 6. Jh. stammen.

Besichtigungstipp

Der Eintritt in die Markuskirche ist gratis. Aber im Innern wird an verschiedenen Stellen eine Eintrittsgebühr verlangt. Ein Sammelticket gibt es bislang nicht. Gebühren werden für drei Räume bzw. Denkmäler verlangt: Pala d'Oro, Schatzkammer, Museo Marciano.

Pala d'Oro

Das bekannteste Werk der Ausstattung ist die **Pala d'Oro (40),** die heute mit der Schauseite zur Rückwand der Apsis gewendet ist. Die monumentale Altartafel ist kein einheitliches Werk, sondern entstand in vier verschiedenen Phasen. Die ältesten Teile stammen aus der Zeit des Dogen Pietro Orseolo I. (976–978) und wurden von byzantinischen Goldschmieden angefertigt. Es sind dies die kleinen Medaillons, die jetzt die Rahmenleisten zieren. Zu Beginn des 12. Jh. wurden in Venedig selbst die quadratischen Emailplatten mit Szenen aus dem Neuen Testament und aus der Markusvita hergestellt. Rund hun-

Die Pala d'Oro, eine monumentale Altartafel, wurde von byzantinischen und venezianischen Goldschmieden in mehreren aufeinanderfolgenden Werkprozessen angefertigt

dert Jahre danach (1209) entstand der Aufsatz mit Emails, die den Venezianern 1204 in Konstantinopel in die Hände gefallen waren. 1345 erhielt der venezianische Goldschmied Gianpaolo Buoninsegna den Auftrag, die Pala d'Oro neu zu gestalten. Aus dieser Zeit stammen die große Mitteltafel mit dem thronenden Christus, die Medaillons mit den vier Evangelisten sowie die großen Propheten-, Apostel- und Engelsfiguren links und rechts davon. Durch die Umarbeitung, Neumontage und Erweiterung des Buoninsegna erreichte die Pala d'Oro ihre gewaltigen Ausmaße von 3,45 m Breite und 1,40 m Höhe.

Im Zentrum des unteren Teils thront Christus als Weltenrichter, umgeben von den vier Evangelisten. Darunter stehen die Muttergottes, die byzantinische Kaiserin Irene und der Doge Ordelaffo Falier (1102–18), der die erste Erweiterung veranlasst hatte. Darüber erkennt man in einem Medaillon die Hetoimasia, links und rechts davon Cherubim und Seraphim, die höchsten Engelwesen. In den 36 Feldern zuseiten des Mittelteils stehen (von unten nach oben gesehen) Propheten, Apostel und Engel übereinander. Die Außenseiten sind mit einer Reihe quadratischer Platten (12. Jh.) gerahmt, die Szenen aus dem Leben des hl. Markus (seitlich) und aus dem Leben Christi (oben) zeigen. Der erzählerische Charakter dieser Emails kommt besonders schön in dem Bild von der Überführung der Markusreliquien mit dem Schiff von Alexandria nach Venedig zum Ausdruck (rechts unten). Die Mitte des Aufsatzes nimmt eine Vierpasstafel mit der Gestalt des Erzengels Michael ein. Die drei Emails links davon zeigen den Ein-

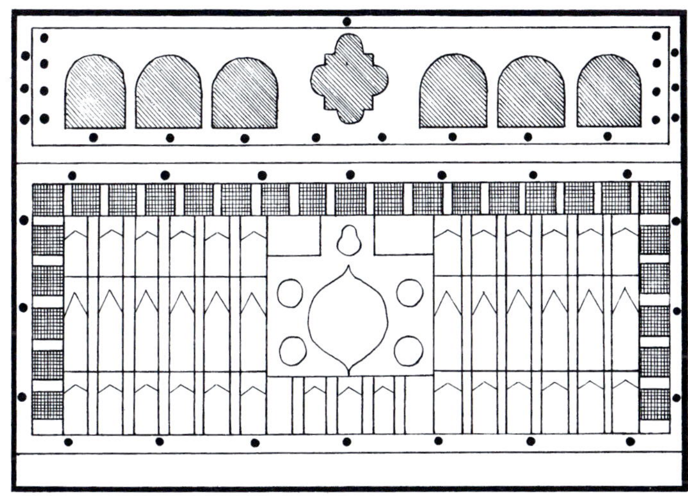

Die Entwicklungsphasen der Pala d'Oro

Punkte: Medaillons, byzantinisch, 10. Jh.

Kreuzschraffur: Quadratische Emailplatten, venezianisch, Anfang 12. Jh.

Schräge Schraffur: Emailtafeln, byzantinisch, 12. Jh.

Alles Weitere von 1345

zug in Jerusalem, Christus in der Vorhölle und die Kreuzigung, die rechten Himmelfahrt, Pfingsten und den Tod Mariens.

Obwohl es sich um ein heterogenes Werk handelt, verbinden sich die byzantinischen, romanischen und gotischen Teile zu einem harmonischen Ganzen. Das liegt nicht zuletzt in der Beibehaltung derselben Technik, denn alle Emails wurden als Zellenschmelz gearbeitet. Das bedeutet, dass in die Metallplatte ein Bild so eingeritzt wurde, dass kleine Stege als Binnenzeichnung stehen blieben. In die Zwischenräume wurde das Glaspulver eingelassen, das dann durch Erhitzung zum Schmelzen gebracht wurde (im Gegensatz zum Grubenschmelz, wo die Farben nicht getrennt sind, sondern ineinanderfließen). Neben den farbenprächtigen Emails, den Filigranornamenten und gepunzten Seitenstreifen ist die Pala d'Oro mit etlichen hundert Perlen, Edel- und Halbedelsteinen übersät (Türkis, Smaragd, Amethyst, Opal, Achat u. a.).

Bronzetür des Sansovino

Die Apsisrundung ist in drei halbrunde Nischen ausgebuchtet. In der mittleren befindet sich ein **Sakramentshäuschen (41)** mit einer bronzenen Tür. Sie stammt von der Hand Jacopo Sansovinos und zeigt in Relief die Auferstehung Christi. Gleichfalls von Sansovino wurde die in Bronze gegossene **Tür zur Sakristei (42)** geschaffen, die sich mit einer leicht konkaven Rundung dem Grundriss der apsidialen Ausbuchtung anpasst. Die Tür ist in zwei große Relieffelder unterteilt, die von plastisch gestalteten Rahmen eingefasst sind. Das untere Feld zeigt die Grablegung Christi, das obere seine Auferstehung. In den senkrechten Rahmenleisten stehen Heilige, in den waagerechten liegen Prophetengestalten. Die sechs kleinen Büsten, die sich in quadratischen Feldern an den Berührungspunkten der Rahmenstücke vollplastisch vom Grund lösen, sind derart porträthaft naturalistisch aufgefasst, dass man der Überlieferung Glauben schenken möchte, wonach es sich hier um Bildnisse Tizians und Aretinos (oben), Palladios und Veroneses (Mitte) sowie Francesco Sansovinos (ein wichtiger Chronist des 16. Jh.) und ein Selbstbildnis des Meisters (unten rechts) handeln soll.

Kapellen, Tesoro und Baptisterium

Die **Cappella dei Mascoli (F)** an der Stirnseite des Nordarmes entstand erst im frühen 15. Jh. Sie ist ein typisches Beispiel der Spätgotik, als es in Mode kam, den großen Kirchen kleinere, in sich geschlossene Sanktuarien anzugliedern. Ihren heutigen Namen erhielt sie im 17. Jh., nachdem sie zur Bruderschaftskapelle der Junggesellen *(mascoli)* geworden war. Die Marmorstatuen des Altares (Muttergottes und die Heiligen Markus und Johannes) stehen im Übergang von der Spätgotik zur Frührenaissance. Sie sind vom Geist des ›Internationalen Weichen Stils‹ der Zeit um 1400 geprägt. Derselben Stilrichtung gehören die Mosaiken an, die zwischen 1430 und 1450 ausgeführt wurden. Das Rundfenster der Stirnseite flankieren die Gestalten der Verkündigung, in der Tonne sind Geburt und Darstellung Mariens im Tempel (links) sowie Heimsuchung und der Tod der Muttergottes (rechts) wiedergegeben.

Die (leider meist geschlossene) **Cappella di S. Isidoro (G)** befindet sich gleich neben der Mascoli-Kapelle. Sie wurde in ihrer jetzigen Form unter dem Dogen Andrea Dandolo (1343–54) gestaltet. Die Reliquien des hl. Isidor (nicht zu verwechseln mit dem gleichnamigen spanischen Heiligen!) hatte man bereits 1125 auf Chios erstanden. An der Stirnwand des Sanktuariums steht in einer Rundbogennische der Sarkophag mit einer Figur des Heiligen (14. Jh.). Die Mosaiken, noch im Originalzustand, sind schöne Beispiele für den erzählerischen Tenor, der von den Narthexmosaiken her geläufig ist.

Der Zyklus mit Szenen vom Leben und Leiden Isidors beginnt rechts oben: der Heilige reist mit seinen Begleitern per Schiff nach Chios, seine Ankunft ebenda, er betet nach seiner Landung auf der Insel, Exorzismus der Valeria und ihrer Tochter Afra (spätere Stadtheilige von Augsburg), die beide anschließend getauft werden. Unten: der Heilige vor König Anumerian, es folgen die Stationen des Martyriums. Zuerst wird Isidor in einen Backofen gesteckt, dann von einem Pferd geschleift und zuletzt enthauptet. In der linken Hälfte der Tonne ist unten die Grablegung des Heiligen dargestellt. Darüber folgen: Ankunft des Dogen Domenico Michiel in Chios, der Priester Cerbanus versteckt die Reliquien, der Doge überredet Cerbanus, die Reliquien herauszugeben, die Venezianer schiffen sich mit dem Korpus des hl. Isidor ein. Dann wieder unten: die Translation der Reliquien nach San Marco. Auch die Stirnseiten der Kapelle sind ausmosaiziert. An der Eingangsseite: die Muttergottes mit dem hl. Nikolaus und Johannes dem Täufer; über dem Altar: Christus, der hl. Markus und der hl. Isidor.

Tesoro

Der Mascoli-Kapelle gegenüber befindet sich im südlichen Seitenarm der Eingang zur Schatzkammer. Da San Marco, wie mehrfach betont, keine Kathedrale, sondern Kirche des Dogen und der Republik war, ist auch der **Tesoro (H)** in erster Linie ein Staatsschatz gewesen. Den Grundstein legte Enrico Dandolo mit der reichen Beute aus Byzanz. Die Sammlung wurde in den nachfolgenden Jahrhunderten durch fortgesetzte Stiftungen, Schenkungen und Käufe vergrößert. 1797 und in der Säkularisation wurde der größte Teil geraubt oder eingeschmolzen. Die meisten **Exponate** sind byzantinischer Herkunft: Reliquiare, Weihrauchfässer, Pokale, Elfenbeinschnitzereien, Emails und andere Erzeugnisse der Kleinkunst. Hier steht u. a. der »Thron des hl. Markus«, der der Überlieferung zufolge im 7. Jh. vom Kaiser in Byzanz dem damals noch in Grado residierenden Patriarchen geschenkt worden sein soll. In den Glasvitrinen sind erlesene Exponate ausgestellt: ein kleiner aus Marmor gearbeiteter Tragaltar in Form eines Kuppelziboriums (6. oder 7. Jh.), ein silbernes Weihrauchgefäß in Gestalt einer Kreuzkuppelkirche aus dem 12. Jh., das in Miniaturformat übertragene Abbild einer ›Idealkirche‹ ähnlich wie San Marco, einige byzantinische Reliefikonen, unter denen besonders die des Erzengels Michael hervorsticht. Zu den schönsten Stücken der Sammlung gehören die kostbaren Schalen, Kelche und Pokale aus Bergkristall, Onyx und Achat, die zum Teil mit Gold und Edelsteinen eingefasst sind.

Baptisterium

Die Errichtung des **Baptisteriums (I),** das den Freiraum zwischen dem Tesoro und der Markuskirche schloss, fällt in die beiden ersten Jahrzehnte des 14. Jh. Der Raum wird von zwei Kuppeln überwölbt, die – in Abweichung des sonst in der Markuskirche herrschenden Systems – nicht auf der Wand ruhen, sondern auf Säulen, die in den Ecken frei aufgestellt sind. Die Mosaiken wurden unter Andrea Dandolo um die Mitte des 14. Jh. ausgeführt und sind thematisch auf Johannes den Täufer bezogen. Das **Grab Dandolos (44)** befindet sich gegenüber dem Eingang. Er ist der letzte Doge, der in San Marco bestattet wurde. Danach wurden die beiden Kirchen der Bettelorden, vor allem SS. Giovanni e Paolo, zur traditionellen Grabstätte der Dogen.

Das **Taufbecken (45)** hat einen gewölbten Bronzedeckel, dessen Reliefs Szenen aus dem Leben Johannes' des Täufers und der vier Evangelisten zeigen (1545). Die fast völlig nackte Figur des Johannes

Besichtigungstipp Baptisterium

Das Baptisterium ist normalerweise für Besichtigungen nicht zugänglich, es steht lediglich Gläubigen zum Gebet offen. Man kann also hineingehen, sollte sich dann aber sogleich hinsetzen und nicht umhergehen und auch nicht allzu auffällig umherschauen. Das Lesen in einem Reiseführer ist nicht gestattet. Das Aufsichtspersonal ist in dieser Hinsicht sehr streng.

im Mittelpunkt des Deckels wurde zwanzig Jahre später von dem aus Padua stammenden Bildhauer Segala geschaffen. Die Statuette ist in ihrer übertriebenen Längung ein typisches Werk des Manierismus.

Die **Mosaiken** illustrieren die Bestimmung des Raumes als Taufkapelle. Die Kuppel über dem Taufbecken zeigt die Aussendung der Apostel, die, assistiert von Diakonen, die Menschen taufen. In den Zwickeln erscheinen die vier griechischen Kirchenväter (Johannes Chrysostomos, Basilius der Große, Athanasios und Gregor von Nazianz). Ihnen entsprechen im zweiten Kuppelraum die vier abendländischen Kirchenväter (Gregor, Hieronymus, Ambrosius und Augustinus). In der Kuppelkalotte thront Christus inmitten einer Schar von Engeln. An den Wänden erzählen die Mosaiken das Leben Johannes' des Täufers. Die Betonung der Farbenpracht schließt sich an die Werke der Isidor-Kapelle an. Durch den Lichteinfall des gegenüber befindlichen Fensters wird das Mosaik mit dem Tanz der Salome über dem Eingang leuchtend hervorgehoben. Salome ist in ein feuerrotes, eng anliegendes Gewand gekleidet, das die Geschmeidigkeit ihrer Bewegung vorteilhaft unterstreicht. In einer Synopsis zeitlich differenter Ereignisse – erst tanzte Salome, dann wurde auf ihren Wunsch hin der Täufer enthauptet – trägt die Tanzende bereits das Haupt des Johannes in einer Schale auf dem Kopf.

Cappella Zen

Als 1501 Kardinal Zen, ein Neffe des aus Venedig stammenden Papstes Paul II., starb, beschloss man, dem hohen Geistlichen und Gönner der Stadt, dem man seiner großzügigen Stiftungen wegen verpflichtet war, eine würdige Grablege zu schaffen. Zwischen 1504 und 1515 wurde die **Cappella Zen (J)** in der Südwestecke der Markuskirche angelegt, wo sich bis dahin das vermutlich reich dekorierte Südportal befunden hatte – für die ›Stadtfassade‹ sicher ein Verlust.

Unter dem Altarbaldachin stehen Markus und Johannes der Täufer, zwischen ihnen sitzt die Muttergottes. Die Bronzen wurden nach Entwürfen des jüngsten Sohnes Pietro Lombardos, Antonios, gegossen, der in der ruhigen, ausgewogenen Haltung der Madonna den Gipfel seines Schaffens erreichte. Die Statue ist unter dem Namen **»Madonna della scarpa« (46;** Madonna mit dem Schuh) bekannt, denn nach einer alten Legende soll der von zahllosen Besuchern blank geriebene linke Schuh von einem Armen gestiftet und als Zeichen des Dankes der Himmelskönigin in Gold verwandelt worden sein. Vor dem Altar steht das **Grabdenkmal (47).** Es ist ein frei stehendes Monument, während sonst in Venedig das Wandgrab dominiert. Darauf liegt die lebensgroße Figur des verstorbenen Kardinals.

Die beiden marmornen Löwen neben dem Altar gehörten möglicherweise einst zum Südportal. Die Mosaiken entstanden im späten 13. Jh., also etwa gleichzeitig mit den Narthexmosaiken. Allerdings wurden sie im 19. Jh. so radikal restauriert, dass heute eine Trennung nach Originalsubstanz und Ergänzungen kaum mehr möglich ist.

Museo Marciano

Das **Markusmuseum (48)** erreicht man über eine etwas abenteuerliche Stiege rechts vom Hauptportal. Sie führt in die einstigen Werkstätten der Mosaizisten, die sich über dem Narthex befinden. Hier sind zwei **Modelle der Markuskirche** und ihrer Fassade ausgestellt. Dem Modell der Fassade liegt jenes Gemälde Gentile Bellinis zugrunde, das eine Prozession auf dem Markusplatz zeigt und das sich heute in der Accademia befindet. Außerdem wird in verschiedenen Modellen und Schemata die **Technik der Mosaizisten** anschaulich gemacht.

Im hinteren Raum des Museums sind die **bronzenen Pferde** aufgestellt, die draußen durch Kopien ersetzt sind. Die Pferde sind Bestandteile einer römischen Quadriga, die ursprünglich einen Triumphbogen in Rom (Trajans?) bekrönte. Im Zuge der Verlegung der Hauptstadt im 4. Jh. n. Chr. gelangten sie nach Konstantinopel, wo sie fortan das Hippodrom schmückten. 1204 fielen sie den Venezianern in die Hände, die sie mitsamt der anderen Kriegsbeute in die Hei-

Die bronzenen Rosse von San Marco waren einst Bestandteil einer römischen Quadriga. Die Neuaufstellung der Pferde im Museum ist jedem ein Dorn im Auge. In die sterile Umgebung eines musealen Zusammenhangs gepfercht, wirken die unbändigen Tiere, sinnbildhafter Ausdruck venezianischen Stolzes, wie eingekerkert

mat verfrachteten. Zunächst wurden sie im Arsenal deponiert, vielleicht weil man plante, sie einzuschmelzen. Dann aber fanden sie ihren Platz über dem Hauptportal der Markuskirche. Diese Situation gibt bereits das Mosaik der Porta di S. Alippio (1) um 1265 wieder. Napoleon ließ die Rosse 1797 nach Paris bringen, wo sie 20 Jahre lang auf der Place du Carrousel standen, bevor sie 1815 wieder an Venedig zurückgegeben wurden. Während der beiden Weltkriege wurden sie abermals entfernt und aus Gründen der Sicherheit ausgelagert. Nach der Restaurierung 1982 hat man sie ins Innere gebracht.

Die stolzen, kraftvollen Tiere sind von den Feinden Venedigs immer als Provokation betrachtet worden. Schon die Genuesen, die großen Rivalen der Republik im Mittelmeerhandel, hatten verkündet, dass sie »die Rosse von San Marco an die Leine legen« würden. Napoleons Entführung des Gespanns ist denn auch nicht bloß ein simpler Kunstdiebstahl gewesen, sondern zugleich eine politische Demonstration. Die Venezianer haben bezeichnenderweise das anlässlich der Rückführung aus Paris veranstaltete Fest boykottiert, da die Inszenierung von einem anderen Feind, den Österreichern, ausging.

Im angrenzenden Raum führen Stufen in weitere Räume des Museums. Diese befinden sich nicht mehr in der Markuskirche selbst, sondern im Oberschoss des angrenzenden Palazzao Patriarcale. Unter den hier ausgestellten **Bildern** fällt vor allem ein Werk auf, nämlich die einstige Verkleidung der Pala d'Oro, die nur an Festtagen abgenommen wurde. Es handelt sich um ein Polyptychon, das Paolo Veneziano unter Mitwirkung seiner Söhne Luca und Giovanni 1345 geschaffen hat.

Der Rundgang endet mit einem Besuch der **Terrasse,** die man von der Orgelempore aus erreicht. Sie ist schon im Mittelalter als Aussichtspunkt beliebt gewesen. Petrarca hat von dort den Feiern beigewohnt, die aus Anlass der Unterwerfung Kandias veranstaltet wurden. Wendet man sich zu der der Piazzetta zugewandten Südseite, entdeckt man auf der Südwestecke der Brüstung einen Porphyrkopf mit dem Porträt Kaiser Konstantins des Großen.

S. Apollonia und Museo Diocesano

Hinter dem Dogenpalast, an den Fondamenta di S. Apollonia, befindet sich hinter einem unscheinbaren Durchgang ein schmuckloser **Kreuzgang.** Er gehörte einst zum Kloster S. Apollonia, der Heimstatt jener Kanoniker, die in San Marco den Messdienst versahen. Der Kreuzgang stammt aus dem frühen 13. Jh., seine rundbogigen Arkaden sind aber noch ganz der Kunst der Romanik verpflichtet. An den Wänden sind einige Architekturfragmente aus San Marco aufgestellt. Im rückwärtigen Teil des Kreuzgangs befindet sich der Aufgang zu dem kleinen **Museo Diocesano.** Hier sind vor allem Bilder und andere Kunstgegenstände aus säkularisierten Kirchen Venedigs ausgestellt.

S. Apollonia, Museo Diocesano

Kreuzgang und Museum tgl. 10–18 Uhr

Dogenpalast

Baugeschichte

Dogenpalast ★★
Besonders sehenswert: Porta della Carta, Scala dei Giganti, Gemäldesammlung

Dogenpalast
April–Okt. tgl. 9–19 Uhr, Nov.–März tgl. 9–17 Uhr

Wie die Markuskirche stellt der Dogenpalast (Palazzo Ducale) in seiner Gesamtheit das Ergebnis einer über Jahrhunderte dauernden Baugeschichte dar. Nach der Verlegung der Staatsverwaltung von Malamocco an den Canal Grande unter Angelo Partecipazio zu Beginn des 9. Jh. entstand bereits an der heutigen Stelle ein **erster Sitz des Dogen,** der noch ringsum von Wasser umgeben und weitgehend aus Holz errichtet war. Wiederholte Brände legten diesen ersten Dogenpalast und seine Nachfolger immer wieder in Schutt und Asche. Der erste ganz aus Stein erbaute Palast entstand unter Sebastiano Ziani, dem Friedensvermittler zwischen Kaiser und Papst (1177). Durch die Zuschüttung des kleinen Hafenbeckens, an dessen Stelle die Piazetta angelegt wurde, durch die Ausdehnung der Piazza und die Anlage der ersten Prokuratien entstand ein Zusammenhang, der den Dogensitz fortan im städtebaulichen Erscheinungsbild als Zentrum der politischen Macht definierte. Der Ziani-Bau wurde später wieder abgerissen.

In seiner **heutigen Gestalt** entstand der Dogenpalast erst seit der Mitte des 14. Jh. Die auf 1800 Mitglieder angewachsene Zahl der Räte des Maggior Consiglio hatte den Bau eines großen Versammlungsraumes notwendig gemacht. Dieser befindet sich im Südflügel, zu dem 1340 der Grundstein gelegt wurde. Obwohl der Trakt bereits nach eineinhalb Jahrzehnten weitgehend fertiggestellt gewesen sein dürfte, erfolgte die festliche Einweihung erst unter Francesco Foscari (1423–57), der damit seinem Doganat einen glanzvollen Auftakt verlieh. Foscari war zugleich der Initiator des weiteren Ausbaus, indem er den älteren Westflügel durch einen neuen ersetzen ließ, dessen äußere Erscheinung dem Südflügel angeglichen wurde und so dem Dogenpalast sein einheitliches Aussehen schenkte. Die gleichzeitig errichtete Porta della Carta stellte eine bauliche Verzahnung mit der Markuskirche her. So fand die geistig-politische Symbiose beider Bauwerke auch optisch ihren Ausdruck. In einer abschließenden Bauphase, die sich bis in das 16. Jh. hinzog, entstand schließlich nach einem Brand (1483) der Ostflügel zum Rio di Palazzo. Die Bauleitung hatte in diesen Jahren Antonio Rizzo, der Meister der Adam-und-Eva-Gruppe am Arco Foscari. Trotz etlicher Brände im 16. Jh. hat das Bauwerk nach außen hin keine nennenswerten Umgestaltungen mehr erfahren. Lediglich im Innern wurden nach den Brandkatastrophen jeweils Neuordnungen vor allem in der Ausstattung erforderlich.

Der Dogenpalast ist ein Sinnbild für die Stadt auf Pfählen: Der geschlossene Oberteil, der sich nach außen in einigen mächtigen Spitzbogenfenstern öffnet, wird von einer Vielzahl zerbrechlich wirkender Säulen getragen ▷

Außenbau

Die Gesamtanlage umfasst **drei Flügel,** die über einem leicht trapezoiden Grundriss, wie er für Venedig so kennzeichnend ist, um einen

»Dieser Palast des Dogen, ein Bild der Republik und der Stadt, mit seinem unförmlichen Körper auf den Stützen wunderlicher Säulen und Bögen ruhend, vereinend die Starrheit in seinen ungefügten, unbeworfenen Wänden mit aller Zierlichkeit der Kunst in seinen Arkaden und Zinnen.«
Franz Grillparzer, »Tagebuch der Reise nach Italien« (1819)

Innenhof gruppiert sind. Die schmalste Flanke bildet der Südflügel mit 71,5 m, fast identisch ist der Westtrakt zur Piazzetta mit 75 m Länge. Der Ostflügel erstreckt sich über imposante 100 m. Die Begrenzung nach Norden bildet die Markuskirche.

Der Dogenpalast scheint sinnbildhaft die Situation der ganzen Stadt widerzuspiegeln: Der kubisch geschlossene, lastende **Oberteil,** der sich nach außen in einigen mächtigen Spitzbogenfenstern öffnet, wird von einer Vielzahl zerbrechlich wirkender Säulchen getragen – Abbild einer Stadt, die auf Pfählen errichtet wurde. Dieser irrationale Eindruck wird heute noch dadurch verstärkt, dass nach einer zweimaligen Anhebung und Neupflasterung der Piazzetta und des Molo die Basen der unteren Arkadenreihe verschwanden. Deren Säulenschäfte wachsen nun übergangslos in den Boden, in dem sie zu versinken scheinen. Der Verzicht auf ein wehrhaftes Äußeres erzeugt eine Wirkung festlich gestimmter Repräsentation.

Die **untere Zone** ist in zwei gleich hohe **Loggiengeschosse** unterteilt. Die Zahl der Säulen in der unteren Reihe ist in der Reihe darüber verdoppelt. Die Säulen dieser zweiten Formation sind zierlicher und bilden mit den Kielbögen und Vierpassöffnungen in den Zwickeln ein ornamentales Geflecht, das in dieser Form zum Vorbild für die ganze venezianische Architektur der Spätgotik wurde. Ebenso wirkte das Motiv der Säulenverdoppelung im Obergeschoss fort (vgl. Alte Prokuratien). Die Wandfläche des oberen Fassadenteils, der etwa gleich hoch ist wie die beiden Loggien zusammen, ist mit farbigem Marmor inkrustiert, der im Wechsel von weißen und rosafarbenen Platten ein Rautenmuster beschreibt. Der ornamentale Eindruck der Loggiengeschosse, der von dem reliefartigen Kontrast zwischen weißem Marmor und dem Dunkel des dahinterliegenden Hohlraumes

Zum Skulpturenschmuck des Dogenpalastes gehört auch das Relief mit der Darstellung des »trunkenen Noah« an der Südostecke des Bauwerks. Im Hintergrund ist die Seufzerbrücke zu sehen

lebt, wird hier zu einer zartgetönten Malerei in Stein sublimiert. So wird die drückende Last des Obergeschosses durch die Farbigkeit optisch gemildert.

Der **Südflügel** (1340–1400) bildet die Hauptschauseite zur Lagune. Von dem Ziani-Bau wurde im rechten Teil eine Partie in den Neubau übernommen. Das erklärt die unterschiedliche Höhe der Fenster. Aus der einheitlich gehaltenen Fläche springt lediglich der Balkon des Mittelfensters im Obergeschoss hervor, der 1404 nachträglich angefügt wurde. Der **Skulpturenschmuck** stammt aus der Erbauungszeit. An den beiden Ecken in Höhe des Maßwerks: der Erzengel Raphael mit dem kleinen Tobias, darunter der trunkene Noah und der Erzengel Michael, unter ihm Adam und Eva (links). Auch die Kapitelle der unteren Säulenreihe sind plastisch ausgeformt. In seiner Mischung aus bunt zusammengewürfelten Motiven (römische Kaiser, Tugenden und Laster, Fabelwesen, Tierköpfe etc.) ist das Bildprogramm die Ausbreitung eines typisch mittelalterlichen enzyklopädischen Wissens, wie es auch für viele Kirchenportale charakteristisch ist. Nur wenige sind original, die meisten wurden aus konservatorischen Gründen durch Repliken ersetzt. Die Originale befinden sich jetzt im Museo dell'Opera im Innern des Dogenpalastes.

»Das Urteil des Salomon«, Relief an der Nordwestecke des Dogenpalastes

Die der **Piazzetta zugewandte Seite** ist eine spiegelbildliche Entsprechung des älteren Südflügels. Die Bauzeit ist identisch mit der Regierungszeit des ehrgeizigen Francesco Foscari. An der Nordwestecke erscheint ein großes Relief mit dem Urteil des Salomon, darüber die Gestalt des Erzengels Gabriel.

An der Südostecke des Dogenpalastes spannt sich der **Ponte della Paglia** (Strohbrücke) über den Rio di Palazzo, eine der ältesten Brücken der Stadt (um 1360), die jedoch im 19. Jh. wegen Baufälligkeit von Grund auf renoviert wurde. Der Name weist auf die Schiffe, die an dieser Stelle ankerten, um Strohballen zu entladen.

Von hier hat man den Blick auf die weltberühmte **Ponte dei Sospiri** (Seufzerbrücke), die den Dogenpalast mit den im 16. Jh. errichteten neuen Gefängnissen verbindet. Die Brücke wurde zu Beginn des 17. Jh. erbaut. Der geschlossene, im Innern zweigeteilte Gang wird von einem Korbbogen getragen, dessen Stirnleiste mit Maskeronen besetzt ist. Den eleganten Schwung des Bogens greift der Giebel auf, auf dem sich kleine Voluten zu den Seiten und zur Mitte hin entrollen, erste Anzeichen der Barockkunst in Venedig.

Porta della Carta

Die Porta della Carta ist ein dem hohen Rang des Gebäudes entsprechendes Prunktor, das von Giovanni Bon aus Bergamo und dessen Sohn Bartolomeo geschaffen wurde (1438–42). Es gliedert sich in der Vertikalen in drei Abschnitte: zuunterst der hochrechteckige Durchgang, darüber ein Feld mit dem Markuslöwen und dem vor ihm knienden Dogen Foscari (Kopie von 1885, das Original wurde 1797 zerstört), oben ein spätgotisches Gruppenfenster, das von einem reich verzierten Wimperg bekrönt wird. Zu den Seiten wird das Portal von durchbrochenen Halbsäulen eingefasst, in deren Aussparungen vier Statuen von Tugendpersonifikationen stehen (unten Besonnenheit und Tapferkeit, darüber Weisheit und Barmherzigkeit). Zusammen mit der Personifikation der Gerechtigkeit, die auf der Wimpergspitze thront, versinnbildlichen sie die ethischen Aufgaben des Staates. Während der Aufriss im Ganzen gesehen noch der Formensprache der Gotik verpflichtet ist, weisen die Statuen schon auf die Renaissance. Sie sollen auch nicht von Venezianern, sondern von toskanischen Bildhauern gearbeitet worden sein.

Ihren Namen (wörtlich: Papiertür) erhielt die Porta della Carta nach den Bittstellern, die den Palast nicht betreten durften, sondern an dieser Stelle warteten, um Ratsmitgliedern ihre schriftlichen Petitionen zu überreichen. Vor der Porta wurden außerdem die Gesetze der Republik öffentlich verlesen. Mit der Porta della Carta begann die prachtvolle Ausgestaltung der Achse, die in der Verbindung der Loggetta mit dem Krönungsplatz der Dogen auf der Scala dei Giganti zur Idee einer *Via triumphalis* erhöht wurde.

Museo dell'Opera

Man betritt den Dogenpalast durch das Tor auf der Südseite, das dem Molo zugewandt ist. Zur Besichtigung des Museo dell'Opera, des Innenhofes und der Innenräume löst man ein Ticket. Der **Rundgang** beginnt im Museo dell'Opera, wo die Kapitelle vom Außenbau ausgestellt sind. Der figürliche Dekor gehört zu den besten bildhauerischen Arbeiten der italienischen Gotik. Besonders ragen hervor: in der Mitte des 2. Raumes das Kapitell mit der Darstellung der Monatsarbeiten und im 3. Raum das Kapitell mit der Darstellung der Planeten, nach John Ruskin das schönste von allen. In den angrenzenden Räumen sind Teile des durch Kopien ersetzten Maßwerks zu bewundern und im letzten Raum die schlichteren Kapitelle aus der Loggia. Durch das Museo dell'Opera gelangt man in den Innenhof des Dogenpalastes.

Innenhof

Museo dell'Opera im Dogenpalast

April–Okt. tgl. 9–19 (Nov.–März bis 17) Uhr

Während die Außenansicht des Dogenpalastes einheitlich gotisch ist (die Renaissancefront zum Rio di Palazzo nimmt man kaum wahr), lässt der Innenhof die unterschiedlichen Bauperioden deutlich erkennen. Süd- und Westflügel wiederholen das von der Außenseite geläufige Motiv der doppelten Loggia. Auch der Ostflügel greift diesen Aufriss auf, seine Obergeschosse sind im Sinne der Renaissance uminterpretiert. Die Flächen zwischen den Fenstern sind von ornamentalen Reliefs förmlich überwuchert. Diese dekorative Note ist wiederum Ausdruck spezifisch venezianischen Empfindens. Nach Norden bilden die Seitenansicht des Arco Foscari und die dreigeschossige Front des Portico Foscari Abschluss und zugleich Übergang des Palastbaus zur Markuskirche, deren Kuppeln dahinter kraftvoll ins Blickfeld rücken.

Scala dei Giganti

In der Nordostecke des Innenhofes führt die **Scala dei Giganti** in die Loggia des Obergeschosses. Auf ihrer obersten Stufe wurden die Dogen nach einem althergebrachten Ritus mit der Dogenmütze gekrönt. Die charakteristische Mütze *(zoia)* stickten übrigens die Nonnen von S. Zaccaria. Dieses großzügige Privileg war die Entschädigung dafür, dass man ihnen im Frühmittelalter einen Teil ihres Grundbesitzes für Erweiterungsbauten des Dogenpalastes genommen hatte. Die Bezeichnung Gigantentreppe leitet sich von den beiden von Jacopo Sansovino geschaffenen Kolossalstatuen Mars' und Neptuns ab, die die Herrschaft Venedigs zur See und auf dem Lande versinnbildlichen.

Die Scala dei Giganti, eine marmorne Prachttreppe von Antonio Rizzo, erhielt ihren Namen nach den flankierenden Kolossalstatuen des Mars' und Neptuns von Jacopo Sansovino. Auf dem oberen Treppenabsatz fand die Dogenkrönung statt

Arco Foscari

Der Besucher darf die durch Eisengitter geschützte Scala dei Giganti selbst nicht betreten. Man gelangt über eine der beiden Treppen im Ostflügel in die Loggia und begibt sich erneut zur Scala dei Giganti. Von dort hat man den besten Blick auf den Arco Foscari, der der Scala dei Giganti zugewendet ist. Wohl noch unter Francesco Foscari begonnen, wurde er erst unter dem übernächsten Dogen, Cristoforo Moro (1462–71), vollendet. Wie später an der Loggetta, klingt hier gleichfalls das Motiv des römischen Triumphbogens an, allerdings in der schlichteren Form des einbogigen Tores. Anstelle der in der antiken Architektur üblichen Attika hat der Arco Foscari eine Nische, in der sich ursprünglich ein Bildnis des Dogen Cristoforo Moro mit dem Markuslöwen befand, ähnlich der Konstellation draußen über der Porta della Carta. Die Skulpturen wurden bei der Erstürmung des Dogenpalastes 1797 zerstört. Die vorspringenden Eckpfeiler sind auf halber Höhe in Nischen ausgemuldet, in denen Statuen von Adam und Eva stehen. Es handelt sich um Repliken, die Originale befinden sich heute im Innern des Dogenpalastes. Die Fialdächer krönen weitere Statuen, Heilige und Tugendpersonifikationen, in ihrer Mitte die Figur des hl. Markus.

Ikonologischer Zusammenhang

Der ikonologische Zusammenhang ist an dieser für das **Selbstverständnis der Dogenrepublik** so außerordentlich wichtigen Stelle von besonderer Gedankenschwere. Das Staatsoberhaupt kniete in der Stunde seiner Inthronisation mit dem Blick auf die Figuren des Arco Foscari. In dessen unterster Zone vertreten Adam und Eva das irdische, von Erbsünde belastete Menschendasein. Der Doge mit dem Markuslöwen in der Mitte ist dieser irdischen Sphäre entrückt und nimmt eine Mittlerrolle zum himmlischen Bereich ein, der darüber durch die Heiligen und Tugenden in Erscheinung tritt. Der alles überragende Markus, dessen Blick hinunter auf die Krönungsstätte gerichtet ist, scheint den Dogen direkt anzusprechen und ihn zur Einhaltung der in Stein gegenwärtigen Tugenden zu ermahnen.

Noch besser verständlich wird die Situation, wenn man sich den **Krönungsritus** vor Augen hält. Dem Dogen wurde in einer über Jahrhunderte gleichbleibenden Ansprache die Verantwortung seines Amtes in Erinnerung gerufen, bevor er seinen Eid leistete. Die Skulpturen des Foscari-Bogens sind der in Stein gemeißelte Ausdruck dieser Krönungsformel. Die Bedeutung der Gigantentreppe und des Arco Foscari ist deshalb nur im Kontext verständlich, so wie draußen auf der Piazza die auf derselben Achse liegende Porta della Carta und die Loggetta am Fuß des Campanile aufeinander bezogen sind. Insgesamt addiert sich aus diesen vier optisch nicht gemeinsam zu erfassenden, sondern nur gedanklich untereinander verbundenen Elementen jener Zusammenhang, den wir bereits als *Via triumphalis* beschrieben.

Staatsräume im dritten Stockwerk

Die **Scala d'Oro (1),** die großzügige Prunktreppe (vgl. Grundriss des 3. Stockwerks), die von der Loggia in die oberen Geschosse führt, trägt ihren Namen nach der vergoldeten Stuckatur ihrer in Kassetten geteilten Tonnenwölbung. Obwohl bereits um 1500 geplant, entstand sie erst nach 1577 als repräsentativer Aufstieg zu den großen Amts- und Empfangsräumen und war als solcher nur hohen Würdenträgern und Gesandtschaften vorbehalten. Der Entwurf, der einem anderen von Palladio vorgezogen wurde, stammt von Sansovino. Die Sagengestalten aus der griechischen Mythologie am Eingang (Herakles und Atlas) können als Hinweise auf Venedigs Herrschaft über Kreta und Zypern zu verstehen sein. Mit ihrem prachtvollen Dekor (Stuckatur von Alessandro Vittoria) ist die Scala d'Oro eine der eindrucksvollsten Treppenanlagen der italienischen Renaissance.

Atrio Quadrato (2)

Der Rundgang durch die Innenräume beginnt im **dritten Geschoss des Ostflügels** (die Ziffern verweisen auf den Grundriss). Die Scala d'Oro mündet in einen quadratischen Vorraum, von dessen originaler Ausstattung die **Kassettendecke** erhalten geblieben ist. Sie zeigt das in den folgenden Räumen wiederkehrende und für ganz Venedig im 16. Jh. charakteristische Prinzip der Kassettierung, das sich aus der antiken Architektur herleitet. Im Gegensatz aber zu dieser mit ihren streng rechtwinklig geordneten Feldern löst die venezianische Kunst der Renaissance die Kassette aus ihrer festen Einbindung in die Architektur. Die Kassetten werden zu Kreisen oder Ovalen gerundet, polygonal gebrochen oder zu Großfeldern geweitet, um so prunkvolle Rahmungen für erlesene Deckengemälde abzugeben. Untereinander sind die einzelnen Kassetten durch Stege verbunden.

Die oktogonale Kassette, die das Zentrum dieser Decke beherrscht, rahmt ein **Bild Tintorettos** (um 1562). Es zeigt den Dogen Girolamo Priuli (1559–67) mit seinem Namenspatron, dem hl. Hieronymus, und dem Markuslöwen. Ihm gegenüber erscheint eine Frauengestalt, Personifikation der Venezia, die dem Dogen durch die Justitia im Bildmittelpunkt das Schwert der Gerechtigkeit überreichen lässt. Justitia

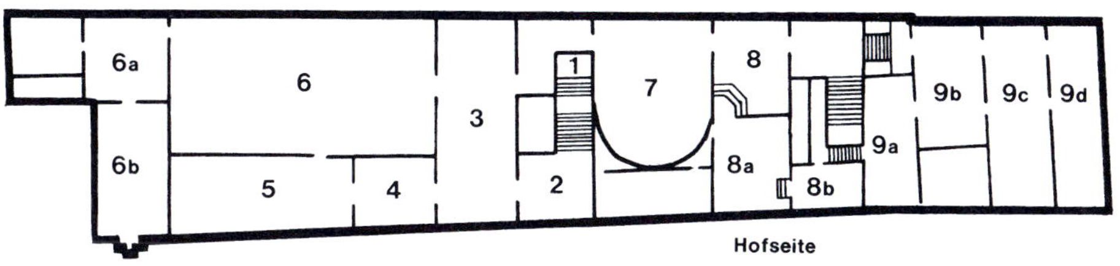

Dogenpalast, Ostflügel, Grundriss des 3. Stockwerks

1 Scala d'Oro
2 Atrio Quadrato
3 Sala delle Quattro Porte
4 Sala dell'Anticollegio
5 Sala del Collegio
6 Sala del Senato
7 Sala del Consiglio dei Dieci
8 Sala della Bussola
9 a–d Sale d'Armi

als höchste Staatstugend taucht als Einzelfigur mehrfach am Außenbau des Dogenpalastes auf. Hier ist sie kompositorisch und inhaltlich auf die Person des Dogen bezogen. Das Tintoretto-Gemälde im Atrio Quadrato führt damit ein typisches Beispiel venezianischer ›Staatsikonografie‹ vor, in der die Gerechtigkeit eine zentrale Rolle spielt. Die Darstellung des Abstraktums Venezia in Gestalt einer Frau ist eine Erfindung der Renaissance und wird in zahlreichen Bildern des Dogenpalastes wiederholt.

An den Wänden befanden sich ursprünglich mythologische Bilder von Tintoretto, die nun in der Sala dell'Anticollegio hängen. Die religiösen Wandbilder, die jetzt den Raum schmücken, stammen von F. Bassano und aus der Veronese-Schule.

Sala delle Quattro Porte (3)

1574 hatte ein Brand den Ostflügel des Palastes heimgesucht. Im Zuge der Wiederherstellungsarbeiten wurden die Räume zum Teil grundlegend umgestaltet. Dies gilt vor allem für die Sala delle Quattro Porte, deren Name sich auf die vier großen marmorgefassten Türen bezieht. Dieser Saal hatte anfangs als Sitzungssaal des Kollegiums gedient und wurde nach der Restaurierung zu dessen Vorzimmer. Hier versammelten sich die Mitglieder ausländischer Delegationen, bevor sie vor das Kollegium traten.

Mit Ausnahme der Sala delle Quattro Porte und des anschließenden Anticollegio sind alle anderen Innenräume des Dogenpalastes flach gedeckt. Die Sala delle Quattro Porte überwölbt eine korbbogenförmig gedrückte Tonne.

Die Ausstattung besteht in einer geglückten Verbindung plastischer und malerischer Komponenten. Die Skulpturen über den Portalen und in den Zwickeln zwischen den kleinen Stichkappen des Gewölbes sind teils mythologischen, teils allegorischen Inhalts. Die Mittelachse der **Deckenwölbung** betont ein lang gezogenes **Gemälde aus der Tintoretto-Werkstatt,** das die venezianische Staatsikonografie um einen weiteren Aspekt bereichert. Venezia wird in den Kreis der antiken Götter erhoben. Jupiter überträgt ihr die Seeherrschaft über das Mittelmeer. In dem vorderen der beiden Tondi wird die Thematik fortgesponnen: Juno gibt der Venezia Symbole der Unsterblichkeit (Pfau) und der Macht (Blitz). In den Ovalfeldern erscheinen Allegorien von Städten und Landschaften aus Venedigs Besitz auf der *Terra ferma.*

Die wichtigsten **Wandgemälde** hängen zwischen den Türen. Auf der einen Seite befindet sich ein Votivbild mit dem Dogen Antonio Grimani (1521–23), das von Tizian begonnen und von seinem Schüler Marco Vecellio vollendet wurde. Das Bild gegenüber ist eine geeignete Illustration zur Bestimmung dieses Raums als offizieller Rahmen für den Empfang ausländischer Staatsgäste. Es schildert den Besuch Heinrichs III. in Venedig. Heinrich, der jüngste Sohn der Katharina von Medici, war 1573 zum König von Polen gewählt worden. Nach dem überraschenden Tod seines Bruders, Karls IX., dankte er zugunsten der französischen Krone wieder ab. Seine Rückkehr von Polen nach Frankreich führte ihn über Venedig, wo er mit pompösen Feierlichkeiten empfangen wurde. Das Gemälde des Andrea Vicentino ist ein bedeutsames zeitgeschichtliches Dokument, da es uns die von Palladio entworfene Triumphbogenkonstruktion zu Ehren des jungen Königs überliefert. Ähnlich ist die Thematik des links neben der Tür zum Anticollegio aufgehängten Bildes aus der Veronese-Nachfolge. Es zeigt den Dogen Leonardo Loredan, wie er den Botschaftern der Freien Reichsstadt Nürnberg ein Exemplar der venezianischen Verfassung überreichen lässt.

Frei im Raum auf einer Staffelei steht **Tiepolos Gemälde** »Neptun bietet Venedig die Schätze des Meeres«, eine schwungvoll großzügige Komposition.

Sala dell'Anticollegio (4)

Der kleine Verbindungsraum zwischen der Sala delle Quattro Porte und dem Collegio ist im Rahmen der üppigen Repräsentationsräume nicht nur wegen seiner Intimität eine wohltuende Oase der Beschaulichkeit, er bietet daneben eine erlesene kleine **Pinakothek venezianischer Malerei des 16. Jh.** Links und rechts der beiden Türen sind jene vier Bilder Tintorettos angebracht, die bis 1713 im Atrio Quadrato hingen. Die beiden Werke Paolo Veroneses und Jacopo Bassanos kamen gleichfalls erst in diesem Jahr durch Stiftung hierher. Über dem Eingang zur Sala del Collegio thront eine Marmorfigur der Venezia, zu ihren Seiten ruhen Personifikationen der Eintracht und des Ruhmes. Die Gruppe stammt von Alessandro Vittoria. Überschäumende Ornamentfülle herrscht in den Stuckaturen der leicht gewölbten Decke.

Die vier **Bilder Tintorettos** behandeln mythologische Themen: Venus vermählt Ariadne und Bacchus; Minerva trennt Krieg und Frieden; Merkur mit den drei Grazien; die Waffenschmiede Vulkans. Tintorettos Kunst erreicht in diesen Spätwerken einen Höhepunkt. Sie sind in ein mattes Licht getaucht, die Konturen der Körper sind weich und von einer greifbaren Sinnlichkeit. Das dargestellte Thema scheint den Meister fast weniger interessiert zu haben als die zum Selbstzweck gelöste Wiedergabe des menschlichen Körpers, den er in unterschiedlichen Ansichten vorführt. Im Gegensatz zu Tintorettos gewohnter Art, Handlungen mit spannungsgeladener Dramatik zu erfüllen, sind die vier Bilder des Anticollegio verhalten und von einem Unterton lyrischer Sanftheit bestimmt.

So ganz ein Spiegel venezianischen Wesens ist der »Raub der Europa« von **Paolo Veronese.** Das Gewalttätige der Entführung weicht einer festlichen Note, die von der Farbenpracht der üppig dekorierten Gewänder bestimmt wird. Anstatt der von der Entführung Bedrohten zu helfen, zupfen ihre Dienerinnen die Kleidung Europas zurecht, derweil der Stier zahm wie ein Lamm am Boden kauert. Die Landschaft dient als stimmungsvoller Rahmen für die Gruppe.

Jacopo Tintoretto, »Venus vermählt Ariadne und Bacchus«, eines von vier Gemälden mit mythologischen Themen in der Sala dell'Anticollegio

Einen anderen, mehr inhaltlichen als formalen Stellenwert hat die Landschaft auf **Bassanos Darstellung** von der »Rückkehr Jakobs nach Kanaan«. Das biblische Geschehen wird zu einer ländlichen Idylle umgedeutet, in der Mensch und Natur miteinander in Harmonie sind. Das Bild weist auf eine für Venedig im 16. Jh. bezeichnende Richtung. Schon zu Beginn des Jahrhunderts hatte der Philosophen- und Künstlerzirkel um Lorenzo de Medici in Florenz die Vorstellung von der klassischen Landschaft Arkadien wiederbelebt. Die nostalgische Hinwendung zum Landleben, die in der Villenarchitektur eine eigene Ausdrucksform fand, erfuhr durch die Veröffentlichung von Jacopo Sannazaros Pastoralpoem »Arcadia« 1502 in Venedig selbst einen entscheidenden Impuls. Die Landschaftsmalerei wurde seitdem immer beliebter und entwickelte sich schließlich im 17. Jh. zu einer eigenen Kunstform.

Sala del Collegio (5)

Hier tagte seit der Neugestaltung des Ostflügels der Staatsrat, den man Collegio oder auch Signoria nannte, und hier wurden u. a. auch ausländische Delegationen empfangen. Von allen Amtsräumen des Dogenpalastes ist dieser sicher der schönste. Er stellt in seiner Gesamtheit ein in sich **geschlossenes Kunstwerk** dar, in dem die Beiträge verschiedener Künstlerpersönlichkeiten zu einer ausgewogenen Einheit verschmelzen. Antonio da Ponte, der Erbauer der Rialto-Brücke, ent-

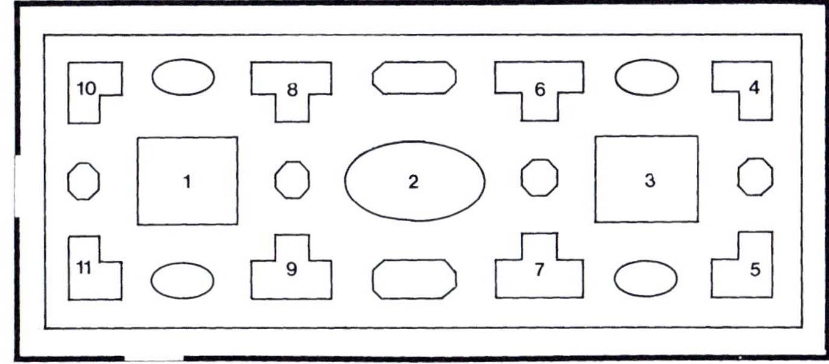

Sala del Collegio, Schema der Deckenbilder von Veronese

1 *Mars und Neptun als Sinnbilder für Venedigs Herrschaft zu Wasser und zu Lande*
2 *Personifikation des christlichen Glaubens als Grundlage des Staatswesens*
3 *Personifikation der Venezia zwischen Justitia und Pax als den Sinnbildern für Venedigs gerechte und friedvolle Herrschaft*
4–11 *Tugendpersonifikationen:*
4 *Treue*
5 *Gedeihen*
6 *Sanftmut*
7 *Wachsamkeit*
8 *Schlichtheit*
9 *Beredsamkeit*
10 *Freigebigkeit*
11 *Mäßigung*

warf den äußeren Rahmen, Paolo Veronese schuf den Soffitto, und Jacopo Tintoretto steuerte die großformatigen Wandbilder bei. Der Raum ist seit seiner Fertigstellung praktisch unverändert geblieben, wenn man von den an den Wänden umlaufenden Sitzbänken absieht, die im 19. Jh. erneuert wurden.

Das Hauptbild über dem Dogenthron von **Paolo Veronese** zeigt das in der venezianischen Malerei beliebte Querformat. In einer von links oben nach rechts unten verlaufenden Diagonalkomposition ordnet Veronese die Hauptfiguren an: Christus, Venezia und den Dogen Sebastiano Venier (1577–78), der als Oberbefehlshaber der venezianischen Flotte den legendären Seesieg über die Türken bei Lepanto erfochten hatte. Dieses Ereignis ist links unten angedeutet. Eine zweite Kompositionslinie führt links von der allegorischen Figur des Glaubens mit dem Kelch hinüber zur hl. Giustina, an deren Namenstag die Schlacht von Lepanto stattgefunden hatte. Beide Achsen kreuzen sich in der Gestalt der Venezia, die damit als zentrale Erscheinung hervorgehoben wird. In diesem Werk schuf Veronese eine Synthese von privatem Porträt, staatspolitischer Aussage (Verherrlichung des Sieges, Darstellung der Venezia) und der Form des christlichen Andachtsbildes.

An der Schmalseite gegenüber befindet sich ein weiteres Dogen-Votivbild von **Jacopo Tintoretto.** Es zeigt den Dogen Andrea Gritti (1523–38) vor der Muttergottes. Die Heiligen Markus, Bernhard, Marina und Alvise empfehlen den Dogen dem Schutz der Madonna. Nach Entwürfen Tintorettos führten Mitarbeiter seiner Werkstatt die anderen Dogen-Votivbilder an den Langseiten der Sala aus.

Die Deckengemälde von **Veronese** führen einen Bilderzyklus vor, dessen übergreifender Gedanke wiederum von der venezianischen Staatsikonografie diktiert ist (vgl. das Schema).

Sala del Senato (6)

In der Sala del Senato tagte zweimal wöchentlich jene Institution, die bereits im 13. Jh. aus der Gruppe der sog. Pregadi, der Ratgeber des

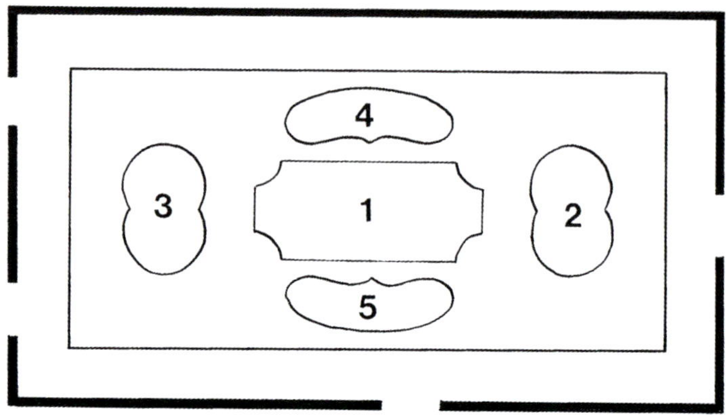

Sala del Senato, Schema der Deckenbilder von Tintoretto und seinem Umkreis

1 *Einsetzung der Venezia durch die olympischen Götter*
2 *Der Doge Pasquale Cicogna in Anbetung der Eucharistie*
3 *Münzprägung in der Zecca*
4 *Der Doge nimmt Vertreter der Geisteswissenschaften und der Literatur unter seinen Schutz*
5 *Venus (Allegorie der Venezia) schaut den Zyklopen bei der Waffenschmiede zu*

Dogen, hervorgegangen war. Anfangs gehörten dem Senat 40, später 60 und im 16. Jh. etwa 100 Mitglieder an. Der Sinn der Venezianer für Inszenierungen spielte bis in den politischen Alltag hinein. So saßen die Senatoren in purpurne Roben gekleidet an den Längsseiten des Saales, auf der erhöhten Tribüne nahmen der Doge und das Kollegium Platz.

Die **Decke,** um einige Jahre jünger als die des vorangegangenen Collegio, ist bewegter und greift plastischer in den Raum als jene. Die Felder der Randzone ordnen sich dem Mittelfeld unter. Diese Zentrierung und der Gewinn an räumlichem Volumen, auch die Zunahme an Bewegung weisen auf die Barockkunst. Der Saal wurde denn auch als einer der letzten erst in den 90er-Jahren des 16. Jh. fertiggestellt. Die Deckenbilder stammen von Tintoretto bzw. dessen Werkstatt und aus seinem Umkreis. Die Dogen-Votivbildnisse an den Wänden sind Arbeiten Jacopo Palmas d. J. Das Bildprogramm der Decke steht wieder ganz im Dienste der Verherrlichung Venezias (vgl. das Schema).

Die Leinwandbilder an den **Stirnseiten** bringen das geläufige Dogen-Votivbild in einer ganz neuen Fassung. Hier sind jeweils zwei Dogen wiedergegeben: Auf der Tribünenseite knien Pietro Lando (1539–45) und Marcantonio Trevisan (1553–54) zuseiten des von Engeln gehaltenen Korpus Christi, gegenüber beten Lorenzo Priuli (1556–59) und Girolamo Priuli (1559–67) eine Gruppe mit dem Erlöser, der Muttergottes und dem hl. Markus an. Das Querformat, ohnehin in der venezianischen Malerei beliebt, erfährt dadurch eine weitere Steigerung. Die Vorhangdraperien zu den Seiten verstärken den bereits vom Bildformat suggerierten Eindruck, das Geschehen sei auf eine Bühne gestellt, die just in diesem Moment den Blicken des Betrachters erst freigegeben wird. Dergestalt wird das offizielle Staatsbild aus der reinen Repräsentation in ein theatralisches Ereignis von bleibender Gültigkeit umgedeutet.

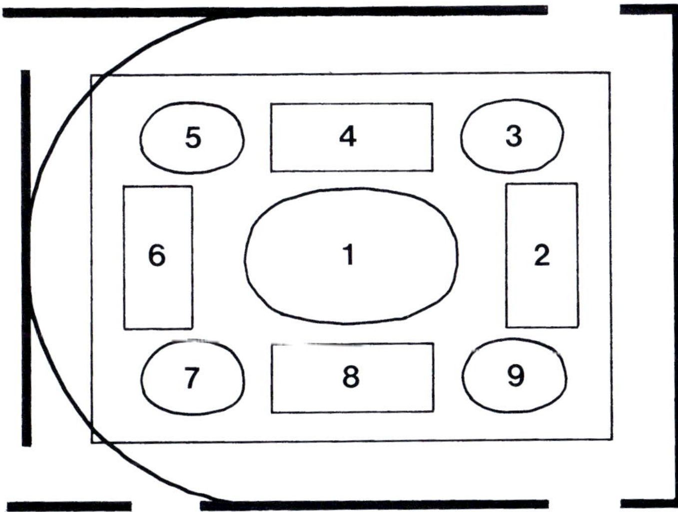

Sala del Consiglio dei Dieci, Deckenschema

1, 5 und 9 stammen von Veronese, die übrigen von Celotti und Ponchino, zwei Manieristen aus dem Veronese-Umkreis:
1 Jupiter schleudert seine Blitze gegen die Laster
2 Venus (Venezia) zwischen Mars und Neptun
3 Das Gespann des Neptun
4 Merkur und Minerva
5 Ein alter Mann mit Turban und eine junge Frau (= die Türken bedrängen Venezia)
6 Eine Frau, die Ketten zerbricht (= Venezia als Garantin der Freiheit)
7 Venezia auf dem Erdball mit dem Markuslöwen
8 Juno übergibt Venezia die Dogenmütze
9 Janus und Juno (= Symbol für Venedigs immerwährende Herrschaft)

Sala del Consiglio dei Dieci (7)

Man erreicht den Sitzungssaal des Zehnerrates durch die Sala delle Quattro Porte und den angrenzenden kleinen Verbindungsraum, den sog. Andito.

Dem nach der Revolte Baiamonte Tiepolos (1310) ins Leben gerufenen Zehnerrat oblag die Aufgabe einer Verfassungsschutzbehörde. Der Consiglio dei Dieci hatte richterliche Befugnisse und bediente sich aller erdenklichen Mittel, verfassungsfeindliche Umtriebe aufzudecken und zu ahnden. Nach einer personellen Erweiterung fungierte der Zehnerrat auch als Inquisitionstribunal. Tendenziöse Berichte und eine oft einseitig gefärbte Geschichtsschreibung haben diese Institution als ein Werkzeug des Schreckens gebrandmarkt. Aber die von diesem Gericht oftmals verordnete Folter als brutale Methode, Geständnisse zu erpressen, war in ganz Europa verbreitet und nahm in Venedig nicht einmal dieselben grausamen Formen an wie etwa im deutschen oder französischen Mittelalter. Es ist jedenfalls festzuhalten, dass der Zehnerrat der beste Garant für die Aufrechterhaltung der verfassungsmäßigen Ordnung war.

Der Raum war von dem Brand 1574 verschont geblieben und hat deshalb seine Ausstattung – vor allem die Decke – von 1553 bewahrt. Während die Tribünen aller anderen Sitzungssäle des Dogenpalastes immer geradlinig angelegt sind, ist die des Zehnerrats apsidial gerundet. Die **Deckengemälde** stammen zum Teil von dem jungen Veronese.

Die Anordnung der Kassetten im Soffitto zeigt ein einfaches Muster und steht am Beginn dieses Dekorationssystems in Venedig. Die weiteren Stationen markieren die zwanzig Jahre später entstandene Decke der Sala del Collegio und gegen Ende des 16. Jh. die der Sala del Senato. Paolo Veronese schuf in diesem Raum seine ersten Werke in Venedig (1, 5 und 9), die ihn auf einen Schlag berühmt machten und ihm noch im selben Jahr den Auftrag für die Ausmalung von S. Sebastiano einbrachten. Das Bild in dem zentralen Oval (1) – Jupiter schleudert seine Blitze gegen die Laster – veranschaulicht die Aufgabe des an dieser Stelle tagenden Gerichtes. Allerdings handelt es sich um eine Kopie, da das Original 1797 mit zu Napoleons umfangreichem Kunstraub gehörte und später nicht wieder zurückgegeben wurde. Es hängt seither im Louvre.

An den Wänden **Historienbilder**, rechts: Der Doge Sebastiano Ziani empfängt den Segen Papst Alexanders III. (von Francesco Bassano begonnen und nach dessen Tode von seinem Bruder Leandro vollendet); links: Venedigs Gesandte treten in Bologna vor Papst Clemens VII. und Kaiser Karl V. (von Marco Vecellio); an der Stirnseite: Anbetung der Hl. Drei Könige (von Antonio Vassilacchi, genannt Aliense).

›Mäuler der Wahrheit‹

Die Bocca di Leone sind wohl die unrühmlichsten Exemplare des Markuslöwen, jene steinernen Löwenmäuler, die denunziationswütigen Bürgern jahrhundertelang als Briefkästen für ihre anonymen Anklagen – oder Verleumdungen – dienten. Dutzende solcher auch als ›bocche della verità‹, Mäuler der Wahrheit (s. u.), bezeichnete Schlitze waren einst über die ganze Stadt verteilt und warben um geheime Informationen.

Sala della Bussola (8)

Wörtlich übersetzt bedeutet Bussola Kompass. Diese Namensgebung des Raumes leitet sich von der äußeren Form des hölzernen Einbaus ab, der 1596 in der rechten hinteren Ecke angelegt wurde. Von den beiden darin befindlichen Türen führt die rechte hinter die Tribüne der Sala del Consiglio dei Dieci, die linke in die Sala dei Tre Capi. In der Sala della Bussola warteten Personen, die vor Gericht geladen waren. Dabei muss es oftmals spannungsgeladen zugegangen sein, denn es gab für diesen Raum eine eigene Gerichtsdienerschaft, die hier für Ordnung zu sorgen hatte. Links neben dem Eingang zum Versammlungsraum des Zehnerrates befindet sich die berüchtigte **»Bocca di Leone«**, jener Schlitz, in den Denunzianten ihre brieflich verfassten Anklagen – oder Verleumdungen – anonym einwarfen.

Das **Deckengemälde von Veronese** ist wiederum eine Kopie des in den Louvre verschleppten Originals. Es zeigt den hl. Markus im Kreise der theologischen Tugenden. Künstlerisch zweitrangig, aber historisch interessant sind die **Gemälde an den Längsseiten** von Alvise. Sie schildern die Eroberung Bergamos (rechts) und Brescias (links) durch Carmagnola im Jahr 1427, als Venedig ein – allerdings recht befristetes – Bündnis mit Florenz gegen Mailand eingegangen war. Der 1432 hingerichtete Condottiere erfuhr an dieser Stelle eine späte Ehrung.

Sale d'Armi (9a–d)

In den letzten vier Sälen dieses Traktes ist das **Waffenmuseum** untergebracht – an historisch sinnvoller Stelle, denn seit 1532 befand sich hier das Waffenarsenal der Palastwache. Obwohl 1797 das meiste verloren ging, konnte doch eine beachtliche Sammlung wieder zusammengetragen werden, die einen informativen Überblick über die Entwicklung der Waffentechnik vom 15. bis zum 18. Jh. vermittelt. Insgesamt umfasst die Ausstellung etwa 2200 Exponate, von der Ritterrüstung über Hellebarden, Schwerter und Lanzen bis hin zu allen möglichen Feuerwaffen.

Staatsräume im zweiten Stockwerk

Am Ende des Rundganges durch das Waffenarsenal gelangt man an die **Scala dei Censori (1;** Zensorentreppe), die hinunter in den zweiten Stock des Südflügels führt.

Andito del Maggior Consiglio (2) und Liagò (3)

Zunächst gelangt man in den **Andito del Maggior Consiglio,** der mit dem anschließenden »Liagò« einen L-förmigen Korridor bildet. In diesem **Vorraum** zum Sitzungssaal des Großen Rates wandelten und diskutierten die Mitglieder des venezianischen Parlaments vor den Sitzungen und während der Pausen.

Im **Liagò** stehen die **Figuren Adams und Evas von Antonio Rizzo,** die einst am Arco Foscari platziert waren und dort durch Repliken ersetzt wurden. Es sind die wichtigsten bildhauerischen Arbeiten Rizzos, entstanden um 1470. Antonio Bregno, genannt Rizzo, wurde um 1430 in Verona geboren. Er gehört zu dem Kreis von Bildhauern, die das mit eigenen schöpferischen Kräften dieser Kunstgattung nicht gerade gesegnete Venedig an sich zog. 1483 wurde ihm für einige Jahre das Amt des Proto für den Dogenpalast übertragen. Rizzo blieb für den Rest seines Lebens in Venedig, wo er 1499 starb. Die etwas überle-

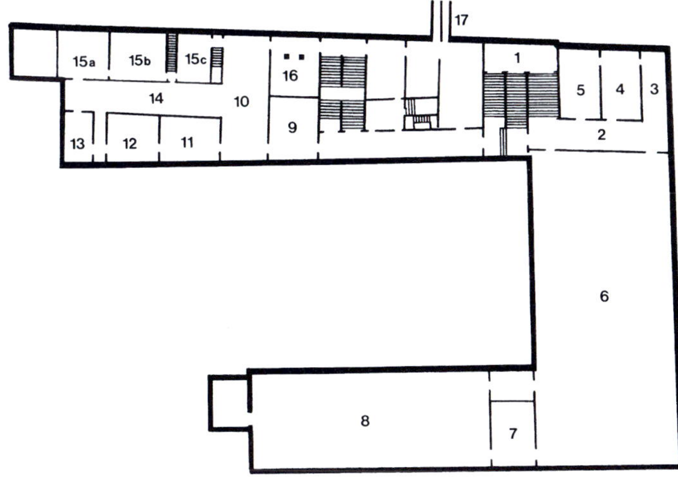

Dogenpalast, Grundriss des 2. Stockwerks

1 Scala dei Censori
2 Andito del Maggior Consiglio
3 Liagò
4 Sala del Guariento
5 Sala della Quarantia Civil Vecchia
6 Sala del Maggior Consiglio
7 Sala della Quarantia Civil Nuova
8 Sala dello Scrutinio
9 Sala degli Scarlatti
10 Sala dello Scudo
11 Sala Grimani
12 Sala Erizzo
13 Sala degli Stucchi
14 Sala dei Filosofi
15 a–c Pinacoteca
16 Sala degli Scudieri
17 Ponte dei Sospiri (Seufzerbrücke)

bensgroßen **Statuen** des ersten Menschenpaares müssen in Venedig, das sich der Renaissance nur zögernd öffnete, eine revolutionierende Wirkung gehabt haben. Dafür spricht die Tatsache, dass schon zu Lebzeiten Rizzos Gedichte auf sie verfasst wurden. Albrecht Dürer zeichnete sie während eines seiner beiden Venedigaufenthalte. Obwohl es sich um Nischenfiguren handelt, sind sie doch wie Freifiguren behandelt. Die schamhafte Geste, mit der Eva ihre Blöße bedeckt, und der angewinkelte rechte Arm sind Topoi aus der antiken Gebärdensprache. Ihr Körper ist weich modelliert, das Fließende der Leibeskonturen betont das Demutsvolle ihrer Haltung. Ihr Blick ist nach unten gerichtet. Ihr Gesichtsausdruck und die kleinen runden Brüste wirken sinnlich und lassen das Verführerische anklingen. Adam dagegen hat den Kopf aufwärts gewendet, seine Augen richteten sich auf jene Stelle, wo die Dogenkrönung stattfand. Seine Haltung und sein Gesichtsausdruck wirken trotzig. Die Auflehnung des ›aktiven‹ Mannes – im Gegensatz zu der ›passiven‹ Frau – wird durch die fast knorrige Kontur seines Körpers hervorgehoben. Bestimmte Unsicherheiten in der Erfassung der Anatomie sind mit der Vorstellungswelt der Renaissance nicht ganz in Einklang zu bringen. So wirkt die Armhaltung der Eva (besonders rechts) leicht verkrampft, artifiziell. Auch der Adam ist zu kantig, als dass er dem Schönheitsideal des anbrechenden humanistischen Zeitalters entsprochen haben könnte. Hierin haftet der Arbeit Rizzos noch ein letzter Hauch des zu Ende gehenden Mittelalters an.

Sala del Guariento (4) und Sala della Quarantia Civil Vecchia (5)

Vom Andito zweigen zwei Räume ab. Die **Sala del Guariento** hat ihren Namen erst im 20. Jh. erhalten. Der aus Padua gebürtige Maler **Ridolfo Guariento** hatte 1365–67 ein **Monumentalgemälde** für die Sala del Maggior Consiglio geschaffen. Bei einem verheerenden Brand im Südflügel des Palastes 1577 wurde das Bild beschädigt und verschwand hinter der Leinwand mit Tintorettos Paradiesdarstellung. Erst 1903 wurde das mittelalterliche Bild wieder ans Tageslicht gezogen und an seinen heutigen Platz überführt. Im Zentrum des Bildes ist nur noch schwach das im Trecento beliebte Thema der Himmelskrönung Mariens auszumachen. Das Monumentalbild mit seiner personenreichen Assistenz leitet sich von einem giottesken Kompositionsschema ab, das die venezianische Malerei aufgegriffen hatte.

In der **Sala della Quarantia Civil Vecchia,** einem einstigen Gerichtssaal befinden sich **Gemälde des 17. Jh.,** die thematisch auf die Bestimmung des Raumes Bezug nehmen (z. B. Merkur, der jugendliche Verbrecher auf den Pfad der Rechtschaffenheit zurückführt, von Pietro Malombra). Auch Venezia im Kreise der Tugenden darf an einer solchen Stelle natürlich nicht fehlen. Die Aufgaben der Quarantia, des Zivilgerichtes der Republik, waren im Laufe des 15. Jh. derart gewachsen, dass eine zweite Quarantia eingerichtet wurde, die Quarantia Civil Nuova, die an anderer Stelle tagte; deshalb hier der

Zusatz *Vecchia* (alt). Im 16. Jh. wurde dann noch eine dritte Körperschaft gebildet, die Quarantia Criminal, die sich, wie schon der Name mitteilt, mit kriminellen Delikten befasste.

Sala del Maggior Consiglio (6)

Der Tagungsraum des Großen Rates erstreckt sich fast über die ganze Länge des Südflügels. Trotz seiner gewaltigen Proportionen (54 × 25 m) erscheint der Saal nicht grenzenlos. Er war nicht immer so leer wie jetzt; bis zur Auflösung der Republik befand sich in dem Saal das in Reihen über die gesamte Fläche aufgestellte Gestühl, das bis zu 1800 Personen Platz bot.

Der **Große Rat** war aus der früheren Volksversammlung, dem sog. Arrengho, hervorgegangen und wurde 1172 als gesetzgebende Körperschaft institutionalisiert. Als 1297 das legendäre Goldene Buch geschaffen wurde, hat man genau festgelegt, wer das Anrecht zur Mitgliedschaft im Großen Rat besaß. Man musste nachweisen können, dass ein Vorfahr bereits Mitglied gewesen war. Damit wurde das Libro d'Oro zu einem elitären Verzeichnis der führenden Geschlechter. Neureichen war die Mitwirkung an der Politik praktisch unmöglich gemacht. Andererseits konnte man durch überragende Verdienste um den Staat die Aufnahme in das Goldene Buch erreichen. So gelang es etwa einem Pelzhändler, der im Krieg gegen die Genuesen den Unterhalt von eintausend Söldnern aus eigener Tasche übernommen hatte, in den erlesenen Zirkel aufgenommen zu werden. Im 18. Jh. verzeichnete das Buch immerhin die Namen von 1218 Familien, denn in der späten Republik war es möglich geworden, sich die Eintragung in das Buch zu erkaufen. Trotz des allmählichen Zuwachses blieb der Kreis der zur Ausübung der politischen Geschäfte Berechtigten begrenzt und betrug auch im 18. Jh. nicht einmal fünfzehn Prozent der Gesamtbevölkerung. Die wichtigsten Aufgaben des Maggior Consiglio waren die Beratung und Verabschiedung von Gesetzen, die Dogenwahl sowie die Ernennung der Senatsmitglieder.

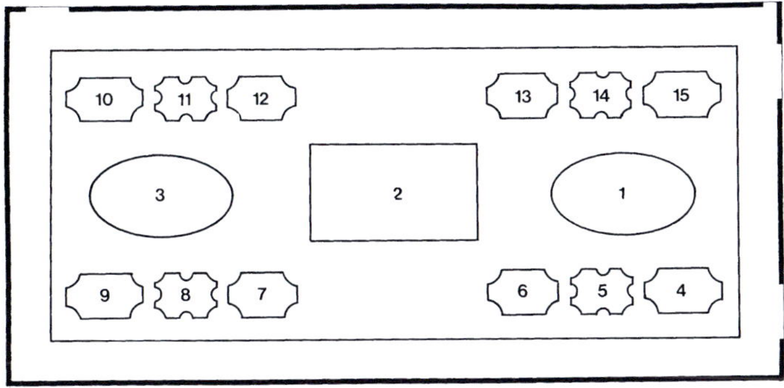

Sala del Maggior Consiglio, Deckenschema

1 Veronese, Apotheose der Venezia
2 Tintoretto/Werkstatt, Venezia überreicht dem Dogen Nicolò da Ponte einen Ölzweig
3 Palma d. J., Die Provinzen huldigen der Venezia
4 Veronese, Belagerung von Scutari
5 Bassano, Sieg über Ferrara
6 Tintoretto/Werkstatt, Sieg über die Ferraresen bei Argenta
7 Ders., Die Eroberung von Gallipoli
8 Bassano, Sieg der Venezier über Kaiser Maximilian bei Cadore
9 Palma d. J., Die Eroberung Paduas
10 Ders., Sieg über die Mailänder bei Cremona
11 Bassano, Sieg über die Mailänder bei Maclodio
12 Tintoretto/Werkstatt, Ausfall der Venezianer aus dem belagerten Brescia
13 Ders., Eroberung Rivas am Gardasee
14 Bassano, Sieg über die Mailänder bei Casalmaggiore
15 Veronese, Die Eroberung Smyrnas

Paolo Veronese, »Apotheose der Venezia«, Deckengemälde in der Sala del Maggior Consiglio

Gleich nach Fertigstellung des Saales im späten 14. Jh. wurde mit der **Ausmalung** begonnen. Aus Padua wurde Guariento berufen und mit der Ausmalung der östlichen Schmalseite beauftragt. Im weiteren Verlauf arbeiteten Bellini, Gentile da Fabriano, Pisanello und Carpaccio an der Dekoration, schließlich Tizian, Tintoretto und Veronese. Der Brand von 1577 vernichtete alle deren Werke. Einzig die Marienkrönung Guarientos überstand in Teilen die Katastrophe, weil es sich nicht wie bei den anderen Werken um ein Leinwandbild, sondern um ein Fresko handelt. Gleich nach dem Brand veranlasste der damalige Palast-Proto, Antonio da Ponte, die Wiederherstellung des Saales. Es mussten eine neue Decke eingezogen und die Wände wieder mit großformatigen Bildern geschmückt werden. Den bedeutendsten Maler Venedigs, Tizian, konnte man nicht mehr berufen; der greise Meister war im Jahr vor dem Brand gestorben. So wurden nun Tintoretto, Veronese und der Jüngere Palma mit der Neuausmalung betraut. Diese drei schufen die Decken- und einige der Wandgemälde. Daneben arbeiteten Alvise, Leandro Bassano, Andrea Vicentino und andere mit. Die drei größten Deckengemälde haben die Verherrlichung Venedigs zum Gegenstand, die Bilder in den Trabantenkassetten und jene an den Wänden schildern historische Begebenheiten.

Glanzvoller Höhepunkt der **Deckengemälde** ist die **»Apotheose der Venezia«** (1) von **Paolo Veronese.** Im unteren Teil des Bildes sind Bewaffnete damit beschäftigt, die drängende Masse der Schaulustigen in Schach zu halten. Von diesem irdischen Treiben ist der obere Teil, der wie sakralisiert erscheint, durch eine Balustrade abgegrenzt. Umgeben von den Personifikationen der Tugenden, empfängt die auf einem Thron sitzende Venezia durch einen Engel eine Krone. Dieser Himmelsbote ist in einer kühnen Unteransicht wiedergegeben, wie sie Tintoretto einige Jahre zuvor auf dem Bild »Der hl. Markus befreit einen Sklaven« (in der Accademia; Abb. s. S. 51) formuliert hatte. Veronese, dem Meister in der Schilderung venezianischen Festgepränges, ist mit der Apotheose der Venezia eines seiner besten Werke gelungen. In extremen Gegensätzen von Licht- und Schattenwirkungen schafft er einen tiefen Illusionsraum, wie er für die spätere Barockmalerei kennzeichnend werden sollte.

Das rechteckige **Mittelbild** (2) – Venezia überreicht dem Dogen Nicolò da Ponte (1578–85) einen Ölzweig – ist zwar von Tintoretto signiert, dürfte aber weitgehend von Mitarbeitern seiner Werkstatt ausgeführt worden sein. Von Jacopo Palma d. J. stammt das zweite große **Ovalbild in der Mittelachse** (3) mit der Darstellung der Venezia, der die Provinzen huldigen. Es bleibt deutlich hinter der lichterfüllten und farbenfrohen »Apotheose der Venezia« von Veronese zurück (zu den weiteren Deckenbildern vgl. das Schema).

Zunächst hatte Paolo Veronese den Auftrag erhalten, anstelle der durch Brand beschädigten Marienkrönung ein **Paradiesbild** für die östliche Schmalseite des Saales zu malen. Als Veronese 1588 starb, wurde das Projekt dem damals 70-jährigen **Tintoretto** übertragen. Er schuf das mit den Maßen 22 × 7 m größte Ölbild auf Leinwand der

Welt. Im Mittelpunkt thront Christus, vor ihm kniet Maria, um die Himmelskrone zu empfangen. In ausladenden Kreissegmenten reihen sich in drei Zonen Engel, Heilige und Selige um das Geschehen. Mittels dieser strengen Zentrierung gelingt Tintoretto das fast Unmögliche, der unübersehbaren Vielzahl der Figuren einen struktiven Zusammenhalt zu geben. Dennoch empfand etwa Grillparzer, dass es »von Figuren wimmelt, die kaum ein Ganzes ausmachen«. Es fällt auf, dass selbst ein derartiges Monumentalgemälde nicht als Fresko ausgeführt wurde, wie es in Florenz und Rom zur selben Zeit gang und gäbe war. Man bevorzugte in Venedig das Leinwandbild, das gegenüber den trockenen Farbtönen des Freskos eine größere Entfaltung der koloristischen Möglichkeiten bot. Der Nachteil der Nachdunkelung wurde offenbar nicht einkalkuliert.

Den **oberen Abschluss der Wände** – mit Ausnahme der Paradiesseite – bildet eine Reihe von historisierenden Dogenporträts, die in der Nordostecke mit Obelerio Antenoreo (804–10) beginnt und gegenüber in der Südostecke mit Francesco Venier (1554–56) endet. Von den insgesamt 121 Dogen, die zwischen 697 und dem Ende der Republik 1100 Jahre später regierten, sind hier die ersten 76 versammelt. Nur einer fehlt: der wegen Hochverrats geächtete und hingerichtete Marino Falier, an dessen Stelle in der Südwestecke die lapidare Inschrift angebracht ist: »Hic est locus Marini Falethri, descapitati pro criminibus« (dies ist der Platz Marino Faliers, der wegen seiner Vergehen enthauptet wurde).

Die großformatigen **Wandbilder** zeigen historische Szenen, beginnend am Eingang zur **Hofseite** neben dem Paradiesbild Tintorettos:

1. Der Doge Sebastiano Ziani empfängt Papst Alexander III. in Venedig. Als Ort der Begegnung ist der Platz vor der Scuola della Carità (heute Accademia) angegeben (Veronese-Nachfolger).
2. Eine Gruppe venezianischer und päpstlicher Gesandter macht sich auf den Weg zu Friedrich Barbarossa, um ihm ein Friedensangebot zu überbringen (Veronese-Nachfolger).
3. Alexander stiftet in San Marco heiliges Wachs (über dem Fenster; von Leandro Bassano).
4. Die päpstlich/venezianische Friedensdelegation scheitert mit ihren Verhandlungen bei Friedrich I. (Urheberschaft ungesichert).
5. Alexander übergibt dem Dogen Ziani, der mit einer Flotte gegen das kaiserliche Heer aussegelt, das heilige Schwert (Francesco Bassano).
6. Der Papst segnet Ziani (über dem zweiten Fenster zum Hof; von Paolo dei Franceschi, genannt Fiamingo).
7. In einer – historisch nicht belegten – Seeschlacht gerät Otto, der Sohn des deutschen Kaisers, in die Hände der Venezianer (Domenico Tintoretto).
8. Über der Tür: Ziani liefert Otto dem Papst aus (Andrea Vicentino).
9. Alexander entlässt Otto in die Freiheit (Jacopo Palma d. J.).
10. Der Doge huldigt dem Papst vor San Marco (Federico Zuccari).
11. Über der zweiten Tür: Papst und Doge schiffen sich nach Ancona ein (Girolamo Gambarato).

Sala del Maggior Consiglio

12. Übereck auf der Westwand: Der Doge empfängt von Papst Alexander in der Lateranbasilika in Rom Dankesgeschenke (Giulio dal Moro).

Der zweite Bilderzyklus beginnt ebenfalls bei dem Paradies, führt an der **Südseite** (zum Molo) entlang und zeigt die Begebenheiten während der Eroberung Konstantinopels durch Enrico Dandolo:

1. Dandolo und die Kreuzritter legen in der Markuskirche den Treueid ab (Carlo Saraceni).
2. Dandolo leitet den Sturm auf Zara (Vicentino).
3. Die Kapitulation Zaras (Tintoretto).
4. Alexios bittet Dandolo um seine Hilfe gegen den Usurpator (Vicentino).

5. Der Sturm auf Konstantinopel (Palma d. J.).
6. Die Eroberung der Stadt (Tintoretto).
7. Die Kreuzfahrer wählen in der Sophienkirche zu Konstantinopel Balduin von Flandern zum neuen Kaiser Ostroms (Vicentino).
8. Übereck auf der Westwand: Balduin von Flandern wird zum neuen Kaiser Ostroms gekrönt (Vicentino).
9. In der Mitte der Westwand: der Sieg der Venezianer über die Genuesen vor Chioggia 1380 (Veronese).

Sala della Quarantia Civil Nuova (7)

Durch die hintere Tür in der nördlichen Längswand gelangt man in das Amtszimmer der aus der Quarantia Civil hervorgegangenen Gerichtskammer, die für Zivilprozesssachen in den Städten auf der *Terra ferma* zuständig war. Die malerische Ausstattung aus dem 17. Jh. ist ikonografisch auf das Rechtswesen bezogen.

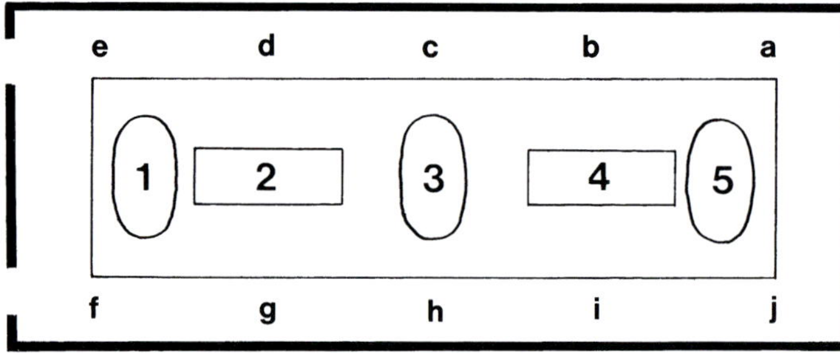

Sala dello Scrutinio:
Deckenschema (1–5) und Anordnung der Wandgemälde (a–j)

1 Bassano, Die Eroberung Paduas
2 Giulio dal Moro, Die Eroberung von Caffa am Schwarzen Meer
3 Camillo Ballini, Sieg über die Genuesen bei Trapani
4 Francesco Montemezzano, Die Venezianer erobern Acra
5 Andrea Vicentino, Sieg der venezianischen Flotte über die Pisaner bei Rhodos, 1098
a Vicentino, Die Venezianer rüsten gegen die Belagerung durch die Truppen Pippins
b Ders., Pippin führt seine Truppen über eine Schiffsbrücke in Richtung der Rialto-Insel, wo sich die Venezianer verschanzt haben
c S. Peranda, Sieg der venezianischen Flotte gegen die Ägypter vor Jaffa
d Aliense, Die Eroberung von Tyrus
e Marco Vecellio, Sieg der vereinten venezianischen und byzantinischen Flotten gegen die Normannen unter Roger II. bei Cap Malleo
f Tintoretto, Sieg der Venezianer über die Ungarn vor den Toren von Zara
g Vicentino, Vettore Pisani erobert Cattaro, (über dem Fenster)
h Ders., Die Seeschlacht von Lepanto
i Pietro Bellotto, Zerstörung der türkischen Festung Margarita (Albanien) nach dem Sieg von Lepanto (über dem zweiten Fenster zum Hof)
j Pietro Liberi, Sieg der Venezianer über die türkische Flotte bei den Dardanellen

Sala dello Scrutinio (8)

Dieser imposante Saal liegt über den Loggiengeschossen des Westflügels. Seine ursprüngliche Bestimmung ist unklar. Noch im 15. Jh. wurde die umfangreiche Bücherstiftung des Kardinals Bessarione darin untergebracht, die den Grundstock für die Markusbibliothek bildete. Nach Fertigstellung des Bibliotheksbaus durch Sansovino an der Piazzetta, dem Westflügel des Dogenpalastes gegenüber, wurden die Bücher dorthin überführt. Seitdem wurde der Raum für die in der Geschichte der Stadt so wichtigen Wahlvorgänge benutzt (*scrutinio* = Abstimmung).

1577 hatte der große Brand im Südtrakt auch diesen Teil des Dogenpalastes mit erfasst. Dabei wurden zahlreiche Bilder ein Opfer des Feuers, unter anderem eine großformatige Darstellung der Seeschlacht von Lepanto von Jacopo Tintoretto.

Bemerkenswert ist die Gestaltung der beiden **Schmalseiten.** An der Wand, die an die Quarantia Civil Nuova angrenzt, hängt ein Ölbild mit dem Jüngsten Gericht von Palma d. J. Der Aufbau ist dem Paradiesbild Tintorettos in der Sala del Maggior Consiglio nachempfunden, besitzt jedoch nicht dessen Wucht. Die Gruppierungen Palmas sind lockerer, gefälliger. Gegenüber erhebt sich ein marmorner Triumphbogen, der bis unter die Decke reicht. Er wurde 1694 zum Ruhme Francesco Morosinis errichtet, dessen Erfolge über die Türken ein letztes Mal die Hoffnung hatten aufflackern lassen, die einstige Vormachtstellung in der Levante zurückzugewinnen. Dem heutigen Betrachter des Monuments mischt sich ein bitterer Beigeschmack in die Erinnerung an Morosini. Bei der Belagerung Athens durch Morosini (1688) hatte ein Hauptmann aus Lüneburg, der im Sold der Venezianer stand, jenen verhängnisvollen Kanonenschuss abgefeuert, der das im Parthenon verwahrte Pulvermagazin der Türken traf und damit das bedeutendste Bauwerk der griechischen Antike in eine Ruine verwandelte.

Im **Fries unter der Decke** sind die letzten Dogen der Republik dargestellt. Sie setzen die Reihe der Dogenporträts aus der Sala del Maggior Consiglio fort (zu Inhalt und Urheberschaft der weiteren Decken- und Wandbilder vgl. das Schema).

Ostflügel

Die **Räume im Ostflügel (9–16)** sind die ehemaligen Wohnräume des Dogen. Zwar ist auch hier nichts vom einstigen Mobiliar erhalten, aber die Räume dienen heute als eine kleine Pinakothek von Gemälden aus der **Bildersammlung der Dogen.** Einige kleine Triptychien von Hieronymus Bosch werfen ein Schlaglicht auf die Beliebtheit, die die Niederländische Malerei im 16. Jh. in Venedig genoss. Des Weiteren sieht man eine Pietà von Giovanni Bellini und eine Verspottung Christi von Quentin Massys.

Der Rundgang führt nun weiter in die Prigioni. Der Führungspfeil weist nun dem Besucher den Weg über die Seufzerbrücke und durch die ehemaligen Gefängnisse.

Prigioni

Der Gang durch die einstigen **Gefängnisräume** gehört zum obligaten ›Gruselprogramm‹ des Venedigbesuchers. Ihren üblen Ruf verdanken sie nicht zuletzt zahlreichen Schauermärchen. Casanova dagegen berichtet von einer durchaus erträglichen Haft, aus der ihm bekanntermaßen sogar die Flucht gelang. Balzac sagte von den berüchtigten Bleikammern, dass sie nicht heißer seien als eine beliebige Pariser Dachwohnung. Ursprünglich war der ganze Gefängniskomplex im Dogenpalast selbst untergebracht. Erst im 16. Jh. entstand auf der anderen Seite des Rio di Palazzo ein eigener Gefängnisbau, der später mittels der **Seufzerbrücke** eine direkte Verbindung zu den Zellen im Dogenpalast erhielt. Man unterschied zwischen den *Pozzi* (Brunnen) im unteren Teil – der Name ist als Hinweis auf die Feuchtigkeit zu verstehen – und den *Piombi* (Bleikammern) im Dachgeschoss, in denen im Sommer eine mörderische Hitze geherrscht haben muss.

Der Rundgang führt vom Dogenpalast über die Seufzerbrücke in die Pozzi und wieder zurück. Die Besichtigung endet am Fuße der Scala dei Censori im Innenhof des Palastes.

Resümee eines Rundgangs

Durch die Plünderung 1797 hat der Dogenpalast sein gesamtes Mobiliar verloren. So hat der heutige Besucher die Schwierigkeit, sich die musealen Räumlichkeiten in ihrer einstigen Funktion plastisch vorzustellen. Andererseits sind so zahlreiche Partien der Wand- und Deckendekoration erhalten, dass diese doch eine tragende Brücke aus der Vergangenheit zu uns herüberschlagen.

Am Ende eines Rundganges durch den Dogenpalast wird eine Erkenntnis an erster Stelle stehen: Venedig erreichte den **Höhepunkt seiner Selbstverherrlichung** zu einer Zeit, da die Macht der Handelsrepublik ihren Zenit längst überschritten hatte, ja, der politische wie wirtschaftliche Niedergang sich bereits deutlich abzuzeichnen begann. Venezia wird erst, als sie nicht mehr die führende Rolle im Mittelmeer spielt, in die olympische Götterwelt und in den christlichen Himmel erhoben. Die Form der Selbstdarstellung spiegelt also nicht mehr die realen Verhältnisse wider, sondern bietet eine verklärte Sichtweite. Und dennoch erscheint diese Tatsache nicht gänzlich unlogisch. Venezia wird als entrückt, von irdischen Maßstäben gelöst gezeichnet. Sie verkörpert in den Bildern Tintorettos, Veroneses und der anderen Meister die Idee von einem höheren Staatswesen, nicht das Abbild eines tatsächlichen politischen Alltagsgeschehens. Der damit verbundene Appell an die menschliche Ethik, das politische Handeln an den unverrückbaren Werten der Tugenden zu messen, ist von bleibender Gültigkeit.

Der Kunst des 16. Jh. ist es zugleich gelungen, die Unwirklichkeit der aus dem Meere geborenen Stadt in das Medium des Bildes zu übersetzen: Venedig als eine Realität gewordene Utopie. In diesem Sinne sind die ständig wiederkehrenden Gestalten der Tugenden zu verstehen. Sie demonstrieren nicht das Verhalten des Staates, wie es tatsächlich ist, sondern wie es in einem Gemeinwesen, das in Geschichte und Geografie von allen anderen unterschieden ist, denkbar wäre.

Reisen & Genießen

Kaffeehäuser

Eine Attraktion ist das Caffè Florian im Parterre der Neuen Prokuratien. Es trägt den Namen seines Gründers Floriano Francesconi und wurde im Jahre 1720 eröffnet. Es ist damit das älteste Kaffeehaus Italiens, dessen Gäste auf den plüschigen Bänken zwischen den Holztäfelungen und Spiegeln ihren Cappuccino trinken und den Melodien des Salonorchesters lauschen können.

Caffè Florian

Caffè Florian
Piazza San Marco, 56
Tel. 041 520 56 41
www.caffeflorian.com
obere Preisklasse

Vornehm dinieren lässt sich im ersten Stock des Caffè Quadri mit Blick auf das Treiben auf der Piazza. Die Gäste können das elegante Ambiente sowie die erstklassige Küche und den hervorragenden Service genießen. Als Nachtisch zu empfehlen ist die ›gebackene Eiscreme‹, Amaretto-Mousse mit Mandeln und obendrauf leicht flambierte Meringe. Während des Karnevals hat man vom Quadri eine fantastische Aussicht auf die Pracht der Kostüme und Masken.

Ristorante Gran Caffè Quadri
Piazza San Marco, 121
Tel. 041 522 21 05
www.quadrivenice.com
obere Preisklasse

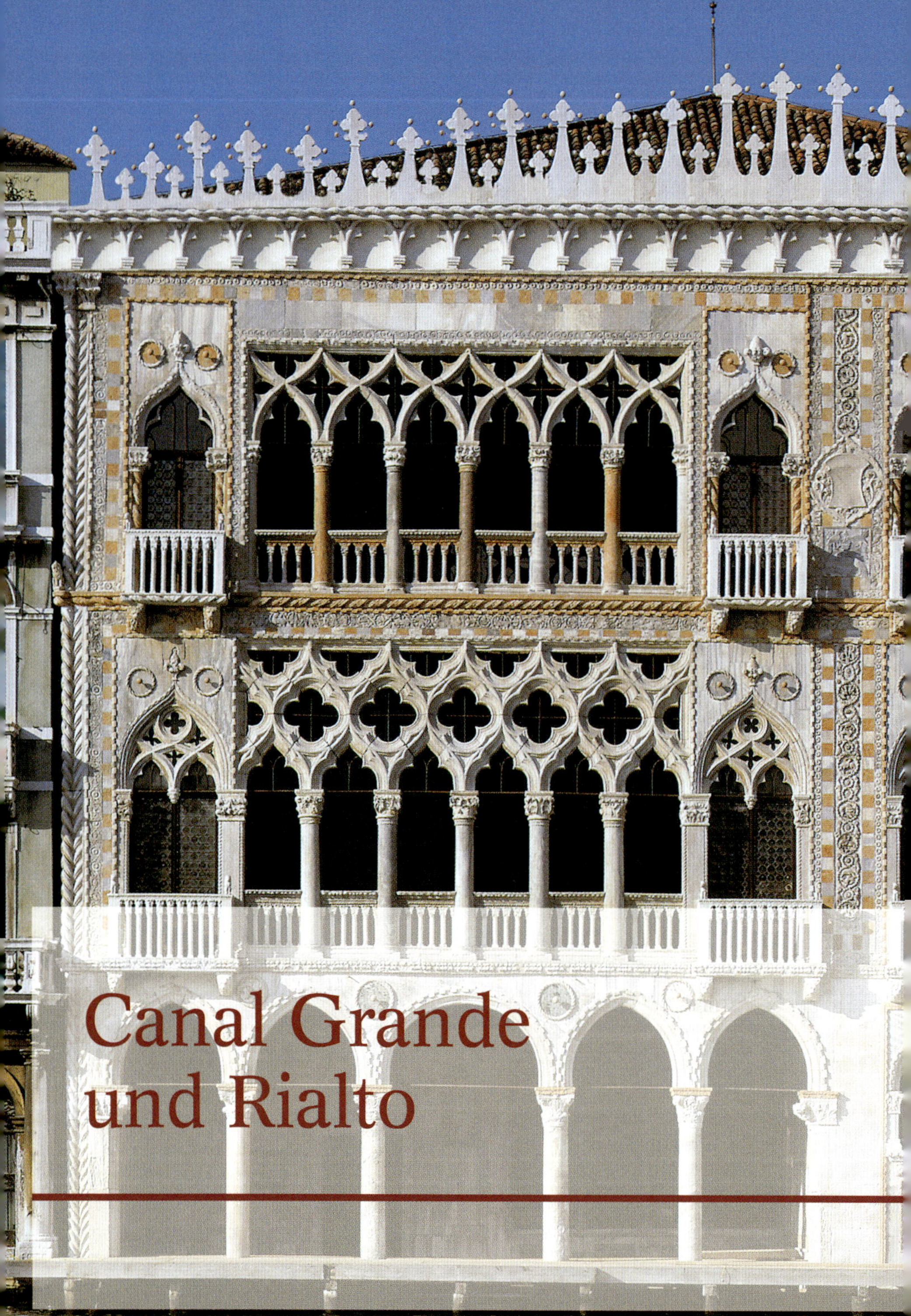

Canal Grande und Rialto

Canal Grande

Topografie

Der Canal Grande, Venedigs wichtigste Verkehrsader, ist das Relikt eines einstigen Mündungsarmes der Brenta. Er beginnt im Nordwesten der Stadt am Piazzale Roma und durchzieht das Stadtgebiet in einer weit gezogenen Schleife in Form eines umgekehrten ›S‹. Bei der einstigen Dogana del Mar (Zollstation) mündet er in das Wasserbecken vor dem Dogenpalast (Bacino di S. Marco). Der Canal Grande ist 3,8 km lang, an der schmalsten Stelle, beim Rialto, 30 m, an seiner weitesten, im Bereich der Mündung, 70 m breit. Die Schifffahrtsrinne ist maximal 5 m tief. Drei Brücken überqueren die Wasserstraße: der Ponte degli Scalzi beim Hauptbahnhof, die Rialto-Brücke auf halber Strecke und der Ponte dell'Accademia, der im Süden der Stadt die Sestieri S. Marco und Dorsoduro miteinander verbindet. Daneben gibt es zahlreiche Traghetto-Stationen mit Booten, die den Personenverkehr außerhalb der Brückenbereiche besorgen. Der Canal Grande ist keine Trennungslinie zwischen den Stadtsechsteln, drei im Norden, drei im Süden, sondern erfüllt eher die Aufgabe eines Reißverschlusses, der die beiden Stadthälften miteinander verzahnt. Rund 350 historische Bauten säumen die Ufer, wobei die Palazzi den größten Teil ausmachen. Etwa 70 gehören der gotischen Epoche an, weitere 130 der Renaissance und dem Barock. So vermittelt eine Schifffahrt auf dem Canal Grande ein lückenloses Bild von der Entwicklung der venezianischen Palastarchitektur von ihren Anfängen bis zum Ende der Republik.

Übersichtskarte Canal Grande hintere Umschlaginnenklappe, Cityplan Rund um den Rialto S. 155

Canal Grande und Rialto

Besonders sehenswert: Fondaco dei Turchi, Ca' d'Oro, Ca' Rezzonico, Rialto-Brücke, S. Salvatore

Baudenkmäler am Canal Grande

Das Linienschiff Nr. 1 legt am **Piazzale Roma** ab. Als Erstes sieht man Venedigs jüngste Brücke über den Canal Grande, die man nach ihrem Architekten, dem Spanier Santiago Calatrava, die **Calatrava-Brücke** nennt. Ihr Bogen wurde aus drei Segmenten zusammengesetzt, die zuvor im Arsenal montiert worden waren. Im Sommer 2007 fand der Transport über den Canal Grande statt. Dabei stellte die nächtliche Überführung des Mittelstücks mit seinen 52 m Länge über den Canal Grande eine manövriertechnische Bravourleistung und für die faszinierten Zuschauer ein spannendes Spektakel dar.

Die zweite Station (links) befindet sich vor dem **Bahnhof,** der in den 1950er-Jahren errichtet wurde. An seiner Stelle stand ursprünglich die gotische Kirche S. Lucia, die im 16. Jh. durch Andrea Palladio umgebaut worden war. Die Kirche wurde abgerissen, als die Österreicher 1860 den ersten Bahnhof anlegten. Eine Marmortafel mit einer Zeichnung der Kirchenfassade ist in das Pflaster vor der Bahnhofstreppe eingelassen.

Canal Grande ★★

Besichtigungstipp

Die Beschreibung der wichtigsten Bauten beginnt am Piazzale Roma (vordere Klappenkarte A5) und endet an der Salute-Kirche. Da es praktisch nicht möglich ist, alle Eindrücke im Verlauf der Fahrt mit dem Vaporetto in sich aufzunehmen, empfiehlt es sich, die Tour an einigen markanten Punkten zu unterbrechen, um Besonderheiten in Ruhe zu genießen. Wer diesem Ratschlag folgt, löst am besten eine Tageskarte für das Linienschiff.

◁ Die Ca' d'Oro heißt ›goldenes Haus‹, weil das filigrane Maßwerk der Fassade einst vergoldet war

In Fahrtrichtung … rechts

Dem Bahnhof gegenüber steht die Kirche **S. Simeone Piccolo** aus dem frühen 18. Jh. mit einer grün patinierten Kuppel. Der zwischen 1718 und 1738 errichtete Zentralbau ersetzte die mittelalterliche Kirche SS. Simeone e Giuda. Obwohl es sich um einen Bau des Spätbarock handelt, ist die Architektur dem klassischen Erbe der Renaissance verpflichtet. Eine breite Freitreppe führt zu dem von vier Säulen getragenen offenen Portikus, an den sich der Rundbau anschließt, ein ins Kleinformat übertragenes Abbild des Pantheons in Rom.

links

Gleich neben der zweiten von insgesamt vier Brücken über den Canal Grande erhebt sich die barocke Fassade der **Scalzi-Kirche** (s. S. 253).

Die **Scalzi-Brücke** wurde 1934 anstelle einer baufällig gewordenen Eisenbrücke aus dem 19. Jh. errichtet.

links

Kurz vor der Kirche S. Geremia steht der barocke **Palazzo Flangini** aus dem 17. Jh. Da der Palast unfertig blieb – der linke Seitentrakt wurde nicht ausgeführt –, wirkt er unausgewogen und zu steil. Eine alte Klatschgeschichte erzählt, dass zwei Brüder den – angeblich fertigen – Palazzo erbten und sich über die Aufteilung der Wohnräume nicht einigen konnten, worauf der eine seinen Teil im Zorn abriss.

links

Zum Canal Grande ist jene marmorverkleidete Kapelle der Kirche **S. Geremia** ausgerichtet, in die nach dem Abriss der alten S. Lucia-Kirche 1860 die Reliquien der Heiligen überführt wurden (s. S. 253).

links

Gleich hinter S. Geremia erscheint der **Palazzo Labia** mit der Langseite zum Canale di Cannaregio, der an dieser Stelle in den Canal Grande mündet (s. S. 255).

links

Die Kirche **S. Marcuola** wendet an der gleichnamigen Schiffsstation ihre unvollendet gebliebene Fassade dem Canal Grande zu (s. S. 259). Um den Fondaco dei Turchi und die angrenzenden Bauten in Ruhe betrachten zu können, empfiehlt sich eine Unterbrechung der Schifffahrt an der Station S. Marcuola.

Fondaco dei Turchi ★ rechts

S. Marcuola gegenüber steht der **Fondaco dei Turchi,** einer der frühesten Paläste, der stilistisch der veneto-byzantinischen Epoche angehört. Bereits im 13. Jh. von der Familie Pesaro erbaut, wurde er 1621 von türkischen Handelsleuten gekauft, die dann bis 1838 ihre offizielle Niederlassung darin hatten. Danach stand das Gebäude längere Zeit leer und verfiel, bis es dank der Initiative John Ruskins nach zehnjähriger Restaurierung im 19. Jh. in seiner jetzigen Gestalt wiedererstand. Es zeigt den Typ des frühen venezianischen Palazzo mit einer offenen Säulenhalle zur Kanalseite, und es ist das einzige erhaltene Beispiel, wo die Torreselli, die Seitentrakte, sich turmähnlich an den Flanken des Gebäudes über den zweigeschossigen Mittelteil erheben. Heute ist im Fondaco dei Turchi ein naturgeschichtliches Museum untergebracht (Überfahrt von S. Marcuola mit dem Traghetto; s. S. 316).

rechts

An die einstige Handelsniederlassung der Türken schließt sich der **Deposito del Megio** an, der alte Kornspeicher der Republik. Entsprechend seiner Bestimmung als Lagerhaus öffnet sich der im 15. Jh. errichtete Ziegelbau nur in kleinen, vergitterten Fenstern. Den einzi-

gen Schmuck bilden die Zinnenbekrönung und das große Relief mit dem Markuslöwen im Obergeschoss, eine Rekonstruktion eines 1797 zerstörten Originals.

Neben dem Kornspeicher ebaute Baldassare Longhena 1647–63 den barocken **Palazzo Belloni-Battagia.** . Die Fassade kennzeichnet den Übergang von Longhenas früherem, noch der Renaissance nahestehenden Palazzo Giustinian-Lolin und dem späteren Monumentalbau des Palazzo Pesaro (s. S. 141). Ein typisch barockes Element sind die durchbrochenen Giebel über den Fenstern des Piano nobile. Der Bauherr, der sich durch Zahlung von 150 000 Golddukaten die Eintragung in das Goldene Buch erkauft und sich zusätzlich mit dem Bau des Palazzo offenbar finanziell verausgabt hatte, musste den Besitz schon bald wieder abtreten. Heute befinden sich private Wohnungen in dem Palazzo.

Zu den schönsten Palästen am Canal Grande zählt der **Palazzo Vendramin-Calergi,** den Mauro Codussi um 1500 für die Familie Loredan errichtete – ein Paradebeispiel der Renaissancearchitektur. Es lohnt sich, an der Haltestelle S. Stae auszusteigen, um die Fassade genauer zu betrachten. Sie gliedert sich in drei gleich hohe Geschosse, die Seitenteile sind kaum merklich vom Mitteltrakt abgegrenzt, sodass die Gesamterscheinung sehr einheitlich wirkt. Die Gestaltung

Lange nach seiner Erbauung im 13. Jh. beherbergte der Fondaco dei Turchi die türkische Handelsniederlassung

rechts

links

Einer der schönsten Paläste am Canal Grande ist der Palazzo Vendramin-Calergi

der Fenster – zwei Rundbögen mit einem kleinen Okulus unter einem übergreifenden Bogen – leitet sich von der toskanischen Renaissance ab, wo dieses Motiv zuerst an Albertis Fassade des Palazzo Rucellai in Florenz auftaucht. Nach mehrfachem Besitzerwechsel wurde der Palazzo 1589 von der für ihren legendären Reichtum berühmten Familie Calergi ersteigert. 1783 vererbte der letzte Calergi Nicolò Vendramin den Palast mit der Auflage, den Namen beizubehalten. Am 13. Februar 1883 starb Richard Wagner in dem Palazzo; sein Tod am Canal Grande klingt in einer Zeile von Gottfried Benns Gedicht »Selbsterreger« an. Heute ist das Winter-Casino der Stadt in dem Palazzo untergebracht.

rechts Die im 17. Jh. erbaute und jüngst restaurierte **Barockkirche S. Stae** (von S. Eustachius) wendet an der gleichnamigen Schiffsstation ihre blendendweiße Fassade dem Canal Grande zu. Die Stiftung der Fassade verdankt sie dem Dogen Alvise Mocenigo II. (1700–09), der im Innern beigesetzt ist. Vom Platz vor der Kirche hat man einen guten Blick auf eine einheitlich wirkende Gruppe von vier Palazzi am jenseitigen Ufer:

Gleich neben der Mündung des Rio della Maddalena steht der *links* **Palazzo Barbarigo** aus dem 16. Jh.

Es folgt der durch seine gelungene Restaurierung auffallende *links* **Palazzo Zulian,** einst Wohnstatt eines Gönners von Antonio Canova (17. Jh.).

Daran schließt sich der **Palazzo Ruoda** an, gleichfalls ein Bau des 17. Jh.

links

Der letzte dieser Gruppe ist der **Palazzo Gussoni-Grimani** (16. Jh.), dessen einstige Fassadenbemalung von Tintoretto leider nicht erhalten ist.

links

Bald nach S. Stae ragt rechts der imposante **Palazzo Pesaro** auf. An dem Bauwerk, einem der größten der Stadt, wurde ein halbes Jahrhundert gearbeitet. Beim Tode des Architekten Longhena (1682) waren erst die zwei unteren Geschosse fertig, die Vollendung zog sich bis 1710 hin. Longhena griff in seinem Spätwerk Anregungen von Sansovinos hundert Jahre zuvor entstandenem Palazzo Corner della Ca' Grande auf: Vereinheitlichung der Fassade ohne betonte Absetzung der Seitenteile, doppelte Säulen als Gliederungselemente im Piano nobile, sieben Fensterintervalle. Dennoch schuf er ein ganz eigenes Werk mit typischen Äußerungen des Barock: die voluminöse plastische Ausformung der Einzelmotive, die reiche Dekoration mit Bauskulptur etc. Eine originelle Besonderheit sind die Groteskenmasken am Sockel. Die Rustizierung des Untergeschosses mit Diamantquadern ist ungewöhnlich für die venezianische Baukunst. Der Palast blieb bis zum Tode des letzten Pesaro 1830 im Besitz der Familie. Seitdem durch verschiedene Hände gegangen, wurde das Gebäude 1902 von der Stadt erworben, die darin die beiden Museen für moderne und orientalische Kunst einrichtete (s. S. 316).

rechts

Wenige Jahre nach Fertigstellung des Palazzo Pesaro entstand der nur durch den Palazzo Donà von diesem getrennte, spätbarocke **Palazzo Corner della Regina.** Der Architekt Domenico Rossi entwarf eine Fassade, die als Pendant zum Palazzo Pesaro gedacht war. Im Gegensatz zu dem kraftstrotzenden Bauwerk Longhenas bahnte sich jedoch in der nüchterneren Architektur Rossis, die insgesamt steiler wirkt, eine Vorahnung des Klassizismus an. Seinen Namen hat der Palast nach einem Vorgängerbau an dieser Stelle, in dem 1454 Caterina Cornaro, die spätere Königin von Zypern, geboren wurde. Heute ist er im Besitz der Stadt und dient als Archiv der Biennale.

rechts

Das bekannteste gotische Bauwerk Venedigs am Ufer des Canal Grande ist die im zweiten Viertel des 15. Jh. entstandene **Ca' d'Oro** mit ihrem herrlichen Maßwerk (Abb. s. S. 136; den schönsten Blick hat man von der gegenüberliegenden Seite, Traghetto vom Campo S. Sofia zur Pescheria). Die offene Säulenhalle im Untergeschoss, seit der Gotik außer Mode gekommen, erklärt sich in diesem Fall durch die Übernahme von Bauteilen aus einem romanisch-byzantinischen Vorgängerbau. Auch in anderer Hinsicht weicht die Ca' d'Oro vom herkömmlichen Schema ab. Sie ist asymmetrisch; der Hauptteil des Gebäudes hat nur nach rechts einen Torresello, ein linker war gar nicht erst geplant. Der Formenreichtum des Maßwerks in den beiden Loggien der Obergeschosse und die polychrome Marmorinkrustation markieren den Gipfel der venezianischen Palastarchitektur in gotischer Zeit. Ein Übriges zu der großartigen Wirkung dürfte die verloren gegangene Vergoldung zahlreicher Bauteile beigetragen haben,

Ca' d'Oro ★
links

›Canalazzo‹

Im venezianischen Dialekt wird der Canal Grande auch ›Canalazzo‹ genannt, eine echt venezianische Kontraktion aus den Worten ›Canal‹ und ›Palazzo‹.

der das Bauwerk seinen Namen verdankt. Marino Contarini, Prokurator von S. Marco, ließ die Ca' d'Oro 1421–40 durch Matteo Raverti errichten, der zuvor am Bau des Mailänder Domes mitgewirkt hatte. Daneben waren andere lombardische Steinmetze sowie der Venezianer Bartolomeo Bon beteiligt. Nach einem wechselvollen Schicksal kam der Palazzo 1896 in den Besitz Baron Giorgio Franchettis, der seine wertvolle Kunstsammlung darin unterbrachte. 1916, sechs Jahre vor seinem Tod, stiftete Franchetti die Sammlung nebst dem Palazzo der Stadt, die die Ca' d'Oro 1927 als Museum der Öffentlichkeit zugänglich machte (s. S. 283).

Zwei kleinere gotische Palazzi schließen sich an die Ca' d'Oro an.
links Zunächst kommt der **Palazzo Pesaro** (namensgleich mit dem Palazzo bei S. Stae), der etwa gleichzeitig mit der Ca' d'Oro entstand, in seiner Schlichtheit mit ihr aber nicht konkurrieren kann.

links Es folgt der **Palazzo Sagredo,** dessen Fassade unterschiedliche Stilstufen erkennen lässt. Im Piano nobile erscheint noch das gestelzte byzantinische Fenster, das allerdings schon eine leichte, von der beginnenden Gotik inspirierte Zuspitzung aufweist. Im Geschoss darüber hat sich das klassische gotische Kielbogenfenster durchgesetzt.

rechts Die offene Halle der **Pescheria** (Fischmarkt) ist ein neogotisches Gebäude, das erst 1907 entstand. Die historisierende Architektur fügt sich dem Stadtbild nahtlos ein.

Innerhalb einer Bautengruppe, die der Familie Michiel gehörte, fällt
links der **Palazzo Michiel delle Colonne** aus der zweiten Hälfte des 17. Jh. auf. Er hat seinen Namen nach den ungewöhnlich hoch gestelzten Arkaden des Untergeschosses.

links Neben dem **Palazzo Mangilli-Valmarana** gibt der Einschnitt des Rio dei SS. Apostoli den Blick auf den Campanile der gleichnamigen Kirche frei.

rechts Die **Fabbriche Nuove,** ein lang gezogener, dreigeschossiger Bau, wurden 1552–55 von Jacopo Sansovino erbaut. Als reiner Nutzbau – unten Lagerhallen, oben Amtsstuben – ist er gänzlich schmucklos geblieben.

links Die **Ca' da Mosto** gehört zu den ältesten Bauten am Canal Grande. Die beiden Untergeschosse sind veneto-byzantinisch (13. Jh.), die Aufstockungen nach oben erfolgten erst im 17. Jh. Auffallend ist die reiche Dekoration mit reliefierten Platten über den Fenstern des Piano nobile. In der Ca' da Mosto wurde Alvise da Mosto (1432–88) geboren, der die Kapverdischen Inseln vor der westafrikanischen Küste entdeckt hat. Im 18. Jh. beherbergte der Palazzo eines der vornehmsten Hotels der Stadt, Leon Bianco (Weißer Löwe).

rechts Gleich hinter den Fabbriche Nuove tauchen die **Fabbriche Vecchie** auf. 1522 von Scarpagnino erbaut, waren sie das Vorbild für Sansovinos späteren Erweiterungsbau der Fabbriche Nuove.

links Der **Palazzo Civran** aus dem frühen 18. Jh. fällt in der Stadt der Arkaden durch seine geraden Linien auf. Er besitzt lediglich zwei Rundbögen: das Tor zum Wasser und das große Fenster im Piano nobile darüber.

Die übereck gebaute Fassade des **Palazzo dei Camerlenghi,** die sich der Biegung des Kanals anpasst, ist reich mit lombardesken Renaissanceornamenten dekoriert.

rechts

Das letzte Gebäude auf der linken Seite vor der Rialto-Brücke ist der **Fondaco dei Tedeschi,** die einstige Niederlassung der deutschen Kaufleute, der sowohl als Handelskontor wie auch als Herberge diente.

links

Die Reliefs an der Nordseite der **Rialto-Brücke** zeigen die Stadtpatrone Markus und Theodor sowie den Markuslöwen. Es sind Arbeiten von Agostino Rubini und Tiziano Aspetti, Schülern Alessandro Vittorias (s. S. 154).

Von der Rialto-Brücke ziehen sich nach Süden zu beiden Seiten des Canal Grande Fondamenta entlang, sodass man die nachfolgenden Gebäude auch gut zu Fuß erreichen kann. Da die rechte Seite in diesem Bereich keine herausragenden Gebäude aufweist, geht man am besten auf diese Seite (Riva del Vin), um von dort den Blick auf die eindrucksvolle Bautengruppe am linken Ufer zu erleben.

Der Palazzo **Dolfin-Manin** (links), ein ausgewogenes Werk der Renaissance, wurde Mitte des 16. Jh. nach einem Plan Jacopo Sansovi-

Von der Riva del Vin (rechts im Foto), südlich der Rialto-Brücke, hat man einen eindrucksvollen Blick auf die Bauten am gegenüberliegenden Ufer

links nos erbaut und ist eines der ersten Projekte des großen florentinischen Baumeisters in Venedig gewesen. Dem Bau des Palastes ging eine juristische Auseinandersetzung voraus. Der Bauherr, Giovanni Dolfin, plante ein Gebäude, das bis ans Wasser reichen sollte, was an dieser Stelle eine Unterbrechung der für den Fußgängerverkehr wichtigen Fondamenta bedeutet hätte. Schließlich erhielt er die behördliche Genehmigung mit der Auflage, die Fondamenta trotz Überbauung für den öffentlichen Durchgang freizuhalten. So kommt es, dass sich der Palazzo nach Art der alten byzantinischen Paläste im Untergeschoss in einer großen Bogenhalle öffnet, nicht nur zum Kanal hin, sondern auch an den Schmalseiten. Dem klassischen Ideal der Renaissance folgend, hat Sansovino an den drei Geschossen die antiken Säulenordnungen (dorisch, ionisch, korinthisch) in Form von Pilastern und Halbsäulen zitiert. In diesem Palazzo lebte Ende des 18. Jh. der letzte Doge, Ludovico Manin. Heute beherbergt der Bau eine Bank.

Gleich an den Palazzo Dolfin-Manin schließt sich der spätgotische
links **Palazzo Bembo** aus dem 15. Jh. an. Es handelt sich um einen auffällig breit proportionierten Bau, dessen Andron bzw. Portego verdoppelt ist. Man spricht deshalb auch von einem Doppelpalast.

links Der **Palazzo Loredan** ist eines der besterhaltenen Beispiele für die Palastarchitektur der veneto-byzantinischen Epoche des 13. Jh. Aus der Gründungszeit stammen die beiden Untergeschosse. Das Andron öffnet sich zum Wasser in einer fünffachen Bogenstellung, die begrenzenden Torreselli sind geschlossen. Das Obergeschoss wird von einer Arkadenreihe durchlaufen. Nachdem er nacheinander verschiedenen Funktionen gedient hatte (Druckerei, Gasthaus, Postgebäude), wurde der Palazzo Loredan 1867 von der Stadt erworben, die seitdem Amtsräume ihrer Verwaltung darin unterhält.

links Dem Palazzo Loredan ist der benachbarte **Palazzo Farsetti** eng verwandt. Er stammt ebenfalls aus dem 13. Jh., die Aufstockung aus dem 16. Jh. Heute befindet sich darin das Rathaus der Stadt. Beide Paläste sind im 19. Jh. sehr puristisch restauriert worden. Die folgenden Bauten sind wieder nur vom Wasser aus zu sehen bzw. vom Landesteg der Station S. Silvestro.

An der Mündung des Rio di S. Luca steht eines der schönsten Bei-
links spiele der Hochrenaissance, der **Palazzo Grimani,** das Meisterwerk Michele Sanmichelis. Beim Tode des aus Verona stammenden Baumeisters (1559) standen erst die beiden Untergeschosse. Das dritte Stockwerk fügte Giangiacomo Grigi hinzu, die endgültige Fertigstellung erfolgte unter der Leitung Giovanni Antonio Rusconis (1575). Die im ersten Eindruck recht massig wirkende Fassade erweist sich bei genauer Betrachtung als bis ins kleinste Detail logisch gegliedert. Das Prinzip der Dreiteilung wird zu einem rhythmischen Wechsel von Arkaden- und Kolonnadenabschnitten umgedeutet, jedoch nicht gänzlich aufgegeben. Dem Höhendrang des gewaltigen Gebäudes wirken die klaren Linien der horizontalen Gebälke ausgleichend entgegen. So bleibt die Anlage trotz ihrer Monumentalität in klassischem Sinne ausgewogen. Bereits 1807 kaufte die Stadt den Palazzo Gri-

mani, in dem sie zunächst die Hauptpost (heute im Fondaco dei Tedeschi) und jetzt das Appellationsgericht unterbrachte.

Neben dem Palazzo Grimani steht der gotische **Palazzo Corner-Contarini dei Cavalli,** der um 1445 erbaut wurde. Hier dominiert der Mittelteil so über die Seitentrakte, dass im Gesamteindruck das elegante Maßwerk im Piano nobile den bestimmenden Akzent setzt.

Daneben lehnt sich der **Palazzetto Tron** an, ein reizendes Beispiel dafür, dass nicht nur Monumentalbauten am Canal Grande Platz fanden.

Der Palazzo Grimani gehört zu den schönsten Beispielen der Hochrenaissance

beide links

rechts Dem Palazzo Grimani steht schräg gegenüber ein anderer Vertreter der Hochrenaissance, der **Palazzo Papadopoli.** Sein Baumeister war Giangiacomo Grigi aus Bergamo, der an Sanmichelis Palazzo Grimani mitgewirkt hatte. Allerdings ist dieser Bau gegenüber jenem entschieden konservativer, die Gliederung verhaltener, und er folgt stärker dem Prinzip der dreiteiligen Fassade. Das heute darin eingerichtete ozeanografische Institut der Universität spielt eine für die Stadt bedeutsame Rolle, indem es sich in zahlreichen Forschungsarbeiten mit dem Hauptproblem Venedigs, der ständigen Gefahr des Hochwassers, auseinandersetzt.

rechts Der **Palazzo Bernardo** ist exemplarisch für die gotische Palastarchitektur Venedigs mit den zwei Toren im geschlossenen Parterre und feingliedrigem Maßwerk in den beiden Mittelgeschossen.

links Neben der Vaporetto-Station S. Angelo erhebt sich der **Palazzo Corner-Spinelli,** ein weiteres Hauptwerk von Mauro Codussi. Der Palast wurde 1490–1510 erbaut und ist als Vorstufe zum Palazzo Vendramin-Calergi anzusehen. Hier ist das Untergeschoss noch blockhaft geschlossen und dient den darüber befindlichen Arkadengeschossen als Sockel. Die Dreiteiligkeit ist stärker betont als an dem späteren Bau des Vendramin-Palastes, wo sie zugunsten einer toskanisch inspirierten Vereinheitlichung zurücktritt. Auffallend die har-

Die Ca' Foscari (rechts) zeigt mit dem angrenzenden Palazzo Giustinian gotische Palastarchitektur

monisch ausgewogenen Proportionen, die in einen nahezu quadratischen Umriss eingebunden sind.

rechts

Schräg gegenüber steht der gotische **Palazzo Pisani-Moretta,** der dem nahen Palazzo Bernardo eng verwandt, in der Ausbildung des Maßwerks noch reicher ist. Rechts lehnt sich an den Palazzo Pisani-Moretta der **Palazzo Barbarigo della Terrazza.** Er verdankt seinen Namenszusatz der größten Terrasse aller venezianischen Paläste. In ihm befindet sich heute das Centro Tedesco di Studi Veneziani, das aus dem Portefeuille des deutschen Innenministeriums finanziert wird.

links

Der klassizistisch anmutende **Palazzo Corner-Gheltof,** ein Bau des 17. Jh., bezeugt die lang fortlebende Kunst Palladios in Venedig.

Kurz vor der großen Kurve des Kanals reihen sich einige Paläste aneinander, die einst alle im Besitz der Familie Mocenigo standen.

links

Der erste, **Palazzo Mocenigo-Nero** genannt, ist ein lang gezogener Doppelpalast, der eine Teil stammt aus dem 17., der andere aus dem 18. Jh. In seinen Räumen lebte 1818/19 Lord Byron. Der älteste Teil der Palastgruppe ist die abschließende **Casa Vecchia,** die Ende des 16. Jh. einen gotischen Vorgänger ersetzte. Die Mocenigos waren eine der bedeutendsten Familien der Stadt, aus der sieben Dogen hervorgingen. Bis 1945 war noch die ganze Palastgruppe von Mitgliedern des Mocenigo-Clans bewohnt, heute ist es nur noch ein kleiner Teil, der Rest ist in Appartements aufgeteilt und vermietet.

links

An die Mocenigo-Bauten schließt sich der **Palazzo Contarini delle Figure** an, ein vornehm zurückhaltender Bau, der 1504 von Giorgio Spavento begonnen und 1546 von Antonio Abbondi, genannt Scarpagnino, vollendet wurde. Beide Architekten genossen in Venedig selbst hohes Ansehen, wurden aber außerhalb der Stadt kaum bekannt. In der Fassadengliederung blieben sie dem traditionellen venezianischen Schema treu, das sie in die Formensprache der Renaissance übersetzten. Der Palast erhielt seinen Namen nach dekorativen Details, zwischen den Fenstern der Torreselli in die Wand eingelassenen heraldischen Ornamenten.

rechts

An der Mündung des Rio Foscari ist der hoch aufragende **Palazzo Balbi** eindrucksvoll in Szene gesetzt. Der auf einen Plan Alessandro Vittorias zurückgehende Bau wurde in der kurzen Zeit von nur acht Jahren realisiert (1582–90). Selbst im manieristischen Übergang zwischen Spätrenaissance und Frühbarock setzt sich die traditionelle Fassung der venezianischen Palastgestalt durch. Der Manierismus klingt nur im Detail an (doppelte Säulen zwischen den Fenstern des Piano nobile, durchbrochene Giebel über den Fenstern, ovale Fensteröffnungen im Mezzanin oben etc.). Seiner exponierten Lage verdankt der Palazzo Balbi, dass er auf zahlreichen historischen Ansichten des Canal Grande dargestellt worden ist. Nach wechselhafter Geschichte ist er seit 1973 Sitz der Zentralverwaltung des Veneto.

rechts

Die dem Palazzo Balbi auf der anderen Seite der Rio-Foscari-Mündung gegenüberliegende **Ca' Foscari** ist eines der prachtvollsten Beispiele venezianischer Profangotik. Der Palast entstand unter dem Dogen Francesco Foscari, der einen älteren Bau an dieser Stelle im

Zuge einer Versteigerung 1452 erworben hatte und ihn anschließend prachtvoll umbauen und vergrößern ließ. Anlässlich des legendären Besuchs Heinrichs III. von Frankreich in Venedig 1574 wählte man den Palazzo Foscari als würdige Bleibe für den jungen König. Schon seit dem 19. Jh. in Staatsbesitz, befinden sich heute Institute der Universität darin.

rechts

Mit der Ca' Foscari bildet der angrenzende spätgotische **Palazzo Giustinian** eine eindrucksvolle Kulisse gotischer Palastarchitektur. Der Doppelpalast, der etwa gleichzeitig mit der Ca' Foscari entstand, ist etwas niedriger als jene, aber ebenfalls viergeschossig. Als Baumeister vermutet man Bartolomeo Bon, der am Bau des Dogenpalastes und der Ca' d'Oro beteiligt war. Der prominenteste Bewohner des Palazzo Giustinian war Richard Wagner, der hier den zweiten Akt von »Tristan und Isolde« komponierte.

links

Der im 18. Jh. errichtete **Palazzo Grassi** ist einer der letzten Paläste, die am Canal Grande entstanden. Bis in die Spätzeit der Republik hielt man unbeirrt an dem tradierten dreiteiligen Fassadenschema fest. Der Palast wurde 1718 nach einem Entwurf Giorgio Massaris begonnen, seine Fertigstellung zog sich bis in die Siebzigerjahre hin. Die barocke Kraft Longhenas gehört bereits der Vergangenheit an, und der im Palazzo Corner della Regina sich abzeichnende Klassizismus hat sich vollends durchgesetzt. Es ist aber nicht mehr der beseelte Klassizismus der Renaissance, sondern eher ein kühler, akademisch wirkender Eklektizismus. Der Palazzo Grassi dient heute als Ausstellungsgebäude.

Palazzo Grassi

In jüngerer Zeit gehörte der Palazzo Grassi dem Fiat-Konzern bzw. der Familie Agnelli, die sich 2005 von dem Besitz trennte. Neuer Eigentümer ist der französische Multimilliardär und Kunstmäzen François Pinault, der nun im Palazzo Grassi einen Teil seiner umfangreichen Sammlung zeitgenössischer Kunst ausstellt.

Neben dem Palazzo Grassi öffnet sich der malerische kleine Campo von **S. Samuele,** der rückwärtig von der gleichnamigen Kirche begrenzt wird. Das mittelalterliche Bauwerk mit einem schönen romanischen Campanile gehört zu den zahlreichen Kirchen Venedigs, die nach der Säkularisation nicht wieder dem Kult zurückgegeben, sondern einer anderen Bestimmung zugeführt wurden. Es dient heute wie der benachbarte Palazzo Grassi als Ausstellungssaal.

Ca' Rezzonico ★
rechts

Vom Campo S. Samuele (dorthin Traghetto von der Station Ca' Rezzonico) bietet sich der beste Blick auf den Palazzo Rezzonico, traditionell **Ca' Rezzonico** genannt. Der barocke Palast, einer der namhaftesten überhaupt, ist ein weiteres Werk Baldassare Longhenas, der die Arbeiten 1660 begann, rund ein Jahrzehnt vor dem Palazzo Pesaro. Er ist insgesamt nicht von derselben massiven Kraft geprägt wie jener, wirkt klarer in seiner Gliederung, die jedoch auch wieder nur im Untergeschoss auf die Tradition der Dreiteilung Rücksicht nimmt, während die Obergeschosse zu einer durchgehenden Fensterreihe zusammengefasst sind. Als Longhena 1682 starb, war das Gebäude bis zum Piano nobile aufgeführt. Die Arbeiten ruhten ein Dreivierteljahrhundert, und erst 1745 führte Giorgio Massari das Projekt zum Abschluss. Der Palast war erst seit 1750 im Besitz der steinreichen Familie Rezzonico, aus der acht Jahre später Papst Clemens XIII. hervorging. Nach ihrem Aussterben 1810 wechselte der Palast mehrfach den Besitzer. Am 12. Dezember 1889 starb in der Ca' Rezzonico der

Der barocke Palast Ca' Rezzonico von Baldassare Longhena gehört zu den besonders sehenswerten Palästen am Canal Grande ▷

Ca’ Rezzonico
Museo del Settecento Veneziano
Pinacoteca Egidio Martini
Collezione Mestrovich

englische Dichter Robert Browning, der seinen Sohn, den damaligen Eigentümer des Palastes, über Weihnachten hatte besuchen wollen. 1931 ging das Gebäude in den Besitz des Staates über, der es der Öffentlichkeit als Museum der venezianischen Kultur im 18. Jh. zugänglich machte (s. S. 245).

rechts Der gotische **Palazzo Loredan degli Ambasciatori** ist eine der letzten Äußerungen der Gotik am Canal Grande. Ungewöhnlich sind die beiden Nischenfiguren im Piano nobile, Rittergestalten, die dem Umkreis Antonio Rizzos zugeschrieben werden.

links Der kleine gotische **Palazzo Falier** besitzt als einziger zwei kleine überdachte Terrassen aus der Renaissance.

links Gleich daneben steht der **Palazzo Giustinian-Lolin,** das früheste Werk Baldassare Longhenas (1623 begonnen) und einer der ersten Barockpaläste Venedigs.

rechts Eine Doppelpalastanlage mit zeitlich differenten Partien ist die Gruppe der **Palazzi Contarini-Corfù** (rechts) und **Contarini degli Scrigni** (*scrigni* = Schatztruhen) an der Mündung des Rio S. Trovaso. Ersterer gehört der Gotik, der andere dem Barock an.

rechts Unmittelbar vor der Accademia-Brücke öffnet sich nach rechts der Campo vor der einstigen Kirche und Scuola della Carità, in denen heute die Gemäldegalerie der **Accademia** untergebracht ist (s. S. 215).

Der **Ponte dell'Accademia** ist die vierte Brücke, die den Canal Grande überspannt. Die hölzerne Konstruktion wurde 1932 anstelle einer Eisenbrücke aus dem Jahre 1854 errichtet.

links Gleich hinter der Accademia-Brücke taucht links der gotische **Palazzo Cavalli-Franchetti** auf, der durch sein reiches Maßwerk auffällt (großenteils Ergebnis einer Restaurierung des 19. Jh.). Darin ist heute die Akademie der Künste und der Wissenschaften untergebracht.

links Daneben gruppieren sich – wie kurz zuvor auf dem anderen Ufer die Palazzi Contarini – die beiden **Palazzi Barbaro,** der linke gotisch, der rechte zwar zeitlich (17. Jh.), aber nicht unbedingt stilistisch barock, da er in seinen Proportionen auf den älteren Bruder abgestimmt ist.

rechts Nach der Accademia-Brücke steht rechts der **Palazzo Contarini-Polignac,** der, in den 1490er-Jahren errichtet, eines der ersten Beispiele eines Renaissancepalazzo in Venedig ist. Die dekorative Fassadengestaltung (farbige Inkrustation mit Marmor- und Porphyrscheiben unterschiedlicher Größe), dem Palazzo Contarini delle Figure vergleichbar, lässt auf einen lombardischen Architekten schließen. Deutlich ist der Unterschied zu den toskanisierenden Werken etwa Mauro Codussis, die eine eher struktive als dekorative Gliederung aufweisen.

rechts Der **Palazzo Venier dei Leoni** mutet wie ein modernes Gebäude an, was daran liegt, dass lediglich das Sockelgeschoss ausgeführt wurde. Der Palast blieb ein Fragment. Der Bau wurde 1749 nach einem Plan Lorenzo Boschettis begonnen. Das Modell sah einen Kolossalpalast vor, der als spiegelbildliches Gegenüber zum Palazzo Corner auf der anderen Kanalseite gedacht war. Der Name des unferti-

Im Palazzo Cavalli-Franchetti befindet sich heute die Akademie der Künste und der Wissenschaften. Dahinter gruppieren sich die Palazzi Barbaro

gen Gebäudes geht auf die großen Löwenmasken am Sockel zurück. 1949 wurde Peggy Guggenheim Besitzerin des Palazzo Venier dei Leoni, den sie nebst ihrer darin untergebrachten bedeutenden Sammlung moderner Kunst der Stadt Venedig vermachte (s. S. 209).

Der dem Palazzo Venier dei Leoni gegenüberliegende Palazzo Corner, genannt **Ca' Grande** (links), markiert nicht nur den Höhepunkt im Schaffen seines Baumeisters Sansovino, er ist zugleich eines der herausragenden Beispiele der venezianischen Palastarchitektur der Renaissance. Das Bauwerk wurde für Jacopo Cornaro, einen der vier Neffen der Königin von Zypern, 1537 begonnen und nach etwa dreißig Jahren Bauzeit fertiggestellt. Da er alle älteren Paläste an Größe übertraf, hieß er lapidar »Ca' Grande«. In der mächtig aufragenden Fassade verschmelzen venezianische Motive (Arkadengliederung) mit toskanischen (Rustika im Sockelgeschoss) und solchen der römischen Renaissance (Säulenpaare) zu einer neuen Form, die für die nachfolgende Palastarchitektur richtungweisend wurde und ihre Wirkung noch über Longhena hinaus bis in das 18. Jh. behielt. Als revolutionierend muss in der traditionsbewussten Stadt die Aufgabe der herkömmlichen Dreiteilung zugunsten einer einheitlichen Zusammen-

links

fassung aller Abschnitte empfunden worden sein. Seit der Vereinigung Venedigs mit Italien ist der Palazzo Corner della Ca' Grande Sitz der Stadtpräfektur.

rechts 1487 entstand mit dem **Palazzo Dario** einer der ersten Renaissancepaläste in Venedig, der nicht nur durch seinen neuen Baustil, sondern auch wegen seines polychromen Dekors Aufsehen und Bewunderung erregte. Der Palast ist asymmetrisch, ähnlich der Ca' d'Oro. Auf eine Gliederung mit architektonischen Mitteln (Säulen, Pilaster etc.) wurde fast ganz verzichtet, stattdessen dominieren die verschiedenfarbigen Ornamente aus Marmor und Porphyr. Dieser auf den venezianischen Geschmack abgestimmte Kolorismus ist ein spätes Erbe der Mosaiken von S. Marco. Der heute bedenklich schief stehende Palazzo Dario gilt als ein Werk Pietro Lombardos.

links Dem Palazzo Genovese liegt der **Palazzo Gritti** gegenüber. Er stammt aus dem 15. Jh. und wurde wie sein Visavis grundlegend restauriert. Auffallend sind die großflächigen Wandzonen zwischen den Fenstern der Mitte und der Seitenteile. Sie sollen einst bemalt gewesen sein. Das bekannte Gritti Palace Hotel in dem Palazzo ist durch Ernest Hemingways Roman »Across the river and into the trees« in die Weltliteratur eingegangen.

Der gedrungene, an den Palazzo Genovese anschließende gotische Bau (15. Jh.) gehörte früher zu dem bereits im 11. Jh. gegründeten
rechts **Kloster S. Gregorio,** das heute eine private Residenz ist. Der Chor der einst dazugehörigen Kirche ragt rechts neben der Salute-Kirche auf.

links Ein reizender kleiner Bau der Gotik (15. Jh.) ist der **Palazzetto Contarini-Fasan,** der im Volksmund das ›Haus der Desdemona‹ genannt wird. Das Bauwerk fällt in jeder Hinsicht aus dem Rahmen: Es ist so winzig, dass es lediglich die Breite eines Zimmers einnimmt, zudem besitzt es keinen eigenen Eingang zur Wasserseite (stattdessen besteht im Innern eine direkte Verbindung zu dem rechts anschließenden **Palazzo Tiepolo**). Eine köstliche Einzelheit sind die aus Maßwerkrosetten gebildeten Balkonbrüstungen des Palazzetto.

Die breite Mündung des Canal Grande in den Bacino di S. Marco
rechts beherrscht weithin sichtbar die **Barockkirche S. Maria della Salute,** das Meisterwerk Baldassare Longhenas (s. S. 205).

Das angrenzende viergeschossige Gebäude geht ebenfalls auf einen Entwurf Longhenas zurück, ist aber bewusst in seiner Schlichtheit der prachtvollen Kirche untergeordnet. Früher war es das Kloster der
rechts Trinitarier, seit 1817 beherbergt es das **Seminario Patriarcale** (Diözesan-Priesterschule).

Das letzte Bauwerk auf der rechten Seite des Canal Grande ist die
rechts flache **Dogana del Mar,** die im ausgehenden 17. Jh. errichtete einstige Zollstation. Seit 2009 befindet sich darin das Museum Zeitgenössischer Kunst der Sammlung François Pinault. Das Ende des nach Osten in einem spitzen Winkel zulaufenden Gebäudes bekrönen zwei Atlanten, die eine vergoldete Erdkugel mit einer Statue der Fortuna darauf tragen.

Der Palazzo Dario vom Ende des 15. Jh. fällt wegen seines polychromen Dekors ins Auge

Lesetipp

»Palazzo Dario« ist der Titel eines heiter beschwingten Romans von Petra Reski, der vom gegenwärtigen Leben in einem alten venezianischen Palast erzählt.

Rund um den Rialto

Neben San Marco ist der Rialto-Bezirk die zweite auf das 9. Jh. zurückgehende Keimzelle Venedigs. Während sich um San Marco von Anbeginn die Staatsorgane konzentrierten, war das Rialto-Viertel das Handelszentrum und ist es bis auf den heutigen Tag. Daher tritt hier ebenfalls – wie rund um die Piazza – der private Wohnungsbau zugunsten öffentlicher Bauten zurück (Gerichte, Verwaltung, Finanzbehörde, Markthallen etc.). Wegen der dichten Bebauung kam es bei den wiederholten Stadtbränden oftmals zu verheerenden Zerstörungen, sodass von den mittelalterlichen Bauten so gut wie nichts erhalten geblieben ist. Das heutige Erscheinungsbild dieses Stadtteils ist weitgehend das Ergebnis städtebaulicher Maßnahmen des 16. Jh.; sein wichtigstes Bauwerk ist die Rialto-Brücke.

Ponte di Rialto

Rialto-Brücke ★★

Die älteste Rialto-Brücke **(1)** soll von Nicolò Barattieri im ausgehenden 12. Jh. errichtet worden sein. Diese Holzbrücke stürzte 1444 ein. Die anschließend ebenfalls wieder aus Holz konstruierte Brücke ist uns durch eines der Bilder Vittore Carpaccios in der Accademia und durch die erste perspektivische Ansicht Venedigs aus dem Jahr 1500 überliefert. Nach einem Stadtbrand zu Beginn des 16. Jh., der allerdings die Brücke selber nicht beschädigt hatte, kam im Rahmen einer kompletten Neugliederung des Rialto-Bezirks der Plan auf, die hölzerne Brücke durch eine aus Stein zu ersetzen. Es wurden Vorschläge von namhaften Baumeistern eingeholt; Michelangelo, Sansovino und Vignola sollen Entwürfe vorgelegt haben. Aber das Auswahlverfahren schleppte sich über Jahrzehnte hin, bis schließlich Andrea Palladio mit einem kühnen Projekt hervortrat, das in Zeichnungen und einem späteren Gemälde Canalettos bewahrt ist. Jedoch wurde auch

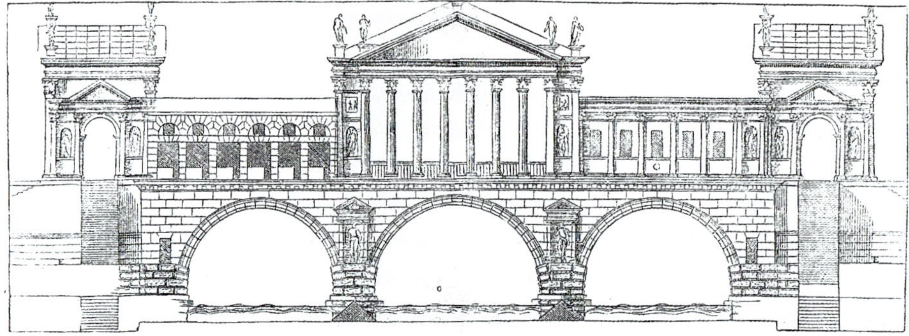

Palladios dreibogiger Entwurf für die Rialto-Brücke wurde nicht realisiert

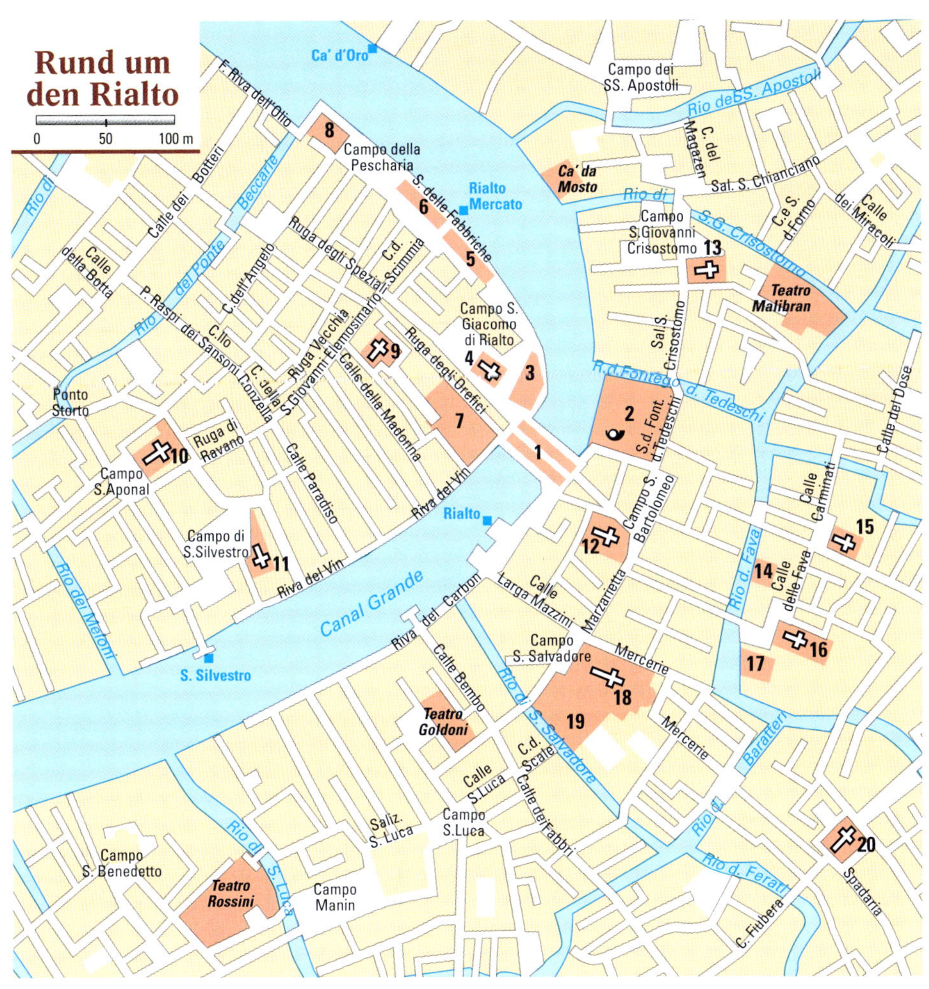

Rund um den Rialto

1 *Ponte di Rialto*
2 *Fondaco dei Tedeschi*
3 *Palazzo dei Camerlenghi*
4 *S. Giacomo di Rialto*
5 *Fabbriche Vecchie*
6 *Fabbriche Nuove*
7 *Palazzo dei Dieci Savi*
8 *Pescheria*
9 *S. Giovanni Elemosinario*
10 *S. Aponal*
11 *S. Silvestro*
12 *S. Bartolomeo*
13 *S. Giovanni Crisostomo*
14 *Palazzo Gussoni*
15 *S. Lio*
16 *S. Maria della Fava*
17 *Palazzo Giustinian-Faccanon*
18 *S. Salvatore*
19 *Scuola di S. Teodoro*
20 *S. Giuliano*

Die Rialto-Brücke, entworfen von Antonio da Ponte

seine Idee nicht realisiert, denn es sprachen mehrere Gründe dagegen: Die von Palladio geplante Dreibogigkeit der Brücke hätte mit ihren massiven Pfeilern den Schiffsverkehr behindert, zum anderen trugen die von ihm vorgesehenen antikischen Aufbauten der Forderung, Geschäftsräume zu schaffen, wenig Rechnung (die Miete war als Einnahmequelle für den Staat fest einkalkuliert); darüber hinaus wären die zu steilen Treppen dem Transport größerer Lasten hinderlich gewesen. So erhielt endlich 1587 Antonio da Ponte den Zuschlag für seinen Plan, der dann, gemessen an dem endlosen Vorspiel, in überraschend kurzer Zeit (1588–91) verwirklicht wurde. Aus 12 000 Eichenpfählen wurde ein Fundament in den Schlamm getrieben, das die Last des eleganten Brückenbogens aus istrischem Marmor trägt. Drei durch eine doppelte Ladenreihe getrennte Wege führen über die Brücke. Die von Bögen überfangene Mitte ist unbebaut geblieben, sodass man von der für alle venezianischen Brücken charakteristischen oberen Plattform den Canal Grande in beide Richtungen überschauen kann.

Fondaco dei Tedeschi

Wenn man an die Brückenbrüstung der Südseite tritt, sieht man links die Palazzi Dolfin-Manin, Bembo, Loredan und Farsetti, rechts die

Schmalseite des Palazzo dei Dieci Savi, einst Sitz der obersten Steuerbehörde, und die Geschäfte an der Riva del Vin. Zur Nordseite grenzt rechts an die Rialto-Brücke der **Fondaco dei Tedeschi (2),** die frühere Niederlassung der deutschen Kaufleute, Herberge und Handelskontor zugleich. Die bereits im 13. Jh. in Urkunden nachgewiesene Gründung gilt als die älteste ihrer Art in Venedig. Der mittelalterliche Bau fiel dem Brand von 1505 zum Opfer und wurde anschließend nach Art des venezianischen Palazzo wieder aufgebaut.

Die alte hölzerne Rialto-Brücke, Ausschnitt aus dem perspektivischen Plan von Jacopo de Barbari, 1500

Dem Kanal wendet sich die dreiteilige Hauptansicht zu, in deren Untergeschoss sich eine Säulenhalle zum Wasser hin öffnet, ein später Nachklang der veneto-byzantinischen Bauweise. Der Verzicht auf eine Gliederung erklärt sich aus der Tatsache, dass die Außenwände einst bemalt waren. So bedeutende Künstler wie Giorgione und der junge Tizian waren an den Fresken beteiligt. Leider ist von dieser in den Quellen oft gerühmten Dekoration nichts erhalten geblieben. Im 19. Jh. wurde das inzwischen heruntergekommene Gebäude restauriert und als Hauptpost der Stadt in Betrieb genommen.

Dem Fondaco dei Tedeschi liegt am jenseitigen Ufer der **Palazzo dei Camerlenghi (3)** gegenüber, der ebenfalls nach einem Brand (1513) anstelle eines älteren Vorgängers errichtet wurde. Sein Grundriss passt sich der engen Kurve des Canal Grande an dieser Stelle an. Die reiche Ausstattung mit Reliefs gehört zu den letzten Äußerungen des von den Lombarden in Venedig heimisch gemachten Dekorationsprinzips, das in der Folgezeit von der großformatigen Fassadengliederung der Hochrenaissance abgelöst wurde. Der Palazzo, einst Sitz des obersten Finanzpräsidenten, ist heute Gerichtsgebäude.

Rundgang im Rialto-Bezirk

Wir beginnen den Rundgang auf der Westseite der Brücke, wo sich der Markt befindet. In dessen malerischem Ambiente steht, angrenzend an den Palazzo dei Camerlenghi, eine der volkstümlichsten Kirchen Venedigs, **S. Giacomo di Rialto (4).** Die Gründung reicht in karolingische Zeit zurück. Der Bau gehört in seinen frühesten Teilen dem 12. Jh. an, er wurde jedoch nach einem der Brände im 16. Jh. im Stil der Renaissance umgebaut und restauriert. Vom mittelalterlichen Vorgänger blieb die von fünf Marmorsäulen getragene Vorhalle erhalten. Der kleine, in seinen Proportionen wunderbar ausgewogene Innenraum erweist sich als eine der zahlreichen Variationen zu dem – seit dem Bau von San Marco – die venezianische Architektur über Jahrhunderte beschäftigenden Thema der Kreuzkuppelkirche. Vier Säulen tragen die zentrale Kuppel, um die sich die zum Teil tonnen-, zum Teil kreuzgratgewölbten Annexe gruppieren.

Von der **Ausstattung** erwähnen wir das Wichtigste. An der rechten Wand hängen zwei Gemälde Marco Vecellios: Vermählung und Verkündigung Mariens. Letztere lässt in der Haltung der Maria und in

S. Giacomo di Rialto mit der großen Uhr aus dem 15. Jh. und der Vorhalle, rechts im Hintergrund die Rialto-Brücke

der Farbgebung die Abhängigkeit von Tizians Verkündigung in S. Salvatore erkennen, die am Ende dieses Rundganges vorgestellt wird. Die Marmorstatue des hl. Jakobus auf dem Hochaltar stammt von Alessandro Vittoria. Der Namenspatron der Kirche ist durch den langen Wanderstab als Beschützer der Pilger und Reisenden kenntlich gemacht. Eine andere Statue, der hl. Antonius, von Girolamo Campagna, ziert den linken Seitenaltar. Sie ist in Bronze gegossen. Das bei Innendekorationen in Venedig selten verwendete Material erklärt sich an dieser Stelle mit den Stiftern, die der Zunft der Goldschmiede angehörten.

An S. Giacomo schließen sich rechts die **Fabbriche Vecchie (5)** Scarpagninos, nachfolgend die **Fabbriche Nuove (6)** Sansovinos und links der **Palazzo dei Dieci Savi (7)** an. Diese Gebäude rahmen einen Teil des Marktes, der sich von hier bis zum Rio del Ponte delle Beccarie erstreckt und dort am Fischmarkt mit der neogotischen **Pescheria (8)** endet. Das Schlendern über den Markt ist ein reizvolles Kontrastprogramm zum Kunstgenuss (s. S. 165). Nicht minder ästhetisch sind die Auslagen der zahlreichen Lebensmittelgeschäfte ringsum.

S. Giovanni Elemosinario

Mo–Sa 10–17, So 13–17 Uhr Es wird ein Eintrittsgeld erhoben. Die Kirche gehört zur Gruppe der 16 Kirchen in Venedig, in denen der Chorus-Pass gültig ist.

Am Ende der Ruga degli Orefici (Goldschmiede) ist die kleine Kirche **S. Giovanni Elemosinario (9)** vollständig von Häusern umbaut und nach außen nur durch den gotischen Campanile auszumachen. Der 1527–39 von Scarpagnino errichtete Bau, der einen 1513 durch Brand vernichteten Vorgänger ersetzte, ist als Kreuzkuppelkirche der nahen Kirche S. Giacomo eng verwandt. Anstelle von Säulen wurden hier jedoch Pfeiler verwendet.

Der Stolz des Kirchleins ist ein Altarbild Tizians mit der Darstellung des hl. Johannes, Patriarch von Alexandrien, der einem Armen ein Almosen spendet (Elemosinario). Ferner ist in der rechten Seitenkapelle das Bild mit den Heiligen Katharina, Sebastian und Rochus von Pordenone zu beachten (nur unregelmäßig geöffnet).

Durch die Ruga Vecchia di S. Giovanni Elemosinario gelangen wir zum Campo S. Aponal. Die dem hl. Apollinaris geweihte Kirche **S. Aponal (10)** an diesem Platz ist ein kleiner gotischer Backsteinbau. Von der Fassade hebt sich ein Marmorrelief mit der Darstellung der Kreuzigung ab. Von hier sind es nur wenige Schritte zum Campo S. Silvestro.

Der wenig ansprechende Bau wurde erst im 19. Jh. unter Verwendung älterer Teile errichtet. Ein Besuch der Kirche **S. Silvestro (11)** lohnt wegen eines Tintoretto-Gemäldes im ersten rechten Seitenaltar. Es zeigt die Taufe Christi im Jordan. Anders als bei der Darstellung desselben Themas in der Scuola Grande di S. Rocco beschränkt sich hier das Geschehen auf Johannes und Christus, die die ganze Bildfläche großfigurig füllen. Auf den Heiland fällt das volle von der über ihm schwebenden Taube ausstrahlende Licht, der Täufer dagegen ist überschattet. Während der Christus in der Scuola demutsvoll niederkniet, ist hier dieselbe Stimmung nur durch eine leichte Neigung seines Oberkörpers angedeutet. Dem Bildaufbau liegt eine schraubenförmige Aufwärtsbewegung zugrunde – der klassische Fall der Figura serpentinata des Manierismus.

Gegenüber der Kirche S. Giacomo di Rialto entdeckt man die Colonna del Bando, einen Säulenstumpf, zu dessen abschließender Plattform eine kleine Treppe hinaufführt. Von hier wurden die neuen Gesetze öffentlich verlesen. An seiner Vorderseite kniet eine Männergestalt, der Gobbo di Rialto (der Bucklige von Rialto)

Östlich der Rialto-Brücke

Wir gehen nun zur Rialto-Brücke zurück und wenden uns dem östlich davon gelegenen Bezirk zu. Inmitten des geschäftigen Treibens auf dem Campo S. Bartolomeo erhebt sich in lässiger Haltung das **bronzene Standbild** des venezianischen Komödiendichters **Carlo Goldoni.**

An der Südseite des Platzes liegt, vollständig verstellt, die Kirche **S. Bartolomeo (12),** die den Deutschen als Sanktuarium diente (meist geschlossen). Der heutige dreischiffige Bau stammt aus dem 18. Jh. Sebastiano del Piombo (1485–1547), ein Schüler von Bellini und Giorgione, bemalte die Orgelflügel, die jetzt im Chor ausgestellt sind (die Heiligen Ludwig, Sinibald, Sebastian und Bartholomäus). Der Hochaltar von Jacopo Palma d. J. zeigt den Titelheiligen der Kirche.

Von S. Bartolomeo gelangt man, vorbei am Fondaco dei Tedeschi, zur kleinen Kirche des hl. Johannes Chrysostomus, der einer der vier griechischen Kirchenväter ist. **S. Giovanni Crisostomo (13)** wurde an der Wende vom 15. zum 16. Jh. von Mauro Codussi erbaut und stellt sowohl in ihrer Architektur als auch in ihrer Ausstattung eines der besonderen Kleinodien der venezianischen Frührenaissance dar. Die Gliederung der Fassade leitet ihre Proportionen aus dem Grundmaß des gerahmten Quadrates um das Portal ab. Die durch Pilaster abgegrenzten Seitenteile bringen dessen Halbierung, die Giebel darüber die segmentförmig durchschnittene Viertelung. Von derselben logischen Struktur ist der Innenraum bestimmt, ein weiterer Vertreter der Kreuzkuppelkirche. Die zentrale Kuppel umstellen vier gleich-

Relief von Tullio Lombardo in der Kirche S. Giovanni Crisostomo mit einer Darstellung der Krönung Mariens

falls überkuppelte Trabantenräume und vier tonnengewölbte Raumabschnitte. Im Osten schließt sich das dreiteilige Presbyterium an.

Innerhalb der **Ausstattung** ist das Augenmerk auf drei herausragende Altäre zu richten. Der rechte Seitenaltar ist ein Spätwerk Giovanni Bellinis (1513) mit dem hl. Hieronymus, zu seinen Seiten Christophorus und Augustinus. Entgegen früheren Darstellungen dieser Art bindet Bellini die Hauptfigur, Hieronymus, nicht in eine architektonische Rahmung, sondern entrückt den Eremiten in eine giorgionesk anmutende Landschaft. Das Hochaltarbild stammt von Sebastiano del Piombo und entstand – etwa gleichzeitig mit den Orgelflügeln in S. Bartolomeo – kurz vor der Übersiedlung des Künstlers nach Rom (1511), wo er als gefeierter Porträtist den Rest seines Lebens verbrachte. Es zeigt den Patron der Kirche, umgeben von weiteren Heiligen. Auffällig ist die unterschiedliche Gewichtung, die vom Ausgewogenheitsideal von del Piombos Lehrer Bellini abweicht: Die Frauengruppe links (Magdalena, Agnes und Katharina) wird gegenüber den männlichen Heiligen betont. Die Komposition ist kennzeichnend für die Zeit um 1510, in der sich der Wandel vom Harmonieideal der frühen Renaissance zur Asymmetrie der Hochrenaissance vollzieht. Wenige Jahre zuvor (1502) entstand das Marmorretabel in der linken Seitenkapelle (gegenüber dem Bellini-Altar). Es ist eine der bedeutendsten Arbeiten Tullio Lombardos und zeigt die Krönung Mariens. Kennzeichnend für den älteren der beiden Söhne Pietro Lombardos ist die feierlich getragene Note, die den meisten seiner Werke eigen ist.

Auf dem Wege von der Crisostomo-Kirche nach S. Lio sollte man kurz auf dem Ponte S. Antonio verweilen. Von dort hat man nach rechts den Blick auf die Fassade des **Palazzo Gussoni (14),** eine der frühesten Palastgestaltungen Pietro Lombardos aus den 1470er-Jahren, mit vielfältigem Reliefdekor in Marmor.

Die Kirche **S. Lio (15)** betritt man durch ein kleines Renaissanceportal, das in Form einer antiken Tempelfront angelegt ist. Der Innenraum des 15. Jh. wurde im 17. Jh. im Geschmack der damaligen Zeit zu einem einschiffigen Saal umgebaut. Pietro Lombardo schuf im Auftrage der Familie Gussoni die plastische Dekoration der Cappella Gussoni rechts neben dem Chor.

Die Kirche **S. Maria della Fava (16),** ein schlichter Saalbau des 18. Jh., besitzt ein vorzügliches Werk Giovanni Battista Piazzettas. Der zweite Altar der linken Seite zeigt den hl. Philippo Neri in Anbetung der Muttergottes. Im Gegensatz zu Tiepolos Kolorismus entwickelt Piazzetta ein fast monochromes Gewölk, aus dem er die großfigurigen Gestalten herausmodelliert. Einzig der blaue Mantel der Maria setzt einen farbigen Akzent. Die Kirche besitzt zudem einen Altar von G. B. Tiepolo, eine Anna Selbdritt. So kann man die beiden großen Meister des Settecento direkt miteinander vergleichen. Tiepolo erweist sich dabei als der Meister des strahlenden Kolorits.

Wenn man wieder aus der Kirche tritt und sich in Richtung des Rialto wendet, fällt der Blick beim Überqueren des Ponte della Fava links auf den gotischen **Palazzo Giustinian-Faccanon (17),** dem im 18. Jh. marmorne Akroterfiguren aufgepflanzt wurden.

Kunstraub

1994 wurde der Tiepolo-Altar aus der Kirche S. Maria della Fava gestohlen. Nach einer abenteuerlichen Odyssee tauchte das Bild einige Jahre später wieder auf und fand den Weg zurück an seinen Stammplatz.

S. Salvatore

Das Kloster der Augustiner, dessen Gründung auf karolingische Zeit zurückgeht, erhielt im 16. Jh. eine prachtvolle neue Kirche, die nach Plänen Giorgio Spaventos (gest. 1509) und Tullio Lombardos in den Jahren 1507–34 errichtet wurde. Sansovino soll dabei beratend mitgewirkt haben. 1990 wurde eine langjährige Restaurierung der Fassade von **S. Salvatore (18)** abgeschlossen.

Die massive Fassade, die dem Bau erst in der zweiten Hälfte des 17. Jh. vorgeblendet wurde, steht in einem gewissen Widerspruch zu der klaren Renaissancearchitektur des Innenraumes. Dieser bringt eine ganz eigene Variante zum Thema der Kreuzkuppelkirche. Drei mächtige Kuppeln reihen sich hintereinander. Ihre Pendentifs lagern auf Pfeilern, denen gleichfalls quadratische, von kleineren Kuppeln überwölbte Annexräume hinterlegt sind. Die Verbindung dieser

S. Salvatore ★

S. Salvatore

In der Regel in der Mittagszeit und sonntagvormittags nicht zu besichtigen. Man benötigt Münzen für die Beleuchtung der »Verkündigung« von Tizian.

Campo und Kirche S. Salvatore (links) mit der ehemaligen Scuola di S. Teodoro, Stich von Antonio Visentini, 18. Jh.

Quadrate wird – wie in San Marco – mittels Tonnen hergestellt. Der Blick auf den Grundriss zeigt, dass drei große Kuppelräume einander durchdringen und in der Reihung zu einem lang gestreckten Saal zusammengefasst sind. Im Aufriss ergibt sich eine Staffelung, die von den kleinen Kuppeln über die höher gelegenen Tonnen zu den großen Kuppeln führt. Alle Raumteile, auch die nur geringfügig fluchtenden Querschiffarme und das dreiteilige Presbyterium, ordnen sich den Kuppeln und dem von ihnen gesetzten Vertikalakzent unter. Den Ausgleich in horizontaler Richtung bewirkt die mehrfach profilierte Attika, die den ganzen Bau als Verbindungszone zwischen dem unteren und dem oberen Gewölbebereich durchzieht. Die logische Struktur und die auffallend zartgliedrige Durchformung der Details (schlanke Pfeiler, die mehr gezeichnete als plastisch modellierte Attika etc.) schaffen einen Eindruck von Leichtigkeit und souveräner Eleganz. In diesem Zusammenhang erweist sich die wohl auf Anraten Palladios vorgenommene Hinzufügung der Laternen als sinnvoll: Der Zugewinn an Licht bringt den Charakter des Raumes noch vorteilhafter zur Geltung.

Ausstattung

Die Höhepunkte der Ausstattung sind der vollendeten Architektur ebenbürtig. Wir wenden uns zuerst der rechten Langseite zu, wo man, vorbei am **Grabmal Andrea und Benedetta Dolfins** (Porträtbüsten von Girolamo Campagna) und einem Altar mit einer Muttergottesstatue (desselben Bildhauers), vor das **Grabmal des Dogen Francesco Venier** (1554–56) tritt. Der klare Aufbau des Denkmals, ein Entwurf von Jacopo Sansovino, erscheint wie ein in das Medium des Wandgrabes übertragenes Spiegelbild der Architektur, in die es eingebunden ist. Über einem einheitlichen Sockel erheben sich vier Säulen,

Längsschnitt durch S. Salvatore

die das Monument in drei Vertikalabschnitte unterteilen. In dem betonten Mittelrisalit liegt der Verstorbene in ruhiger, würdevoller Haltung. Von den beiden weiblichen Statuen in den seitlichen Nischen – Tugendpersonifikationen – ist die rechte (Glaube) durch Inschrift als eigenhändige Arbeit Sansovinos gesichert. Das Gewand der betont femininen Figur dient weniger dazu, ihre wohlgerundeten Proportionen zu verhüllen, als diese vielmehr geschickt herauszumodellieren. Die Drapierung des Stoffes zur Betonung körperlicher Schönheit einzusetzen ist kennzeichnend für die reife Klassik der griechischen Skulptur des 5. Jh. v. Chr. und wurde tausendfach von den Römern kopiert. So gesehen ist die Statue Sansovinos, der sich nachhaltig mit der römischen Antike auseinandergesetzt hatte, eine – wenn auch unbewusste – Renaissance griechisch-antiken Geistes. Von Alessandro Vittoria wurde das bekrönende **Relief** mit dem vor einem Vesperbild knienden Dogen beigesteuert.

Ein Hauptwerk der Malerei birgt der letzte kleine Kuppelraum vor dem rechten Querschiffarm: **Tizians Verkündigung** aus den 1560er-Jahren, für die Sansovino den Rahmen geschaffen hat. Die asymmetrische Komposition, seit der Pesaro-Madonna in der Frari-Kirche ein grundlegendes Stilprinzip des Meisters, wird so weit geführt, dass der Mittelpunkt des Bildes gänzlich frei bleibt. Der Erzengel und Maria sind an die Seiten gedrängt, Taube und Engelreigen verteilen sich in die oberen Bildviertel. Alle Bewegungen führen auf Maria zu. Der Reiz liegt darin, dass die Bewegungsabläufe zugleich gebremst werden. Die vor der Brust verschränkten Arme Gabriels etwa oder sein rechter, senkrecht nach unten weisender Flügel sind retardierende Elemente, die im Zusammenklang mit den leuchtenden Goldtönen eine Gesamtwirkung von Feierlichkeit erzeugen.

Die Stirnwände der Querschiffarme nehmen **Wandgräber der Familie Corner** ein. Das rechte ist das der einstigen Königin von Zypern. Es wurde von seinem ursprünglichen Platz in SS. Apostoli hierher überführt.

Grundriss der Kirche S. Salvatore

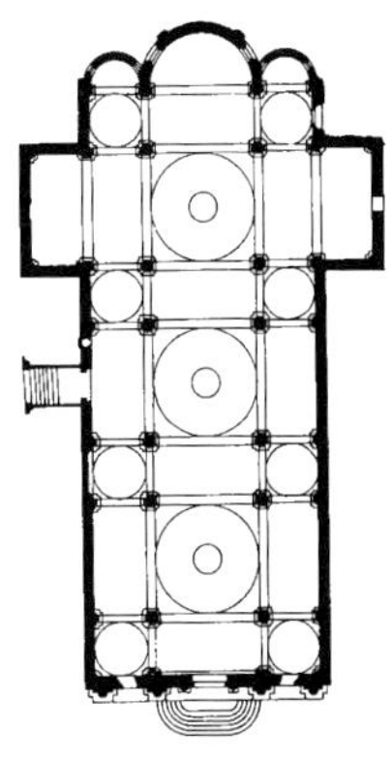

Eine unerwartete Überraschung, nämlich eine Inszenierung so recht von venezianischem Geist, bietet der **Hochaltar.** Die vergoldete Treibarbeit des 15. Jh., ein später Nachklang der Pala d'Oro, mit Aposteln und Evangelistensymbolen, die eine Verklärung Christi in der Mitte umstehen, verschwindet, wenn eine entsprechende Zugvorrichtung betätigt wird, hinter einem **Tizian-Gemälde** (offiziell nur am 3.–15. August und an hohen Festtagen). Es zeigt in Wiederholung des Goldretabels die Transfiguration. Die Apostel (Petrus, Johannes und Jakobus) und Propheten rahmen als überschattete Randfiguren die strahlende Lichterscheinung des Heilands.

Neben diesem späten Werk Tizians verblassen die beiden seitlichen Bilder in den angrenzenden kleinen Kuppelräumen: **Martyrium des hl. Theodor von Paris Bordone** (rechts) und **Christus in Emmaus** (links), eine in den Farben frische, in der Komposition etwas steife Darstellung, deren Zuweisung an Bellini kaum zu halten ist.

An der linken Längswand erwähnen wir: **Altar Alessandro Vittorias** mit einer Statue des sich im Schmerz aufbäumenden hl. Sebastian; **Orgelflügel, von Francesco Vecellio** bemalt (dem Bruder Tizians); **Grabmal der Brüder Lorenzo und Girolamo Priuli** mit Statuen der Heiligen Lorenz und Hieronymus von Giulio dal Moro; davor sitzende **Marmorfigur Papst Pius' X.,** des ›jüngsten‹ Heiligen Venedigs, von Antonio Boggio (1958).

Bauten in der Nachbarschaft von S. Salvatore

Nach Süden schließt die zweigeschossige Fassade der ehemaligen **Scuola di S. Teodoro (19)** den Campo S. Salvatore ab. Das Bruderschaftshaus dieser jüngsten – 1530 gegründeten – Scuola wurde 1655 nach einem Entwurf Giuseppe Sardis errichtet. An der gegenüberliegenden Schmalseite des Campo erinnert eine im 19. Jh. aufgestellte Votivsäule an die Befreiung von der österreichischen Okkupation.

Wer von S. Salvatore durch die Mercerie Richtung S. Marco geht (oder umgekehrt), stößt auf halber Strecke auf die Kirche **S. Giuliano (20;** S. Zulian), die Sansovino anstelle eines mittelalterlichen Vorgängers erbaute. Zunächst war nur an eine Neugestaltung der Fassade gedacht (dort befindet sich über dem Eingang eine Porträtfigur des Stifters, des Arztes Tommaso Rangone), später wurde dann jedoch die ganze Kirche neu erbaut, da sich die alte als baufällig erwies.

Unter den vielen Altären sind zu beachten: der erste Altar rechts mit einer Darstellung des von Engeln himmelwärts getragenen Korpus Christi von Veronese, ein stark nachgedunkeltes Bild; der zweite Altar rechts mit Statuen der hl. Katharina und des Propheten Daniel, geschmeidigen Figuren auf der Schwelle zum Barock, von Alessandro Vittoria; in der linken Seitenkapelle ein Marmoraltar, interessant die beiden Figuren links und rechts (Maria und Magdalena) von Girolamo Campagna. Es handelt sich um Terrakotten, die durch künstlich aufgetragene Patina wie Bronzen wirken.

Reisen & Genießen

Restaurants

Die Menüs in dem eleganten Restaurant Ai Mercanti mit einem ruhigen Innenhof werden saisonbedingt alle zwei Monate variiert. Neben typisch venezianischer Küche erwartet den Gast eine gute Auswahl der bekanntesten italienischen Weine. So und Mo geschlossen.

Ai Mercanti
San Marco, 4346
A Calle dei Fuseri Corte Coppo
am Rialtomarkt
Tel. 041 523 82 69
www.aimercanti.com
obere Preisklasse

Auf beiden Seiten der Rialtobrücke gibt es kleine Terrassen, wo man geschützt sitzen und dem bunten Schiffstreiben zusehen kann. Und zusätzlich angenehm: Die Preise an diesem touristischen Brennpunkt sind überraschend moderat.

Einkaufen

Originelle Nudeln in unterschiedlichen Formen und Farben (nicht nur ein Gaumen-, sondern auch ein Augenschmaus), Balsamico, Olivenöl bester Qualität und andere italienische Spezialitäten erhält man bei Rizzo nahe dem Rialto.

Rizzo
Salizzada di S. Giovanni Crisostomo
www.rizzostore.it

Der Markt an der Rialto-Brücke sorgt während einer Besichtigungstour für eine willkommene Abwechslung. Man beobachtet die ungebrochene Liebe der Venezianer zur gelungenen Zurschaustellung. Die Anordnung der in allen Farben leuchtenden Obst- und Gemüsesorten ist eine wahre Augenweide.

Frisches Obst und Gemüse auf dem Rialtomarkt

Stadtteile im Westen

Frari-Bezirk

Cityplan Frari-Bezirk
S. 169

S. Maria Gloriosa dei Frari

Stadtteile im Westen

Besonders sehenswert: S. Maria Gloriosa dei Frari, Scuola Grande di S. Rocco

Im 13. Jh. gründeten die beiden großen Bettelorden, Dominikaner und Franziskaner, in Venedig ihre Klöster. Da beide Kongregationen sich als Predigerorden immer in Städten ansiedelten, andererseits für ihre stets groß proportionierten Kirchen viel Raum benötigten, konnten sie in Venedig in den damals schon dicht bebauten Vierteln um San Marco oder am Rialto keinen Platz finden. Um 1250 schenkte deshalb der Doge Jacopo Tiepolo (1229–49) den Franziskanern unverbauten Grund in dem damals noch dünn besiedelten Westteil des Bereichs von S. Croce. Derselbe Doge wies den Dominikanern im Norden des Sestiere di Castello ein Stück Land für ihr Kloster zu. Schon bald entstanden die beiden größten Sakralbauten der venezianischen Gotik, die im Laufe der Jahrhunderte durch die Beisetzung zahlreicher Dogen, Militärs und Künstler in ihren Mauern sowie die von den jeweils besten Künstlern ihrer Zeit geschaffenen Altäre zu Ruhmeshallen der Republik wurden. Beide Kirchen waren beim Volk beliebter als die strenge, in erster Linie der Staatsrepräsentation dienende Markuskirche. Dieser Umstand drückt sich nicht zuletzt in der Namengebung aus. Während San Marco immer San Marco blieb, nannte man die Klosterkirche **S. Maria Gloriosa dei Frari (1)** im Volksmund kurz ›I Frari‹, die Dominikanerkirche, SS. Giovanni e Paolo, in einer typisch venezianischen Kontraktion der beiden Namensbestandteile, ›S. Zanipolo‹.

S. Maria Gloriosa dei Frari ★★

S. Maria Gloriosa dei Frari

Mo–Sa 9–18, So 13–18 Uhr
Es wird ein Eintrittsgeld erhoben. Der Chorus-Pass hat Gültigkeit (Chorus-Pass s. S. 342)

Baugeschichte und Äußeres

Die Franziskanerkirche wurde kurz nach der Mitte des 13. Jh. begonnen und noch vor 1340 fertiggestellt. Es muss sich aber schnell herausgestellt haben, dass dieser Bau den Bedürfnissen nicht ausreichend entsprach, denn schon 1340 wurde mit einem Neubau begonnen. Zuerst wurden der Chor und das Querschiff angelegt, im 15. Jh. wurde das alte Langhaus abgerissen und durch die bestehende basilikale Konstruktion ersetzt, die 1450 stand. 1469 erfolgte die Weihe des Hochaltars.

Dem Armutsideal der Franziskaner entsprechend erscheint das **Äußere** als ein fast völlig schmuckloser Ziegelbau, den ein mächtiger Campanile, der zweithöchste der Stadt, überragt. Die Fassade, die die Dreischiffigkeit des Innenraums widerspiegelt, besitzt nur ein einziges Portal. Seine Rahmung mit Statuen (Christus, Muttergottes und der hl. Franziskus) und drei den Giebel bekrönende Fialen sind der einzige bildhauerische Dekor der Frontseite. Weitere Bauplastik findet sich am Fuß des Campanile über dem Eingang zur Cappella Emiliana aus den 1430er-Jahren. In dem von spätgotischer Ornamentik umspielten Tympanon thront die in ein üppig drapiertes Gewand gehüllte Muttergottes, zu ihren Seiten zwei Engel.

◁ Die Frari-Kirche mit dem berühmten Altarbild von Tizian, die »Assunta«

Innenraum

Die Frari-Kirche entspricht dem in ganz Italien verbreiteten Typ der mittelalterlichen Bettelordenskirche. An ein weiträumiges basilikales Langhaus schließt sich das einschiffige Querhaus an. Den Chor begleiten zu beiden Seiten je drei kleinere Kapellen, die sich zum Querhaus öffnen. Der Aufriss des Mittelschiffs ist zweigeschossig. Über den hoch aufgehenden Arkadenbögen erscheinen die zugespitzten Fenster des Obergadens. Die Säulenschäfte sind unprofiliert, erst über dem Kämpfer werden der Wand kleine Rundstäbe vorgeblendet, die sich im Gewölbe zu den Rippen der aus vier Kappen zusammengesetzten Joche verlängern.

Man erfasst den **Innenraum** am besten von der Fassadenseite. Die Frari-Kirche stellt sich als lichterfüllte, großzügige Anlage dar. Das gotische Höhenstreben ist einer mehr gedrungen wirkenden, in die Breite gehenden Bemessung der Langhausschiffe gewichen. Man fühlt sich eher in einer Halle als in einer Basilika. Einen deutlichen Vertikalakzent setzt dagegen der ältere Chor, dessen vollständige Durchbrechung in vier Fensterzonen eine Lichtsteigerung in Richtung Altar bewirkt.

Ausstattung

Die Frari-Kirche ist ähnlich wie SS. Giovanni e Paolo ein Pantheon der venezianischen Geschichte. Ihre Grabmonumente sind ein tragender Teil der Ausstattung. Andererseits ist der Bogen in S. Zanipolo weiter gespannt, er reicht dort vom frühgotischen Grabdenkmal bis zu Beispielen des Spätbarock, in der Frari-Kirche ist er etwas enger gefasst. Wir wollen deshalb die Entwicklung des venezianischen Grabdenkmals erst im Zusammenhang mit der Dominikanerkirche erör-

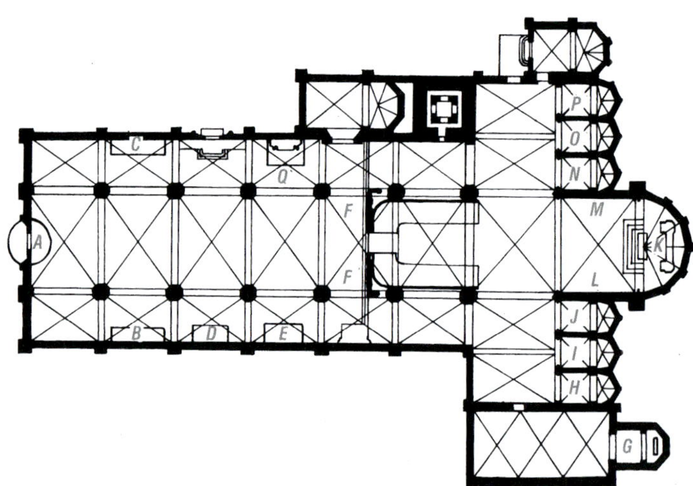

S. Maria Gloriosa dei Frari, Grundriss

- *A Portal und Wandgrab des Girolamo Garzoni*
- *B Grabmal Tizians*
- *C Grabmal Antonio Canovas*
- *D Altar mit Gemälde von Giuseppe Salviati*
- *E Statue des hl. Hieronymus von Alessandro Vittoria*
- *F Chorschranke*
- *G Pesaro-Altar von Giovanni Bellini*
- *H Cappella Bernardo*
- *I Cappella del Sacramento*
- *J Oratorium der Florentiner*
- *K Assunta von Tizian*
- *L Grabmal von Francesco Foscari*
- *M Grabmal von Nicolò Tron*
- *N Kapelle des hl. Franziskus*
- *O Grabmal des Melchiore Trevisan*
- *P Grab von Claudio Monteverdi*
- *Q Pesaro-Madonna von Tizian*

Frari-Bezirk

1 S. Maria Gloriosa dei Frari
2 S. Rocco
3 Scuola Grande di S. Rocco
4 Scuola Grande di S. Giovanni Evangelista
5 S. Nicolò da Tolentino
6 S. Pantalon

tern und die in ›I Frari‹ versammelten Beispiele nur stichwortartig vorstellen. Dagegen gibt es eine Reihe hochbedeutender Werke der Malerei von so gewichtigem Stellenwert – und in diesem Punkt hat wiederum SS. Giovanni e Paolo weniger zu bieten –, dass wir ihnen einen breiteren Raum beimessen müssen.

Wir beginnen den Rundgang an der Fassadenseite (die Buchstaben verweisen auf den Grundriss). Über dem **Portal (A)** wächst das kolossale **Wandgrab** des 1688 im Kampf gegen die Türken gefallenen **Girolamo Garzoni** auf. Der Verstorbene, der von einem Genius gekrönt wird, steht zwischen allegorischen Figuren der Venezia und der Religion. Das Werk lebt von dem Wechselspiel zwischen schwarzem und weißem Marmor. Rechts davon befindet sich das Grab des Prokurators Pietro Bernardo (gest. 1538) und links das eines anderen Prokurators, Alvise Pasqualino (gest. 1528).

Seitenschiffe und Chorschranke

Im zweiten Joch des rechten Seitenschiffes steht das von Schülern Canovas zwischen 1838 und 1854 geschaffene **Grabmal Tizians (B).** Der Besuch der Frari-Kirche wird zugleich zu einer Pilgerfahrt zu Tizian, da man hier zwei seiner bedeutendsten Werke erlebt: die weltberühmte »Assunta« und die sog. Pesaro-Madonna.

Im linken Seitenschiff, dem Tizian-Grab gegenüber, befindet sich das **Grabdenkmal Antonio Canovas (C),** das auf einen eigenen Entwurf des Künstlers zurückgeht und von dessen Schülern ausgeführt wurde. Der geöffneten Tür eines pyramidalen Mausoleums ziehen Trauernde entgegen. Im Innern ist das Herz Canovas in einem Porphyrgefäß beigesetzt; der Korpus wurde in seinen Geburtsort Possagno nahe Treviso überführt. Canova, geb. 1757, gilt neben Bertel Thorvaldsen als bedeutendster Vertreter der klassizistischen Skulptur. Die längste Zeit seines Lebens verbrachte er in Rom. In Paris porträtierte er Napoleon und Mitglieder der bonapartischen Familie. 1815 setzte er sich engagiert für die Rückgabe der aus Italien nach Frankreich verschleppten Kunstwerke ein. Er starb 1822 in Venedig.

Wir setzen den Rundgang im rechten Seitenschiff fort. Der Altar des dritten Joches zeigt eine **Darstellung im Tempel (D)** des toskanischen Barockmalers Giuseppe Salviati (um 1560).

Vor dem Altar des vierten Joches steht ein Meisterwerk der Spätrenaissance, eine **Marmorstatue des hl. Hieronymus (E)** von Alessandro Vittoria (1525–1608). Sie gehörte ursprünglich zu einem großen, in Stuck ausgeführten Altar mit der Himmelfahrt Marias, der im 18. Jh. durch das jetzige Altarbild ersetzt wurde. Vittoria, der aus der Schule Jacopo Sansovinos hervorgegangen war, stand unter dem Einfluss Michelangelos. Der Hieronymus lehnt sich motivisch eng an Michelangelos Moses in S. Pietro in Vincoli in Rom an.

Wir wenden uns nun wieder dem Mittelschiff zu, das im fünften Joch von einer mächtigen **Chorschranke (F)** geteilt wird, der einzigen dieser Art, die in Venedig erhalten ist. Sie wurde zwischen 1468 und 1475 von Bartolomeo Bon und Pietro Lombardo geschaffen. Während in den Prophetenreliefs von Bon noch spätgotische Elemente anklingen, sind die Kirchenväter des jüngeren Pietro Lombardo Zeugnisse der Frührenaissance. Das reich verzierte Chorgestühl steht gleichfalls zeitlich und stilistisch zwischen Spätgotik und Frührenaissance.

Man ist nun versucht, sich dem strahlenden Höhepunkt der Frari-Kirche, der »Assunta« Tizians, zuzuwenden. Es empfiehlt sich aber, zum besseren Verständnis der Entwicklung venezianischer Malerei, zuvor den Bellini-Altar in der Sakristei aufzusuchen.

Auf dem Wege dorthin sieht man im rechten Querschiffarm vier wichtige **Grabdenkmäler.** Das für **Paolo Savelli** ist das älteste (1410) in dieser Gruppe. Es ist zugleich das erste Reiterstandbild eines Condottiere in Venedig. Das von einem wuchernden Blattfries eingefasste Grab des seligen **Pacifico** schließt sich zeitlich an (1440). Pietro Lombardo schuf das Denkmal für den General **Jacopo Marcello,** der 1484 im Kampf gegen die Türken in Griechenland gefallen war. Diesem Monument im Aufbau verwandt ist jenes des Admirals Benedetto Pesaro (gest. 1503) über dem Durchgang zur Sakristei.

Pesaro-Altar Giovanni Bellinis

In der apsidialen Ausbuchtung der **Sakristeiapsis** steht eines der Meisterwerke Giovanni Bellinis, das 1488 im Auftrage der Familie Pesaro entstand **(G).** Die Pesaros besaßen an dieser Stelle ihre Familiengruft.

Wir erleben den seltenen Fall, ein Bild sowohl an seinem ursprünglichen Platz als auch in der originalen Rahmung sehen zu können.

Die Mitteltafel zeigt eine thronende Muttergottes mit dem Christuskind, auf den Seitenflügeln sind die Heiligen Nikolaus und Petrus (links), Benedikt und Markus (rechts) zu sehen, Namenspatrone von Angehörigen der Pesaro-Familie. Der ganze Bildaufbau zentriert sich um die Maria, die nach den strengen Kompositionsregeln der Frühre-

Der Pesaro-Altar von Giovanni Bellini in der Sakristei der Frari-Kirche

naissance in eine Dreiecksform eingebunden ist. Das mittelalterliche Motiv des Heiligenscheins ist in die Vergoldung der ihr Haupt hinterfangenden Kuppelwölbung übertragen. Die Heiligen, raumfüllende Großfiguren, haben den Blick kontemplativ nach unten gerichtet. Einzig der hl. Benedikt schaut den Betrachter mit nachdenklich-ernstem Blick an. Die individuellen Gesichtszüge der Dargestellten lassen vermuten, dass Bellini bestimmte Pesaros porträtiert hat. Alle Figuren sind von einem Raum von nur geringer Tiefe umgeben, sie stehen gleichsam auf einer recht schmalen ›Bühne‹ – bezeichnend für die Frührenaissance. Die Architektur des Bildrahmens setzt sich in der Malerei fort. Vertikale, horizontale und schräge Linien durchdringen einander, ohne dass das Ganze – bei aller Konsequenz des Aufbaus – starr wirkt.

Die feierliche Würde des Altars, die Ruhe, die von ihm ausstrahlt, die Sanftheit der Madonna, die meditative Haltung der Heiligen erzeugen eine Stimmung vollkommener Harmonie. Dürer war von den Heiligen derart beeindruckt, dass er 1526 mit seinen »Vier Aposteln« (München, Alte Pinakothek) noch zwanzig Jahre nach seinem zweiten Venedigaufenthalt ein fast wörtliches Zitat dieses Bildes schuf.

Kapellen im rechten Querhaus

Auf dem Wege von der Sakristei zum Hauptaltar kommt man an den drei Kapellen des rechten Querhausarmes vorbei. In der ersten, **Cappella Bernardo (H),** steht ein **Altarbild Bartolomeo Vivarinis,** das aus demselben Jahr stammt wie der Madonnen-Altar Bellinis in der Sakristei und gleichfalls die Muttergottes mit Heiligen zeigt. Im direkten Vergleich beider Werke wird der hohe Rang des Pesaro-Altares noch einmal besonders deutlich. In der angrenzenden **Cappella del Sacramento (I)** wurde der Florentiner Gesandte Duccio degli Alberti (gest. 1336) beigesetzt. Die dritte Kapelle war das **Oratorium der Florentiner (J),** die hier ihrem Stadtpatron, dem hl. Johannes dem Täufer, einen Altar errichteten. Donatello schnitzte dafür eine **Johannesfigur** (1451), deren erhobene Hand und geöffneter Mund den Täufer im Augenblick des Predigens zeigen. Die Momenthaftigkeit und der krasse Naturalismus dieses Werkes müssen in Venedig, das sich der Renaissance nur zögernd öffnete und selbst keinen tiefen Bezug zur Plastik besaß, Erstaunen hervorgerufen haben.

Tizians »Assunta«

Dreißig Jahre nach Bellinis Pesaro-Altar entstand **Tizians »Assunta« (K),** die den Bruch mit der von Bellini vertretenen Tradition darstellt, zugleich aber auch der Kunst neue Wege öffnete – ein epochemachendes Werk (Abb. s. S. 49).

Das Bildgeschehen ist in drei Zonen übereinander aufgebaut. Zuunterst die bewegte Versammlung der Apostel, im mittleren Bereich die Muttergottes, um die sich Wolken und ein Engelsreigen konzentrisch herumziehen, darüber schwebt die Gestalt Gottvaters. Irdischer und himmlischer Bereich sind kompositorisch und farblich voneinander abgegrenzt. Auf die Apostel fällt ein starker Schlagschatten, der die mittlere Gruppe fast völlig verdunkelt. In den aufwärtsgerichteten Gesichtern drücken sich unterschiedliche Regungen aus; man erkennt Staunen, Ungläubigkeit, Erregung – die ganze Skala menschlichen Empfindens im Augenblick eines überwältigenden Ereignisses. Die in flammendes Rot gehüllte Maria hebt sich leuchtend von dem goldschimmernden Hintergrund ab, der sie wie eine Glorie hinterfängt. Sie steigt »himmelwärts auf ... getragen von der Fülle des Lebens, das ihr innewohnt, und vom Bewusstsein, dass das Weltall ihr gehört und nichts ihren Aufstieg hemmen kann« (B. Berenson in »The Venetian Painters of the Renaissance«, London 1957).

Die »Assunta« hat in der Malerei neue Maßstäbe gesetzt. Allein im Format (6,90 × 3,60 m) hat Tizian etwas bis dahin Unbekanntes geschaffen: Der monumentale Altar als beherrschender Blickpunkt einer Kirche sollte in der Folgezeit, namentlich im Barock, zum festen Typus werden. Hatte die Renaissancemalerei bis dahin klar definierte Räume geschaffen, so durchbricht Tizian dieses Prinzip und lässt die Muttergottes in einen ganz von Licht durchfluteten Illusionsraum aufsteigen. Dieses Licht strahlt aus dem Bilde selber heraus. Es scheint von äußeren Lichtquellen unabhängig zu sein. Auch hierin liegt eine Erfindung Tizians, die in die Barockmalerei weiterwirkte.

Diese unterschiedlichen Faktoren haben dazu geführt, dass man die »Assunta« als ›protobarock‹ bezeichnet hat. Es gilt aber auch zu erkennen, dass das Werk – ungeachtet seiner revolutionierenden Neuerungen – doch der Renaissance verpflichtet bleibt. So behält etwa trotz aller inneren Bewegtheit der Dreiecksgedanke, den wir eben noch bei Bellini sahen, seine Gültigkeit. Von den an den Ecken postierten Jüngern gehen zwei schräg nach oben verlaufende Linien aus, die sich über die Maria hinaus verlängern und im Haupt Gottvaters treffen. Die Hauptfigur ist gemäß den Harmoniegesetzen der Renaissance in den Mittelpunkt gestellt. Desgleichen sind die Farbakzente nach symmetrischen Gesichtspunkten verteilt. Die rotgewandeten Apostel links und rechts markieren die Fußpunkte des Dreiecks, das im Rot des Madonnenmantels fortgeführt wird.

Somit bezeichnet dieses Werk einen zeitlichen Wendepunkt. Ähnlich wie in der Musik Johann Sebastian Bachs, vollendet sich in Tizian eine Epoche. Zugleich wird das Tor zu einem neuen Zeitalter aufgestoßen.

Seitenwände des Chores und linkes Querhaus

Die Seitenwände des Chores nehmen zwei monumentale **Grabdenkmäler** ein. Das rechte von Paolo und Antonio Bregno wurde für **Francesco Foscari** (1423–57) errichtet **(L).** Foscari gehört zu den überragenden Erscheinungen der venezianischen Geschichte. Er hatte den Landbesitz der Republik auf der *Terra ferma* ausgedehnt, als Bauherr war er für den Ausbau des Dogenpalastes verantwortlich (Westflügel, Porta della Carta). Nach 34 Amtsjahren, dem längsten Doganat in der

Geschichte der Stadt, wurde Foscari abgesetzt. Die herrschende Adelsclique fürchtete die Machtfülle des großen Dogen, der kurz darauf verstarb.

Gegenüber steht das **Grab des Dogen Nicolò Tron (M)** (1471–73) von Antonio Rizzo, dem Meister der Adam-und-Eva-Gruppe im Dogenpalast. Das Foscari-Monument steht noch zwischen ausgehendem Mittelalter und Renaissance, das Tron-Denkmal gehört mit seinen antikisierenden Nischenfiguren der Frührenaissance an.

Der Rundgang führt nun im linken Querschiffarm weiter. Der **Altar** der ersten, dem **hl. Franziskus geweihten Kapelle (N),** mit einer von Heiligen umgebenen Madonna, die den Einfluss Tizians erkennen lässt, stammt von Bernardino Licinio (1489–1565). In der angrenzenden Kapelle befindet sich das **Grabmal des Melchiore Trevi-**

Die Pesaro-Madonna Tizians in der Frari-Kirche. Der Künstler bricht hier mit einem ehernen Gesetz der Frührenaissance, indem er die Hauptfigur, die Madonna, aus der Bildmitte zum Rand hin rückt

san (O) von Lorenzo Bregno (kurz nach 1500). In der dritten Kapelle wurde **Claudio Monteverdi (P)** beigesetzt, der mit seinem »Orfeo« der Vater der venezianischen Oper wurde. Auf dem Altar eine **Krönung Mariens** von Alvise Vivarini.

Tizians Pesaro-Madonna

Im nördlichen Seitenschiff, tritt man nun vor ein weiteres wichtiges Altarbild Tizians, die **Pesaro-Madonna (Q),** die in unmittelbarem Anschluss an die »Assunta« entstand (1519–26). Hier verschmilzt das religiöse Andachtsbild mit dem Typ des profanen Gruppenporträts. Links kniet Jacopo Pesaro, der das Bild in Auftrag gegeben hatte, ihm gegenüber sieht man seinen Bruder Francesco und andere Mitglieder der Pesaro-Familie, die von Heiligen dem Schutz der Muttergottes anempfohlen werden.

Jacopo Pesaro hatte in den Diensten Papst Alexanders VI. gegen die Türken gekämpft. Darauf beziehen sich die Gestalten des gefangenen Türken, des Bannerträgers (Wappen des Papstes) und des hl. Petrus als Vertreter des Papsttums. Der hl. Franziskus (rechts) erscheint als Namenspatron von Jacopos Bruder. Die porträthafte Wiedergabe der Stifter gehört zu Tizians revolutionierenden Neuerungen. Die Personen werden dem Bildganzen als den Heiligen gleichgewichtige Erscheinungen eingebunden, Ausdruck des in der Renaissance erwachten Selbstwertgefühls des Menschen. Ist in der »Assunta« noch eine klare Trennung zwischen irdischer und himmlischer Sphäre gezogen, so durchdringen sich diese hier. Auch im kompositorischen Aufbau wirft Tizian nun ein ehernes Gesetz der Renaissance über Bord. Die Madonna erscheint nicht mehr im Bildmittelpunkt, sondern wird in die rechte Bildhälfte gerückt. Eine kräftig akzentuierte Diagonale führt den Blick vom Stifter über den Fahnenträger und Petrus auf die thronende Muttergottes, die als Hauptperson den Abschluss bildet. Mit dieser Dezentralisierung und der Diagonalen als kompositorischem Leitfaden hat Tizian einen weiteren bedeutsamen Schritt in Richtung der späteren Barockmalerei vollzogen.

Grab des Dogen Giovanni Pesaro

Die Barockkunst ist durch das große **Grabmonument des Dogen Giovanni Pesaro** (1658–59) vertreten. Der Entwurf soll von Baldassare Longhena stammen. Die Ausführung oblag einem deutschen Künstler, Melchior Barthel (1625–72). Bezeichnenderweise wurde, wie so oft in Venedig, für die Skulptur ein Nichtvenezianer herangezogen. Das Wandgrab, das die Seitentür der Kirche einbezieht, baut sich in zwei Geschossen auf, deren oberes von vier gewaltigen Atlanten getragen wird. In der Mitte sitzt der Doge, in seiner lässigen Haltung die qualitätvollste Figur an diesem Denkmal. In der Wuchtigkeit der ganzen Anlage hat die auftrumpfende Selbstdarstellung der Dogenherrlichkeit einen nicht mehr zu überbietenden Pomp erreicht.

Campo und Kirche S. Rocco

Der Campo di S. Rocco wird von einer eindrucksvollen Bautengruppe eingefasst. Die eine Langseite wird von der gotischen Chorpartie der Frari-Kirche mit ihrer himmelwärts strebenden Fenstergruppe überragt, gegenüber erstreckt sich die breit gelagerte Renaissancefront der Scuola Grande di S. Rocco. Die rückwärtige Schmalseite beschließt die Fassade der **Rochus-Kirche (2),** die erst Mitte des 18. Jh. in Angleichung an jene der benachbarten Scuola entstand. Dieses Bautenensemble macht den Campo zu einem der schönsten Plätze Venedigs.

1485 hatte Venedig Reliquien des Beschützers der Seuchenkranken, Rochus, aus Montpellier erworben. Für eine Stadt, in der die Pest immer wieder erbarmungslos zuschlug, war dieser Kauf von großer Bedeutsamkeit. Umgehend wurde deshalb eine eigene Rochus-Kirche erbaut, von der heute nur noch der Chor erhalten ist. Der Rest wich Mitte des 18. Jh. dem bestehenden Saalbau.

Unter den zahlreichen Gemälden, die den Innenraum schmücken, richten wir unser Augenmerk auf zwei großformatige **Wandbilder Jacopo Tintorettos im Chor.** Links ist der hl. Rochus im Kerker von Montpellier dargestellt, gegenüber sieht man den Heiligen bei der Pflege von Pestkranken. Diese um 1550 entstandenen Bilder markieren die Frühzeit des damals etwa 30-jährigen Tintoretto. Andere Bilder von ihm in der Kirche sind durch spätere Überarbeitungen und Restaurierungen so verfremdet worden, dass eine kritische Würdigung kaum mehr möglich ist.

Exkurs: Die venezianischen Scuole

Die Institution der Scuola ist nicht mit ›Schule‹ zu übersetzen. Es handelt sich bei den Scuole vielmehr um karitative Einrichtungen, deren Ursprung im Mittelalter liegt. Am Beginn standen die verschiedenen **Büßer- und Geißlerbruderschaften,** die im frühen 13. Jh. überall in Italien aufkamen. Diese frommen Vereinigungen hatten zunächst keine eigenen Versammlungsräume, sondern trafen sich in den Sakristeien der verschiedenen Kirchen der Stadt. Schon bald wurden eigene Altäre aufgestellt, und seit dem 15. Jh. bürgerte es sich ein, dass die Bruderschaften ein ihnen gehöriges Versammlungsgebäude in Nähe ›ihrer‹ Kirche errichteten. Im 17. Jh. gab es in Venedig fast vierzig solcher Scuole. In ihrer Geisteshaltung und inhaltlichen Bestimmung erweisen sie sich als dem Freimaurertum verwandt. Alle Mitglieder einer Scuola gehörten entweder derselben Volksgemeinschaft an oder übten denselben Beruf aus. Jede Scuola hatte ihren eigenen **Schutzheiligen,** dessen Patronat sie sich unterstellte.

Die meisten Scuole widmeten sich der Krankenpflege, einige hatten andere **karitative Funktionen.** So gab es eine Scuola, die sich um die Aussteuer mittelloser Mädchen kümmerte, eine andere besorgte die Beisetzung hingerichteter Verbrecher. Daneben taten sich die Scuole als Mäzene hervor und ließen sich ihre Gesellschaftsräume von hervorragenden Künstlern ausstatten. Carpaccio, Bellini, Giorgione, Tizian und allen voran Tintoretto arbeiteten für Scuole.

Die Scuola ist ein Phänomen, wie es nur Venedig hervorbringen konnte. Während die Zünfte in allen anderen Großstädten des Mittelalters in Europa zunehmenden Einfluss in der Politik anstrebten und in der Regel auch erlangten, waren die venezianischen Scuole von der Machtausübung ausgeschlossen. Die politische Entmündigung einer breiten Schicht des wohlhabenden Bürgertums wäre an anderer Stelle der beste Nährboden für eine Revolution gewesen. In Venedig fanden die von der Macht abgeschirmten Kreise in der Scuola eine Möglichkeit der Selbstverwirklichung. In ihren sozialen Aufgaben, festlichen Versammlungen und vor allem in der prunkvollen Ausschmückung ihrer Gildehäuser fanden sie zu ihrer eigenen Form der Selbstdarstellung.

Scuola Grande di S. Rocco

Scuola Grande di S. Rocco ★★

Nach der Einbringung der Rochus-Reliquien in die Lagunenstadt ging aus der Flagellantenbruderschaft der »Battuti« eine Gilde hervor, die sich bereits 1489 als **Scuola Grande di S. Rocco (3)** bezeichnete. Sie widmete sich der Krankenpflege und schloss ihrem Bruderschaftshaus ein eigenes Spital an. Das Gebäude entstand wenige Jahre nach der Weihung der Rochus-Kirche 1508. Die Bauarbeiten zogen sich über ein halbes Jahrhundert hin. Daran schloss sich die Ausmalung der Räumlichkeiten durch Tintoretto an, die noch einmal ein Vierteljahrhundert in Anspruch nahm. Da sie vom Vandalismus 1797 verschont blieb, gehört sie neben den Scuole dei Carmini und S. Giorgio degli Schiavoni zu den drei Bruderschaftshäusern, die ihr ursprüngliches Aussehen praktisch unverändert über die Jahrhunderte bewahrt haben.

Scuola Grande di S. Rocco
tgl. 9–17.30 Uhr

Konzerte
Gelegentlich finden Konzerte in der Scuola Grande di San Rocco statt – ein Erlebnis besonderer Art, denn so kommt der Besucher in den doppelten Genuss eines akustischen und eines optischen Ereignisses.

Die reich gegliederte **Fassade** der Scuola ist sinnbildlicher Ausdruck für das hohe Maß an Repräsentation, auf das eine Institution dieser Art Wert legte. In ihrer Asymmetrie wirkt sie unbekümmert gegenüber den strengen Prinzipien der Baukunst in der Zeit um 1500. Das linke Portal ist im Aufbau anders und zugleich höher als das rechte. Die Wand ist in zwei Geschosse gegliedert, die durch ein kräftig vorspringendes Gebälk voneinander geschieden sind. Kannelierte korinthische Säulen heben sich fast vollplastisch von der Fläche ab.

Saal im Parterre

Der Saal im Parterre wird von zwei Säulenreihen, die die flache Holzdecke tragen, in drei Schiffe unterteilt. Ihre Berühmtheit verdankt die Scuola dem umfangreichen Gemäldezyklus Tintorettos, der an der linken Längswand beginnt.

Verkündigung Dieses erste Bild macht bereits deutlich, wie weit sich Tintoretto von den Harmoniegesetzen der Renaissance entfernt hat. Achtzig Jahre liegen zwischen dieser Verkündigung und dem Madonnen-Gemälde Bellinis in der Frari-Kirche. Der Weg, den die Kunst in diesen Jahrzehnten genommen hat, wird nur verständlich, wenn man sich die zeitlich in der Mitte zwischen diesen Werken stehende »Assunta« und die Pesaro-Madonna Tizians vergegenwärtigt. Der Erzengel und Maria erscheinen vom Zentrum fort in die Randzonen gerückt. Die Verkündigung, in älteren Bildern immer als eine betont verhaltene Begebenheit aufgefasst, wird von Tintoretto zu einem rauschhaften Ereignis umgedeutet. Gabriel bricht inmitten dampfender Wolken in die Szene. Der Raum selbst ist aufgelöst und erscheint als pittoreske Ruine.

Anbetung der Könige Hier wird gleichfalls eine ungewöhnliche Topografie gewählt. Maria sitzt mit dem Christuskind auf einer brückenähnlichen Konstruktion, durch die sie wirkungsvoll erhöht wird. Von oben her dringen Licht und Wolken in den irdischen Bereich ein. Im Hintergrund wird eine geisterhafte Reiterschar erkennbar. Ihre skeletthafte Struktur scheint auf das bevorstehende Massaker zu Bethlehem anzuspielen (das Thema des übernächsten Bildes).

Flucht nach Ägypten Die Szene, in eine in Dämmerlicht getauchte Landschaft eingebettet, vereint den Gedanken der Flucht und den der Ruhe auf der Flucht. Der kraftvoll ausschreitende Joseph symbolisiert das aktive, bewegungsvolle Vorankommen, die kontemplative Haltung der auf dem Esel sitzenden Maria die Ruhe, die sich auch in dem rechts bereits abgelegten Reisegepäck ausdrückt. Für Tintoretto ist der auffallend symmetrische Aufbau des Bildes überraschend. Hierdurch wird die Darstellung über das erzählende Moment hinaus in den Rang eines Andachtsbildes erhoben – eine Art Ruhe vor dem Sturm.

Der bethlehemitische Kindermord Das letzte Bild in dieser Reihe steht mit seiner quirligen Bewegtheit in einem lebhaften Kontrast zu der vorangegangenen Fluchtszene. Verzweifelt versuchen Frauen, sich mit ihren Kindern über eine Mauer zu retten, andere stürzen sich in einen Fluss, um schwimmend das rettende Ufer zu erreichen. Das Mordgeschehen selbst wird vom Dunkel weitgehend überschattet und wirkt gerade dadurch so bedrückend und unheilvoll.

Maria Magdalena und Maria Ägyptiaca Die beiden hochrechteckigen Bilder zuseiten des an der hinteren Schmalseite des Raumes stehenden Rochus-Altares entstanden später als die anderen Gemälde dieses Saales (um 1585). Das linke zeigt die Maria Ägyptiaca, das rechte Maria Magdalena, beide Frauen inmitten landschaftlicher Wildnis. Die menschliche Figur tritt ganz zugunsten der Landschaftsdarstellung zurück und wird als Teil der Natur, der Weltschöpfung gesehen. Beide Bilder verbreiten eine meditative, fast melancholische Stimmung. Sie sind ein Ausdruck der in Venedig in der zweiten Hälfte des 16. Jh. herrschenden nostalgischen Hinwendung zu ländlicher Abgeschiedenheit.

Der große Saal in der Scuola Grande di S. Rocco mit Tintorettos biblischem Zyklus ▷

Beschneidung Christi In diesem Bild – zwischen den Treppenaufgängen – flackert wieder die venezianische Lust an theatralischer Inszenierung auf. Das Geschehen wird von rot- und goldfarbener Vorhangdraperie eingefasst. Hier steht nicht, wie auf allen anderen Bildern des Zyklus, Maria im Mittelpunkt, sondern der Hohepriester mit dem Christusknäblein.
Himmelfahrt Mariens Dieses im 19. Jh. stark überarbeitete Bild stellte Tintoretto vor das Problem, das Motiv der Himmelfahrt in ein Breitformat einzubinden. Es besitzt deshalb auch nicht jenen kraftvollen Höhendrang, der für Tizians »Assunta« so kennzeichnend ist. Anstatt sich über die Apostel zu erheben, wächst Maria aus deren Mitte empor. Das ist charakteristisch für Tintoretto, der zahlreiche Bilder geschaffen hat, auf denen sich eine Einzelfigur aus dem Knäuel einer Menschengruppe löst.

Saal im Obergeschoss

Das **Treppenhaus** besteht im unteren Teil aus zwei Aufgängen, die sich auf halber Höhe in einem Absatz vereinen. Von dort führt eine breite Prunktreppe hinauf in den Saal des **Obergeschosses.** Dieser ist im Zusammenwirken von großzügiger Proportionierung, erlesener Ausmalung und einem prachtvollen Soffitto eine Meisterschöpfung der Hochrenaissance. Die Tintoretto-Pinakothek der Scuola umfasst allein in diesem Raum mehr als dreißig Bilder, davon einundzwanzig im Soffitto. Tintoretto, der selbst Mitglied der Scuola war, hatte 1577 vertraglich zugesichert, jährlich mindestens drei Bilder für die Decke zu liefern.

Die Ikonografie der **Deckengemälde** zeigt eine Auswahl alttestamentlicher Themen, die sich typologisch auf die Christusbilder an der Wand (z. B. Isaak-Opferung als Hinweis auf den Opfertod Christi) oder auf die karitative Funktion der Rochus-Bruderschaft beziehen (z. B. Elias verteilt Brot). Die **zentrale Mitteltafel** (1) schildert die Aufrichtung der ehernen Schlange. Dem Gewühl von verschlungenen Menschenleibern, die, sich am Boden wälzend, mit den todbringenden Reptilien ringen, wirkt der himmlische Reigen der Engel entgegen, die die Gestalt Gottvaters umschweben. Aus diesem barocken Gewoge, das wie eine Vorwegnahme Rubensscher Massenszenen anmutet, ragt am linken Bildrand auf einem Felsen einsam die Gestalt Moses auf. Tintoretto erhellt den typologischen Bezug zum Neuen Testament mit künstlerischen Mitteln. Moses erscheint von einem Strahlenkranz erleuchtet als Präfiguration Christi, der Stab mit der Schlange ist in Kreuzesform wiedergegeben. Die beiden anderen **Großtafeln in der Mittelachse** mit dem Mannawunder (3; nahe dem Altar) und Moses, der aus dem Felsen Wasser schlägt (2), spielen auf das soziale Engagement der Bruderschaft an. Das Wasserwunder wird zu einer kosmologischen Vision gesteigert, indem die Figur des Moses – wiederum Christus ähnlich – den heilsgeschichtlichen Aspekt mit einbezieht, zudem die rechts in einer An-

Besichtigungstipp

Für die Betrachtung der Deckengemälde wird man gerne auf ein Hilfsmittel zurückgreifen. In der Mitte des Saales liegen kleine Spiegel bereit. Mit einem solchen Spiegel in Händen und auf einer der an den Wänden umlaufenden Bänken sitzend kann man die Bilder betrachten und sich so einen steifen Nacken ersparen.

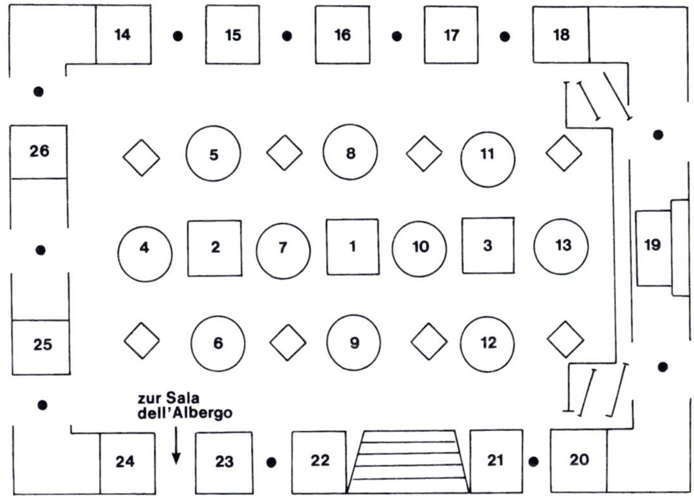

Scuola Grande di S. Rocco, oberer Saal

Deckengemälde

1 Eherne Schlange
2 Moses Wasserwunder
3 Mannaregen
4 Sündenfall
5 Brennender Dornbusch
6 Durchzug durch das rote Meer
7 Jonas
8 Vision des Ezechiel
9 Jakobsleiter
10 Opferung Isaaks
11 Elias verteilt Brot
12 Elias wird von den Engeln genährt
13 Jüdisches Osterfest

Wandgemälde

14 Geburt Christi
15 Taufe
16 Auferstehung
17 Ölberg
18 Abendmahl
19 Rochus-Altar
20 Brotvermehrung
21 Auferweckung des Lazarus
22 Himmelfahrt
23 Heilung am Teich von Bethesda
24 Versuchung
25 Hl. Rochus
26 Hl. Sebastian

deutung des Erdkreises schwebende Figur Gottes auf das Schöpfungswerk hindeutet.

Die **Wandbilder** sind eine Fortsetzung des Marienleben-Zyklus im Erdgeschoss und hier dem Leben Jesu gewidmet. Sie entstanden zur selben Zeit wie die des Soffitto. Der Zyklus beginnt gegenüber dem Durchgang zur Sala dell'Albergo mit der Geburt Christi.

Geburt Christi (14) Tintoretto schildert in Haltung und Mimik der anbetenden Hirten die ganze Gefühlsskala der Beteiligten im Anblick des Gottessohnes. Sie reicht von der stillen, nachdenklichen Anbetung der Älteren bis zu einem freudig erregten Pathos der Jüngeren.

Taufe (15) Als eine visionäre Synopsis zeitlich differenter Ereignisse ist die Taufe Christi im Jordan zu verstehen. Christus ist weit vornübergebeugt, als ruhe eine schwere Last auf seinen Schultern. Tintoretto deutet in dieser Haltung des Heilands die spätere Kreuztragung an.

Auferstehung (16) Beinhaltet noch das vorige Bild den Hinweis auf den leidenden Christus, so ist die Auferstehung als Triumph des Heilands interpretiert. Als überirdische Lichterscheinung entsteigt der Auferstandene der Gruft. Der Vorgang scheint sich schon nicht mehr im Rahmen des Irdischen zu vollziehen, sondern wird in einen irrationalen Jenseitsbereich verlagert.

Ölberg (17) Den Christus im Garten Gethsemane stellt Tintoretto abweichend von dem traditionellen Bildtyp dar. Während Christus in dieser Szene für gewöhnlich betend und die Jünger – gemäß der diesbezüglichen Bibelstelle – schlafend gezeigt werden, erscheint der Heiland hier in Schlafhaltung, Petrus dagegen ist gerade erwacht und blickt erschreckt zu den im Hintergrund nahenden Soldaten. Wie

»Das Abendmahl« in Tintorettos Zyklus des Christuslebens, 1579–81

menschlich wirkt dieser Christus, dem eine letzte Ruhe vergönnt ist, bevor der qualvolle Weg seines Leidens beginnt!

Abendmahl (18) Man könnte eine eigene kleine Kunstgeschichte der Abendmahl-Darstellungen Tintorettos in Venedig schreiben. Neben dieser existieren weitere fünf Versionen in verschiedenen Kirchen der Stadt. Die früheste (1547) befindet sich in S. Marcuola und zeigt die Tafelrunde noch in symmetrischer Anordnung an einem Tisch, der parallel zum Bildrand steht – ein Zitat nach Leonardo da Vincis Mailänder Abendmahl. In dem etwa acht Jahre später für S. Trovaso gemalten Bild stellt Tintoretto den Tisch schräg in den Raum, ein Motiv, das für alle folgenden Fassungen verbindlich blieb. Hier nun ist der Verräter Judas von der Gruppe der übrigen Jünger isoliert, die sich um Christus drängt. Insofern gewinnt dieses Bild in der Scuola gegenüber den älteren an Spannung (Abb. s. S. 182). Die Krönung unter Tintorettos Abendmahlsbildern ist die späteste Fassung in S. Giorgio Maggiore.

Die anschließende **Schmalseite** nimmt der **Rochus-Altar** (19) ein. Das Altarblatt stammt gleichfalls von Tintoretto, die Statuen des hl. Sebastian und Johannes' des Täufers von Girolamo Campagna. Auf Staffeleien sind weitere Bilder ausgestellt. Links: **Verkündigung Mariens von Tizian,** ein ausgewogenes Bild voller Anmut. Wie impulsiv nimmt sich dagegen Tintorettos Verkündigung im Erdgeschoss der Scuola aus! **Tintorettos Heimsuchung** (die Begegnung zwischen Maria und Elisabeth) von 1588 zeigt den abgeklärten Altersstil des Meisters, der auf den »Sturm und Drang« der 60er und 70er-Jahre folgte. Die Stimmung des Bildes, in dem auf szenisches Beiwerk verzichtet wird (einzig die Ehemänner Zacharias und Joseph rahmen die Gruppe), lebt von der Intimität, mit der die beiden Frauen einander begegnen. Die **zwei Gemälde Tiepolos** von 1732 stammen aus einem anderen Zusammenhang und kamen erst 1789 in die Scuola. Sie stellen Hagar in der Wüste und Abraham mit den Engeln dar.

Die Bilderreihe der **zweiten Langseite** beginnt mit dem Wunder der Brotvermehrung, Die **Brotvermehrung** (20) spielt sich – wie fast immer bei Tintoretto – in der Aura himmlischen Lichtes ab. Der irdische Bereich versinkt demgegenüber in tiefem Schatten.

Auferweckung des Lazarus (21) Die Hauptpersonen, der zum Leben Wiedererweckte und der Wunder wirkende Christus, sind in einer Diagonale einander gegenübergestellt und haben keinen körperlichen Kontakt miteinander. Der Blick Christi ist nach oben gerichtet, wo zwei Gestalten damit beschäftigt sind, Lazarus aus seinen Leichentüchern zu wickeln. Die sonst in den Werken Tintorettos in dieser Schaffensperiode tonangebende Dramatik weicht dem fassungslosen Staunen vor dem Übernatürlichen des Vorgangs.

Himmelfahrt (22) Die Himmelfahrt ist in thematischem Bezug zu der Auferstehung zu sehen, die sich gegenüber befindendet. Hier wird noch einmal deutlich, wie weit sich Tintoretto von Tizian entfernt hat. Dessen »Assunta« ist vom Gleichgewicht zwischen irdischer und himmlischer Sphäre bestimmt, die auffahrende Maria steht im Mittelpunkt. Tintoretto dagegen versetzt Christus an den oberen Bildrand, die staunenden Apostel erscheinen als Statisten. Die scharf akzentuierten Lichtreflexe auf den Flügelgraten der Engel staffeln sich zu einem aufsteigenden Akkord, aus dessen Mitte Christus kometenhaft emporfährt.

Krankenheilung am Teich Bethesda (23) Dieses in der Kunst selten dargestellte Thema hatte Tintoretto schon einmal, etwa zwanzig

Jahre zuvor, für die Rochus-Kirche gemalt (stark restauriert und deshalb dort nicht weiter besprochen). Im Gegensatz zu der älteren Version kündigt sich in der Zurückhaltung dieser Fassung der beruhigte Altersstil des Künstlers an.
Die Versuchung (24) Die Versuchung Christi weist in dieselbe Richtung wie das vorangegangene Bild. Satan, in der Gestalt des geflügelten Luzifer, begegnet einem abgeklärten Christus, der in stiller Souveränität der Verführung widersteht.

Sala dell'Albergo

Wir begeben uns nun in den angrenzenden Raum, die sog. Herberge, in der der Vorstand der Bruderschaft zu seinen Sitzungen zusammentrat. Die Bilder an Decke und Wänden sind die ersten Werke, die Tintoretto für die Scuola schuf (1564–67). Der Blick des Eintretenden fällt auf die große Kreuzigung, eines der faszinierendsten Werke des Meisters. Um jedoch im chronologischen Duktus zu bleiben, sollte man sich zunächst umwenden und die **Passionsszenen an der Eingangswand** betrachten:
Christus vor Pilatus Tintoretto hat den Augenblick festgehalten, in dem das Urteil über Christus gefällt worden ist. Der Heiland steht vor dem römischen Statthalter, dessen Fragen zu beantworten er sich geweigert hatte. Da er nicht widerrufen hat, der Gottessohn zu sein, gibt Pilatus der Forderung der im Hintergrund dräuenden Menge nach und überantwortet Christus dem Kreuzestod. In ein weißes Gewand gehüllt, erscheint Christus in der Farbe des Opferlamms. Seine Haltung drückt Demut und Entrücktheit zugleich aus. Da das Menschengetümmel um ihn her überschattet ist, hebt er sich isoliert, der Einsamkeit preisgegeben, ab. Das Zitat »Vater, warum hast du mich verlassen?« klingt an.
Schmerzensmann Über der Tür sieht man den gegeißelten und verspotteten Christus auf den Stufen einer Treppe liegen. Erschöpft von der erlittenen Pein, sinkt sein Körper in das Tuch, das zwei der Schergen hinter ihm bereithalten. In den Mittelpunkt dieser Wand gestellt, scheint der Christus im Elend eine Verkörperung der Aufgabe, die sich die Rochus-Bruderschaft gestellt hatte.
Kreuztragung Während Tintoretto in den beiden vorigen Bildern den Ton der Nachdenklichkeit anschlägt, schafft er in der Kreuztragung wieder ein Werk, in dem das bewegte Geschehen dominiert. In einer schraubenförmigen Aufwärtsbewegung lenkt er den Blick des Betrachters über die Kreuze der beiden Schächer im Vordergrund hinauf auf das Antlitz Christi, das von den Spuren des Leidens gezeichnet ist. Als inhaltliche Antipoden sind die beiden Männer links und rechts von Christus zu sehen. Die ungeschlachte Figur dessen, der den Zug anführt, zerrt Christus erbarmungslos wie ein Vieh zur Richtstätte. Sein Blick ist nach unten gerichtet. Der Soldat, der hinterdrein schreitet, blickt dagegen himmelwärts, einer imaginären Offenbarung entgegen. Er ließe sich als jener Hauptmann identifizieren,

der später, im Augenblick von Christi Dahinscheiden, zu der Erkenntnis gelangt, dass »dieser Mensch wahrlich Gottes Sohn« gewesen ist. Seine aufrechte Haltung und sein im Wind flatterndes Banner sind Ausdruck eines triumphalen Siegesbewusstseins. Ähnlich der Taufe schafft der Künstler eine Synopsis zeitlich differenter Momente. Im Vordergrund steht das Leiden, aber zugleich kündigt sich der Triumph Christi an.

Kreuzigung Eine Erzählung mit dem Unterton eines großen Pathos ist die Darstellung der Kreuzigung. Hier vollzieht Tintoretto den zuvor angekündigten Schritt vom Leid Christi zu seinem Triumph. Die Kreuzigung der Schächer zeigt die Stationen der Hinrichtung, die der bereits aufgerichtete Heiland zuvor durchlaufen hat, letzte Hinweise auf seine Qualen. Am Kreuze aber ist der Leib des Geopferten von Licht umstrahlt. Das Leiden ist gewichen, und im Vordergrund steht der Sieg über den Tod. Das ist der Christus, der die Menschheit erlöst.

Auf einer Staffelei steht frei im Raum eine andere **Kreuztragung,** deren Urheberschaft nicht mit letzter Sicherheit feststeht. Mal wurde Giorgione, dann wieder Tizian vorgeschlagen. Die Forschung ist bis heute zu keiner festen Zuschreibung gelangt. Christus und Pilatus sind als Halbfiguren wiedergegeben, ihre Köpfe sind nah aneinandergerückt. Der Heiland schaut aus dem Bilde heraus, Pilatus dagegen wendet sich Christus mit einem forschenden Blick zu. Die Intensität des Bildes liegt in der psychologisch eindringlichen Gegenüberstellung unterschiedlicher Charaktere.

Die **Deckenbilder** waren **Tintorettos** erste Arbeiten für die Scuola. Im Zentrum erscheint hier der hl. Rochus in der Verklärung. Mit diesem Bild hatte Tintoretto die Mitbewerber Zuccari, Salviati und Veronese aus dem Feld geschlagen. In den Trabantenbildern erscheinen Personifikationen der fünf weiteren wichtigsten Scuole Venedigs.

Die Tintoretto-Gemälde in der Scuola Grande di S. Rocco sind eine der bedeutendsten Bildersammlungen der Welt und der umfangreichste biblische Zyklus der italienischen Kunst. Angefangen mit Adam und Eva, hat Tintoretto bis hin zur Erlösung der Menschen durch den Opfertod Christi den ganzen heilsgeschichtlichen Kosmos des christlichen Glaubens entworfen. Die Bilderserie ist »von einem so tiefen religiösen Geist erfüllt, wie nur noch die größten künstlerischen Schöpfungen des Mittelalters« (Arnold Hauser).

Scuola Grande di S. Giovanni Evangelista

Eine weitere Scuola, die **Scuola Grande di S. Giovani Evangelista (4),** findet man unweit der Frari-Kirche in der Calle dell'Olio o del Caffetier. Sie wurde bereits im 13. Jh. gegründet und gehörte zu den sechs ›großen‹ Scuole der Stadt. Für diese Scuola, deren Patron der Evangelist Johannes war, malten Carpaccio und Gentile Bellini den

Konzerte

Besonders stimmungsvoll sind die Abendkonzerte in der Scuola Grande di S. Giovanni Evangelista.

berühmten Zyklus der Bilder mit den Wundern der Kreuzreliquie, der nach Auflösung der Scuola in die Accademia überführt wurde. Dennoch lohnt der kleine Abstecher hierher, weil der Vorhof ein reizendes Zeugnis der frühen Renaissancearchitektur in Venedig ist. Er wird von drei marmorinkrustierten Wänden eingefasst, deren mittlere, frei stehende einen Durchgang in den Innenhof besitzt.

Linker Hand befindet sich die kleine Kirche S. Giovanni Evangelista aus dem 15. Jh. (im 18. Jh. stark verändert, keine nennenswerte Ausstattung), gegenüber das Bruderschaftshaus, neben dessen Eingang ein spätgotisches Relief in die Wand eingelassen ist. Es zeigt die knienden Mitglieder der Scuola vor ihrem Patron. Der Versammlungsraum des Untergeschosses ähnelt dem der Scuola Grande di S. Rocco; fünf schlanke Säulen in seiner Mittelachse tragen die flache Holzdecke. In den großen Saal des Obergeschosses gelangt man über ein frei an das Gebäude angelehntes Treppenhaus, dessen Fußpunkte und oberer Absatz mit Kuppeln überwölbt sind. Die Räume dienen heute für wechselnde Ausstellungen und werden gewöhnlich in das Programm der Kunst-Biennale mit einbezogen.

S. Nicolò da Tolentino

Der Besuch zweier weiterer Kirchen rundet die Streifzüge im Frari-Bezirk ab. Nahe dem Papadopoli-Park wendet die einstige **Klosterkirche des Theatiner-Ordens (5)** ihre Fassade dem Rio dei Tolentini zu. Dem im letzten Jahrzehnt des 16. Jh. errichteten Kirchenbau wurde im 18. Jh. eine offene Säulenhalle vorangestellt. Dem Bau liegt ein Plan Scamozzis zugrunde, der aber dadurch, dass die Vierungskuppel der kreuzförmigen Anlage nicht ausgeführt wurde und durch die überladen wirkende Ausstattung des 18. Jh. wenig überzeugt.

Ein wichtiges Bild des Genuesen **Bernardo Strozzi,** der seit 1630 in Venedig lebte, entdeckt man links vor dem Chor, eine **Darstellung des hl. Lorenz,** die Strozzis Schulung an den großen Flamen (Rubens, van Dyck) verrät. Rechts davon – ums Eck – hängt ein weiteres Barockgemälde, ebenfalls eines Nichtvenezianers: der **hl. Hieronymus von Johann Liss.** Der aus dem Oldenburgischen stammende Künstler hatte Venedig 1622 zu seiner Wahlheimat gemacht, wo er 1629, erst 32-jährig, ein Opfer der Pest wurde.

S. Pantalon

Am Rio Nuovo, der wichtigsten Wasserstraße zwischen Piazzale Roma und dem Canal Grande, steht die Kirche **S. Pantalon (6;** S. Pantaleone), deren Fassade unvollendet blieb. Es war eine Marmorverkleidung der rohen Ziegelwand vorgesehen. Im Innern der barocken Saalkirche überrascht das monumentale **Deckengemälde,** das größte seiner Art in Venedig. Der Maler **Gianantonio Fumiani** arbeitete zweieinhalb Jahrzehnte daran (1680–1704). Gerahmt von einer raffiniert angelegten Illusionsarchitektur ist die Aufnahme des Titelheiligen der Kirche in den Himmel dargestellt. Da es sich nicht um ein Fresko, sondern um Öl auf Leinwand handelt, sind die Farben im Lauf der Zeit beträchtlich nachgedunkelt.

Die große Kostbarkeit der Kirche verbirgt sich in der kleinen Cappella del Sacro Chiudo links vom Chor: ein **Altarbild** mit der Marienkrönung von **Bartolomeo Vivarini** und dessen Schwager, **Giovanni d'Alemagna** (1444). Es zeigt einen Bildaufbau, der die lang anhaltende Wirkung des von Guariento für den Dogenpalast rund hundert Jahre zuvor geschaffenen Typs der Marienkrönung belegt. Ein dichtes Szenarium von Heiligen, Evangelisten, Kirchenvätern, Aposteln und Engeln drängt sich um das Geschehen, das sich auf einer thronähnlichen Konstruktion vollzieht.

Reisen & Genießen

Restaurant

Auf der Karte des Restaurants Da Iganzio, das seit 1951 von der Familie Scroccaro geführt wird, stehen venezianische Spezialitäten wie *risotto ai frutti di mare (*mit Meeresfrüchten), *branzino al cartoccio* (Seebarsch in Folie gebacken), *spaghetti alle vongole* (mit Venusmuscheln) oder *ossobuco* (mit Weißwein, Tomaten und anderen Zutaten geschmorte Kalbshaxe). Empfehlenswert sind *scampi e castraure in tocio*, Scampi mit jungen Artischocken, die auf der Insel Sant'Erasmo gezüchtet werden und einen eigenen, zart bitteren Geschmack haben.

Im Sommer trägt der schattige Innenhof zum Charme dieses Lokals bei. Das Restaurant ist barrierefrei.

Da Ignazio
Calle Saoneri, 2749
Nahe S. Maria Gloriosa dei Frari
Tel. 041 523 48 52
www.veneziaristoranti.it/associati/ignazio.html
obere Preisklasse

Spaghetti alle vongole

Inseln und Stadtteile im Süden

Palladio-Kirchen

Inseln und Stadtteile im Süden

Besonders sehenswert: S. Giorgio Maggiore, Il Rendentore, S. Stefano, S. Maria della Salute, Guggenheim-Sammlung, Accademia, S. Sebastiano

S. Giorgio Maggiore

Der Blick auf die Klosterkirche der Benediktiner macht deutlich, dass man sich Venedig nicht von der Landseite, sondern vom Wasser her nähern sollte. S. Giorgio Maggiore ist ein wichtiger Baustein in der über Jahrhunderte gewachsenen Stadtfassade, der sich neben dem Dogenpalast und den ihn umgebenden Bauten als dritter und letzter bestimmender Akzent im 17. Jh. die Salute-Kirche hinzufügte.

Ende des 10. Jh. ließen sich die Benediktiner auf der Insel nieder und gründeten dort ihr dem hl. Georg geweihtes Kloster. Im 12. Jh. kam Stephanus als zweiter Titelheiliger hinzu. Den bestehenden Kirchenbau entwarf Andrea Palladio. Die Arbeiten wurden 1566 begonnen und erst lange nach dem Tode des genialen Architekten zum Abschluss gebracht. Die Weihe ist aus dem Jahr 1610 überliefert.

Fassade

S. Giorgio Maggiore ★★

Die aus strahlend weißem istrischem Marmor errichtete Fassade wurde nach einem Modell Palladios ausgeführt. In ihrer Dreigliederung ist sie ein Spiegelbild der basilikalen Raumverhältnisse, jedoch weicht sie deutlich von dem älteren Entwurf für S. Francesco della Vigna ab. An S. Giorgio ist der Mittelteil gegenüber den Seitenpartien hervorgehoben. Seinen Giebel tragen vier aufgeblendete Dreiviertelsäulen (S. Francesco: Halbsäulen), die sich fast vollplastisch von der Wand lösen. Die Gliederung der Seiten mit flachen Pilastern ist demgegenüber zurückgenommen. Auch die Sockelhöhe der drei Abschnitte ist unterschiedlich gewählt (S. Francesco: durchgehend gleich hoch). Während die Ecken bis auf Bodenniveau herabgezogen sind, wird der Mittelteil auf ein hohes Postament gestellt. Daraus ergibt sich eine gewisse optische Verzerrung, die schon Goethe beschrieben hat und die nach ihm in der Kunstgeschichte immer wieder Anlass dazu gegeben hat, die Fassade von S. Giorgio wegen ihrer Abweichung vom Harmonieideal der klassischen Sichtweise zu kritisieren.

S. Giorgio Maggiore
Mo–Sa 9–12.30, 14–18.30, So 14–18.30 Uhr, im Winter bis 16.30 Uhr
Der Eintritt ist gratis, nur für die Fahrt mit dem Lift auf die Aussichtsterrasse auf dem Campanile ist eine Gebühr zu bezahlen.

Als Grund für die genannten Unstimmigkeiten wird die Tatsache ins Feld geführt, dass die Fassade erst lange nach dem Tode Palladios ausgeführt wurde und deshalb Veränderungen, die von dem Meister nicht beabsichtigt waren, erfahren habe. Der Palladio-Biograf Temanza berichtet um die Mitte des 18. Jh., in der Redentore-Kirche ein Holzmodell der Fassade von S. Giorgio gesehen zu haben (heute verschollen), das nur ganz geringfügig von dem tatsächlich ausgeführten Bestand abwich (nach W. Timofiewitsch, Die sakrale Architektur Palladios, München 1968). Man muss also davon ausgehen, dass die Absicht des Künstlers ohne Abänderungen realisiert worden ist. Zu einer richtigen Beurteilung kann man nur kommen, wenn man sich die besondere Situation von S. Giorgio vor Augen hält. S. Francesco be-

◁ S. Giorgio Maggiore von Andrea Palladio

»Je mehr man Palladio studiert, um so unglaublicher kommt einem des Mannes Genie vor.« Johann Wolfgang von Goethe, »Italienische Reise« (1786)

sitzt eine Fassade, die durch die nahe Umbauung eine Betrachtung nur aus maximal 30 Metern Entfernung erlaubt. Sie ist deshalb greifbar, auf Nahsicht gedacht. Hier kommen die Ausgewogenheit aller Teile und das flache Relief der Gliederung vorteilhaft zur Geltung. Stellt man sich dieselbe Fassade an S. Giorgio vor, sie würde, da an dieser Stelle ganz andere Gegebenheiten herrschen – es ist an eine Fernsicht von der Piazzetta bzw. vom Dogenpalast aus gedacht –, flach und unkonturiert wirken. Die bestehende Fassade von S. Giorgio trägt aber gerade dieser Fernsichtigkeit, dem weniger haptischen als optischen Erlebnis Rechnung. Die fast vollplastisch gerundeten Säulen, die zurückweichenden Pilaster, die tief gemuldeten Nischen ergeben ein bewegtes Relief, in dem die Wechselwirkung von Licht und Schatten ein lebhaftes Spiel inszeniert. Die genannte Verzerrung wirkt deshalb nur aus der Nähe unvorteilhaft. Aus der Ferne aber ist das Ganze in sich stimmig; und nur aus der Distanz will diese Fassade gesehen werden.

Innenraum

Das Eintreten in die Kirche erlebt der Venedigbesucher als einen der festlichsten Augenblicke während seines Besuches in der Stadt. Durch die Zurückhaltung in der Ausstattung, die sich in anderen Kirchen oft bestimmend in den Vordergrund schiebt, kommt hier die reine Sprache der Architektur unverfälscht zur Geltung. Die Kirche ist eine dreischiffige Basilika mit gerundeten Querhausarmen, einer Kuppel im Zentrum und einem quadratischen Presbyterium im Osten, das sich hinter dem Hochaltar in einen apsidialen Mönchschor verlängert. Die ganze Formenwelt ist der römisch-antiken Architektur entlehnt, mit der sich Palladio intensiv auseinandergesetzt hatte: Säulen, Pfeiler, Pilaster, Thermenfenster etc. Wie die Fassade ist auch die Struktur des Innenraumes im Sinne eines monumentalen Reliefs aufzufassen. Den Pfeilern sind halbrunde Säulen vorgelagert, die Ecken der Vierung werden von scharfkantigen Pilastern markiert. In den Querschiffarmen verflacht das Relief in Gestalt der nur wie gezeichnet wirkenden Pilaster. Ein gleichmäßig durchgezogenes Gebälk, das sich an den Pfeilern verkröpft, stellt eine einheitliche Verbindung aller Raumteile her.

Palladio bleibt trotz des basilikalen Schemas einer alten venezianischen Tradition treu, die den Kirchenraum seit San Marco immer wieder unter die Dominanz der Kuppel stellt. So schafft auch hier die von einem Tambour getragene Kuppel eine Zentrierung zur Raummitte hin, der sich alles andere unterordnet.

Ausstattung

Wir lassen bei der Betrachtung der Ausstattung die Seitenaltäre unerwähnt und konzentrieren uns auf die Glanzpunkte, die im Presbyterium versammelt sind.

Innenraum der Palladio-Kirche S. Giorgio Maggiore

Girolamo Campagna schuf den **Hochaltar.** Die vier Evangelisten tragen die Weltkugel, auf der eine Statue Christi steht. Diese ungewöhnliche Schöpfung stellt die in die Skulptur übertragene Version eines aus der mittelalterlichen Malerei bekannten Motivs dar.

An den Seitenwänden hängen zwei großformatige **Spätwerke Tintorettos,** links das Mannawunder, rechts das Abendmahl. Das Thema des linken Bildes ist kaum erkennbar, der Titel dient als Etikett für eine ländliche Idylle mit tief religiösem Gewicht. Nicht das historische Ereignis des Mannaregens steht im Vordergrund, sondern die Bedeutung der von Gott gespendeten Nahrung. Die dargestellten Personen gehen unterschiedlichen Beschäftigungen nach. Man sieht einen Schuster und einen Schmied bei der Arbeit, ferner spinnende und waschende Frauen und desgleichen mehr. Sie alle sind als Abbild der menschlichen Gesellschaft zu sehen, die von der göttlichen Gnade lebt. In dem Abendmahl gelang Tintoretto eine Synopsis aller in seinen früheren Abendmahlsdarstellungen geäußerten Gedanken. Während die Gruppe der Dienerschaft einen Bezug zum Diesseits herstellt, ist die umstrahlte Gestalt Christi eine Erscheinung des unirdisch Wunderbaren. Herrscht bei den Aposteln am vorderen Ende des Tisches noch lebhafte Diskussion über den Verrat, so wird in der Gruppe um den Heiland die Erregung gemildert. An dieser Stelle gibt die demutsvolle Geste der Selbstaufopferung den Ton an. Flackernden Irrlichtern stehen ruhig ausgeleuchtete Partien gegenüber, himmlisches und irdisches Licht werden zu einer Synthese vereint. Dieses kurz vor dem Tode des Künstlers entstandene Meisterwerk ist zugleich ein Vermächtnis und ergreifendes Zeugnis von Tintorettos tiefer Gläubigkeit.

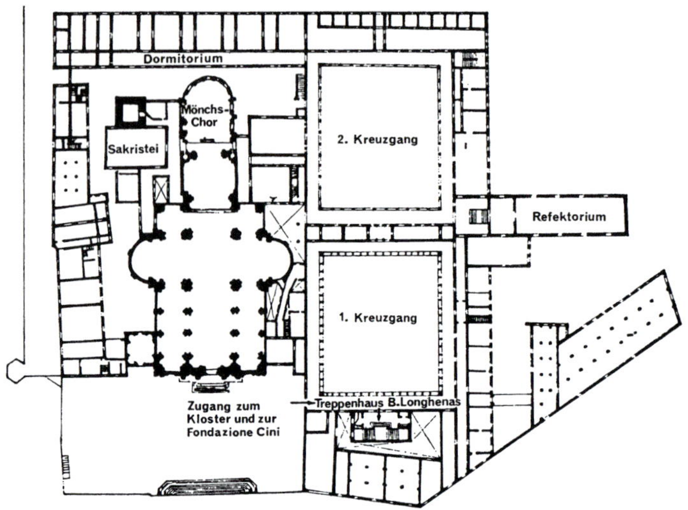

Grundriss der komplexen Klosteranlage von S. Giorgio Maggiore

Durch eine Tür links im Mönchschor erreicht man den Aufzug auf den **Campanile,** von dessen Glockenstube man einen überwältigenden Blick auf Venedig hat.

1799 tagte in S. Giorgio Maggiore das Konklave, das den Nachfolger des in der Haft Napoleons gestorbenen Pius VI. zu wählen hatte. Wenige Jahre später fiel auch S. Giorgio der Säkularisation anheim und wurde in der Folgezeit als Kaserne benutzt, ein Zustand, der bis 1951 andauerte. In diesem Jahr wurde das Kloster auf Betreiben des Grafen Vittorio Cini seiner alten Bestimmung wieder übergeben. Cini, der durch den Tod seines einzigen Sohnes den Erben verloren hatte, finanzierte die vorbildliche Restaurierung des ganzen Klosterkomplexes und gründete zur Erinnerung an seinen Sohn Giorgio die »Fondazione Cini«. Diese Stiftung umfasst ein Kulturinstitut zur venezianischen Geschichte und eine Schule bzw. Ausbildungsstätten für Waisen und Kinder sozial unterprivilegierter Familien. Deshalb sind auch die ebenfalls von Palladio entworfenen Konventsgebäude allgemein nicht zugänglich. Man kann meist nur einen Blick in die Kreuzgänge werfen (besonders gut kann man sie vom Campanile aus einsehen).

Überfahrt zur Insel Giudecca

Von S. Giorgio Maggiore fährt das Linienschiff hinüber zu der benachbarten Insel Giudecca. Der Name des lang gestreckten Eilands, das streng genommen aus einer Gruppe von acht durch Brücken miteinander verbundenen Inseln besteht, hat Anlass zu der Spekulation gegeben, hier hätten im Mittelalter die Juden Venedigs gelebt, wofür es jedoch keine konkreten Hinweise gibt.

Etwa auf halber Strecke zwischen den Palladio-Kirchen S. Giorgio und Il Redentore wendet die Kirche **S. Maria della Presentazione,** genannt **Le Zitelle** (die Jungfrauen), ihre Front dem Canale della Giudecca zu. Ihrer um 1586 erbauten, flach gehaltenen Fassade soll ein Entwurf Palladios zugrunde gelegen haben, den aber der ausführende Architekt, Jacopo Bozzetto, stark vereinfachte. Die Kirche selbst ist weitgehend ein Bauwerk des 18. Jh. Das einst dazugehörige Kloster war ein Stift für Mädchen aus armen Familien. Sie stellten eine besonders feine Spitze her, *punto in aria* genannt, die sehr begehrt war.

Das rechts neben der Kirche durch seine großen spitzbogigen Fenster auffallende Haus ist ein **neogotischer Bau** aus dem Anfang des 20. Jh., das sich der Landschaftsmaler Mario de Maria nach einem eigenen Entwurf hatte erbauen lassen.

Il Redentore

Il Rendentore ★

Als Venedig 1576 wieder einmal von einer schweren Pestepidemie heimgesucht wurde, gelobte die Signoria den Bau einer Kirche für den Fall einer baldigen Erlösung von der Seuche. Man ersuchte Palladio um einen Entwurf, der sogleich, 1577–92, in die Tat umgesetzt wurde. Seitdem wird alljährlich am dritten Sonntag des Monats Juli eine Dankeswallfahrt zur Kirche des Erlösers veranstaltet (in manchen Jahren über eine Pontonbrücke).

Die **Fassade** ist nicht wie S. Giorgio auf eine Fernsicht gedacht. Die Kirche liegt zu weit vom Molo ab, als dass ein bewegtes Relief noch zur Geltung kommen könnte. Diese Rolle übernimmt die Kuppel, zu der von der Fassade die Schräge des Walmdaches eine geschickte Überleitung herstellt. In seinem Spätwerk präsentiert sich Palladio noch einmal als strenger Klassizist. Die Fassade ist als Tempelfront gebildet und dem Umriss der dahinter aufgehenden Stirnwand der

Längsschnitt und Grundriss von Il Redentore

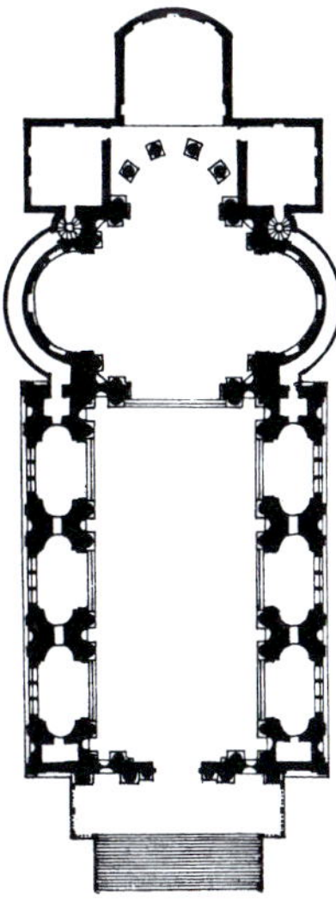

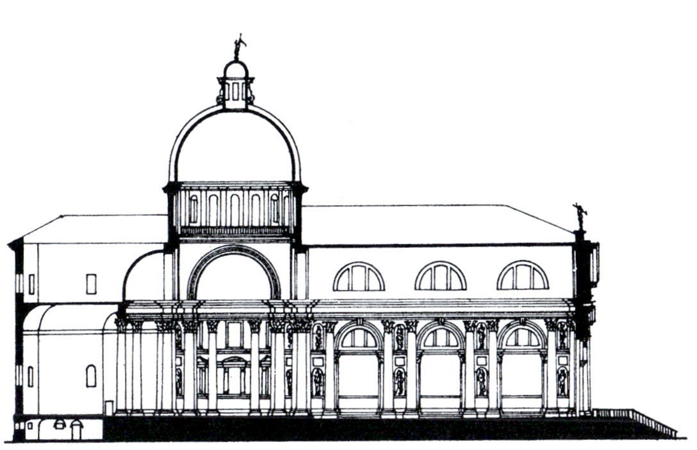

Il Redentore ist ein Spätwerk von Palladio. Der Architekt präsentiert sich hier nochmals als strenger Klassizist

Kirche fest eingebunden. Ihr Relief ist mehr zeichnerisch als plastisch empfunden. Die kleinen Seitenflügel erscheinen fast als Rudimente, was einer sinnvollen Widerspiegelung der tatsächlichen Raumverhältnisse entspricht. Denn im Gegensatz zu S. Giorgio ist Il Redentore keine Basilika, sondern ein einschiffiger Saal mit begleitenden Kapellen. Man erreicht ihn über eine breite Treppe, die als Erbe des römischen Podiumtempels anzusehen ist.

Der gegenüber S. Giorgio vereinfachte Grundriss gab Palladio die Möglichkeit, seine Idealvorstellung eines **Innenraumes,** die sich an der Erfahrung mit den im Rom erhaltenen Thermenanlagen herausgebildet hatte, zu realisieren. Der Raum atmet eine wohltuende Großzügigkeit. Seine Gliederung übernimmt Palladios Lieblingsmotiv, die Säule, die paarweise den Wandpfeilern vorgeblendet ist. Zwischen ihnen öffnen sich die Kapellen, drei zu jeder Seite. Der Grundriss lehnt sich eng an Il Gesù in Rom an. Palladio sondert jedoch im Gegensatz zu dem römischen Vorbild die Seitenkapellen stärker aus, buchtet sie zu den Seiten in halbrunde Nischen, die durchbrochen sind. So kommt eine Verbindung zwischen den kleinen Annexräumen zu-

Il Rendentore

Mo–Sa 10–17, So 13–17 Uhr
Es wird ein Eintrittsgeld erhoben. Der Chorus-Pass hat Gültigkeit.

stande, die ihnen fast den Eigenwert von Seitenschiffen gibt. Durch die links und rechts unterhalb des Chorbogens vorspringenden Zungenmauern wird das Langhaus akzentuiert gegen das Presbyterium abgegrenzt.

Das **Presbyterium** ist als Dreikonchenanlage gestaltet, die rückwärtige Konche in Form eines offenen Portikus, hinter dem der Mönchschor sichtbar wird. In der Trennung von Langhaus und dem Zentralraum des Chores mag einerseits eine Antwort Palladios auf die in der Signoria vorangegangene Diskussion liegen, ob Il Redentore als zentraler oder als längsgerichteter Bau zu erstellen sei (man entschloss sich eben für das letztere, und Palladio bot in seinem Entwurf beide Möglichkeiten in Kombination miteinander), andererseits ist es denkbar, dass die besondere Bestimmung des Bauwerks den Anlass dazu gab. Die Erlöser-Kirche ist ein Votivbau und in dieser Funktion auch als Memorialbau zu verstehen (zum Gedächtnis der Pesttoten), der in der Antike traditionell über zentralem Grundriss errichtet wurde. Eine optisch gelungene Verbindung zwischen beiden divergenten Raumabschnitten entsteht durch den hoch in das Gewölbe einschneidenden Chorbogen, der den Blick in die Tambourzone der Kuppel und die dort postierte Statue des Erlösers lenkt.

Die Konzentration auf das Wesentliche, der Verzicht auf kleinteilige Architekturdekoration verleihen Il Redentore die Wirkung von erhabener Würde. Die Ausstattung, die überwiegend später dazugekommen ist, hat keine herausragenden Anhaltspunkte zu bieten.

Molino Stucky

Am Westende der Giudecca, dort, wo der Canale dei Lavraneri die Giudecca von der Insel Sacca Fisola trennt, erhebt sich ein hoch aufragender, markanter Ziegelbau, das einzige **Bauwerk des frühen Industriezeitalters** in Venedig, das Denkmalschutz genießt. Es war eine Mühle, in der bis zu 1500 Arbeiter beschäftigt waren. Sie wurde 1885 errichtet und war bis 1955 in Betrieb. Sie trägt den Namen ihres Erbauers, des aus der Schweiz stammenden Industriellen Giovanni Stucky, der 1843 geboren und 1910 ermordet wurde. Der Architekt war der Deutsche Ernst Wullekopf. In der zweiten Hälfte des 20. Jh. blieb die Mühle ungenutzt und verfiel. Dem geplanten Abriss kam die Denkmalbehörde zuvor, indem sie den Bautenkomplex 1988 unter Denkmalschutz stellte. 2003 wütete ein Feuer in der Ruine. Danach kam Bewegung in die Frage, wie es mit dem Bauwerk weitergehen sollte. Die Hilton-Hotel-Gruppe erwarb das Gemäuer und führte in rasant kurzer Zeit die Renovierung und den Umbau zu einem Luxushotel durch, wobei strenge Auflagen der Denkmalbehörde einzuhalten waren. Die Eröffnung fand 2008 statt. Nach außen ist nicht erkennbar, dass es sich heute um ein Hotel handelt. Dieses hat 380 Zimmer, darunter 44 Suiten, außerdem Vortrags- und Konferenzräume, mehrere Restaurants, Cocktailbar, Wellness-Bereich und anderes mehr.

Besichtigungstipp

Auch ohne ein Hotelgast zu sein, kann man das Hotel Molino Stucky besichtigen. Da keines der Linienschiffe dort hält, wurde ein privater Shuttle eingesetzt, der regelmäßig zwischen dem Zattere-Kai und dem Hotel verkehrt. Die Anlegestelle ist westlich von der Mündung des Rio S. Trovaso in den Canale della Giudecca. Die Überfahrt ist kostenfrei. Die Besucher können im Hotel speisen oder einen Drink nehmen. Zur Orientierung in dem labyrinthischen Bauwerk lässt man sich am besten an der Rezeption einen Plan geben.

Cityplan Bereich S. Stefano S. 197

Bauten in der Umgebung von S. Stefano

S. Moisè

Wir beginnen diesen Rundgang nahe der Piazza di San Marco, von wo wir durch die Salizzada S. Moisè zur gleichnamigen **Kirche (1)** gelangen. Die bereits in karolingischer Zeit erwähnte Gründung wurde 1632 von Grund auf neu gebaut, ihre Fassade (1668) aus Stiftungen der Familie Fini finanziert. Sie ist die bewegteste Barockfassade der Stadt und in ihrer an römischen Vorbildern orientierten Monumentalität recht unvenezianisch. Ursprünglich waren sogar noch mehr Skulpturen vorhanden, sie wurden aber im 19. Jh. aus statischen Gründen zum Teil entfernt. Originell sind die beiden über dem **Hauptportal** ruhenden Kamele, auf deren Rücken sich ein Obelisk erhebt. Die Inschrift darauf nimmt rühmend Bezug auf die Stifterfamilie Fini. Dem geläufigen Muster der Barockkirche folgend ist der Innenraum als Saal mit begleitenden Kapellen und anschließendem Chor angelegt. Die Altäre entstammen überwiegend dem 18. Jh. Erwähnenswert ist eine späte **Fußwaschung Tintorettos** (links neben dem ersten Seitenaltar), die allerdings extrem nachgedunkelt ist und sich so – wenn auch unbeabsichtigt – in das düstere und überladene Gesamtbild der Kirche fügt. Derjenige, der Schwierigkeiten im Zugang zur Kunst des Barock hat, findet hier wenig Hilfe zum Verständnis dieser Epoche; in dieser Hinsicht erweist sich die nicht weit entfernte Kirche S. Maria del Giglio als aufschlussreicher.

S. Maria del Giglio und S. Maurizio

S. Maria del Giglio

Mo–Sa 10–17, So 13–17 Uhr Es wird ein Eintrittsgeld erhoben. Der Chorus-Pass hat Gültigkeit.

Die Fassade von **S. Maria del Giglio (2;** S. Maria Zobenigo) entstand nur wenige Jahre nach der von S. Moisè (1678–83). Kräftige Säulenpaare, Nischen mit Statuen und durchgezogene Gesimse sorgen für eine straffe Gliederung. Das ikonografische Programm ist eine einzige Verherrlichung der Familie Barbaro, die in dem zugehörigen Pfarrsprengel wohnte und die Mittel zur Errichtung der Fassade bereitgestellt hatte. Ungewöhnlich ist die Sockelzone. Sie zeigt in Relief (von links nach rechts) Ansichten der Städte Zara, Candia, Padua, Rom, der Insel Korfu und Spalatos (Split), Anspielungen auf Besitzungen Venedigs einerseits und auf die angebliche Abstammung der Barbaros aus altem römischem Adel andererseits. Die vier Statuen im unteren Geschoss stellen verdiente Ahnen des Stifters Antonio Barbaro dar, der selbst im zweiten Geschoss über dem Hauptportal erscheint, zu seinen Seiten Personifikationen des Ruhmes und der Tugendhaftigkeit. Im Zwischengeschoss führen Reliefs verschiedene Seeschlachten vor.

Der **Innenraum** ist ein breit gelagerter Saal mit angrenzenden Kapellen. Es ist das bekannte barocke Schema, das durch Il Gesù in Rom

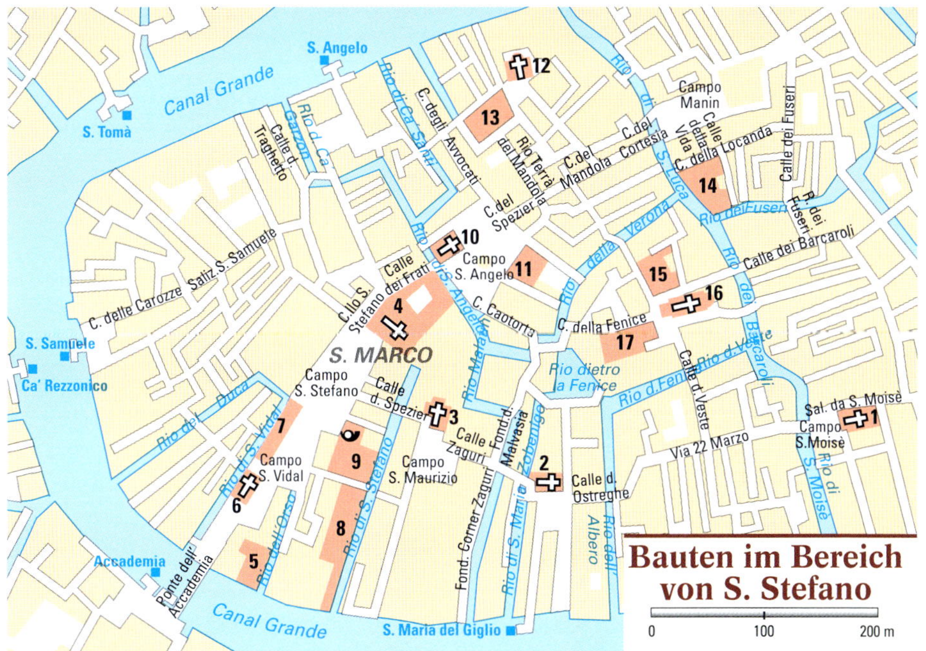

für zahlreiche Kirchen des 17. Jh. verbindlich wurde. Die große querformatige Abendmahl-Darstellung über dem Eingang gilt als Arbeit Jacopo Palmas d. J. Die vier Sibyllen darunter stammen von Giuseppe Salviati. Links neben dem Eingang entdeckt man ein reizendes Detail: ein kleines Relief mit dem hl. Hieronymus in einer Grotte, möglicherweise ein Jugendwerk Pietro Lombardos. Auf der rechten Seite gelangt man durch einen schmalen Zugang in die Kapelle der Familie Molin. Den Altar ziert eine entfernt an Michelangelo erinnernde Pietà von Giuliano dal Moro. Das stolz durch eine Schrifttafel am Eingang angekündigte Bild Peter Paul Rubens' – Maria mit dem Christuskind und dem Johannesknaben – lässt sich bestenfalls der Werkstatt des großen Flamen zuweisen. Der eigentliche Schatz der Kirche sind Bilder der vier Evangelisten von Tintoretto in der Sakristei. Sie schmückten vormals den Orgelprospekt. Die Jugendwerke (um 1550) zeigen die Evangelienschreiber als athletische Kolossalfiguren im Sinne antiker Körperlichkeit.

An der kleinen Kirche des hl. Mauritius gehen die meisten achtlos vorüber. Dabei ist **S. Maurizio (3)** ein historisch bemerkenswertes Bauwerk, weil es, nach 1806 errichtet, eine exakte Nachbildung der zugunsten der Ala Napoleonica (an der Piazza) abgerissenen Kirche S. Geminiano des Jacopo Sansovino darstellt. Der Innenraum vermittelt eine lebendige Vorstellung von dem zerstörten Werk Sansovi-

Bauten im Bereich von S. Stefano

1 S. Moisè
2 S. Maria del Giglio
3 S. Maurizio
4 S. Stefano
5 Palazzo Cavalli-Franchetti
6 S. Vidal
7 Palazzo Loredan
8 Palazzo Pisani
9 Palazzo Morosini
10 Oratorio S. Annunziata
11 Palazzo Duodo
12 S. Benedetto
13 Palazzo Pesaro degli Orfei
14 Palazzo Contarini del Bovolo
15 Scuola di S. Fantin
16 S. Fantin
17 Teatro La Fenice

nos, das wie eine ins Kleinformat übertragene Kopie der Markuskirche anmutet. Die kreuzförmige Anlage wird von fünf Kuppeln überwölbt, die untereinander durch Tonnenkonstruktionen verbunden sind. Heute dient der profanierte Raum als Instrumentenmuseum. Artemio Versari, Professor der Musikgeschichte und leidenschaftlicher Instrumentensammler aus Bologna, hat Teile seiner privaten Sammlung hier ausgestellt, in der Hauptsache Streichinstrumente des Barockzeitalters.

Campo S. Stefano

Der Campo S. Stefano gehört mit dem anschließenden Campo S. Vidal wegen seiner Weiträumigkeit und des Ensembles von Kirchenbauten und Palastfassaden unterschiedlicher Epochen zu den schönsten Plätzen der Stadt. Untypisch ist die fehlende Öffnung zu einem Rio, von denen zwei den Campo nur versteckt ›bedienen‹. Den Abschluss nach Süden, am Campo S. Vidal, bilden die Rückseite des gotischen **Palazzo Cavalli-Franchetti (5)** und die aufgelassene Kirche **S. Vidal (6),** deren Fassade (um 1700) fast ein Zitat von Palladios S. Giorgio Maggiore ist.

Einer der schönsten Plätze der Stadt: Der Campo S. Stefano

Breit lagert sich an der westlichen Langseite des Platzes die zweigeschossige Front des **Palazzo Loredan (7)** aus dem 16. Jh. Seine aus istrischem Marmor erbaute Schmalseite nach Norden gehört dem 17. Jh. an. Ihm gegenüber versteckt sich hinter Vorbauten der mächtige **Palazzo Pisani (8),** eine der größten Palastanlagen Venedigs, deren schlosshafte Ausmaße zur Erbauungszeit (ab 1615) heftige Kritik hervorgerufen haben. Heute befindet sich darin die Hochschule für Musik. Sehenswert ist der Innenhof, der durch eine quer gestellte, mehrstöckige Loggia in zwei Hälften unterteilt ist. Daran grenzt nördlich der **Palazzo Morosini (9).** Die Bauten um den Campo S. Stefano machen deutlich, dass die Stammhäuser bedeutender Patrizierfamilien nicht zwingend am Canal Grande zu stehen hatten; man begegnet ihnen in der ganzen Stadt.

S. Vidal

Hier finden die Konzerte der »Interpreti Veneziani« statt. Während der Darbietung erfreut sich das Auge an dem Altarbild Vittore Carpaccios: der hl. Vitalis zu Pferde. Vorverkauf tagsüber in S. Vidal oder über die Hotelrezeptionen.

S. Stefano

Den nördlichen Abschluss des Platzes bildet die Kirche **S. Stefano (4).** Der im 14. Jh. errichtete Backsteinbau (1374 vollendet) war Sitz der Augustiner-Chorherren.

S. Stefano ★

S. Stefano

Mo–Sa 10–17,
So 13–17 Uhr
Es wird ein Eintrittsgeld erhoben. Der Chorus-Pass hat Gültigkeit.

Innenraum

Durch ein von fein ziselierten Marmorprofilen eingefasstes Portal an der Westseite betritt man das Innere, eine der verblüffendsten Raumgestaltungen der venezianischen Gotik. Als allgemein spätgotisch kann man die hallenartige Weiträumigkeit der basilikalen Anlage einstufen. Dieser Eindruck wird durch die extrem schlanken Säulen begünstigt, die so zartgliedrig gehalten werden konnten, weil sie nicht die Last eines steinernen Gewölbes, sondern lediglich eine hölzerne Konstruktion zu tragen brauchen. Die Seitenschiffe enden nach oben in den offenen Dachstuhl der Pultdächer, das Mittelschiff wird von einer aus Tonnensegmenten gebildeten (Holz-)Wölbung überfangen, die im Querschnitt das Bild eines Fünfpassbogens zeigt. Ihr sind winzig kleine Kassetten aufgemalt, was die Originalität der ganzen Konstruktion noch steigert. Lediglich der Chor und seine seitlichen Kapellen sind mit einer steinernen Konstruktion aus Kreuzrippen und Stichkappen eingewölbt. Die Hochschiffwände bestehen aus unterschiedlich farbigen Ziegelsteinen, deren Rautenmuster vom Außenbau des Dogenpalastes abzuleiten ist. Das auffallendste Stück **Ausstattung** ist ein spätgotischer Bronzekandelaber, der gegenüber dem Eingang aufgestellt ist. Im Boden vor dem ersten linken Seitenaltar befindet sich die Grabplatte des Komponisten Giovanni Gabrieli (1557–1613).

Sakristei

Für Überraschung sorgt vor allem die **Sakristei,** deren Zugang sich vor der rechten Chorkapelle befindet. Die in einen Renaissancerahmen eingelassenen Türflügel sind moderne Arbeiten in Bronze des italienischen Bildhauers Sopenza. Sie zeigen Reliefs mit Darstellungen der beiden letzten aus Venedig stammenden Päpste: Johannes XXIII. (rechts) und Johannes Paul I. (links), der im Herbst 1978 überraschend nach einem kaum fünfwöchigen Pontifikat verstarb. Die Sakristei ist ein kleines Museum venezianischer Kunst. Aus S. Vidal stammen die beiden Fragmente eines einstigen Polyptychons mit großfigurigen Darstellungen der Heiligen Nikolaus und Lorenz von Bartolomeo Vivarini. Aus einer anderen säkularisierten Kirche, S. Margareta, kamen die drei Gemälde Tintorettos hierher. Sie zeigen Fußwaschung, Abendmahl und Christus am Ölberg. Die Fußwaschung ist in ein geheimnisvolles Dunkel getaucht, aus dem schlaglichtartig die von einer Fackel beschienenen Köpfe Christi und der Apostel aufleuchten. Das Abendmahl zeigt die von Tintoretto seit dem Bild in S. Trovaso bekannte Schrägstellung des Tisches. Diesmal ist Christus in den Vordergrund gerückt, während die aufgeregt debattierende Versammlung der Jünger in den Bildhintergrund gestaffelt wird. Am eindringlichsten ist die Ölberg-Szene, die der Version in der Scuola Grande di S. Rocco nahesteht. Auch hier wird Christus – abweichend von der biblischen Überlieferung – schlafend statt betend gezeigt. Der Kelch des über ihm schwebenden Engels wird so zu einem Traum umgedeutet. In dem angrenzenden Nebenraum sind Skulpturen ausgestellt, u. a. eine Büste des hl. Sebastian von Tullio Lombardo.

In die Kirche zurückgekehrt, sollte man noch einen Blick in den Chor werfen, in dessen Seitenwände Teile einer einstigen **Chorschranke** vermauert sind (15. Jh.; eventuell Mitarbeit der Lombardo-Werkstatt).

Kreuzgang

Falls offen, verlassen wir die Kirche durch eine Tür im linken Seitenschiff, die in den **Kreuzgang** führt. Er wurde im 16. Jh. angelegt und wirkt durch die Verwendung von Kolonnaden anstatt der gewohnten Arkaden auffallend unvenezianisch. In den einstigen Konventsgebäuden residiert heute das Finanzamt. Durch eine Tür im Nordflügel treten wir hinaus auf den Campo S. Angelo (falls die Tür im Seitenschiff geschlossen ist, verlässt man die Kirche wieder durch das Hauptportal und wendet sich dann nach rechts). Das Tympanon über dem Kreuzgangs-Portal (außen) fällt durch seine ungewöhnliche Ikonografie aus dem Rahmen. Der hl. Augustinus ist dort nach Art einer Schutzmantelmadonna dargestellt. Unter dem ausgebreiteten Mantel knien die Ordensgeistlichen.

Campanile von S. Stefano

Von hier aus, ein paar Schritte auf den Campo S. Angelo hinausgehend, hat man den besten Blick auf den Campanile von S. Stefano, einen der höchsten und zugleich schiefsten Glockentürme Venedigs. 1902 wurde sein Fundament verstärkt, um einem Einsturz vorzubeugen.

Campi S. Angelo, S. Benedetto und Manin

Museo Fortuny
Mi–Mo 10–18 Uhr

Während der Campo S. Stefano durch die nahe Accademia-Brücke ein stets betriebsamer Durchgangsplatz ist, erlebt man den nördlich von S. Stefano gelegenen **Campo S. Angelo** meist in idyllischer Ruhe. Die Kirche des Erzengels Michael, die dem Platz seinen Namen gab, wurde im 19. Jh. abgerissen. Erhalten blieb aber das kleine **Oratorio S. Annunziata (10),** eine Stiftung der Familie Morosini. Schräg gegenüber in der Nordostecke des Campo erinnert eine Gedenktafel am gotischen **Palazzo Duodo (11),** dass in seinen Mauern der Komponist Domenico Cimarosa lebte und 1801 dort starb.

Durch die geradlinige Flucht der Calli del Spezier, del Mandola und del Cortesia gelangt man auf den Campo Manin. Wer mit viel Muße unterwegs ist und noch einen ganz intimen Winkel Venedigs kennenlernen möchte, biegt vorher links in den Rio terrà del Mandola ab, der nach wenigen Schritten auf den **Campo S. Benedetto** führt. Den malerischen kleinen Platz fassen die Front der **Benedikt-Kirche (12)** und der gotische **Palazzo Pesaro degli Orfei (13)** ein. Neben verschiedenen Barockbildern fällt in der Kirche der erste Seitenaltar links auf, eine Darstellung des hl. Franziskus von Paola von Tiepolo. In dem Palazzo lebte bis zu seinem Tode (1949) der spanische Designer Mariano Fortuny, ein Allroundgenie, der durch seine Plisseekleider berühmt wurde. Im Piano nobile ist ein kleines **Museum** zur Erinnerung an **Fortuny** eingerichtet, auch finden im Rahmen der Kunst-Biennale Ausstellungen in dem Palazzo statt.

Der Palazzo Contarini del Bovolo mit seiner Außentreppe, die fünf Loggien miteinander verbindet

Das Gesicht des **Campo Manin** ist gegenüber anderen Plätzen der Stadt durch die breite Front eines modernen Bankgebäudes vergleichsweise nüchtern. Inmitten des Platzes erhebt sich ein Standbild des Revolutionärs Daniele Manin, dessen Versuch, das österreichische Joch abzuschütteln, misslang.

Am Campo Manin wenden wir uns nach rechts in die Calle del Vida, von wo kleine gelbe Schilder den Weg zum **Palazzo Contarini del Bovolo (14)** weisen. Der von anderen Wohnbauten eingezwängte Palazzo der weitverzweigten Familie Contarini, aus der acht Dogen hervorgingen, wurde im 16. Jh. erbaut. Er besitzt die reizvollste Außentreppe eines venezianischen Patrizierhauses, eine Wendeltreppe, die sich nach außen in kleinen Arkaden öffnet. Sie verbindet die fünf übereinanderliegenden offenen Loggien des Palazzo miteinander. Heute befindet sich darin die Verwaltung der städtischen Wasserwerke.

Nun geht es um mehrere Ecken: vom Palazzo Contarini del Bovolo zunächst rechts durch die Calle della Locanda bis zu deren Ende, dann rechts in die Calle dei Fuseri, über den Rio dei Fuseri, danach wieder rechts in die Calle dei Barcaroli. Kurz nachdem man den Rio dei Barcaroli überquert hat, landet man auf dem Campo S. Fantin, nicht weit vom Ausgangspunkt unseres Rundganges bei der Kirche S. Moisè.

Campo und Kirche S. Fantin

Scuola di S. Fantin (15)

Drei in Gestalt und Bestimmung unterschiedliche Bauwerke fassen den kleinen Platz ein. Folgt man dem oben beschriebenen Weg, fällt der Blick zuerst rechts auf die Fassade der Scuola di S. Fantin aus dem späten 17. Jh. Die Barockfassade, an deren Entwurf Alessandro Vittoria mitgewirkt haben soll, gipfelt in einem Tympanon mit dem Relief einer Kreuzigung Christi und drei Akroterfiguren auf dem Giebel darüber (Maria und zwei Engel), Arbeiten von Schülern Vittorias. Die Scuola trug nicht nur den Namen der benachbarten Kirche, man kennt sie auch unter der Bezeichnung ihrer ursprünglichen Titelheiligen, Maria und Hieronymus. Etwas makaber erscheint ihr dritter, volkstümlicher Name: Scuola della buona Morte or della Giustizia (des guten Todes oder der Gerechtigkeit). Diese Bezeichnung erinnert an die Aufgabe der Bruderschaft, die in der seelsorgerischen Betreuung zum Tode verurteilter Delinquenten und ihrer anschließenden Bestattung bestanden hatte. Heute ist die einstige Scuola Sitz des Wissenschaftsinstitutes »Ateneo Veneto«.

S. Fantin (16)

Die gegenüber der Scuola liegende Kirche S. Fantin entstand in der ersten Hälfte des 16. Jh. Die Bauleitung hatte anfangs Scarpagnino, später Sansovino, der mit der Errichtung des Chors die Arbeiten 1564 zum

Die barocke Fassade der Scuola di S. Fantin wurde von Antonio und Tommaso Contin unter Mitwirkung Vittorias errichtet, Stich aus dem 18. Jh.

Abschluss brachte. Der für venezianische Verhältnisse radikal anmutende Verzicht auf schmückenden Dekor am Außenbau lässt die Kirche zunächst abweisend, beinahe spröde erscheinen. Umso wohltuender erweist sich dagegen der schmucke kleine Innenraum, der in den ausgewogenen Proportionen der Renaissance gehalten ist. Der Raum erfährt eine Lichtsteigerung zum Chor Sansovinos, dessen Kuppel von vier in den Ecken des Quadrates frei stehenden Säulen getragen wird.

Teatro La Fenice

Dem Kirchenportal schräg gegenüber befindet sich das älteste Theater der Stadt, das berühmte **Teatro La Fenice (17).** Es wurde als eines der letzten großen Bauprojekte der freien Republik 1790 begonnen und 1792 eingeweiht. Nachdem es bereits 1836 vom Feuer vernichtet wurde, brannte es 1996 – aufgrund von Brandstiftung – erneut aus. Der originalgetreue Wiederaufbau wurde im Jahr 2004 abgeschlossen. Das Fenice, eines von Italiens schönsten Opernhäusern, war Schauplatz großer Premieren. Hier wurden z. B. die Verdi-Opern »La Traviata« und »Rigoletto« uraufgeführt, und 1951 stellte hier Igor Strawinsky »The Rake's Progress« der Weltöffentlichkeit vor.

Exkurs: Venezianische Musik

Nachdem dieser Rundgang bereits zum Grabe Giovanni Gabrielis, zur Wirkungsstätte Cimarosas und nun zum Aufführungsort berühmter Opern geführt hat ein paar Bemerkungen über die Bedeutung der Musik in Venedig. Die Liebe der Venezianer zur Musik ist sprichwörtlich. Nicht zufällig wurde gerade in dieser Stadt der Musikaliendruck erfunden. Dennoch war es ein Ausländer, der den Grundstein zur Entwicklung dieses bedeutsamen Kapitels venezianischer Kulturgeschichte legte. Der Flame **Adrian Willaert** (um 1480–1562) wurde als Domorganist nach San Marco berufen, wo er, angeregt durch die zwei Orgeln der Kirche, die Aufführungspraxis der Doppelchörigkeit ersann. Seine Nachfolger **Andrea Gabrieli** (1510–86) und dessen Neffe **Giovanni Gabrieli** (1557–1612) entwickelten daraus die Mehrchörigkeit, Grundlage der barocken Polyfonie. Giovanni Gabrieli übertrug dieses Prinzip auch auf die Instrumentalmusik.

In dem wichtigen Amt des Organisten von San Marco folgte ihm **Claudio Monteverdi** (1567–1643), der die Oper in Venedig heimisch machte: Monteverdi löste die Einzelstimme aus dem Chorgesang und erfand die Form der Arie, die seine Schüler Francesco Cavalli (1602–76) und Antonio Cesti (1623–69) weiter differenzierten. Diese Idee des solistischen Musizierens griff **Antonio Vivaldi** (1678–1741) für die Instrumentalmusik auf. In der Form des Concerto grosso wird eine Solistengruppe (Concertino) einem Orchester (Ripieno) gegenübergestellt.

Karikaturistisches Porträt von Antonio Vivaldi (P. L. Ghetti, 1723)

Diese schon vor Vivaldi ausgeprägte Kompositionsform hatte anfänglich die Solisten lediglich echoartig auf das Orchester antworten lassen. Vivaldi dagegen hob die Soli als eigenständige Stimmen vom Klangkörper des Begleitensembles ab. Parallel zu der vorangegangenen Entwicklung der Oper mündete dieser Weg folgerichtig in das Solokonzert, in dem der Einzelinterpret virtuos hervortritt. Vivaldis Konzertzyklus »Le quattro stagioni« (Die vier Jahreszeiten) für Solovioline und Orchester haben geradezu Symbolcharakter für eine ganze Epoche der abendländischen Musikgeschichte erlangt. Andere Komponisten, **Tommaso Albinoni** (1671–1750) oder **Benedetto Marcello** (1686–1739), eiferten dem großen Vorbild Vivaldis nach.

Es ist das tragische Schicksal Vivaldis, des neben Monteverdi bedeutendsten Komponisten der venezianischen Musikgeschichte, dass seine Musik noch zu seinen Lebzeiten von der Präklassik verdrängt wurde. Er verließ seine Heimatstadt und starb 1741 verelendet in einem Wiener Armenhaus. Seine Musik geriet in Vergessenheit und erlebte erst im 20. Jh. die ihr gebührende Wiederentdeckung und Anerkennung.

Nach Vivaldi wurde die Oper gegenüber der reinen Instrumentalmusik führend in Venedig. Im 18. Jh. gab es hier sieben Opernhäuser.

Von der Salute-Kirche nach S. Trovaso

Cityplan Salute-Kirche nach S. Trovaso S. 208

S. Maria della Salute

S. Maria della Salute ★★

Als im Sommer 1630 wieder eine der verheerenden Pestepidemien in Venedig wütete, ließ die Signoria in allen Kirchen der Stadt Messen zu Ehren der Muttergottes lesen. Das Abebben der Seuche im beginnenden Herbst hielt man deshalb ihrer Fürbitte zugute und beschloss, zum Dank eine Marienkirche zu erbauen. Den Wettbewerb dafür gewann der damals 33-jährige Baldassare Longhena. Die Arbeiten an dem gewaltigen Projekt zogen sich mehr als ein halbes Jahrhundert hin. Die Weihe ist aus dem Jahr 1687 überliefert.

Die **Salute (1),** Longhenas Hauptwerk und zugleich die bedeutendste Barockkirche der Stadt, verdeutlicht, wie sehr sich die Serenissima, ihres einstigen großen Einflusses längst beraubt, intensiv um die Selbstverherrlichung auch in städtebaulicher Hinsicht bemühte. Mit der voluminösen Kuppel fand die über Jahrhunderte gewachsene Stadtfassade ihren endgültigen Abschluss. Sie vollendete mit den bereits bestehenden Bauten des Dogenpalastes und der Palladio-Kirche S. Giorgio Maggiore die unvergleichliche Silhouette. Egal, ob man nun den Canal Grande abwärts fährt, auf der Piazzetta steht oder auf den Inseln S. Giorgio bzw. Giudecca, immer schiebt sich die Salute-Kuppel als kraftvoller Akzent in das urbane Gefüge.

S. Maria della Salute
Mo–Sa 9–12, 15–18, So 15–18 Uhr
In der Salute, wie man sie in der Regel kurz nennt, ist der Eintritt frei, für den Besuch der Sakristei wird eine Gebühr erhoben.

Fassade

S. Maria della Salute ist ein **oktogonaler Zentralbau.** Dem Canal Grande wendet sie einen antikisierenden Portikus als Hauptportal zu. Aber auch die Außenseiten der radial angeordneten Kapellen sind wie kleine Fassaden mit Pilastergliederungen, Nischenstatuen und Thermenfenstern behandelt. Die Überleitung von dieser unteren Zone erfolgt über Voluten, die sich an den Tambour lehnen. Die Salute wird wegen dieser Voluten im Volksmund die ›Kirche mit den Ohren‹ genannt. Das Ganze ist im Sinne barocker und spezifisch venezianischer Theatralik auf eine allseitig wirkende Fernsicht angelegt. Diese Beobachtung gilt jedoch nur für die Gesamtwirkung.

Im Einzelnen stellt man überrascht fest, dass der Bau auffallend konservativ ist. Das beginnt mit dem Grundriss, der dem klassischen Ideal der Renaissance, dem Zentralbaugedanken, folgt, während sonst im Barock der längsgerichtete Bau bzw. das Oval vorherrschten. Auch die Ausführung der Fassadenteile steht der Renaissance näher als der Kunst des Barock. Alles ist in geraden Bahnen gehalten, mit Ausnahme der Voluten beobachtet man an keiner Stelle Schwingungen, Kurvaturen oder Brechungen, wie sie für die Kunst des 17. Jh. charakteristisch geworden sind. Der Portikus ist ein Zitat palladianischen Formengutes. So entpuppt sich die Salute-Kirche wieder als ein Beispiel für Venedigs über Jahrhunderte ungebrochenen Konservatismus.

S. Maria della Salute ist das Hauptwerk von Baldassare Longhena und zugleich die bedeutendste Barockkirche Venedigs ▷

Man duldete den Barock, soweit er den eigenen Intentionen entgegenkam, in diesem Fall der theatralischen Zurschaustellung des Bauwerks, kleidete ihn aber in das Gewand der überlieferten Formen der Renaissance, die es ihrerseits vordem ebenso schwer gehabt hatten, sich in der Lagunenstadt zu etablieren.

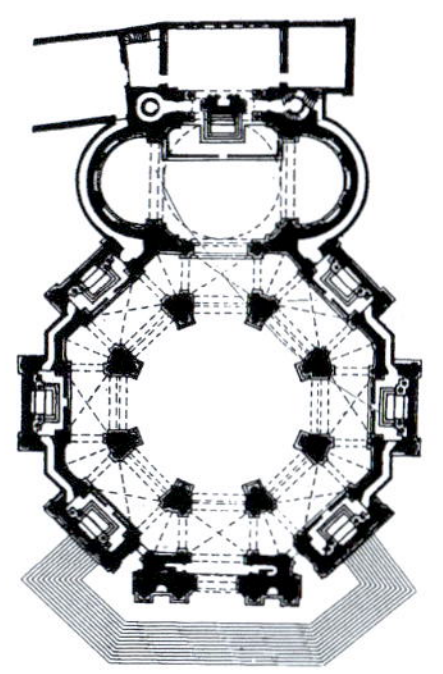

Grundriss von S. Maria della Salute

Innenraum

Dasselbe gilt für den Innenraum, der vollständig dem barocken Mystizismus, der Verunklärung realer Zusammenhänge, abhold ist. Hier herrscht lichtdurchflutete Überschaubarkeit. Kristallisch klar ist der Kuppelraum strukturiert, den acht Pfeiler mit vorgeblendeten Dreiviertelsäulen (Palladio!) tragen. Die zentrierende Wirkung wird dank der kunstvollen Marmoreinlegearbeit des Fußbodens geschickt unterstrichen. Die Chorgestaltung erinnert an die zweite große Pest-Votivkirche, Il Redentore. Nach links und rechts laden apsidial gerundete Annexräume aus, an die sich – hinter dem Altar – der Mönchschor anschließt. Der Altarraum ist von einer zweiten, kleineren Kuppel überfangen, die auch im äußeren Erscheinungsbild mitspricht.

Die originelle Schöpfung des **Hochaltars** erinnert an die Entstehungsgeschichte der Kirche. Über einer kostbaren byzantinischen Marien-Ikone (aus Kreta, 12./13. Jh.) erhebt sich eine Skulpturengruppe, die Justus Le Court schuf. Zu Füßen der strahlenden Erscheinung der Muttergottes kniet linker Hand die jugendlich schöne Venezia, nach rechts flieht ein hässliches altes Weib, die Personifikation der Pest.

Sakristei

Als eine Schatztruhe der venezianischen Malerei erweist sich die Sakristei. Die hier aufbewahrten Gemälde stammen überwiegend aus verschiedenen säkularisierten Kirchen Venedigs. Der **Altar** mit dem erhöht thronenden Markus, um den sich die Heiligen Cosmas, Damian, Rochus und Sebastian gruppieren, ist ein frühes Werk Tizians (1511). Es lässt noch die Handschrift seines Lehrmeisters Giovanni Bellini in der Anordnung der Figuren und im Kolorit ahnen. Die Individualität der Einzelgestalt ist jedoch deutlicher hervorgehoben als in den Werken Bellinis. Die später für Tizian stilbildende Asymmetrie bahnt sich in der Säulenstellung rechts im Bild an, die kein spiegelbildliches Gegenüber hat – eine bei Bellini undenkbare Konstellation. Die **Tondi** mit den Evangelisten und Kirchenvätern sowie die **Deckengemälde** – David und Goliath, Kain und Abel, Abraham und Isaak – stammen gleichfalls von Tizian und sind der mittleren Schaffensperiode des Meisters in den 1540er-Jahren zuzurechnen. Ein Werk **Tintorettos** ist die großformatige **Hochzeit zu Kana.** Am Ende eines tief in den Raum gezogenen Tisches sitzt Christus der festlichen Gesellschaft voran. Einerseits fühlt man sich an die zahlreichen Abendmahlsdarstellungen des Künstlers erinnert, zum anderen schwingt in der Üppigkeit des Gelages und in der Bogenarchitektur im Hintergrund ein Hauch von Veronese mit.

Byzantinische Marienikone des Hochaltars in S. Maria della Salute

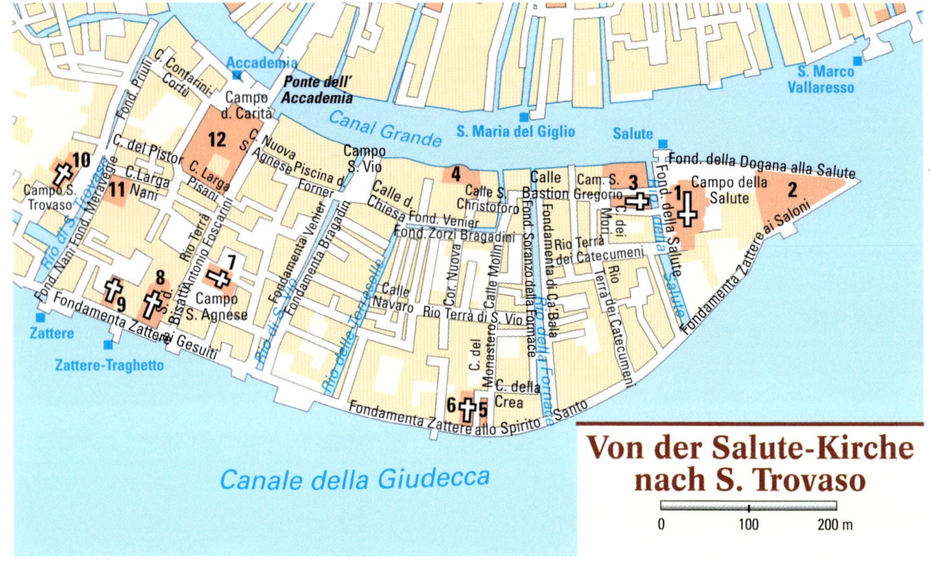

Von der Salute-Kirche nach S. Trovaso

1 *S. Maria della Salute*
2 *Dogana del Mar, Centro d'Arte Contemporanea*
3 *S. Gregorio*
4 *Guggenheim-Sammlung*
5 *Scuola del S. Spirito*
6 *S. Spirito*
7 *S. Agnese*
8 *S. Maria del Rosario (I Gesuati)*
9 *S. Maria della Visitazione*
10 *S. Trovaso*
11 *Palazzo Nani*
12 *Accademia*

Am schönsten erlebt man die Salute-Kirche im November, wenn Venedig, vom Hauptstrom der Touristen verlassen, wieder ruhig geworden ist. Am 21. dieses Monats wird alljährlich die traditionelle Prozession zum Dank für die Erlösung von der Pest veranstaltet, die sich über eine Pontonbrücke von der Anlegestation S. Maria del Giglio zur Salute hinüberbewegt.

In der Umgebung von S. Maria della Salute

Die Salute liegt nahe der Mündung des Canal Grande in den Bacino di San Marco. Dort steht auf der spitz zulaufenden Landzunge die **Dogana del Mar (2),** das Gebäude der einstigen Zollbehörde, aus dem 17. Jh. mit der markanten goldenen Kugel als Bekrönung, das lange Zeit ungenutzt blieb (Abb. s. S. 72). Als der Stadtrat 2007 verschiedene Bewerbungen zu der Frage einer künftigen Nutzung sichtete, erhielt der französische Milliardär und Kunstmäzen François Pinault den Zuschlag. In der unvorstellbar kurzen Zeit von nur zwei Jahren hat der japanische Stararchitekt Tadao Ando das Gebäude saniert und im Innern zu dem Museum **Centro d'Arte Contemporanea** umgebaut. Dort sind jetzt Teile der Sammlung Pinault ausgestellt, Werke zeitgenössischer Künstler.

Rechts neben der Salute schiebt sich der Chor der gotischen Kirche **S. Gregorio (3)** ins Blickfeld. Sie gehörte zu einem aufgelassenen Kloster, von dem noch Reste am Canal Grande stehen, und dient heute der Denkmalbehörde als Restaurierungswerkstätte. Wenige hundert Meter weiter bietet sich der Besuch des Guggenheim-Museums an.

Collezione Peggy Guggenheim

Im unfertig gebliebenen Palazzo Venier dei Leoni am Canal Grande hat die schon legendäre Femme fatale der modernen Kunstszene ihren Lebensabend verbracht und dort auch ihre amüsanten Erinnerungen (»Ich habe alles gelebt«) verfasst. Nach ihrem Tode 1979 ging das Gebäude nebst der darin befindlichen Kunstsammlung dem testamentarischen Wunsch Peggy Guggenheims gemäß in den Besitz der Stadt Venedig über, die den Palazzo der Öffentlichkeit als **Guggenheim-Sammlung (4)** zugänglich gemacht hat.

Guggenheim-Sammlung ★

Collezione Peggy Guggenheim
Mi–Mo/Fei 10–18 Uhr

Im malerischen Garten stehen Skulpturen von Max Ernst und Henry Moore. Die Gemäldegalerie umfasst Werke von Georges Braque, Pablo Picasso, Constantin Brancusi, Paul Klee, Wassily Kandinsky, Emilio Vedova, Alberto Giacometti u. a. Hervorragend ist die surrealistische Malerei vertreten, für die Peggy Guggenheim eine besondere Vorliebe hatte: z. B. Yves Tanguy, den die Mäzenatin entdeckt und gefördert hat, Max Ernst, mit dem sie verheiratet war, oder Leonor Fini.

Jedes Jahr findet eine andere Skulptur auf der dem Canal Grande zugewandten Terrasse der Guggenheim-Sammlung Aufstellung. In diesem Fall war es die Arbeit mit dem Titel »Sabot« von Alexander Calder aus dem Jahr 1963

Fondazione Vedova

In enger Nachbarschaft zur Dogana mit der Sammlung Pinault fand 2009 am Zattere-Kai, nur wenige Schritte von der Scuola S. Spirito in Richtung Dogana, die Fondazione Vedova ihre Heimstatt (Dorsoduro 50). In einem Raum hat man das ehemalige Atelier Emilio Vedovas (1919–2006) zugänglich gemacht. Im Gebäude Zattere 266 wurde eine Halle mit seinen Werken eingerichtet. Er stammte aus Venedig und war in den Fünfziger- und Sechzigerjahren einer der wichtigsten Vertretern des italienischen Informel (www.fondazione vedova.org).

Magazzini del Sale

Dorsoduro 266
Tel. 041 779 55 03
Mo–Fr 9–17 Uhr

Studio Vedova

Dorsoduro 50
Te. 041 241 08 33
Mo–Fr 9–17 Uhr

S. Maria del Rosario

Mo–Sa 10–17,
So 13–17 Uhr
Es wird ein Eintrittsgeld erhoben (Chorus-Pass).

Scuola (5) und Chiesa S. Spirito (6)

Wir wenden uns jetzt in Richtung auf den Canale della Giudecca, dessen Ufer wir an den Fondamenta delle Zattere erreichen. Dort bilden die Fassaden der **Scuola** und Kirche **S. Spirito** ein Echo auf die gegenüber auf der Giudecca liegende Redentore-Kirche. Es sind Zwillingsbauten der lombardisch beeinflussten Renaissance, die Kirche geringfügig größer als die Scuola. Scuola und Kirche wurden im selben Jahr (1483) gegründet, ihre Bauten entstanden in den ersten Jahren des 16. Jh. Die Kirche ist ein einschiffiger, flach gedeckter Saal ohne Annexräume, der im 19. Jh. einer puristischen Radikalrestaurierung unterzogen wurde. Auf dem weiteren Weg Richtung Westen machen wir einen Schlenker über den **Campo S. Agnese** mit der gleichnamigen kleinen gotischen **Backsteinkirche (7;** meist geschlossen).

S. Maria del Rosario (I Gesuati)

Der auffallendste Bau am Zattere-Kai ist die **Gesuati-Kirche (8),** deren Name an den Orden der Gesuati erinnert (diese heute nicht mehr existierende Kongregation ist nicht mit den Jesuiten – I Gesuiti – zu verwechseln, deren Kirche im Norden der Stadt steht). Dieser hatte hier im 14. Jh. ein Kloster gegründet, das nach Auflösung des Ordens an die Dominikaner überging. Sie veranlassten den zwischen 1726 und 1736 errichteten Neubau der Kirche. Die **Fassade** ist auf den Giudecca-Kanal gerichtet. In der Schlichtheit der Gliederung, die auf das aufwendige Szenarium spätbarocker Fassadendekoration verzichtet, schwingt das Erbe Andrea Palladios mit.

Innenraum

Das **Innere** atmet eine wohltuende Großzügigkeit, die, ähnlich wie die Fassade, eine klassische Grundhaltung vertritt. Den einschiffigen Saal begleiten drei Kapellen je Langseite, die durch schmale Wandstücke mit vorgeblendeten Säulen gegeneinander abgegrenzt sind. Ein mehrfach profiliertes Gebälk setzt den unteren Wandbereich gegen die gedrückte Tonnenwölbung mit Stichkappen ab. Den Ruhm der Gesuati-Kirche macht ihr malerischer Dekor aus, der von den drei führenden Künstlern des venezianischen Rokoko geschaffen wurde: Tiepolo, Piazzetta und Ricci.

Die **Gewölbefresken** sind frühe Arbeiten **Tiepolos** (1738). Das längliche Mittelfeld zeigt die Einsetzung des Rosenkranzes durch die Muttergottes, die im oberen Bildfeld auf einem Gewölk erscheint. Das Bild erfährt aus einer überschatteten unteren Zone, aus der die Ungläubigen als dunkle Gestalten in den Kirchenraum hinunterzustürzen scheinen, eine Lichtsteigerung in Richtung auf die Madonna und den sich über ihr auftuenden Himmel. Der leicht metallische Ton der

I Gesuati, rechts, und links S. Maria della Visitazione (Stich von A. Zucchi, 1740)

Farbgebung lässt Tiepolos Orientierung an Piazzetta erkennen. Die beiden anderen Deckengemälde schildern die Aufnahme des hl. Dominikus in den Himmel (Eingangsseite) und die Apotheose des Dominikanerordens (Altarseite). In ihrer lichterfüllten und strahlenden Farbigkeit sind die Fresken Tiepolos, an denen er nur ungefähr einen Monat gearbeitet haben soll, Ausdruck jugendlich-unbeschwerter Lebensfreude. Die übrigen Deckenfresken sind in Chiaroscuro ausgeführt und beinhalten Szenen aus dem Leben Jesu und Mariens, letztere als Anspielung auf die Geheimnisse des Rosenkranzes.

Gleichfalls von **Tiepolo** stammt das **Altarbild** der ersten rechten Seitenkapelle mit der Muttergottes und drei heiligen Dominikanerinnen (Katharina von Siena, Rosa von Lima und Agnes). Verglichen mit den Deckenfresken, wirkt dieses zwei Jahre später entstandene Bild überraschend konservativ. In ihrer scheinbaren Teilnahmslosigkeit erinnern die Frauen an die Sacra Conversazione der frühen Renaissance. Weitere Zitate aus dieser Epoche sind die Einbindung der Gruppe in eine Dreieckskomposition und die schmale Bühne, auf der sie steht. Das pastelltönige Kolorit und der Wolkenthron der Maria sind dagegen Ausdrucksmittel des Rokoko. Tiepolo zieht in diesem Bild gleichsam die Summe aus zweieinhalb Jahrhunderten venezianischer Malerei.

Der anschließende zweite Altar zeigt in einer aufwendigen Rahmung (dieser sowie alle anderen Altaraufbauten von dem Österreicher Johann Maria Morlaiter) ein Bildnis des hl. Dominikus von **Giovanni Battista Piazzetta** (1743), das sehr schlecht erhalten ist. Besser lässt sich die Meisterschaft Piazzettas am letzten Altar der rechten

Seite beurteilen, wo drei Dominikaner-Heilige (Vinzenz Ferrer, Ludovico Bertrando und Giacinto) dargestellt sind. Das Bild verzichtet fast völlig auf die Farbe und lebt von starken Hell-Dunkel-Kontrasten. Die Heiligen wenden sich vom Betrachter ab, was dem Bild trotz seiner Bewegtheit eine kontemplative Note verleiht.

Gegenüber erscheint auf der linken Seite eine **Kreuzigung Christi von Tintoretto** (um 1560). In einer strengen Zweiteilung erhebt Tintoretto den bleichen Korpus des geopferten Gottessohnes über die verschlungene Gruppe der Trauernden, womit er dessen Verlassenheit eindrucksvoll illustriert.

Der dritte große Rokokomaler Venedigs, **Sebastiano Ricci** (1659–1734), ist mit einem **Altar** in der ersten linken Kapelle vertreten. Er zeigt Papst Pius V. mit den beiden Dominikaner-Heiligen Thomas von Aquin und Petrus Martyr (um 1733). In der Ausgewogenheit zweier übereinandergestellter Dreieckskompositionen – unten die Heiligen, darüber Engel – vertritt das Bild eine ähnliche in Richtung des Klassizismus weisende Tendenz wie der Altar Tiepolos gegenüber. Riccis Auseinandersetzung mit Veronese wird in dem samttönigen Kolorit und der Balustradenarchitektur im Hintergrund ablesbar.

S. Maria della Visitazione: Die frühere Gesuati-Kirche (9)

In enger Nachbarschaft der Gesuati-Kirche steht die kleine Kirche S. Maria della Visitazione. Die Dominikaner hatten nach Übernahme des Gesuati-Klosters dessen alte Kirche nicht angetastet. Diese frühere Gesuati-Kirche ist ein kleiner Saalbau aus dem ersten Viertel des 16. Jh. mit einer bemerkenswerten Decke. Sie besteht aus 60 farbig gefassten Kassetten, in einer jeden das Brustbild eines Heiligen. Beide Kirchen sind durch einen kleinen Kreuzgang miteinander verbunden (in den einstigen Konventsräumen befindet sich heute eine Schule).

Gondelwerft bei S. Trovaso

Auf dem Weg vom Zattere-Kai zur S. Trovaso-Kirche hat man von den Fondamenta Nani den Blick auf eine der letzten Gondelwerften Venedigs, wo man werktags den Werftarbeitern bei ihrer Tätigkeit zusehen kann. Allerdings werden nur noch sehr selten neue Gondeln gebaut. Meist ist man mit Instandsetzungsarbeiten beschäftigt.

Die Bootsbezeichnung **Gondola** taucht in einer Quelle des 7. Jh. n. Chr. zum ersten Male auf. Damals hat es sich aber noch um einen bescheideneren Bootstyp gehandelt. Die Gondel, die wir kennen, ist das Ergebnis einer über Jahrhunderte währenden Entwicklung der Bootsbautechnik, die erst im 19. Jh. zu ihrer heutigen Form fand. Sie besteht aus acht verschiedenen Hölzern: Tanne, Eiche, Fichte, Nussbaum, Linde, Lärche, Kirschbaum und Ulme. Sie ist 10,15 m lang und 1,40 m breit, wobei die rechte Hälfte um 24 cm schmaler ist als die linke. Dank dieser Asymmetrie lässt sich das Gefährt auf den engen Kanälen leichter bewegen.

Das Ruder liegt lose auf einer Dolle, der *forcola,* die, ganz auf die Statur des jeweiligen Gondoliere abgestimmt, zwischen 50 und 60 cm hoch ist. Ihre kunstvoll geschnitzten Einkerbungen erlauben acht unterschiedliche Stellungen des Ruders. Die Spitze der Gondel ziert ein 20 kg schweres Eisen mit sieben Zacken und einem geschweiften Aufsatz. In seiner Form sind praktische Funktion und symbolische Bedeutung vereint. Die Spitze erleichtert – wie Kimme und Korn eines Gewehrs – das Anpeilen eines Zielpunktes, zugleich dient sie als Stoßstange. Der geschweifte Aufsatz soll die Dogenmütze symbolisieren, die sechs nach vorne gerichteten Sporne stehen für die Stadtsechstel, der rückwärts weisende fur die Giudecca. Früher besaß die Gondel in ihrer Mitte einen kleinen überdachten Aufbau, die *felze.* Erhaltene Beispiele sind in verschiedenen Museen der Stadt ausgestellt (z. B. im Museo Storico Navale oder in der Ca' Rezzonico, s. S. 296 und 245). Die einheitliche schwarze Bemalung geht auf ein Luxusgesetz aus dem Jahr 1562 zurück. In der Blütezeit zählte man etwa 10 000 Gondeln in Venedig, heute sind es kaum noch 400.

Gegenüber Motorbooten hat die Gondel immer Vorfahrt. Alle vier bis sechs Wochen muss die Gondel in die Werft zur Überholung. Vor allem müssen Algen und Muscheln, die sich immer rasch am Schiffsboden festsetzen, entfernt werden.

Der **Gondoliere** bleibt seinem Beruf in der Regel ein Leben lang treu. Das Lenken des Bootes setzt Kraft und Geschicklichkeit voraus. Es gehört zu den unvergesslichen Venedigeindrücken, den Gondolieri zuzuschauen. Die Eleganz ihrer Bewegungen lässt vergessen, dass sie ein 700 kg schweres Gefährt über das Wasser bewegen. Ein Gondoliere braucht nicht nur eine starke Muskulatur, eine kräftige Stimme gehört ebenfalls dazu. Vor einer unübersichtlichen Kanalmündung oder Kurve stößt er ein Rufsignal aus, um ein eventuell sich näherndes Boot zu warnen. Mit festgelegten Zurufen dirigieren sich die Boote dann aneinander vorbei. Wenn ein Gondoliere stirbt, strömen alle Gondolieri Venedigs am Rialto zusammen, um ihrem Kollegen auf seiner letzten Fahrt zur Friedhofsinsel S. Michele das Geleit zu geben.

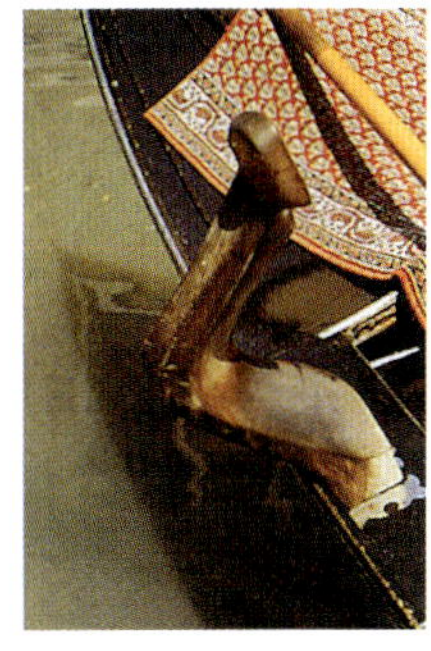

Einzelteile der Gondel: Bugeisen (oben), Bugverzierung (Mitte), Dolle (unten)

S. Trovaso

Der Name der Kirche **S. Trovaso (10)** ist wieder eine jener für das venezianische Idiom typischen Kontraktionen, in diesem Fall aus den beiden Dedikationsheiligen Gervasio und Protasio. Die mittelalterliche Kirche, die zunächst an dieser Stelle stand, fiel Ende des 16. Jh. einem Brand zum Opfer und wurde anschließend durch den bestehenden Neubau ersetzt. Das schmucklose Äußere ummantelt einen einschiffigen Saal mit weit ausladenden Querhausarmen und einem dreiteiligen Presbyterium. In den seitlichen Chorkapellen finden sich

Am Rio S. Trovaso liegt links die Kirche S. Trovaso

wichtige Werke der Malerei: rechts ein Reiterbild des hl. Chrysigonus von Michele Giambono (um 1440), links die Versuchung des hl. Antonius von Tintoretto (1577).

Das wichtigste Bild der Kirche ist ein **Abendmahl Tintorettos** im linken Querschiffarm, das in Nachfolge der ersten Fassung dieses Themas in S. Marcuola zu sehen ist. Hatte der Künstler dort – acht Jahre zuvor – den Tisch noch parallel zum Bildrand platziert, so stellt er ihn nun schräg in den Raum, ein Motiv, das er in allen folgenden Abendmahl-Darstellungen beibehielt. Das Momenthafte ist gegenüber der älteren Version gesteigert; so liegt etwa der Stuhl eines Jüngers, der erschreckt aufgesprungen ist, umgestürzt am Boden. Die Komposition will aber nicht nur das Dramatische der Situation illustrieren, den Augenblick, da Christus offenbart, dass einer aus der Runde ihn verraten wird, sondern zugleich das theologisch Bedeutsame der Begebenheit zum Ausdruck bringen. Das Brot, Symbol des Leibes Christi, liegt im hell erleuchteten Bildmittelpunkt auf dem Tisch. Hier bahnt sich die vielschichtige Gedankenschwere des späteren Tintoretto an.

Auf der anderen Seite des Rio S. Trovaso liegt der Kirche der spätgotische **Palazzo Nani (11)** gegenüber, dessen Inneres Sansovino im 16. Jh. erneuerte. Damals gehörte der Palazzo der Dogenfamilie Barberigo. Von hier sind es nur wenige Schritte zur Accademia (12), deren umfangreiche Gemäldesammlung im folgenden Kapitel vorgestellt wird.

Accademia

Bauwerk und Geschichte

Bereits 1750 schlossen sich die Maler und Bildhauer Venedigs auf Initiative Giovanni Battista Piazzettas in einer **Künstlerakademie** zusammen. Sechs Jahre später erlangte die Vereinigung unter ihrem ersten Präsidenten, Giovanni Battista Tiepolo, die staatliche Anerkennung. In dieser Frühzeit ihres Bestehens hatte die Akademie ihren Sitz im Fondaco della Farina neben der einstigen Zecca. Nach Auflösung der Republik und der Säkularisation wurde die **Akademie (12)** an ihren heutigen Platz am Canal Grande verlegt. Hatte sich die Institution bis dahin als Lehranstalt und Organisatorin wechselnder Ausstellungen betätigt, kam nun das systematische Kunstsammeln als tragende dritte Aufgabe hinzu. Den Grundstock der Sammlung bildeten viele aus aufgelassenen Kirchen der Stadt hierher überführte Bilder. Einen beträchtlichen Zuwachs erfuhr sie, als zahlreiche von Napoleon entführte Werke den Habsburgern 1815 zurückgegeben wurden. Umfangreiche Stiftungen von privater Seite, 1816 die Sammlung der Molin, 1838 die der Contarini, 1850 die der Renier, um nur die wichtigsten zu nennen, ließen die Accademia zu einem Museum von Weltrang avancieren.

Accademia ★★

Gallerie dell'Accademia

Mo 8.15–14, Di–So 8.15–19.15 Uhr

Das Museum umfasst drei unterschiedliche **Bauten.** Zum einen dient die einstige **Kirche S. Maria della Carità** als Ausstellungsraum. Dem spätgotischen Ziegelbau wurde im 19. Jh. ein Zwischengeschoss eingezogen. Rechts von der Kirche erhebt sich die marmorinkrustierte Fassade der einstigen **Scuola Grande della Carità,** in der die gleichnamige Bruderschaft ihre Räumlichkeiten besaß. Im rückwärtigen Teil des Gebäudeensembles schließen sich die **Konventsbauten** der Lateranensischen Kanoniker an, die Andrea Palladio entworfen und zum Teil ausgeführt hat. Nach einem Brand im 17. Jh. blieb bei dem folgenden Umbau nur ein Fragment des Palladio-Baues übrig (Fassade des Ostflügels im großen Hof). Diese drei separaten Komplexe wurden durch die **Einrichtung neuer Säle** zwischen 1821 und 1856 zu dem heutigen Museum zusammengefasst.

Nachdem derart ein Rahmen geschaffen worden war, richteten die Akademiepräsidenten Giulio Cantalamessa (1894–1904) und Gino Fogolari (1906–41) ihr Augenmerk auf eine systematische Erweiterung des Bestandes. Es konnten so wichtige Werke wie Jacopo Bassanos »Hieronymus«, die »Pietà« Giovanni Bellinis und allen voran die berühmte »Tempesta« Giorgiones als ideale Ergänzung zu dem bereits Vorhandenen erworben werden. Der Akademiepräsident Vittorio Moschini (1941–61) führte eine Neuordnung der Sammlung durch. Geschlossene Zyklen erhielten eigene Räume, die Sammlung wurde insgesamt nach chronologischen Gesichtspunkten gegliedert. So vermittelt ein Rundgang durch das Museum in seiner jetzigen Erscheinung einen lückenlosen Überblick über die Entwicklung der venezianischen Malerei von ihren Anfängen bis in das 19. Jh.

Neues Entree

Im Jahr 2011 wurde das Entree der Accademia nach langer Restaurierung wiedereröffnet. Seither ist die zuvor störende Zwischenwand verschwunden und der vergrößerte Raum präsentiert sich wieder annäherungsweise in seinem ursprünglichen Aussehen mit der kostbaren Holzdecke.

Gemälde-Sammlung

Hängung
Seit Jahren werden in der Accademia Renovierungsarbeiten durchgeführt. Der Besucher sollte sich darauf einstellen, dass die hier beschriebene Hängung nicht immer zutrifft. Hinweisschilder helfen bei der Orientierung.

Nachfolgend werden rund siebzig herausragende Exponate beschrieben (in Klammern sind jeweils die Inventarnummern des Museums aufegenommen).

Saal 1 (Spätgotik)

Im einstigen Bruderschaftssaal der Scuola Grande della Carità sind die Werke der gotischen Tafelmalerei ausgestellt. Ausgewählte Bilder führen den Weg der venezianischen Malerei vom 14. zum 15. Jh. vor Augen, der sich aus der byzantinischen Tradition löst und westlichen Kunstströmungen zuwendet.

Paolo Veneziano, Polyptychon (21)
Das großformatige, mehrteilige Altarbild gegenüber dem Treppenaufgang zeigt im Zentrum eine Marienkrönung. Die begleitenden acht Tafeln schildern Szenen aus dem Leben Jesu. Links: Geburt, Taufe, Abendmahl, Gefangennahme; rechts: Kreuztragung, Kreuzigung, Auferstehung (im rechten Bildteil zugleich das Noli me tangere), Himmelfahrt. In den sechs bekrönenden Täfelchen sind (von links nach rechts) zu sehen: Pfingsten, Einkleidung der hl. Klara, der hl. Franziskus von Assisi gibt seinem Vater das kostbare Gewand zurück, die Stigmatisation des hl. Franz, Tod des hl. Franz und Christus als Weltenrichter.

Das Bild ist noch ganz der *maniera bizantina* verpflichtet. Die konsequente Anwendung des Goldgrundes als Symbol überirdischen Illusionsraumes schafft flächige Darstellungen ohne räumliche Tiefe. Die Gesichter der Personen sind idealtypisch allgemein und zeigen keinerlei individualisierte Ausprägung. In Ansätzen ahnt man jedoch den beginnenden westlichen Einfluss; namentlich die kleinen Tafeln mit den Szenen aus dem Leben der Heiligen Klara und Franziskus lassen bereits eine gewisse Erzählfreude erkennen. Der lebendige Kolorismus mutet zugleich wie eine Vorahnung auf die Palette der späteren venezianischen Malerei an.

Paolo Veneziano gilt als die erste große Malerpersönlichkeit der Lagunenstadt. Über seine Lebensdaten ist wenig bekannt. Sein Wirken ist in den Jahren zwischen 1333 und 1358 belegt. Das hier besprochene Polyptychon stammt von 1350, gehört also zu den späteren Werken des Künstlers, in denen die ansatzweise Abwendung von der byzantinischen Tradition spürbar wird.

Lorenzo Veneziano, Polyptychon (10)
Im rückwärtigen Teil des Saales verdeutlicht ein gleichfalls frei aufgestelltes Polyptychon des Lorenzo Veneziano die Weiterentwicklung der venezianischen Trecento-Malerei. Die Mitteltafel zeigt eine Verkündigung, darüber Gottvater (eine spätere Ergänzung). In den seitlichen Abschnitten erscheinen in zwei Streifen übereinander ver-

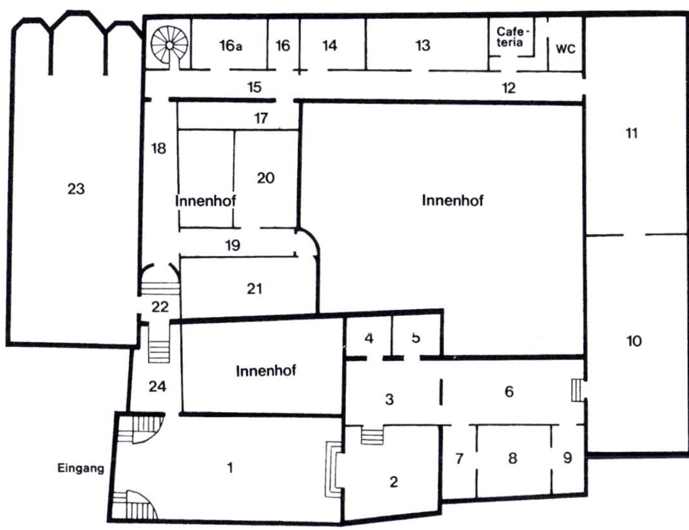

Accademia, Lageplan

1 Spätgotik
2 Frührenaissance
3 Giorgione-Nachfolger
4 Italienische Renaissance des 15. Jh.
5 Bellini/Giorgione
6 Venezianische Malerei des 16. Jh.
7 Lotto/Savoldo
8 Palma d. Ä., de Pitati, Romanino
9 Museums-Shop (Bücher, Postkarten etc.)
10 Venezianische Hochrenaissance und Manierismus (Tizian, Veronese, Tintoretto, Pordenone)
11 Veronese/Werke des italienischen Barock, Tiepolo
12 Landschaftsmalerei des 18. Jh.
13 Porträts des 16. Jh./Bassano
14 Barock
15 Spätbarock und Rokoko
16 Tiepolo
16 a Rokoko
17 Malerei des 18. Jh.
18 Malerei des 18. Jh.
19 Malerei des 16. Jh.
20 Gemäldezyklus »Wunder der Kreuzreliquie« von Bellini u. a.
21 »Ursula-Legende« von Carpaccio
22 Korridor
23 Sonderausstellungen
24 Herbergssaal der Scuola della Carità: Tizian u. a.

schiedene Heilige. Lässt der Rundbogen an der Altartafel des Paolo Veneziano noch Erinnerungen an die Goldschmiedekunst aufkommen (vgl. z. B. die Pala d'Oro in San Marco), so setzt sich hier der auch in der gleichzeitigen Architektur Venedigs heimisch gewordene gotische Spitzbogen durch. Die Heiligen erscheinen als großfigurig aufgefasste Nischenstatuen. Auffallend ist die Darstellung der Beziehung zwischen Gabriel und Maria in der Verkündigungsszene; hier wird das Erbe Giottos erstmalig in der Kunst Venedigs sichtbar.

Lorenzo Venezianos Wirken ist in den Jahren zwischen 1356 und 1372 belegt. Es gilt als sicher, dass er bei Paolo Veneziano in die Lehre gegangen ist. In seinem Œuvre verbinden sich letzte Nachwirkungen byzantinischer Tradition mit den im späten Trecento in Venedig rasch an Einfluss gewinnenden naturalistischen Tendenzen der westlichen Spätgotik. Als charakteristisch venezianisch kann Lorenzos Bestreben nach dekorativer Wirkung gelten.

Nicolò di Pietro, Madonna mit Kind (19)

Dieses Bildnis (in der Raummitte links, frei stehend) ist kennzeichnend für das ausgehende Trecento. Waren die Figuren bislang noch körperlos wirkende Gestalten, so haben die Gottesmutter und das Christuskind nun ein greifbares körperliches Volumen gewonnen. Das heiter lächelnde Gesicht der beiden ist direkt dem Betrachter zugewandt. Das Bildgeschehen ist nicht mehr wie in früheren Werken als von irdischer Realität gelöst aufgefasst, sondern mehr in eine diesseitige Wirklichkeit eingebettet.

Nicolò di Pietro tritt mit diesem 1394 datierten Bild erstmalig in Erscheinung; sein Wirken ist bis um 1430 nachzuweisen. Seine Bilder markieren die endgültige Abwendung der venezianischen Kunst von byzantinischen Typen und lassen sich dem sogenannten Internationalen Weichen Stil der Zeit um 1400 zuordnen.

Jacobello del Fiore, Triptychon mit der Justitia (15)
Über dem Treppenaufgang hängt dieses dreiteilige Bild mit der Justitia auf einem Löwenthron in Begleitung der Erzengel Michael und Gabriel. Bemerkenswert ist allein die Ikonografie, die in der Trecento-Malerei noch so gut wie undenkbar gewesen wäre. Sie erklärt sich nicht zuletzt aus der ursprünglichen Bestimmung des Werkes, das 1421 für den Magistratssaal des Dogenpalastes entstanden war. Die üppigen, in weich ausladenden Falten gebauschten Gewänder zeigen die damals in ganz Europa vorherrschende Richtung des Internationalen Weichen Stils. Der Goldgrund ist erstmals zugunsten eines blau getönten Bildhintergrundes aufgegeben.

Jacobello del Fiore, dessen Schaffen durch die Eckdaten 1394 und 1439 einzugrenzen ist, stand in seinen frühen Werken – etwa der Schutzmantelmadonna von 1415 hier im selben Raum – noch deutlich unter dem Einfluss der byzantinischen Tradition. Durch die Begegnung mit Gentile da Fabriano, der 1409 im Dogenpalast für die Sala del Maggior Consiglio die Seeschlacht zwischen der Republik und Otto III. gemalt hatte (1577 durch Brand zerstört), fand er zum spätgotischen Stil westlicher Prägung.

Jacobello del Fiore, Marienkrönung (1)
Dieses 1438 für den Dom von Ceneda entstandene Werk scheint eine Rückwendung in der Entwicklung Jacobello del Fiores zu sein. Die auf räumliche Tiefe verzichtende stereotype Reihung zahlloser Heiliger und Engel um den monumentalen Thron, auf dem sich die Himmelskrönung vollzieht, erinnert wieder stärker an das zu dieser Zeit schon fast überwundene byzantinische Erbe. Die konservative Haltung lässt sich möglicherweise mit der Bestimmung des Bildes als repräsentativer Hochaltar für eine Bischofskirche erklären.

Michele Giambono, Marienkrönung (33)
Giambonos Marienkrönung von 1448 zitiert wie Jacobello del Fiores Version die nur noch im Fragment erhaltene Darstellung Guarientos im Dogenpalast. Der Thron im Zentrum wird von Heiligen und Engeln gerahmt. Insgesamt aber ist die Interpretation freier und bewegter als bei del Fiore. In der Versammlung der die Leidenswerkzeuge Christi tragenden Putten unterhalb der Thronarchitektur ist deutlich das Streben nach räumlicher Tiefenillusion erkennbar. Die Figuren sind nicht mehr parallel, sondern in Gruppen angeordnet, einzelne im Gespräch einander zugewendet. Auch lassen ihre Gesichter bereits individuelle Ausprägung erkennen.

Die Tätigkeit Michele Giambonos ist zwischen 1420 und 1462 urkundlich belegt. Vermutlich ein Schüler Jacobello del Fiores, geriet er wie sein Lehrer unter den Einfluss Gentile da Fabrianos. Die besprochene Marienkrönung lehnt sich eng an die Darstellung desselben Themas durch Bartolomeo Vivarini und Giovanni d'Alemagna in der Kirche S. Pantalon an, die nur drei Jahre zuvor entstanden war.

Saal 2 (Frührenaissance)

Dieser Raum wurde in den 1880er-Jahren eigens für Tizians »Assunta« eingerichtet, die aber 1919 an ihren angestammten Platz in der Frari-Kirche zurückgeführt wurde (Abb. s. S. 49). Seitdem sind hier wichtige Werke der Frührenaissance ausgestellt, die eindrucksvoll den weiteren Weg der venezianischen Malerei vom 15. zum 16. Jh. belegen.

Giovanni Bellini, Sacra Conversazione aus S. Giobbe (38)
Obwohl nicht einmal drei Jahrzehnte jünger als das zuletzt betrachtete Bild Michele Giambonos, offenbart die Sacra Conversazione Bellinis von 1487, dass im dritten Viertel des 15. Jh. eine wahre Revolution in der Kunst Venedigs stattgefunden hat. Trotz ihrer Lösung von der byzantinischen Tradition blieben die Bilder der ersten Hälfte des 15. Jh. weiterhin kleinteilig, in viele Einzelbilder aufgesplittert, und lassen ein langes Nachleben der Goldschmiedekunst erkennen. Nun aber vollzieht sich die Hinwendung zum großformatigen Altarbild mit lebensgroßen Gestalten. Das Geschehen erhält einen architektonischen Rahmen, der die von den Florentinern wiederentdeckte Zentralperspektive berücksichtigt. Vergessen ist der mittelalterliche Illusionsraum. Im Zentrum sitzt die Muttergottes auf einem steinernen Thron, zu ihren Füßen eine lebendige Gruppe von drei Engeln. Sechs Heilige runden die Szenerie zu den Seiten hin ab. Links wendet sich der hl. Franziskus dem Betrachter direkt zu, den er mit einer einladenden Geste zur Anbetung der Madonna aufzufordern scheint. Von ihm fast vollständig verdeckt, ist von Johannes dem Täufer nur der Kopf zu erkennen, der sich dem Jesuskind zuneigt. Hiob, der Patron der Kirche, für die das Bild einst bestimmt war, ist in Anbetung der Gottesmutter und ihres Sohnes wiedergegeben. Gegenüber liest der hl. Dominikus, Sinnbild der Gelehrsamkeit, in einem Buch. Die jugendliche Gestalt des Märtyrers Sebastian erscheint, nur mit einem Lendentuch bekleidet, als Inbegriff körperlicher Schönheit. Hinter ihm repräsentiert der hl. Ludwig von Toulouse im Bischofsornat die Kirche. Jede Figur ist nicht nur als charaktervolle Einzelerscheinung aufgefasst, sie vertritt zugleich einen übergeordneten Gedanken. Das alles ist in eine kristallisch klare Ordnung geometrischer Formen von Dreieck, Quadrat bzw. Teilungen dieser Grundmaße eingebunden.

Die Farbskala ist auffallend verhalten. Lediglich das Blau des Marienmantels und die grünen Gewänder der Engel heben sich von der brauntönigen Grundstimmung ab. Erst in den späteren Werken entfaltete Bellini jenen Farbenreichtum, der die venezianische Malerei

Die von Giovanni Bellini Ende des 15. Jh. für S. Giobbe gemalte »Sacra Conversazione« zeigt Maria mit dem Christuskind auf dem Schoß, neben den Thronstufen stehen die Heiligen Franziskus, Johannes, Hiob, Dominikus, Sebastian und Ludwig von Toulouse. Instruktiv ist die virtuelle Rekonstruktion von der einstigen Situation des Bildes und seiner Rahmung in der Kirche S. Giobbe, die jetzt als Farbfotografie neben dem Original angebracht ist.

so nachhaltig geprägt hat. Charakteristisch für die Malerei der frühen Renaissance ist, dass die Figuren auf einer schmalen Bühne zusammengedrängt sind, wodurch es, trotz der Andeutung eines Tiefenraumes, zu einer eher flächenhaften Wirkung kommt.

Giovanni Battista Cima da Conegliano, Madonna mit dem Orangenbaum (36)
Das um 1495 datierte Bild besitzt nicht die gesammelte Konzentration der Bellinischen Komposition. Sein Gehalt liegt in der beschaulichen Stimmung des ländlichen Ambiente. Die Muttergottes ist auf einen Felssockel platziert, zu ihren Seiten die Heiligen Hieronymus und Ludwig von Toulouse. Im Hintergrund erkennt man Joseph, der einen Esel weidet. In diesem Motiv klingt die Ruhe auf der Flucht nach Ägypten an. Die Stadtsilhouette auf der Anhöhe ist eine Andeutung von Cimas Geburtsort Conegliano, wie sie der Künstler auf zahlreichen seiner Bilder dargestellt hat. Cimas persönliche Handschrift ist die liebevolle Wiedergabe der Natur. Besonders originell ist der die Mittelachse der Komposition markierende Orangenbaum, nach dem man das Bild benannt hat. Das Bild hat exemplarischen Charakter für die venezianische Malerei. Die menschliche Figur wird in die Natur verwoben und als ein Teil der Schöpfung interpretiert. Die Landschaft selbst ist nicht mit den klaren Lokalfarben der Florentiner erfasst, sondern in gedeckten Tönen gehalten.

G. B. Cima da Conegliano, Der ungläubige Thomas (611)
Die reife Spätphase Cimas führt das um 1505 entstandene Altarblatt mit dem ungläubigen Thomas vor Augen. Hier tritt die Landschaftsdarstellung zugunsten einer stärkeren Hervorhebung der menschlichen Gestalt in den Hintergrund. Ein marmorner Bogen überfängt die Gruppe, der sich neben Christus und Thomas der hl. Magnus hinzugesellt. In der Wahl der leuchtenden Farben und der stillen Statuarik der Figuren zeigt sich Cima von Bellini abhängig, während ihn die moderne Strömung, die Giorgione in die Kunst des anbrechenden 16. Jh. einbrachte, weniger tangierte.

Vittore Carpaccio, Darbringung Christi im Tempel (44)
Das Bild befand sich ursprünglich in enger Nachbarschaft mit Bellinis Sacra Conversazione in S. Giobbe. 1510, also gut dreißig Jahre nach Bellinis Pala di S. Giobbe entstanden, lehnt sich Carpaccio an jenes Vorbild an, ohne jedoch dessen Genialität zu erreichen. Die Personengruppen haben nicht die Geschlossenheit, die für Bellini so bezeichnend ist. Dies wird besonders deutlich an den drei musizierenden Engeln, die isoliert, jeder für sich, auf ihren Instrumenten spielen. Carpaccios Stärke liegt weniger in der Erfassung eines zeitlosen Zustandes, seine Meisterschaft entfaltete sich in der erzählenden Darstellungsweise, die er auch in dieses Bild einzubringen versuchte. Spielen Bellinis Engel etwa auf gleichartigen Saiteninstrumenten, so stellt Carpaccio ein Kammerorchester mit Krummhorn, Laute und Violine zusammen.

Marco Basaiti, Christus am Ölberg (69)
Dieses Gemälde von 1516 ist ein weiterer aus S. Giobbe stammender Altar. Der Blick geht durch eine Bogenarchitektur, unter der vier männliche Heilige stehen, in eine in abendliches Dämmerlicht getauchte Landschaft. Im Vordergrund ruhen drei schlafende Apostel, Christus kniet dahinter auf dem ansteigenden Fels. In der Ferne sind die Mauern von Jerusalem zu erkennen, von wo bereits die Häscher aufgebrochen sind. Mit Ausnahme der leuchtenden Gewänder der Apostel sind keine weiteren Farbakzente in dem überwiegend brauntönig gehaltenen Kolorit gesetzt. Das starke Gewicht, das auf die Wiedergabe der Landschaft gelegt wird, könnte auf einen Einfluss Cimas schließen lassen. Im Gegensatz zu ihm aber geht es Basaiti weniger um die Gestaltung der Details als vielmehr um eine beinahe romantisch anmutende Gefühlsbetontheit. Der nackte Fels und die entlaubten Baumgerippe illustrieren die Verlassenheit des Heilands. Diese Emotionalisierung der Landschaft ist nur von Giorgione abzuleiten.

Basaitis Schaffen ist zwischen 1496 und 1521 in Venedig nachzuweisen. Vermutlich aus der Schule Alvise Vivarinis hervorgegangen, übernahm er zunächst Anregungen von Antonello da Messina und Giovanni Bellini. In den späteren Arbeiten wird der Einfluss Giorgiones spürbar. Seine Meisterschaft erreichte Basaiti in der Landschaftswiedergabe, wie das gleichfalls in diesem Raum ausgestellte Bild mit der Berufung der Söhne des Zebedäus (39) zeigt.

Saal 3 (Giorgione-Nachfolger)

Giovanni Battista Cima da Conegliano, Pietà (604)
Es handelt sich um das in Venedig zu allen Zeiten beliebte Breitformat. Nikodemus, Maria und Johannes halten den Leichnam des Herrn, an den Seiten erscheinen Magdalena und eine der hl. Frauen. An dem Frühwerk Cimas lässt sich deutlich die Abhängigkeit des Malers von Giovanni Bellini ablesen. In der würdevollen Ruhe der Komposition kündigt sich bereits die Sprache seiner Reifezeit an.

Sebastiano del Piombo, Sacra Conversazione (70)
Die Komposition zeigt die hl. Katharina und Johannes den Täufer in Anbetung des Christuskindes auf dem Schoß seiner Mutter, typisch venezianisch in Breitformat. Ungewöhnlich ist die Technik der Temperamalerei auf Holz. Das Bild ist ein Jugendwerk des Künstlers.

Sebastiano del Piombo, eigentlich Sebastiano Luciani (1485–1547), wurde in Venedig geboren und lernte das künstlerische Handwerk in der Bottega Bellinis, bevor er in den Bannkreis Giorgiones und Tizians geriet. Viele seiner Werke ähneln solchen dieser beiden Genies so sehr, dass die Zuschreibungen oft nicht gesichert sind. In fortgeschrittenerem Alter brillierte er als gesuchter Porträtist in Rom, wo er seit 1531 das Amt des päpstlichen Siegelbewahrers innehatte (*Piombatore pontificio,* daher der Künstlername del Piombo).

Saal 4 (Italienische Renaissance des 15. Jh.)

Dieser kleine Raum weitet die Sicht des Betrachters über den Rahmen der venezianischen Kunst hinaus, indem er drei Werke anderer bedeutender Maler der italienischen Renaissance kennenlernt.

Piero della Francesca, Der hl. Hieronymus (47)
Das kleinformatige Bild eines der großen Vertreter der Frührenaissance macht den Unterschied zwischen venezianischem und toskanischem Empfinden deutlich. Während die Venezianer bestrebt waren, Gefühlswerte zum Ausdruck zu bringen, eine Tendenz, die im schwärmerischen Irrationalismus Tintorettos ihren Gipfel erreichte, baut der toskanische Künstler sein Bild streng rational auf. Der Heilige sitzt unbewegten Gesichtes auf einer Steinbank und mustert beinahe kühl den vor ihm knienden Stifter, der in scharfer Umrisszeichnung im Profil wiedergegeben ist. Die Landschaft – Baum, Hügel und die Stadtsilhouette – erscheint wie gemeißelt.

Andrea Mantegna, Der hl. Georg (588)
Die Darstellung ist etwa zeitgleich mit Piero della Francescas Hieronymus um die Mitte des 15. Jh. bzw. kurz danach entstanden. Der Ritter-Heilige steht in einer Türöffnung, hinter der der Blick auf eine Berglandschaft freigegeben ist. Die souveräne, selbstbewusste Haltung des geharnischten Siegers über das Untier, das zu seinen Füßen liegt, ist geradezu ein sinnbildhafter Ausdruck für das Verständnis vom Menschen im Zeitalter des Humanismus. Dieses Werk Mantegnas erscheint wie ein Brückenschlag zwischen toskanischen und venezianischen Auffassungen. Der wie mit einem spitzen Bleistift gezeichnete Umriss der Statue, die metallische Härte seines Nimbus und des Himmelblaus zeugen von toskanischen Anregungen, die dekorativen Komponenten – die Fruchtgirlande, die roten Stoffaufsätze an der Rüstung des Heiligen – lassen venezianische Einflüsse aufblitzen. Der zupackende Realitätssinn ist zugleich die ganz persönliche Sprache Mantegnas, der nicht nur die italienische Malerei seiner Zeit, sondern bis zu Dürer hin die Kunst des 16. Jh. in Europa befruchtet hat.

Cosmè Tura, Madonna (628)
Noch im originalen Rahmen ist die Darstellung der Muttergottes mit dem schlafenden Christuskind des aus Ferrara stammenden Künstlers zu bewundern. In dem etwa 1453 entstandenen Werk zeigt sich eine gewisse Eigenständigkeit der ferraresischen Schule gegenüber der Toskana und Venedig. Ist die toskanische Kunst linear, zeichnerisch, die venezianische weich und malerisch, so scheint der Künstler aus Ferrara seine Figuren dreidimensional plastisch zu behandeln. Fast greifbar strecken sich die Beine des schlafenden Knaben dem Betrachter aus dem Bild entgegen. Leicht verspielt wirken die naturalistisch erfassten Vögel, die links und rechts des Madonnenhauptes

an Weintrauben picken. Cosmè Tura wurde um 1430 in Ferrara geboren und starb dort 1495. Wiederholte Reisen führten ihn nach Padua und Venedig. Die dort gewonnenen Eindrücke verarbeitete er in seinem Werk, das als führend im Rahmen der Schule von Ferrara anzusehen ist.

Hans Memling, Porträt eines jugendlichen Mannes (586)
Eines der ganz wenigen Werke eines Ausländers in der Accademia ist dies Bildnis eines Unbekannten von der Hand des großen Niederländers. Scharf beobachtender Realitätssinn verbindet sich mit feiner Empfindsamkeit. Das Brustbild wird gleichsam in die umgebende Natur eingebettet. Memling war bei den in Brügge ansässigen Italienern als Porträtist hochgeschätzt; so erklärt sich die Präsenz eines seiner schönsten Bildnisse in Venedig.

Jacopo Bellini, Madonna (835)
Um 1455 datiert, zeigt dies Bildnis, wie stark noch über die Mitte des 15. Jh. hinaus Prinzipien der Spätgotik in der venezianischen Malerei wirksam blieben. Der Gesichtsschnitt der Muttergottes sowie ihre würdevoll-strenge Haltung sind letzte Äußerungen der Feierlichkeit byzantinisierender Malweise. Die Körperlichkeit von Mutter und Kind dagegen und nicht zuletzt die Aufgabe des Goldgrundes, der hier durch eine dicht gedrängte Puttenschar ersetzt wird, dokumentieren das Aufkeimen der Renaissance, die dann im Œuvre des Sohnes Giovanni vollends zum Durchbruch kam.

Giovanni Bellini, Madonna mit segnendem Christuskind (583)
Das etwa 1470 entstandene Bild hing einst im Magistratssaal des Palazzo dei Camerlenghi. Es ist eines der frühesten Madonnenbildnisse Giambellinos und steht unter dem Einfluss seines Schwagers Mantegna. Die leuchtenden Farben kündigen bereits den späteren Bellini an.

Giovanni Bellini, Madonna mit schlafendem Kind (591)
Die ca. drei Jahre spätere Fassung der Madonna, die das auf ihrem Schoße schlafende Christuskind anbetet, verdeutlicht, wie weit sich Bellini nun von Mantegna gelöst und zu seiner eigenen weichen und zartfühlenden Darstellungsweise gefunden hat.

Giovanni Bellini, Madonna mit den Heiligen Katharina und Magdalena (613)
Rund zwei Jahrzehnte liegen zwischen der frühen Madonna (583) und diesem Werk. Hier hat Bellini endgültig zu seiner unverwechselbaren Handschrift gefunden. Obwohl sich die Figuren silhouettenhaft als leuchtende Erscheinungen vor dem dunklen Hintergrund abzeichnen, haben sie nicht mehr die scherenschnitthafte Härte der Madonna Nr. 583. Alles ist in weich modellierten Übergängen erfasst. Die heiligen Frauen sind Idealschöpfungen weiblicher Schönheit.

Saal 5 (Bellini und Giorgione)

Die stattliche Sammlung an Gemälden Giovanni Bellinis setzt sich hier mit weiteren Werken dieses wichtigsten Vertreters der venezianischen Frührenaissance fort. Andere Glanzpunkte sind zwei Arbeiten Giorgiones, darunter das weltberühmte »Gewitter«.

Giovanni Bellini, Madonnenbildnisse (596, 610, 612, 881)
Die Sammlung der Bellini-Madonnen macht deutlich, welche Bandbreite der Künstler diesem Thema abzugewinnen vermochte. Mal herrscht die innige Verbindung zwischen Mutter und Kind vor (z. B. 612, Madonna mit den roten Engeln), dann liegt die Betonung wieder mehr auf dem Christuskind (z. B. 596, Madonna mit den Bäumen), mal beschränkt sich das Szenarium auf die Zweiergruppe, oder es kommen Assistenzfiguren hinzu (z. B. 881, Madonna zwischen den Heiligen Johannes dem Täufer und Magdalena). Mit zunehmendem Alter wird die Palette des Künstlers reicher und leuchtender. Diese Entwicklung gipfelt in der großen Sacra Conversazione in S. Zaccaria.

Giovanni Bellini, Pietà (883)
Das Thema der trauernden Muttergottes mit dem Leichnam des Sohnes (datiert 1505) legte dem Künstler in diesem Fall einen Verzicht auf Farbenpracht nahe. Die Einbettung der Gruppe in eine Landschaft – im Hintergrund ist eine Vedute der Stadt Vicenza erkennbar – macht deutlich, wie bereitwillig Bellini Anregungen der jungen Generation, namentlich Giorgiones, aufgriff.

Giorgione, Das Gewitter (915)
Die »Tempesta«, eines der wenigen Bilder, dessen Zuschreibung an Giorgione außer Zweifel steht, ist ein epochemachendes Werk der abendländischen Malerei. Um 1507 entstanden, lässt es den klassisch ausgewogenen Stil Giovanni Bellinis weit hinter sich und prägt ein vollkommen neues Verständnis vom Menschen und der Natur. Das Hauptthema ist die Landschaft, in die die menschlichen Figuren, links ein Mann, rechts eine stillende Frau, eingebunden sind. Es soll hier gar nicht erst versucht werden, den rund zwei Dutzend kunstgeschichtlichen Interpretationen noch eine weitere Version hinzuzufügen.

Betrachten wir den Spannungsgehalt, der die Faszination des antithetisch komponierten Werkes ausmacht. Der Mann am linken Bildrand ist Ausdruck kraftvollen Handelns, zugleich in seiner isolierten Stellung Sinnbild des Fremden, die Frau mit dem Säugling verkörpert dagegen das Prinzip warmer Mütterlichkeit und Geborgenheit. Dem Frieden der arkadischen Landschaft ist die Bedrohung durch das heraufziehende Gewitter gegenübergestellt. Dem Entstehen neuen Lebens (der Säugling) antwortet die Vergänglichkeit (die Ruinen im Hintergrund). Stadt und Land, Feuer und Wasser, Idylle und die unge-

Das weltberühmte Gemälde von Giorgione, »La Tempesta« (Das Gewitter), bleibt bis heute rätselhaft

stümen Gewalten der Natur – alle tiefen menschlichen Erfahrungswerte werden in ihrer extremen Gegensätzlichkeit vereint. Die Brücke im Zentrum erscheint deshalb wie eine Verbindung zwischen zwei Welten.

Abgesehen von der revolutionären Ikonografie bedeutet auch Giorgiones Malweise einen Bruch mit allen Traditionen. Hatte in der frühen Renaissance der *disegno,* der zeichnerische Umriss, selbst in der malerischen Gesinnung eines Bellini vorgeherrscht, so löst Giorgione die Linie zugunsten einer weichen Pinselführung auf. Die Farben werden nicht mehr blockhaft gegeneinander abgegrenzt, sondern fließen zum Teil ineinander über. Im blauen Gewölk des Himmels spiegelt sich das Grün der Bäume wider, wie umgekehrt im Laub Blautöne aufschimmern. Diese neue Malweise trägt einen wesentlichen Anteil an der dichten Atmosphäre der Gesamtkonzeption. Form und Inhalt werden in ein wechselvolles Zusammenspiel gebracht. Mit diesem Werk hat der junge Giorgione das Tor zur Hochrenaissance in Venedig aufgestoßen.

Giorgione, Porträt einer alten Frau (272)
Ähnlich wie bei dem Gewitter ist wohl auch das Porträt einer alten Frau in einem symbolisch-allegorischen Sinn zu verstehen. Das entscheidende Indiz dafür ist der Zettel, den die Alte in Händen hält, mit der Aufschrift »Con il tempo«. Das Bild ist ein Beitrag zum Thema der Vergänglichkeit. Der krasse Verismus der Darstellung wirkt weniger drastisch als in der nordalpinen Malerei – man denke etwa an die Folterknechte bei einer Geißelung Christi des Hieronymus Bosch oder bei deutschen Malern –, sondern lässt in einem milden Licht die Versöhnung mit dem Los des Menschen spürbar werden.

Saal 6 (Venezianische Malerei des 16. Jh.)

Ein Durchgangsraum mit unzulänglichen Lichtverhältnissen. Darin besonders hervorhebenswert (neben dem Durchgang zu Saal 10):

Tizian, Johannes der Täufer (314)
Das Bild zeigt den Täufer nicht wie bis in die Frührenaissance üblich als ausgemergelten Asketen, sondern in der Pose eines stattlich gebauten Heros. Die klare Umrisszeichnung ist als Antwort Tizians auf den Vorwurf toskanischer Maler zu verstehen, dass die Venezianer unfähig seien, mit dem *disegno,* der korrekten Zeichnung, umzugehen. Die freie Bilderfindung zeigt Tizian zugleich als Meister der *invenzione.* Unübertroffen ist darüber hinaus das samtene Kolorit als Ausdruck venezianischen Empfindens. Das Bild entstand vermutlich in den 1540er-Jahren.

Saal 7 (Lotto/Savoldo)

In den Räumen 7 und 8 setzt sich die Sammlung mit Werken der Hochrenaissance des 16. Jh. fort. Hier sind kaum Venezianer (Ausnahme: Lorenzo Lotto), sondern vor allem bedeutende Maler aus der Lombardei ausgestellt.

Lorenzo Lotto, Porträt eines jungen Adligen (912)
Lotto, der zeitlebens im Schatten des alle überragenden Tizian stand, schuf mit diesem Bildnis (um 1525) ein Meisterwerk der Porträtkunst. Der sensible, schmalgesichtige junge Mann schaut nachdenklich vor sich hin. Um ihn her sind Attribute geistiger Beschäftigung ausgebreitet: ein aufgeschlagenes Buch, Schreibutensilien, Musikinstrumente etc. Vor dem dunklen Hintergrund zeichnet sich die vornehme Blässe des Aristokraten wirkungsvoll ab.

Girolamo Savoldo, Die Heiligen Antonius und Paulus Eremita (328)
Die Darstellung erscheint wie eine Synthese im Spannungsfeld zwischen Bellini und Giorgione. Von ersterem ist die naturalistische Detailtreue inspiriert, von letzterem die rauchige Farbgebung. Die leichte Sentimentalisierung dagegen weist auf Lorenzo Lotto. Im Zusam-

menspiel dieser unterschiedlichen Komponenten entsteht eine Form von gefühlsbetontem Realismus, der wie eine Vorahnung auf Caravaggio und die Malerei des 17. Jh. anmutet.

Girolamo Savoldo (1480–1550) stammte aus Brescia und arbeitete 1525–35 in Mailand. Danach zog er nach Venedig, wo er seine lombardischen Erfahrungen mit den Anregungen aus der venezianischen Malerei verband.

Saal 8 (Palma d. Ä., de Pitati, Romanino)

Neben Werken Bonifazio de' Pitatis, darunter ein bemerkenswerter Bethlehemitischer Kindermord (319), fallen in diesem Raum vor allem eine Madonna Palmas d. Ä. und eine Pietà Girolamo Romaninos auf.

Jacopo Palma il Vecchio, Madonna mit Heiligen (147)

Das traditionelle Thema, das Giovanni Bellini und Cima so oft behandelt haben, wird von Palma d. Ä. in diesem Spätwerk von 1525 völlig neu interpretiert. Die Heiligen (Johannes der Täufer, Katharina und Jakobus d. Ä.) stehen nicht wie gewohnt, sondern umlagern die Muttergottes sitzend oder kniend – eine ganz eigene Bilderfindung des Künstlers. In der Komposition erweist er sich als von Tizian beeinflusst, etwa in der asymmetrischen Anordnung (Verschiebung der Maria in die rechte Bildhälfte, vgl. Tizians Pesaro-Madonna in der Frari-Kirche). Dasselbe gilt für die Farbgebung, in der nicht zuletzt auch ein Hauch vom Geiste Bellinis nachlebt.

Jacopo Negreti, genannt Jacopo Palma il Vecchio – in Unterscheidung zu seinem Großneffen Jacopo Palma il Giovane (der Jüngere) – wurde 1480 in dem Dorf Serina bei Bergamo geboren. Bereits in den 1490er-Jahren erhielt er seine künstlerische Ausbildung in Venedig, wo er seit 1512 mit ersten eigenen Werken an die Öffentlichkeit trat. Wie aus seinem Testament hervorging – er starb 1528 –, gehörte er zu den bestbezahlten Malern seiner Zeit. Mit seinen wohlhabenden Auftraggebern aus der konservativen Aristokratenschicht Venedigs ist der Klassizismus seiner Kunst erklärt worden. In der Tat scheinen, von der Übernahme gewisser Anregungen durch Tizian abgesehen, die bahnbrechenden Neuerungen Giorgiones fast spurlos an ihm vorübergegangen zu sein.

Girolamo Romanino, Pietà (737)

Schon mit seinem frühesten datierten Bild (1510) machte der aus Brescia stammende Romanino seine Abkehr vom venezianischen Schönheitsideal deutlich, indem er sich dem lombardischen Realismus zuwandte. Schwarze Gewitterwolken überschatten die Gruppe der Männer und Frauen, die den Leichnam Christi halten. Dieser ist mit kräftigen Pinselstrichen als Elendsfigur gezeichnet. Sein Kolorismus dagegen erweist sich von venezianischen, speziell tizianesken Einflüssen abhängig. Girolamo Romano, genannt Romanino, lebte zwischen 1484 und 1562 in Brescia. Er ist neben Savoldo und Alessandro Moretto (von diesem die »Madonna del Carmelo«, 321, in Saal 6) der dritte Vertreter einer Kunstrichtung, die man veneto-lombardisch benannt hat.

Saal 9

Der **Bookshop des Museums**. Man bekommt zwar jede Art von Büchern und Katalogen, leider jedoch kaum Postkarten. Wer Postkarten von Bildern, die in der Accademia ausgestellt sind, haben möchte, stöbert besser an dem Kiosk, der sich vor der Accademia nahe der Schiffsanlegestelle befindet. Hier findet man eine gute Auswahl.

Saal 10 (Venezianische Hochrenaissance, Manierismus)

Die Flucht der beiden größten Räume der Accademia, der Säle 10 und 11, wurde erst in den Jahren 1821–25 errichtet, nachdem der Bestand des Museums sprunghaft zugenommen hatte. Hier sind jetzt Hauptwerke der Hochrenaissance und des Manierismus ausgestellt.

Paolo Veronese, Gastmahl im Hause des Levi (203)
Die ganze Breite der rückwärtigen Schmalseite des Raumes nimmt das riesenhafte Bild (5,55 × 12,80 m) ein, das als letztes der großen Gastmähler im Jahr 1573 entstand. Unter einer dreitorigen Portikusanlage ist die langgezogene Tafel aufgebaut. Im Mittelpunkt sitzt Christus, im Gespräch mit dem jugendlichen Johannes leicht nach rechts gewendet, während ihn von links der Gastgeber bewirtet. Die ganze Szenerie ist auf einer Art erhöhter Bühne arrangiert, zu der von den Seiten Treppen hinaufführen. Durch die Portikusbögen wird eine Stadt erkennbar, zeitgenössische Palazzi (ganz links), antike Bauten (ganz rechts) und Fantasiearchitekturen (z. B. die Turmkonstruktion in der Mitte mit einem Abbild des Campanile von San Marco als Bekrönung). Trotz seiner gewaltigen Dimensionen bleibt das Bild überschaubar. Die kraftvolle architektonische Gliederung schafft einen stringenten Zusammenhalt, und die Farben sind in dezenten Tönen aufeinander abgestimmt.

Infolge der lebendigen Gruppierung und dadurch, dass Veronese alle Personen in die Mode seiner Zeit kleidete, wird der religiöse Gehalt der Darstellung zugunsten schwelgerischer Wiedergabe eines venezianischen Festes in den Hintergrund gedrängt. Eben dies brachte Veronese in arge Bedrängnis: Das Bild wurde zum Gegenstand eines Prozesses vor dem Inquisitionsgericht. Veronese hatte es im Auftrag der Dominikaner für das Refektorium von SS. Giovanni e Paolo gemalt. Das Thema lautete eigentlich: das Abendmahl. In der Anklage wurde dem Künstler vorgeworfen, da es unschicklich sei, ein so heiliges Thema durch die Darstellung deutscher Hellebardiere (ganz rechts im Bild), eines Narren (links vor der Brüstung), eines Mannes mit Nasenbluten (auf der linken Treppe) und

Das als Abendmahl in Auftrag gegebene Gemälde brachte Veronese zunächst wegen zu weltlicher Darstellung vor ein Inquisitionsgericht, worauf der Künstler den Vorwurf mit einem neuen Titel, »Gastmahl im Hause des Levi«, entkräftete

von Hunden zu entweihen. Man erkennt in dieser moralisierenden Beanstandung das geistige Klima in der Zeit der Gegenreformation. Ein eindrucksvolles Zeugnis für das Selbstverständnis eines Künstlers im 16. Jh. ist andererseits Veroneses unerschrockene Erwiderung vor dem Inquisitionstribunal (die Prozeßakten sind erhalten). Er wies das Gericht darauf hin, dass die beanstandeten Partien als »Ornamentum« zu verstehen seien, als schmückende Ergänzung, die die künstlerische Freiheit ihm darzustellen gestatte. Des ungeachtet wurde Veronese dazu verurteilt, Änderungen an dem Bild vorzunehmen. Veronese, der dadurch seine Integrität als Künstler beeinträchtigt sah, reagierte mit einem genialen Schachzug. Er änderte keinen Pinselstrich an dem Werk, sondern verlieh ihm lediglich einen neuen Titel. Seitdem heißt dieses Gemälde das »Gastmahl im Hause des Levi«.

Jacopo Tintoretto, Der hl. Markus befreit einen Sklaven (42)
Das Bild entstand 1548 als erstes eines Zyklus, den Tintoretto für die Scuola Grande di S. Marco schuf. Dargestellt ist eine der zahlreichen Legenden, die sich in Venedig um den hl. Markus gewoben hatten. Demnach wurde ein Sklave, der seinen Herrn unerlaubt verlassen hatte, um in Venedig an den Reliquien des Heiligen zu beten, zur Folter verurteilt. Ihm sollten die Knochen gebrochen und die Augen aus-

gestochen werden. Als man aber mit der Marter beginnen wollte, eilte der hl. Markus dem frommen Sklaven zu Hilfe. Tintoretto zeigt den Delinquenten am Boden liegend, neben ihm die zerbrochenen Hämmer und Äxte, die wirkungslos an dem von dem Heiligen geschützten Körper abgeprallt sind. Einer der Henkersknechte zeigt dem rechts auf einem erhöhten Thron sitzenden Richter, der sich ungläubig staunend vornüberbeugt, seinen zerbrochenen Hammer. In kühner Unteransicht, wie sie für die spätere venezianische Deckenmalerei richtungweisend werden sollte (vgl. Veronese in S. Sebastiano), stürzt der hl. Markus raubvogelgleich vom Himmel hernieder. Tintoretto offenbart in diesem frühen Werk seine große Gabe zu spannungsgeladener Erzählweise (Abb. s. S. 51).

J. Tintoretto, Entführung des Leichnams des hl. Markus (831)
Nach langer Unterbrechung nahm Tintoretto die Weiterarbeit an dem Markus-Zyklus erst 1562 mit diesem Bild wieder auf. Es schildert die Entführung der Markus-Reliquien durch die Venezianer aus Alexandria. Im Hintergrund ist ein Scheiterhaufen aufgerichtet, auf dem die Heiden den Korpus des Evangelisten verbrennen wollen. Als aber ein Unwetter aufzieht, flüchtet alles in die schützenden Häuser, und den Venezianern gelingt es, den Leichnam zu entwenden. Zwei konträre Stimmungen leben in diesem Werk nebeneinander. Auf der einen Seite

erfährt man die Bedrohung, die von dem Gewitter mit den zuckenden Blitzen ausgeht, die kopflose Panik der Flüchtenden, auf der anderen vermitteln die kraftvollen, sicher zupackenden Gestalten der Venezianer und das milde Licht auf dem Leichnam des Heiligen ein Gefühl der Zuversicht und Geborgenheit – eine späte Antwort Tintorettos auf die »Tempesta« von Giorgione. Während in dem früheren »Markus-Wunder« mit der Errettung des Sklaven bei aller Bewegtheit der Bildaufbau symmetrisch ist, ist dieses Bild ein reines Beispiel für den Manierismus. Das Hauptgeschehen wird in die rechte untere Bildecke gedrängt, links davon wird eine endlose Tiefenillusion erzeugt. Die extreme Gegensätzlichkeit der sich aus den perspektivischen Verhältnissen ergebenden Größe der Venezianer im Vordergrund und der Flüchtenden ist ein weiteres Stilmerkmal dieser Epoche.

Jacopo Tintoretto, Der hl. Markus errettet einen Sarazenen aus Seenot (832)
Ebenfalls 1562 entstanden ist diese Darstellung eines weiteren Markus-Wunders – der Heilige trägt einen gläubigen Sarazenen aus einem gesunkenen Schiff in das rettende Boot –, ein neuerliches Beispiel für Tintorettos erregte Schilderungsgabe, zugleich in der überdehnten Längung des Geretteten und der in sich gedrehten Aufwärtsbewegung der Komposition ein unverwechselbares Werk des Manierismus.

Tizian, Pietà (400)
Zu den ergreifendsten Momenten eines Venedigaufenthaltes gehört die Begegnung mit Tizians Pietà, dem letzten Werk des greisen Meisters (1576), das dieser für sein eigenes Grab in der Frari-Kirche bestimmt hatte. Wer sich die strahlende Lebensfülle der Assunta in Erinnerung ruft, kann den weiten Weg ermessen, den der Künstler bis zu diesem gedankenschweren, melancholischen Alterswerk gegangen ist. Die Farbe hat ihre Leuchtkraft verloren, aber zugleich in der Gedämpftheit einen anderen, verinnerlichten Wert erlangt.

Tizian grenzt zwei Seinsbereiche gegeneinander ab. Die schwer gefügte Architektur des Hintergrundes mit den Statuen des Moses und einer Sibylle steht für das Immerwährende, die Gruppe der Trauernden mit dem Leichnam Christi dagegen ist Ausdruck der Vergänglichkeit. Die Figuren sind in einer stark abfallenden Schräglinie angeordnet, die sinnbildhaft das Absinken vom Leben zum Tode auszudrücken scheint. Alle Formen menschlicher Trauer durchlaufen die Gestalten. Die stehende Magdalena schreit ihre Verzweiflung laut heraus. Der kniende Hieronymus wendet sich dem toten Heiland in fassungsloser Ungläubigkeit zu. Die sitzende Maria wirkt wie im Schmerz versteinert.

Hat Bellini noch die Tragik einer Pietà durch Einbettung in eine liebliche Landschaft abgemildert, so stellt Tizian die Unerbittlichkeit des Todes schonungslos zur Schau.

Paolo Veronese, Mystische Vermählung der hl. Katharina (1324)
Veroneses Begabung in der Darstellung festlicher Repräsentation erlebt in dem Altarbild von 1575 einen triumphalen Höhepunkt. Katharina und die umgebenden Engel sind in kostbarste Gewänder gekleidet, in deren Samtbrokat silberne und goldene Stoffe eingewebt sind. Die Leuchtkraft der Blau- und Rottöne steigert die festlich-heitere Grundstimmung des Bildes. Dabei wird der Eindruck des Konventionellen vollkommen vermieden, die Heiligen agieren in zwangloser Menschlichkeit.

Veronese ist mit weiteren Werken vertreten, die einst als Deckengemälde die Räumlichkeiten verschiedener Gebäude in Venedig zierten. »Ceres beschenkt Venezia« (45) etwa stammt aus dem Dogenpalast, »Empfang des hl. Nikolaus als Bischof von Myra« (661) aus der Kirche S. Nicolò della Lattuga.

Saal 11 (Veronese/Werke des italienischen Barock, Tiepolo)

Im vorderen Teil des Raumes klingt die Renaissancemalerei aus. Die Barockmalerei, zu der Venedig selber keine Künstler von nennenswertem Rang hervorgebracht hat, ist durch den Genuesen Bernardo Strozzi (Gastmahl im Hause des Simon, datiert 1629; 777), den Neapolitaner Luca Giordano (Kreuzigung Petri, datiert um 1660; 751) und den toskanischen Maler Pietro da Cortona (Daniel in der Löwengrube; 754) vertreten. Im rückwärtigen Teil hängen Arbeiten Tiepolos.

Pordenone, Der hl. Lorenzo Giustinian und andere Heilige (316)
Zur Gruppe jener Künstler, die zeitlebens im Schatten Tizians standen, gehört auch Pordenone. Seine Sacra Conversazione mit dem hl. Lorenzo Giustinian als beherrschender Figur in einer apsidialen Nische – seit Bellini ein beliebter Topos in der venezianischen Malerei – zeigt dennoch eine ganz eigene Handschrift. Dies ist nicht zuletzt mit der regen Reisetätigkeit Pordenones zu erklären. Bei wiederholten Romaufenthalten hatte er Gelegenheit, sich mit Raffael und Michelangelo auseinanderzusetzen. Namentlich die athletische Gestalt Johannes' des Täufers ist deutlich von den Werken Michelangelos in der Sistina beeinflusst.

Pordenone, er hieß mit bürgerlichem Namen Giovanni Antonio de' Sacchi und nahm erst später den Namen seines Geburtsortes im Friaul an, wurde 1483 oder 84 geboren. Im Anschluss an seine Ausbildung arbeitete er zunächst in Ferrara. Nach mehreren Romreisen gelang ihm zu Beginn der 1530er-Jahre der Durchbruch in der venezianischen Kunstszene. Neben den Arbeiten für verschiedene Kirchen wurde er auch mit Aufträgen für den Dogenpalast bedacht. Pordenone starb 1539, wenige Tage nachdem er einem Ruf an den Hof von Ferrara gefolgt war.

Paris Bordone, Der Doge und der Fischer (320)
Das Bild schildert eine Legende, die sich in Venedig besonderer Beliebtheit erfreute. Danach soll der hl. Markus sich von einem Fischer zum Lido hinausrudern haben lassen, wo er ein Schiff voller Dämonen versenkte. Zum Dank für seine Dienste überließ der Heilige dem Fischer einen kostbaren Ring, trug ihm jedoch auf, diesen dem Dogen zu überbringen. Das Bild zeigt den Augenblick der Übergabe des Kleinodes an das Oberhaupt der Republik. Die samtige Farbgebung und der gesammelte Ernst des Dogen lassen den Einfluss Giorgiones und Tizians erkennen. Die Gebärde des Fischers dagegen wirkt leicht gestelzt und kündigt den Manierismus an. Dasselbe gilt für die endlose Tiefe der Arkadenhalle im Hintergrund des Bildes.

Paris Bordone wurde 1500 in Treviso im Veneto geboren und arbeitete nach seiner Ankunft in Venedig unter Anleitung Tizians. Seine frühen Werke stehen unter dem Eindruck des Lehrmeisters und Giorgiones. Die Sensibilität seiner früheren Werke, zu denen das oben beschriebene Bild von 1534 zu rechnen ist, wich im Alter einer eher auf Effekthascherei bedachten, manieristischen Oberflächlichkeit. Bordone starb 1571 in Venedig.

Bonifazio de' Pitati, Lazarus im Hause des Reichen (291)
Um 1540 entstand diese Darstellung des biblischen Gleichnisses vom armen Lazarus und dem reichen Prasser. Der theologisch-moralisierende Aspekt – Lazarus erscheint im wahrsten Sinne des Wortes als Randfigur – wird von der Zurschaustellung der vornehmen Gesellschaft fast völlig überdeckt. Man erlebt die gesellige Runde einer venezianischen Patrizierfamilie, die der Musik eines Trios lauscht. Die Szenerie ist in das Atrium einer zeitgenössischen Villa gestellt. Dieser chronistische Gesichtspunkt weist in Richtung der späteren prachtvollen Gastmähler Veroneses.

Bonifazio de' Pitati, den man auch unter den Namen Bonifazio Veronese oder Bonifazio Veneziano kennt, wurde 1487 in Verona geboren. Sein Aufenthalt in Venedig ist spätestens seit 1529 zu belegen, doch vermutlich war er schon früher in die Lagunenstadt gekommen, wo er in das Atelier Palmas d. Ä. eintrat, das er nach dessen Tod weiterführte. In seinem Werk vollzieht sich der Wandel von der Hochrenaissance – für diese Phase steht exemplarisch das Lazarus-Bild – zum Manierismus, was nicht zuletzt mit Pitatis engem Kontakt zu Tintoretto zu erklären ist. Er starb 1553 nach langer Krankheit.

Jacopo Tintoretto, Adam und Eva (43)
Das um 1550 datierte Frühwerk mit Eva in Vorder- und Adam in Rückenansicht ist eine Huldigung an die Schönheit des menschlichen Aktes. Das Bild entbehrt der Bedrohlichkeit des Sündenfalls und der Vertreibung aus dem Paradies, die lediglich flüchtig skizziert und miniaturhaft winzig wie ein Zitat im Hintergrund erscheint.

Giovanni Battista Tiepolo, Auffindung des Kreuzes Christi (642)
Der großformatige Tondo (Durchmesser 4,90 m) befand sich ursprünglich an der Decke des Kapuzinerinnen-Klosters. Die Darstellung schildert folgende Situation: Die hl. Helena, Mutter Kaiser Konstantins des Großen, hatte einen Mann namens Judas, der als einziger die Stelle kannte, an der das Kreuz Christi vergraben war, so lange ohne Nahrung gefangen gehalten, bis dieser sein Geheimnis preisgab. Man grub an der von ihm bezeichneten Stelle nach und fand drei Kreuze. Als diese nach Jerusalem hineingetragen wurden, begegnete man einem Leichenzug. Der Tote wurde nacheinander mit allen drei

Tiepolo, der Meister des Rokoko, schildert in dieser Darstellung die Wiederauffindung des Kreuzes durch die hl. Helena

Kreuzen berührt, beim Kontakt mit dem letzten erwachte er wieder zum Leben. So hatte man das wahre Kreuz Christi identifiziert. Tiepolo zeigt den Moment, wie der zum Leben Wiedererweckte sich aus seinen Leichentüchern erhebt, während das Kreuz in triumphaler Pose vor Helena aufgerichtet wird.

Wer sich hier noch einmal die »Mystische Vermählung der hl. Katharina« im vorhergehenden Raum in Erinnerung ruft, erkennt, wie viel Tiepolo dem Kolorismus Veroneses verdankt. Nach der schöpferischen Pause des 17. Jh. schenkte Venedig im letzten Jahrhundert seiner Unabhängigkeit der europäischen Malerei noch einmal einige große Begabungen. Die überragende Gestalt des Rokoko ist Tiepolo, der in der Accademia noch mit weiteren Werken vertreten ist. Die seitlich von dem Tondo befindlichen Zwickelfragmente aus der Scalzi-Kirche machen aber zugleich schmerzlich bewusst, wie viel ein Kunstwerk verlieren kann, wenn es aus seinem ihm zugedachten Rahmen herausgerissen und in die sterile Umgebung eines Museums überführt wird.

Saal 12 (Landschaftsmalerei des 18. Jh.)

Dieser Saal ist ein schmaler, langer Korridor, an den einige Kabinette grenzen, und gehört zu dem von Palladio entworfenen Teil des einstigen Kreuzganges. Im Korridor ist Landschaftsmalerei des 18. Jh. ausgestellt. Nachdem Giorgione im frühen 16. Jh. das Tor zur Landschaftsmalerei aufgestoßen hatte, entwickelte sich dieses Thema im Laufe des 17. Jh., vor allem in der römischen Kunst der Barockzeit, zu einer eigenen Gattung. Entscheidende Anstöße gaben auch die Franzosen Claude Lorrain und Nicolas Poussin.

Unter den venezianischen Künstlern erwähnen wir **Marco Ricci** mit einer stimmungsvollen Landschaft mit Wasserfall (454) und **Francesco Zuccarelli,** einen toskanischen Maler, der die längste Zeit seines Lebens in Venedig verbrachte, mit einem heiter beschwingten Bacchanal (859).

Saal 13 (Porträts des 16. Jh./Bassano)

Hier sind vorwiegend Porträts aus dem 16. Jh. – mehrere von Tintoretto – versammelt, unter denen das Bildnis des Prokurators Jacopo Soranzo von Tintoretto als eindrucksvolle Charakterstudie ins Auge fällt.

Jacopo da Ponte, genannt Bassano, Der hl. Hieronymus (652)

Der Zeitgenosse Tintorettos (ca. 1510–92) modelliert in erdigen Farben einen bestechenden Realismus. Jede Falte, jede Ader an dem von Entbehrungen gezeichneten Körper des alten Mannes werden präzise herausgearbeitet. Gedankenschwer stützt der Greis den Kopf auf den Arm. Bassano löst sich bereits vom Manierismus tintorettoscher Prägung und bewegt sich in Richtung der Barockkunst.

Saal 14 (Barock)

Die hier ausgestellten Bilder sind Arbeiten des 17. Jh. von Nichtvenezianern. **Domenico Fetti** (1589–1623) machte den Realismus Caravaggios in Venedig heimisch – sehr lebendig und frisch z. B. der David (669). **Johann Liss** aus Oldenburg (1595–1629) brachte Anregungen der nordischen Kunst, namentlich der Malerei Rubens', in die Lagunenstadt, wie die Darstellungen von der Schindung des Marsyas (674) oder von Adam und Eva, die den Leichnam Abels beweinen (913), belegen.

Saal 15 (Spätbarock und Rokoko)

Saal 15 ist die Verlängerung des Korridors von Saal 12. Die hier befindlichen weniger bedeutenden Bilder markieren den stilistischen Übergang von der spätbarocken Malerei zur heiter-problemlosen Kunst des Rokoko.

Säle 16 und 16a (Tiepolo und Rokoko)

Dieser Raum ist dem Rokoko und dessen Hauptvertreter **Tiepolo** gewidmet. Vier mythologische Szenen aus der Frühzeit des Künstlers sind in kühlen Tönen gehalten: Raub der Europa (435), Diana und Aktäon (440), Diana entdeckt Calypso (712) und der Wettstreit zwischen Apoll und Marsyas (711).

Auch im folgenden Raum wird Rokokomalerei gezeigt. Das auffallendste Werk ist **Piazzettas** Wahrsagerin (483) von 1740. Der Bildtitel, der sich auf die Handhaltung der linken Frau bezieht, ist irreführend; eigentliches Thema ist eine pastorale Idylle. Die eine Frau versucht, der anderen, die die Szenerie beherrschend einnimmt, ein Hündchen zu entlocken, das sie kokett unter dem Arm eingeklemmt hat. Charakteristisch für den reifen Piazzetta ist der Verzicht auf Farbeffekte zugunsten eines mit den Mitteln der Chiaroscuro-Malerei erzeugten lebhaften Wechselspiels von Licht und Schatten.

Saal 17 (Malerei des 18. Jh.)

Die drei Kabinette des Saales 17 zeigen die Bandbreite schöpferischer Ausdrucksmöglichkeiten der Kunst des 18. Jh.

Antonio Canal, genannt Canaletto, Perspektive (463)
Canaletto entwickelte sich zum unvergleichlichen Chronisten des Aussehens Venedigs im 18. Jh. Das hier ausgestellte Bild gibt allerdings keine konkrete Situation wieder, sondern ist eine Fantasie-Vedute, die der Künstler als Probearbeit anlässlich seiner Bewerbung um Aufnahme in die Akademie 1765 einreichte. Die Meisterschaft Canalettos, der zahlreiche Nachahmer gefunden hat, liegt in der fotografisch exakten Beobachtung.

Francesco Guardi, S. Giorgio Maggiore (709)
Ebenso wie Canaletto hat sein Zeitgenosse Guardi Venedig in zahllosen Ansichten gemalt. Ihm ging es jedoch nicht um die gleichsam zeitlose Fixierung eines Zustandes, er versuchte vielmehr in einem impressionistischen Sinne Augenblickssituationen einzufangen. Die Wiedergabe von S. Giorgio Maggiore hält die dunstige Atmosphäre einer Abendstimmung fest.

Rosalba Carriera (1675–1758), Spezialistin für Porträts in Pastell, ist mit einigen Arbeiten vertreten. Besonders einfühlsam wirkt das Bildnis des Mädchens aus dem Hause Leblon.

Pietro Longhi (1702–85), von dem im selben Raum etliche Genrebilder ausgestellt sind, hat als Chronist des Alltagslebens in der zu Ende gehenden Republik zum Teil köstliche Szenen geschaffen. Ans Karikaturistische grenzt das Bild des Zahnarztes (467). Er erweist sich darin als ein später Nachfolger Carpaccios.

Säle 18 und 19 (18. und 16. Jh.)

Diese beiden Korridore mit weniger bedeutenden Bildern des 18. Jh. (Saal 18) und des 16. Jh. (Saal 19) führen zum Saal 20.

Saal 20 (Zyklus »Wunder der Kreuzreliquie«, Bellini u. a.)

Hier ist der grandiose Gemäldezyklus zu den Wundern der Kreuzreliquie ausgestellt, den Gentile Bellini, Vittore Carpaccio und andere für die Scuola Grande di S. Giovanni Evangelista geschaffen haben. Die einzelnen Bilder sind weniger eine religiöse Dokumentation zu den Wundern, die der Splitter vom Kreuze Christi in Venedig bewirkte, als vielmehr eine groß angelegte Selbstdarstellung der Stadt an der Wende zum 16. Jh.

Gentile Bellini, Prozession auf dem Markusplatz (567)
Aus leicht erhöhter Perspektive vermittelt der Bruder Giovanni Bellinis einen lebendigen Eindruck von dem festlichen Aufzug einer Prozession, wie sie zu verschiedenen Anlässen über das ganze Jahr verteilt immer wieder stattfanden (Abb. s. S. 26). Im Vordergrund, parallel zum Bildrand, die Mitglieder der Scuola di S. Giovanni Evangelista; rechts erkennt man den Dogen und sein Gefolge.

Unschätzbar ist das Bild als detailgetreue Wiedergabe des Zustandes der Piazza im ausgehenden 15. Jh. An der Markuskirche erstrahlen die mittelalterlichen Mosaiken, von denen heute nur noch das über der Porta di S. Alippio (ganz links) erhalten geblieben ist. Links und rechts des Platzes die gotischen Vorgänger der heutigen Alten und Neuen Prokuratien, letztere damals noch bis an den Campanile geführt, der erst nach Sansovinos Bibliotheksbau freigestellt wurde. Die Faszination des Bildes besteht darin, dass Gentile Bellini die Prozession nicht eigentlich schreiten lässt, die Gestalten scheinen zu stehen. Das Bild gewinnt dadurch etwas Überzeitliches. Wir erleben nicht nur die Augenblickssituation des Prozessionsgeschehens, man spürt, wie die Waage der Zeit im Schwebezustand verharrt und Venedig als ein scheinbar unveränderliches Märchengebilde auftritt.

Gentile Bellini, Wunder der Kreuzreliquie am Kanal von S. Lorenzo (568)
Vier Jahre nach der Prozession (1496) entstand die Darstellung von einem der Wunder der Kreuzreliquie. Während der alljährlichen Prozession fiel das Reliquiar im Menschengedränge in den Kanal von S. Lorenzo. Nachdem mehrere Bruderschaftsmitglieder vergeblich versucht hatten, danach zu tauchen, soll sich das Behältnis mit der kostbaren Reliquie schließlich dem Guardian Grande, dem Hochmeister der Scuola, Andrea Vendramin, von selbst in die Hand gefügt und ihn aus eigener Kraft ans rettende Ufer gezogen haben. Mit fotografischer Genauigkeit erfasst Bellini das Geschehen bis hin zu nebensächlich erscheinenden Details. Aber auch in diesem Bild schwingt das Zeitlose wieder mit. Am deutlichsten spürbar wird dies in der regungslosen Haltung der im Vordergrund knienden Stiftergruppe und anderer Zeitgenossen. So ist z. B. links Caterina Cornaro, die Königin von Zypern, zu erkennen.

Gentile Bellini, Heilung des Pietro Ludovici (563)
Das letzte der drei von Gentile Bellini dem Zyklus beigesteuerten Werke entstand 1501. Die Heilung des hoch fiebernden Patriziers vollzog sich, nachdem er die Hand auf eine Kerze gelegt hatte, die zuvor mit der Kreuzreliquie in Berührung gebracht worden war. Im Gegensatz zu den beiden anderen Darstellungen verlegt Bellini das Geschehen in den Innenraum einer Kirche, vermutlich S. Giovanni Evangelista, in der die Reliquie aufbewahrt wurde. Die Menschendarstellung tritt hier zugunsten einer reinen Architekturstudie in den Hintergrund.

Der ältere Bruder Giovanni Bellinis, geboren 1429, genoss als Porträtist hohes Ansehen. 1479 entsandte ihn die Republik nach Konstantinopel an den Hof Mohammeds II., der den besten verfügbaren Porträtmaler angefordert hatte. Seine einjährige Abwesenheit ermöglichte es Giovanni, aus dem Schatten des älteren Bruders herauszutreten. Gentile Bellini ist konservativer als Giovanni, dessen Genialität ihm fehlte. Sein Ruhm besteht darin, die ersten authentischen Stadtansichten Venedigs geschaffen zu haben. Bellini starb 1507.

Vittore Carpaccio, Heilung eines Besessenen (566)
Carpaccio, der Meister der Erzählung, schuf 1496 seinen Beitrag für den Zyklus. Das eigentliche Wunder, die Heilung eines Besessenen, spielt lediglich die Rolle eines untergeordneten Themas. Es vollzieht sich links in einer offenen Loggia, die zum Palast des Patriarchen von Grado gehörte. Das Periphere der Wunderheilung ist allerdings nach-

träglich noch verstärkt worden, nachdem das Bild im 17. Jh. wegen einer Türerweiterung am linken Rand beschnitten wurde.

Carpaccio zeichnet ein klares Bild der städtebaulichen Situation am Rialto. Wir sehen die mittelalterliche Holzbrücke, die erst rund hundert Jahre später durch den Steinbau von Antonio da Ponte ersetzt wurde. An den Gondeln dieser Zeit ist zu erkennen, dass sie etwas kleiner waren als die heutigen, bereits aber die charakteristische Asymmetrie aufweisen. Gleich rechts hinter der Rialto-Brücke steht der alte Fondaco dei Tedeschi, der knapp zehn Jahre, nachdem Carpaccio dieses Bild gemalt hatte, einem Brand zum Opfer fiel und anschließend durch den heute noch bestehenden Bau ersetzt wurde. Das Ganze bleibt keine leblose Vedute. Mit dem bewegten Gedränge der Gondeln, so reizenden Details wie der Wäsche, die zum Trocknen aus einem Fenster hängt, schafft Carpaccio einen beredten Spiegel vom pulsierenden Leben im Rialto-Bezirk.

Lazzaro Bastiani, Schenkung der Kreuzreliquie (561)
Dieses Bild entstand vermutlich als erstes in diesem Zyklus. Es zeigt den Moment, als Filippo de Mezieres 1369 der Scuola Grande di S. Giovanni Evangelista die Kreuzreliquie schenkt. Durch den Vorhof der Scuola blickt man in das Kircheninnere, in dem sich die zeremonielle Übergabe abspielt. Bastiani erreicht aber weder die zeitlose Feierlichkeit Bellinis, noch gelingt ihm die Lebendigkeit der Erzählkunst Carpaccios. Das Bild bleibt in einer etwas steifen Repräsentationshaftigkeit stecken. Sein großer Wert liegt in der Überlieferung einer heute nicht mehr bestehenden städtebaulichen Situation.

Giovanni Mansueti, Heilung der Tochter des Benvegnudo da S. Polo (562)
Die Legende berichtet, dass ein Bürger namens Benvegnudo da S. Polo seine von Geburt an gelähmte Tochter heilte, nachdem er sie mit drei Kerzen berührte, die zuvor mit der Kreuzreliquie in Kontakt gebracht worden waren. Auch hier wird das Wunder selber, wie bei Carpaccio, als Randereignis behandelt. Das genesene Töchterlein erhebt sich gerade aus seinem Bett, das oben rechts neben dem Kamin aufgestellt ist. Hat uns Carpaccio venezianisches Alltagsgeschehen unter freiem Himmel gezeigt, so gewährt uns Mansueti Einblick in das Innere eines Patrizierhauses.

Giovanni Mansueti, Wunder der Kreuzreliquie am Campo S. Lio (564)
Diese Begebenheit spielt sich wieder in der Öffentlichkeit ab. Anlässlich eines Begräbnisses eines der Scuola-Mitglieder soll aus der Menge heraus ein Zweifel an der Echtheit der in dem Trauerzug mitgeführten Reliquie laut geworden sein. Darauf wurde das Reliquiar mit einem Male so schwer, dass die Brüder es nicht weitertragen konnten, sondern vorübergehend in der Kirche S. Lio (rechts im Bild) deponieren mussten.

Giovanni Mansueti, Heilung der Tochter des Alvise Finetti (565)
Die Legende berichtet, dass die Tochter des Angestellten eines Kreditinstituts beim Spielen eine Treppe hinunterstürzte. Kaum mit der Kreuzreliquie in Berührung gebracht, genas das Mädchen umgehend von seinen schweren Verletzungen. Eine kritische Würdigung dieses achten und letzten Bildes aus dem Zyklus ist nicht mehr möglich, da es nur als Fragment erhalten ist.

Saal 21 (»Ursula-Legende« von Carpaccio)

Über den Korridor (Saal 19) gelangt man in den Saal 21, in dem ein weiterer geschlossener Bilderzyklus ausgestellt ist, der sich ursprünglich in einer Scuola befand. Im Gegensatz zum Zyklus mit Bildern zur Kreuzreliquie handelt es sich um das Werk eines einzigen Meisters, **Vittore Carpaccio.** Die Bilder schildern das Leben und Sterben der hl. Ursula. Die Scuola di S. Orsola wurde 1306 gegründet. Sie hatte ihren Sitz in einem (nicht mehr erhaltenen) Anbau neben der Dominikaner-Kirche SS. Giovanni e Paolo. Carpaccio schuf die Bilder im Auftrag der Bruderschaft im letzten Jahrzehnt des 15. Jh. Die Legende wird wiederum in städtebauliche Situationen venezianischer Prägung oder in Landschaften, die dem Veneto ähneln, eingebettet. Die Architekturdarstellungen spiegeln den Geist der Lombardi und Mauro Codussis wider, die während dieser Jahre ihr reiches Wirken in der Lagunenstadt entfaltet hatten. Der erzählerischen Intention Carpaccios folgend, beschränken wir uns darauf, die Themen in chronologischer Folge zu beschreiben, was nicht stringent der Reihenfolge ihrer Entstehung entspricht.

Das erste Bild (572) schildert die Ankunft der Gesandten des englischen Königs, die am Hofe des Herrschers über die Bretagne um die Hand seiner Tochter Ursula für den Sohn ihres Herrn, Aetherius, anhalten. Ganz rechts erläutert Ursula ihrem Vater die Bedingungen, unter denen sie in diese Heirat einwilligen würde: Sie verlangt, dass ihr Freier getauft werde, und tut kund, dass sie selbst vor der Eheschließung mit einem Gefolge von zehntausend Jungfrauen eine Pilgerfahrt nach Rom zu unternehmen wünsche. Im folgenden Bild (573) wird die englische Gesandtschaft verabschiedet. Ein Sekretär schreibt im Hintergrund die Heiratsbedingungen nieder. Im dritten Bild (574) kehrt die Gesandtschaft an den Hof des englischen Königs zurück und überbringt ihm die Bedingungen des Herrschers der Bretagne. In dem extrem breitformatigen vierten Gemälde (575) vereint Carpaccio gleich vier Episoden der Legende. In der linken Bildhälfte ist der Abschied des Aetherius von seinem Vater dargestellt. Rechts von der Fahnenstange findet die erste Begegnung zwischen den Brautleuten statt, daneben knien die beiden vor den Eltern Ursulas, um sich von ihnen zu verabschieden. Im Hintergrund schließlich erkennt man die Einschiffung des Brautpaares und seines Gefolges. Nachdem der Pilgerzug über Köln geführt hatte, erreichen Ursula und ihre Begleiterinnen Rom, wo sie von Papst Cyriakus empfangen werden (577). Ver-

Vittore Carpaccio malte für die Scuola di S. Orsola einen Bilderzyklus zum Leben der hl. Ursula. Das fünfte Bild zeigt den Empfang der Heiligen Ursula und der Pilger durch Papst Cyriacus vor den Mauern Roms

blüffend genau ist die Wiedergabe der Engelsburg im Hintergrund. Im folgenden Bild (578) erscheint Ursula im Traum ein Engel, der sie auffordert, nach Köln zurückzugehen, wo sie das Martyrium erleiden wird. Ganz anders als in seinen sonstigen bunt bewegten und auf das Fabulieren bedachten Werken schlägt Carpaccio in diesem Fall einen besinnlichen Ton an. Die Szenerie erinnert an Darstellungen der Verkündigung Mariens. Nur handelt es sich nicht um die Vorhersage von Leben, sondern es wird der baldige Tod mitgeteilt. Dieser scheint sich bereits in der vollkommenen Stille des Raumes wie in dem von Todesblässe überzogenen Antlitz der schlafenden Prinzessin anzukündigen. Das siebte Bild (579) schildert die Ankunft der Pilger in Köln. Es ist die früheste datierte Arbeit des Meisters (1490). Im vorletzten Bild erleiden Ursula und ihr Gefolge den Märtyrertod vor den Toren des durch die Hunnen belagerten Köln (580). Im Vordergrund schießt deren König Attila den todbringenden Pfeil auf die Prinzessin ab.

Rechts wird ihr aufgebahrter Leichnam zur Beisetzung überführt. Das letzte Bild (576) gibt die Apotheose der hl. Ursula wieder. Von Palmenzweigen, dem Sinnbild des Märtyrertums, getragen, erhebt sie sich über die Köpfe ihrer Leidensgefährtinnen, während von oben her, aus der Kuppel der rahmenden Architektur, die Gestalt Gottvaters mit ausgebreiteten Armen bereit ist, die Heilige in den Himmel aufzunehmen. Ganz versteckt, am linken Bildrand, hat Carpaccio neben der aus dem Gewoge der Häupter aufragenden Mitra des Papstes drei Mitglieder der Scuola di S. Orsola porträtiert.

Saal 22

Dieser Saal ist ein Teil des Korridors im Nordflugel des einstigen Klosters. Von hier gelangt man in die angrenzende frühere Kirche S. Maria della Carità.

Saal 23

Die Kirche S. Maria della Carità wurde im 19. Jh. durch Einziehung eines Fußbodens auf halber Höhe in zwei Geschosse unterteilt. Das untere, nicht zugängliche, gehört heute zu den Werkstätten der Accademia. Im oberen Raum, der nicht immer offen ist, sieht man noch einmal Werke der Frührenaissance (G. Bellini, Bartolomeo Vivarini, Andrea da Murano u. a.). In der Regel wird dieser Raum jetzt aber für aktuelle Sonderausstellungen genutzt.

Saal 24 (Herbergssaal der Scuola della Carità: Tizian u. a.)

Im letzten Raum der Accademia klingt der Rundgang durch das Museum in einem grandiosen Schlussakkord aus. Dieser einstige Herbergssaal der Scuola della Carità ist noch vollständig erhalten. Die für seine Ausschmückung geschaffenen beiden Monumentalgemälde befinden sich nach wie vor an ihrem angestammten Platz.

Antonio Vivarini und Giovanni d'Alemagna, Triptychon (625)
Bei Betreten des Raumes fällt der Blick nach rechts auf ein großes Triptychon (4,76 × 3,39 m), das Antonio Vivarini und sein Schwager Giovanni d'Alemagna 1446 gemeinsam geschaffen haben. In der Mitte thront unter einem goldenen Baldachin die Muttergottes mit dem Christuskind. Ihr zu seiten stehen vier kleine Engel, die einen zusätzlichen Stoffbaldachin tragen. In würdigem Ernst nehmen die vier abendländischen Kirchenväter die Seitenflügel ein, Gregor und Hieronymus links, Augustinus und Ambrosius rechts. Das Bild steht stilistisch zwischen Spätgotik und beginnender Renaissance. In der verschwenderischen Verwendung von Goldtönen und der unnahbaren Haltung der Madonna klingt ein letztes Mal die byzantinische Formenwelt an, in der Plastizität der Figuren, in der architektonischen Rahmung und der damit verbundenen Andeutung eines realen Rau-

mes sowie mit den Baumkronen im Hintergrund über den Zinnen kündigt sich das neue Zeitalter an.

Tizian, Mariä Tempelgang (626)
Nach der bewegten Zeit des zweiten und dritten Jahrzehnts des 16. Jh., die in der Frari-Assunta gipfelte, fand Tizian zu seinem beruhigten, souveränen Reifestil, für den der Tempelgang Mariens (1534–38) als vielleicht glanzvollstes Werk exemplarische Bedeutung hat. Durch die räumlichen Verhältnisse bedingt, wählte er das in der venezianischen Malerei beliebte Breitformat. Die Menschenmenge, die dem Ereignis beiwohnt, wird in einzelne Gruppen gegliedert. Leuchtende Farbgebung betont die hl. Anna am Fuß der Treppe mit den sie umgebenden Frauen sowie die Männergruppe, die sich um einen ganz in Rot Gekleideten schart. Letztere sind wahrscheinlich Zeitgenossen Tizians, möglicherweise verdiente Mitglieder der Bruderschaft, die das Bild in Auftrag gegeben hatte. Kontrapunktisch dazu sind der Hohepriester und andere Vertreter der Geistlichkeit am Eingang zum Tempel postiert. Auf dem Absatz der breit ausladenden Treppe erscheint die kleine Maria, zerbrechlich fast vor dem Hintergrund der monumentalen Architektur und der souveränen Erscheinung des sie Erwartenden, und dennoch zugleich durch das strahlende Blau ihrer Kleidung und die Lichtaura, die sie umgibt, als Hauptfigur betont.

Mit unnachahmlicher Sicherheit gelingt es Tizian, scheinbar konträre Motive harmonisch zu verbinden. In den angedeuteten Baulichkeiten sammelt er geradezu archivalisch exakt alle Erfahrungen seiner Zeit. Links ragt im Hintergrund ein ägyptischer Obelisk auf. Das Gebäude hinter der Freitreppe wird von einem römisch-antiken Kolonnadenportikus getragen. Blickt man durch dessen Säulen, gewahrt man ein Stück venezianischer Architektur, deren Ziegelmauerwerk mit einem Rautenmuster an den Dogenpalast erinnert. Die Treppe selbst ist ein Zitat toskanischer Rustika-Bauweise. Die Winzigkeit der Maria gegenüber der Größe des Hohenpriesters erfährt in der Gruppe der Zuschauer eine Synthese aus beiden extremen Maßstäben. Der hoheitsvollen Würde der Versammelten wird die Bäuerin mit dem gefüllten Eierkorb im Vordergrund nicht als schriller Widerpart, sondern im Sinne einer kosmischen Zusammenschau des Weltgeschehens gegenübergestellt. Stadt und Landschaft, Höfisches und Alltägliches, Religiosität und Profanes, Geschichte und aktueller Zeitbezug, Hell und Dunkel vereinen sich zu einem Kunstwerk, das bei aller Logik der Komposition sehr natürlich wirkt.

Bevor man den Raum verlässt, sollte man noch dem in einer Vitrine ausgestellten **Reliquiar**, einer byzantinischen Staurothek (Behältnis zur Aufbewahrung von Partikeln vom Kreuze Christi), seine Aufmerksamkeit schenken. Es ist das einzige aus dem ehemaligen Schatz der Bruderschaft erhaltene Stück, das der Kardinal Bessarione 1463, am Tage seiner Aufnahme in die Scuola, der Bruderschaft zum Geschenk machte.

Im Sestiere Dorsoduro

Cityplan Im Sestiere Dorsoduro S. 246

Der Name dieses Stadtteils (wörtlich: harter Rücken) ist ein Hinweis darauf, dass hier der Grund solider ist als anderswo in der Stadt. Ausgangspunkt ist der **Campo S. Barnaba** (östlicher Rand des Cityplans S. 246). An den Beginn ließe sich der Besuch der Ca'Rezzonico (s. hintere Umschlaginnenklappe) stellen. Dorthin gelangt man auf den Fondamenta Rezzonico, die vom Campo S. Barnaba aus den Rio S. Barnaba auf dessen Nordseite in Richtung Canal Grande begleiten.

Museo del Settecento Veneziano in der Ca' Rezzonico

Der große, von Baldassare Longhena begonnene und von Giorgio Massari fertiggestellte Palast der Familie Rezzonico am Canal Grande wurde der Öffentlichkeit als Museum zugänglich gemacht und bietet einen vorzüglichen Überblick über die Kunst Venedigs im letzten Jahrhundert des Bestehens der freien Republik. Die Säle wurden zum Teil von bedeutenden Künstlern ausgemalt. Dazu kommen Bilder Pietro Longhis, des humorvollen Chronisten des Alltagslebens, Arbeiten der Porträtistin Rosalba Carriera sowie Mobiliar, das zu einem gut Teil aus den Beständen des Museo Correr stammt.

Das **Museum** erstreckt sich über drei Stockwerke und umfasst mehr als 40 Räume. Zu den Höhepunkten zählen: der große Ballsaal mit seiner von Giovanni Battista Crosato geschaffenen Ausmalung, den man als ersten Raum betritt (erstes Stockwerk); das Deckenfresko Tiepolos in der angrenzenden Sala dell'Allegoria Nuziale (Hochzeit des Ludovico Rezzonico mit Faustina Savorgnan); die Pastellporträts der Rosalba Carriera in Saal 4; der ganz in Brauntönen gehaltene Tod des Darius von Giovanni Battista Piazzetta im Portego des zweiten Stockwerks; die Genrebilder Pietro Longhis im selben Geschoss, u. a. das Nashorn, der Neger mit dem Brief, Karnevalsszenen; eine besondere Kostbarkeit ist die Folge der Räume 21 bis 26. Sie wurden aus der Villa Tiepolos auf der *Terra ferma* hierher übertragen und sind von seinem Sohn Giovanni Domenico ausgemalt. Die zum Teil grotesken Karnevalsimpressionen sind nicht von dem humorvoll-chronistischen Geist eines Longhi, sondern muten eher sarkastisch an, ein beredtes Dokument der Endzeitstimmung der Republik.

Museo del Settecento Veneziano
Mi–Mo 10–17 Uhr

S. Maria del Carmelo (I Carmini)

S. Maria del Carmelo
7.30–12 und 14.30–18.30 Uhr keine Besuche während der Messen

Von der Ca'Rezzonico zurück zum Campo S. Barnaba, geht es von dort westwärts zum **Campo S. Margherita,** der – ein seltener Fall in Venedig – weder von einem Rio bedient (der frühere Rio dello Scoazzera wurde zugeschüttet), noch von irgendwelchen Palazzi gesäumt wird.

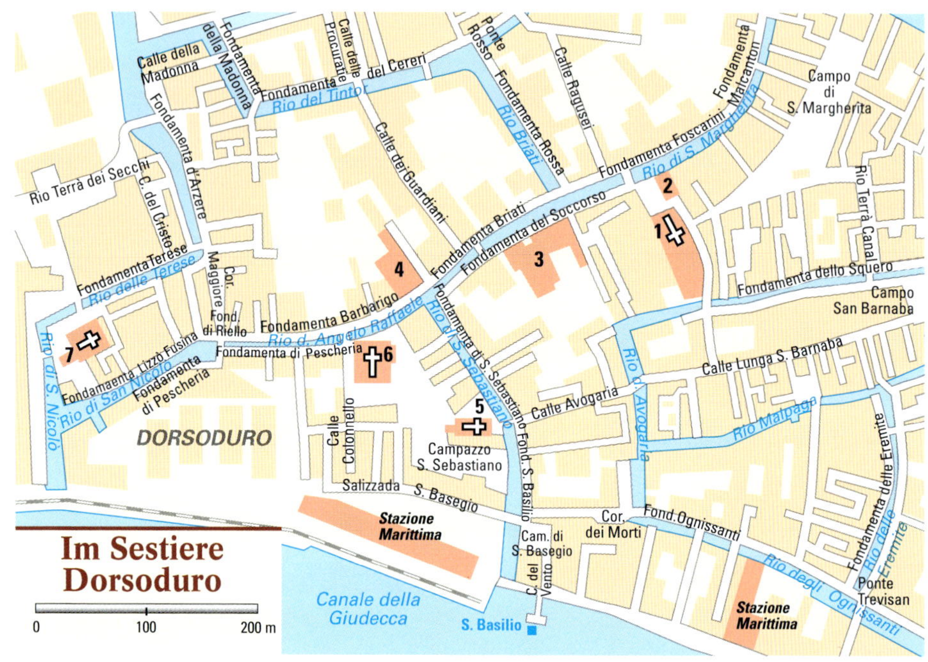

Im Sestiere Dorsoduro

1 *S. Maria del Carmelo (I Carmini)*
2 *Scuola Grande dei Carmini*
3 *Palazzo Zenobio*
4 *Palazzo Cigogna*
5 *S. Sebastiano*
6 *S. Angelo Raffaele*
7 *S. Nicolò dei Mendicoli*

Er wirkt dadurch fast festländisch und ein wenig kleinstädtisch, ist aber letztlich, dank seines unregelmäßigen Grundrisses, doch als venezianisch zu erkennen. Das in der Mitte des Platzes stehende Gebäude war ehemals das Gildehaus der Gerber **(Scuola dei Varotari).** In den Straßencafes reihum sieht man häufig Studenten, Magistranden und Doktoranden, die hier ausgelassen ihre bestandenen Examina feiern.

Die zwischen 1286 und 1348 errichtete einstige **Klosterkirche der Karmeliter (I Camini; 1)** an der schmalsten Stelle des Campo S. Margherita wurde im 16. Jh. umgebaut und nachhaltig verändert. Deshalb mischen sich im Innern Stilelemente der Gotik und Renaissance. Wir betreten den Raum durch das kleine überdachte Seitenportal, das dem Campo zugewendet ist. Die Anlage ist überraschend groß, was von draußen wegen der Umbauung nicht zu erahnen ist. Der Bau folgt dem in der Gotik üblichen Schema der Basilika, wobei sich das Mittelschiff auffallend hoch über die Seitenschiffe erhebt. Die dadurch entstandene freie Wandfläche des Obergadens, der nur in der Wölbungszone durchfenstert ist, wurde im 16. Jh. genutzt, um eine Folge von Ölbildern (Heilige des Karmeliter-Ordens) anzubringen.

Von den zahllosen Altären (meist 17./18. Jh.) stellen wir die beiden wichtigsten vor. Prunkstück des rechten Seitenschiffes ist der zweite **Altar von Giovanni Battista Cima da Conegliano,** eine Anbetung des Christuskindes (1509). Ungewöhnlich ist die Ikonografie: Das Bild verbindet zwei Topoi, die Anbetung der Hirten und eine Sacra

Conversazione. Das aus Maria, dem Christuskind, Joseph und zwei Hirten bestehende Szenarium wird durch die Heiligen Helena und Katharina auf der einen und den Erzengel Raphael mit dem kleinen Tobias auf der anderen Seite bereichert. Ebenso weicht der Ort der Handlung vom überlieferten Typus ab. Cima versetzt die Gruppe in eine weite Landschaft und deutet lediglich mit dem über ihr aufragenden Felsen die Geborgenheit der Grotte bzw. des Stalles an. Kennzeichnend für die Naturliebe des Künstlers ist die genaue Wiedergabe der Landschaftsdetails. Auf halber Strecke zwischen der Anbetungsgruppe im Vordergrund und der Stadt weiter hinten (wieder eine Andeutung von Cimas Heimatort Conegliano) erkennt man eine Pastoralszene. Wie aus einem Pflanzenlehrbuch wirken die akribisch gezeichneten Büsche und Bäume, die auf der Felsspitze wuchern.

Schräg gegenüber, im linken Seitenschiff, befindet sich rechts neben dem Eingang ein **Werk Lorenzo Lottos** (1523) mit der Apotheose des hl. Nikolaus, der, auf einer Wolke thronend, zum Himmel auffährt. Engel tragen die Insignien seiner Bischofswürde; Johannes der Täufer und die hl. Lucia, gleichfalls auf Wolken sitzend, schauen in andachtsvoller Haltung zu. Typisch für den sensiblen Lotto ist die Güte, die der Heilige spürbar ausstrahlt. Im unteren Bildabschnitt mit einer locker gemalten Landschaft zeigt sich der Künstler von Giorgione inspiriert.

Scuola Grande dei Carmini

Die zu den sechs Großen Bruderschaften zählende **Scuola (2)** erlebte erst im 18. Jh. ihre Blütezeit. Damals wurde Tiepolo beauftragt, einen Teil des Bruderschaftshauses auszumalen. Der flachgedeckte Saal im Parterre ist mit Chiaroscuro-Bildern des Marienlebens (von Nicolò Bambini) geschmückt. Über ein prachtvoll dekoriertes Treppenhaus erreicht man das obere Stockwerk. Die **Deckengemälde** des dortigen Versammlungsraums der Bruderschaft schuf **Tiepolo** Anfang der 1740er-Jahre. Zu dieser Zeit stand der bekannteste Rokokomaler Venedigs auf der Höhe seines Schaffens. Das Hauptbild zeigt die Übergabe des Ordensgewandes der Karmeliter an den seligen Simon Stock. Aus einer brauntönigen, dichten Engelgruppe hebt sich die in die Karmeliterfarben (Weiß, Schwarz und Gelb) gewandete Muttergottes strahlend ab. Sie ist eine souveräne, fast kühne Erscheinung. Selten nur ist Maria als derart stolze Himmelskönigin interpretiert worden. Die Trabantenbilder zeigen teils Szenen aus dem Leben des Karmeliter-Seligen Simon Stock, teils Tugendpersonifikationen und Engel.

Außerdem sind im Obergeschoss der Scuola die Sala dell'Albergo und der einstige Archivraum der Bruderschaft zu sehen. Links neben dem Durchgang vom Herbergssaal in das Archiv hängt ein **Gemälde Piazzettas,** Judith und Holofernes. Das Mordgeschehen ist nur angedeutet und bleibt zugunsten der Darstellung von Judiths jugendlicher Schönheit im Hintergrund.

Scuola Grande dei Carmini

Mo–Sa 9–12, 15–18 Uhr

Zum Palazzo Cigogna

Von der Carmini-Kirche folgen wir der Fondamenta del Soccorso neben dem Rio di S. Margherita stadtauswärts. Der Weg führt nach Kurzem vorbei an der breiten Front des **Palazzo Zenobio (3),** den Antonio Gaspari im späten 17. Jh. errichtete. Die Nüchternheit der Fassade ist für die Barockzeit ungewöhnlich. Soll man hier von einem Nachklingen der Renaissance oder von einer Vorahnung auf den Klassizismus sprechen? Auf jeden Fall ist der Palazzo Zenobio wieder ein eindrucksvolles Beispiel dafür, wie wenig heimisch die Barockkunst in Venedig wurde. Der Mündung des Rio di S. Sebastiano gegenüber bezaubert der gotische **Palazzo Cigogna (4;** auch Palazzo Arian genannt) aus dem mittleren 14. Jh. durch sein Maßwerkfenster im Piano nobile, das in seiner Zartgliedrigkeit an ein Spitzentüchlein denken lässt. An dieser Stelle macht die Fondamenta einen scharfen Knick; wir folgen der neuen Richtung bis zur Kirche S. Sebastiano.

S. Sebastiano

S. Sebastiano ★

S. Sebastiano (5) wurde 1505–46 von Scarpagnino erbaut. Äußerlich eher unscheinbar, birgt sie im Innern bedeutende **Malereien Paolo Veroneses,** der mit der Ausmalung von S. Sebastiano seinen großen Ruhm begründete.

Wer chronologisch vorzugehen gedenkt, wird zuerst die Sakristei aufsuchen, in der Veronese 1553 seine Arbeiten begann. Der Zugang befindet sich an der linken Seite unterhalb der Orgelempore. Der kleine Raum ist sehr niedrig, sodass man die Deckenbilder recht genau studieren kann. Die Decke zum Bildträger zu machen war eine Idee, die sich in Venedig erst im zweiten Viertel des 16. Jh. durchsetzte. Die frühesten Deckengemälde entstanden in den 1530er-Jahren im Dogenpalast, wo sie aber fast alle noch im 16. Jh. ein Raub der Flammen wurden. So ist der Sakristei-Soffitto von S. Sebastiano heute das älteste erhaltene Beispiel einer mit Malerei dekorierten Kassettendecke in Venedig (neben der Sala del Consiglio dei Dieci im Dogenpalast). Die Kassetten sind als relativ einfaches geometrisches Muster angeordnet und mit Stegen untereinander verbunden.

Das Hauptbild zeigt die Himmelskrönung der Muttergottes, in den Trabanten erscheinen die vier Evangelisten. Veronese übte sich hier in der Unteransicht, die er schon bald zu kühnen Perspektiven steigerte. Nach Fertigstellung der Arbeiten in der Sakristei (1555) wurde Veronese mit der Dekoration des Kirchen-Soffittos beauftragt, der 1556 entstand. Das System der Kassettierung ist hier weiter fortgeschritten; die kunstvoll geschnitzten Rahmungen greifen weit in den Raum aus. Dennoch bleiben die geometrischen Grundformen (Kreis, Quadrat, Oval) erhalten, ebenso die Verbindungen der einzelnen Felder durch Stege. Die drei Hauptbilder schildern Szenen aus dem alttestamentarischen Buch Esther. Zu Beginn (über der Eingangsseite)

S. Sebastiano
Mo–Sa 10–17, So 13–17 Uhr
Es wird ein Eintrittsgeld erhoben. Der Chorus-Pass hat Gültigkeit.

wird Esther dem König Ahasver (identisch mit dem persischen Großkönig Xerxes; 486–65 v. Chr.) vorgestellt, im Mittelfeld folgt die Krönung Esthers, am Ende steht der Triumph Mardochais.

Bevor wir auf die Bilder selbst eingehen, soll der Hintergrund dieser wenig bekannten Geschichte kurz skizziert werden. Nachdem Xerxes seine Gattin verstoßen hatte, ließ er sich die schönsten Frauen des Königreiches vorführen, um unter ihnen eine neue Gemahlin auszusuchen. Ohne von ihrer jüdischen Herkunft zu wissen, fiel seine Wahl auf Esther (1. Bild). Er heiratete sie und krönte sie zur Königin (2. Bild). Als ein gegen den König geplanter Mordanschlag aufgedeckt wird, gelingt es dem königlichen Ratgeber Haman, der selber am Komplott beteiligt ist, die Schuld auf die Juden und namentlich auf Mardochai, den Ziehvater Esthers, abzuwälzen. Esther aber entlarvt den wahren Verräter und wendet damit die drohende Vergeltung von ihrem Volk und dem Adoptivvater ab. An dem für Mardochai vorgesehenen Galgen wird nun Haman aufgeknüpft, Mardochai aber darf triumphierend durch die kaiserliche Hauptstadt Susa reiten (3. Bild).

Veronese nutzt die Thematik, um festlich bewegte Inszenierungen zu schaffen. Neu sind in der venezianischen Malerei die steilen Unteransichten. Grandios ist die Wirkung der beiden Pferde im Triumph Mardochais, die gleichsam auf den Betrachter niederzusprengen scheinen. Auch die reiche Farbpalette kündigt bereits die Meisterschaft des späteren Veronese an.

Der Hochaltar – die Muttergottes mit den Heiligen Sebastian, Petrus, Katharina und Franziskus – stammt ebenfalls von Veronese, auch die ornamental-dekorative Ausmalung des Obergadens und der Empore, an der sein Bruder Benedetto mitgearbeitet hat. Schließlich bemalte Veronese auch die Orgeltüren, sodass S. Sebastiano zum ganz persönlichen Denkmal Paolo Veroneses wurde, der nach seinem Tode in dieser Kirche unterhalb der Orgel beigesetzt wurde.

S. Angelo Raffaele und S. Nicolò dei Mendicoli

Auf dem weiteren Weg stadtauswärts streift man gleich hinter S. Sebastiano die Kirche **S. Angelo Raffaele (6),** einen Bau des 17. Jh., den man nur mit etwas Glück geöffnet antrifft. Eine originelle Besonderheit dieser Kirche ist die von Gianantonio Guardi bemalte Brüstung der Orgelempore. Dieser auf Stadtansichten von Venedig spezialisierte Künstler hat hier eines seiner seltenen Werke religiöser Malerei geschaffen: mehrere Sequenzen aus der Geschichte vom Erzengel Raphael und dem kleinen Tobias.

Von dort folgen wir dem Rio dell'Angelo Raffaele, der ab der nächsten Brücke, dem Ponte della Piova, Rio di S. Nicolò heißt, bis zur Kirche S. Nicolò dei Mendicoli. Man kommt dabei durch einen ärmlichen Teil Venedigs, in dem vorwiegend Fischer- und Arbeiterfamilien leben.

Die Kirche **S. Nicolò dei Mendicoli (7)** gehört der Überlieferung zufolge zu den frühesten Gründungen auf der Laguneninsel. Der bestehende Bau, dessen älteste Teile im Chor ins 12. Jh. zurückreichen, entstand weitgehend im 14. Jh. Im späten 16. Jh. wurde eine Veränderung ähnlich der in der Carmini-Kirche durchgeführt, denn auch hier sind die Obergadenwände des basilikalen Mittelschiffs mit Malereien geschmückt. Kostbarstes Stück der Kirche ist eine große Figur des hl. Nikolaus hinter dem Hauptaltar. Die holzgeschnitzte und farbig gefasste Gestalt des sitzenden Heiligen ist ein Werk der Spätgotik.

Reisen & Genießen

Restaurants

Im Restaurant Harry's Dolci auf der Giudecca-Insel verbindet sich lukullischer mit optischem Genuss: Nahe der Anlegestation Giudecca-Palanca schaut man hinüber zum Zattere-Kai, in der Ferne liegt S. Giorgio Maggiore.

Harry's Dolci
Fondamenta San Biagio, 773
Tel. 041 522 48 44
www.cipriani.com
obere Preisklasse

Wer sich nach dem Besuch der Accademia nach einem guten Lokal umschaut, dem sei das Restaurant Agli Alboretti empfohlen. Es liegt am Rio Terrà Antonio Foscarini, der Verbindungsachse zwischen Canal Grande und Canale della Giudecca, auf der Ostseite der Accademia. Sehr gepflegte Atmosphäre, aufmerksamer Service, klassische venezianische Küche. An Sommerabenden sitzt man im Innenhof unter einer mit Wein umrankten Pergola. Angeschlossen ist das gleichnamige Drei-Sterne-Hotel.

Agli Alboretti
Dorsoduro, 882
Rio Terrà Foscarini
Tel. 041 523 00 58
obere Preisklasse

In der Calle delle Botteghe, die gegenüber der Fassade von S. Stefano vom Campo S. Stefano in westlicher Richtung abzweigt, befindet sich die Trattoria Da Fiore, in der man als Spezialität des Hauses ein köstliches *fritto misto di mare* genießt, dazu den spritzigen Weißwein des Hauses.

Da Fiore
Calle delle Botteghe, 3461
Tel. 041 523 53 10
mittlere Preisklasse

Während man in den ersteren Lokalen natürlich Fischgerichte in reicher Auswahl auf der Karte findet, hat sich das versteckt gelegene Restaurant im Dorsoduro ausschließlich auf Fleischgerichte spezialisiert. Neben *fegato alla veneziana* (Leber) werden auch ausgefallene Gerichte mit Innereien angeboten. Eine Spezialität ist das aus diversen Fleischresten, Karotten, Sellerie, Parmesan und Weißwein zubereitete *risotto di secole.*

Ai Gondolieri
Dorsoduro, 366
San Vio, Fondamenta Zorzi Bragadin,
zwischen Accademia und der Kirche
S. Maria della Salute
Tel. 041 528 63 96
www.aigondolieri.com
mittlere Preisklasse

In der Bar La Palanca gibt es für den kleinen Appetit köstliche *tramezzini* (belegte dreieckige Toast-Sandwichs).
La Palanca
Fondamenta al Ponte Piccolo, 448
Tel. 041 528 77 19
mittlere Preisklasse

Einkaufen

Masken gibt es überall in Venedig zu kaufen – doch zumeist handelt es sich um schablonenhafte Grundmuster ohne besonderen Pfiff. Nur in wenigen Geschäften erhält man handgearbeitete Masken aus eigener Herstellung. Ausgefallene Kreationen bietet die Ca'Macana im Dorsoduro nahe der Station Ca'Rezzonico. Hier hat u. a. der Starregisseur Stanley Kubrick für seinen Kultfilm »Eyes wilde shut« Masken erstellen lassen.
Ca'Macana
Dorsoduro, 3172
www.camacana.com

Ein anderes interessantes Masken-Atelier befindet sich gleichfalls im Dorsoduro zwischen dem Campo S. Margherita und S. Barnaba und trägt den Namen Mondonovo Maschere.
Mondonovo Maschere
Dorsoduro, 3063

Die gängigen Bücherläden sind auf den Geschmack des eiligen Touristen eingestellt. Aber es gibt daneben natürlich auch einige sehr interessante Buchhandlungen, die einen Schwerpunkt auf die Kunst Venedigs im Besonderen und Italiens im Allgemeinen legen. Eine große Kunstbuch-Abteilung hat die Libreria Toletta im Universitätsviertel – im Dorsoduro zwischen S. Barnaba und dem Rio S. Trovaso gelegen.
Libreria Toletta
Dorsoduro, 1213
www.libreriatoletta.it

Das Spirituosen-Geschäft Vini al Bottegon

Vom Wein über Amaretto, Cinzano, Martini bis hin zu einer uferlosen Auswahl an unterschiedlichen Grappa-Arten bietet das Spirituosen-Geschäft Vini al Bottegon am Rio S. Trovaso gegenüber der Kirche S. Trovaso (Nähe Accademia). Hier sieht man so gut wie nie Touristen, und entsprechend sind die Angebote auf den Alltagsanspruch des Venezianers abgestimmt – dies ist also einer der wenigen Orte in Venedig, wo man ausgesprochen günstig einkauft.
Vini al Bottegon
Fondamenta Maravegie, 992

Der Liebhaber erlesenen Geschmacks kommt im Geschäft mit dem Namen Rigattieri auf seine Kosten. Es liegt ganz nahe der Kirche S. Stefano an der schmalen Gasse, die den Campo S. Stefano und den Campo S. Angelo miteinander verbindet. Das Angebot zieht sich über mehrere verführerisch aufgemachte Verkaufsräume. In der Hauptsache sind Geschirr und Gläser ausgestellt. Das Markenzeichen des Hauses sind aber vor allem die fantasievoll gestalteten Schüsseln und Vorlegeplatten. Die Preise sind überraschend zivil.
Rigattieri
Calle dei Frati, 3532/36
www.rigattieri-venice.com

Stadtteile im Norden

Im Sestiere Cannaregio

Cityplan Im Sestiere Cannaregio S. 257, Cityplan SS. Giovanni e Paolo S. 272

S. Maria di Nazareth (S. Maria degli Scalzi)

Stadtteile im Norden

Besonders sehenswert: SS. Giovanni e Paolo, Colleoni-Denkmal, S. Maria dei Miracoli, Madonna dell'Orto

Die nahe dem Bahnhof gelegene Kirche **S. Maria degli Scalzi (1)** gehörte zum Kloster der Karmeliter (*scalzi* = Barfüßer) und ist ein Bau des Spätbarock (1670–1705) mit einer **Fassade,** die an die Giglio-Kirche erinnert. Ihre zwei Geschosse werden durch doppelte, der Wand frei vorgestellte Säulen und durch Nischen gegliedert. Beim Skulpturenschmuck haben architektonische Motive die führende Rolle. Den besten Blick auf die Fassade hat man vom Ponte degli Scalzi.

Innenraum

Der Innenruam zeigt das für die Barockarchitektur geläufige Muster eines einschiffigen Saales mit begleitenden Seitenkapellen und einteiligem Chor. Der einstige Ruhm des Bauwerks, das große Deckenfresko Tiepolos, wurde 1915 zerstört. Zwei gerettete Fragmente wurden in die Accademia überführt (das heutige Deckenfresko ist eine Rekonstruktion von 1934). Reste von Tiepolos Ausmalung sind noch in der zweiten Kapelle der rechten Seite erhalten. Ohnehin tritt aber die Malerei zugunsten der **Skulptur** völlig zurück. Die Binnengliederung des Raumes ist eine barocke Variation zum antiken Thema des Triumphbogens. Die Chorseite ist als Typ des einbogigen Tores aufgefasst, das links und rechts von Nischen mit Statuen und Büsten gerahmt wird. Die beiden Langhausseiten zitieren die monumentalen dreitorigen Anlagen, indem sich der Bogen der mittleren Kapellen über die seitlichen erhebt. Auch hier werden die von Säulen eingefassten Wandstücke in Nischen mit Statuen und Büsten aufgelockert. Der **Altar** nimmt die ganze Breite des Presbyteriums ein. Die spiralförmig gedrehten Säulen kopieren den Hochaltar Berninis in St. Peter in Rom. Diese Form des monumentalen Altars wurde im 18. Jh. der bevorzugte Typus in der Kunst des süddeutschen Rokoko.

S. Geremia

Wir gehen die Lista di Spagna stadteinwärts. Die Straße war ursprünglich ein Rio, der im 18. Jh. zugeschüttet wurde. Ihr Name erinnert an den Sitz der spanischen Botschaft, die einst im **Palazzo Zeno (2;** Nr. 168) untergebracht war.

In der zweiten Hälfte des 18. Jh. entstanden, ist **S. Geremia (3)** ein letzter Beitrag zu dem für die venezianische Baukunst so typischen Thema der Kreuzkuppelkirche. Nach außen relativ unscheinbar, überrascht der Innenraum durch seine großzügigen Abmessungen. Um die

◁ Scuola Grande di S. Marco und SS. Giovanni e Paolo

Vierung legen sich vier gleich lange Arme, die im vorderen Teil von einer Tonne, über dem apsidial gerundeten Abschluss von einer Halbkuppel überwölbt sind. In den Ecken sind sie durch überkuppelte Trabantenräume miteinander verbunden. Das Ganze wirkt klar und überschaubar und dennoch zugleich seltsam blutleer. Dem Südarm zum Canal Grande wurde 1863 nach dem Abriss der Kirche S. Lucia ein Oratorium für die hl. Lucia angefügt, in das Fragmente aus Palladios einst an der Stelle des Bahnhofes befindlichen Architektur inkorporiert wurden.

Ikonografisch interessant ist ein Bild Palmas d. J. in dem rechten Kuppelraum neben dem Chor. Es zeigt die Krönung der Venezia durch Heilige. Venezia wird hier selbst in den Rang einer Heiligen hochstilisiert.

Blick vom Canal Grande in den Canale di Cannaregio. Links im Bild die Kirche S. Geremi, an deren Campanile sich der Palazzo Labia lehnt

Vom Palazzo Labia zur Ponte dei Tre Archi

Der Campanile von S. Geremia bildet das Bindeglied zwischen der Kirche und dem angrenzenden **Palazzo Labia (4),** der in zwei Etappen Ende des 17. Jh. und im zweiten Viertel des 18. Jh. entstand. Haben zahlreiche Bauten Venedigs zwei unterschiedliche Ansichten, so kann sich der Palazzo Labia gleich dreier Fassaden rühmen. Die Hauptansicht wendet sich dem Canale di Cannaregio zu. Die südliche Schmalseite, die sich zum Canal Grande präsentiert, ist der Hauptansicht angeglichen, eine etwas schlichter ausgefallene dritte Fassade schließlich ist auf den Campo S. Geremia ausgerichtet. Der große Schatz des Palazzo Labia ist die Freskendekoration, die Giambattista Tiepolo für den Ballsaal geschaffen hat. Leider kann man diese Kleinodien des Settecento Veneziano nicht mehr besichtigen, da sich der Palazzo Labia heute im Besitz der staatlichen Rundfunkanstalt RAI befindet.

Die Bauherren, die aus Spanien zugezogen waren, genossen wegen ihres unermesslichen Reichtums Berühmtheit. Ihre Bürgerschaft hatten sie für die stattliche Summe von 100 000 Golddukaten erworben. Mit leuchtenden Augen erzählt man dem Besucher noch heute jene Anekdote, der zufolge ein Labia während eines Festes, bei dem die Gäste über das Besteck und Geschirr aus reinem Gold staunten, sämtliche Gedecke aus dem Fenster werfen ließ mit der Bemerkung: »O l'abbia, o non l'abbia sono sempre Labia« (ob ich das nun besitze oder nicht, ich bleibe doch immer ein Labia). Allerdings wird gemunkelt, er habe zuvor auf dem Boden des Canale di Cannaregio, in den das Ganze gefallen war, ein Netz spannen lassen, um nach Beendigung des Festes der kostbaren Gegenstände wieder habhaft zu werden.

Am Ponte Guglie wenden wir uns nach links und folgen dem Canale di Cannaregio nordwärts. Linker Hand kommt man an den **Palazzo Venier (5)** und den **Palazzo Savorgnan (6)** vorbei, ersterer aus dem 18., letzterer aus dem 17. Jh. Beide Paläste sind heute im Besitz der Herz-Jesu-Schwesternschaft. Am **Ponte dei Tre Archi (7)** biegen wir nach links ab. Die im späten 17. Jh. errichtete Brücke ist das einzige Beispiel einer dreibogigen Brückenkonstruktion in Venedig.

S. Giobbe

Man betritt **S. Giobbe (8)** durch ein kleines Portal, dessen fantasievoller Rahmenschmuck den ornamentalen Reichtum des Inneren ankündigt. Dieser wichtige Bau der Frührenaissance wurde von dem Dogen Cristoforo Moro (1462–71) gefördert, der hier mit seiner Frau bestattet werden wollte. Bereits um 1450 noch in gotischen Formen begonnen, wurde der **Bauplan** bald unter dem Eindruck der in Venedig Einzug haltenden Renaissance verändert. Die Anlage zeigt den einfachen Grundriss eines einschiffigen Saales mit einem in zwei Abschnitte unterteilten, platt geschlossenen Chor. Die linke Langseite öffnet sich in fünf überkuppelte Kapellen, vier größere und eine kleine.

S. Giobbe
Mo–Sa 10–17, So 13–17 Uhr
Es wird ein Eintrittsgeld erhoben. Der Chorus-Pass hat Gültigkeit. Falls geschlossen, rechts neben der Kirche läuten, Eingang durch den Kreuzgang.

Reliefdekor vom Chorpfeiler in der Kirche S. Giobbe aus der Werkstatt Pietro Lombardos

Innenraum

Die meisten Altarbilder, darunter solche von Bellini und Carpaccio, gelangten im Zuge der Säkularisation in die Accademia. Zu dem wenigen am Ort Belassenen zählt der vierte **Altar** der rechten Seite. Er stammt von **Paris Bordone** und zeigt den hl. Petrus in dreifacher Gestalt: einmal mit Buch als Schreiber, in der Mitte mit Kreuz und Palmenzweig als Märtyrer und rechts im liturgischen Ornat als ersten Bischof von Rom.

Unser Hauptaugenmerk richten wir auf den **Chor,** der berühmt ist für seine Bauskulptur. Der vordere quadratische Teil ist von einer Kuppel überwölbt, unter der im Boden Cristoforo Moro ruht. Sein Grab markiert eine gewaltige Steinplatte. Die figürlichen Teile des Reliefdekors stammen aus der Werkstatt Pietro Lombardos. Am Chorbogen (außen, zur Kirche hin) erkennt man links und rechts die Gestalten einer Verkündigungsgruppe. In die innere Laibung des Chorbogens sind rechteckige Platten mit Darstellungen von Propheten und Sibyllen eingelassen. In den Kuppelpendentifs zeigen vier Tondi die Evangelisten. Der reiche ornamentale Dekor vor allem der seitlichen Pilaster bildet die stilistische Voraussetzung für die Bauplastik der Miracoli-Kirche. Von besonderer handwerklicher und künstlerischer Brillanz ist der linke Pilaster mit einem gerollten Akanthusfries, in dessen Ranken Vögel sitzen und von den Früchten der Pflanzen picken. Erich Hubala sieht in den Pilastern die eigenständige Leistung eines anderen Meisters als Pietro Lombardo und identifiziert ihn als denselben Künstler, der in der Miracoli-Kirche die Sockelreliefs des Chorbogens gemeißelt hat. In der Forschung wurde für diese Arbeiten der Name des lombardischen Dekorationskünstlers Ambrogio da Milano genannt. Der hintere, schmucklose Teil des Raumes, der einstige Mönchschor, ist von einem Stichkappengewölbe überfangen.

Unter den Seitenkapellen fällt die vorletzte (vom Chor aus gesehen) auf. Sie ist eine Stiftung der Familie Martini, die aus der Toskana stammte und für die Ausschmückung toskanische Künstler berief. Die **farbig glasierten Terrakotten** – fünf Tondi mit dem Heiland und den vier Evangelisten – in der Kuppelkalotte stehen den Arbeiten der della Robbia-Werkstatt in Florenz nahe. In der angrenzenden letzten Kapelle macht die Dekoration mit Reliefornamentik den Unterschied zwischen toskanischem und venezianischem Formempfinden im direkten Vergleich deutlich. Die toskanischen Arbeiten nebenan sind kraftvoll und scharfkantig gehalten, die venezianischen Reliefs dagegen haben weichere Konturen und wirken eher malerisch.

Sakristei

Zum Abschluss werfen wir noch einen Blick in die Sakristei. Dort hängt ein Porträt Cristoforo Moros, der möglicherweise auch das Altarbild von Antonio Vivarini, eine Verkündigung in der Mitte, seitlich davon die Heiligen Antonius von Padua und Michael, stiftete.

Die Juden Venedigs und das einstige Ghetto

Als brillante Geschäftsleute waren die Juden den Venezianern im Mittelalter gefürchtete Konkurrenten. Im 14. Jh. wurde ihnen deshalb der Aufenthalt in der Stadt untersagt, und sie mussten sich auf das Festland nach Mestre zurückziehen. Erst 1516 wurde dieses Verbot wieder aufgehoben. Seitdem kehrten die Juden zurück, wurden aber in einem eigenen, ihnen zugewiesenen Stadtteil kaserniert. Anfangs hat man ihnen nur ein paar Gassen zugestanden, das sogenannte Alte Ghetto; als dieses aus allen Nähten platzte, kam das Neue Ghetto hinzu, auf einer Insel, auf der zuvor eine Gießerei in Betrieb war. Das italienische Wort *getto* steht für Gussarbeit oder auch Gießerei; so war die Bezeichnung Ghetto zunächst ein neutraler Begriff für das Judenviertel, dem erst durch die Schrecknisse der jüngeren Geschichte das Odium des Grauenerregenden anhaftet. Da sich etwa 5000 Juden auf engstem Raum zusammendrängen mussten, entstanden im Ghetto die höchsten Wohnhäuser Venedigs, einige bis zu acht Stockwerke hoch. Abends wurden die Tore zum Judenviertel geschlossen. Tags-

Im Sestiere Cannaregio

1 S. Maria di Nazareth (S. Maria degli Scalzi)
2 Palazzo Zeno
3 S. Geremia
4 Palazzo Labia
5 Palazzo Venier
6 Palazzo Savorgnan
7 Ponte dei Tre Archi
8 S. Giobbe
9 Palazzo Nani
10 Synagoge und Jüdisches Museum
11 Synagoge
12 Synagoge
13 S. Marcuola

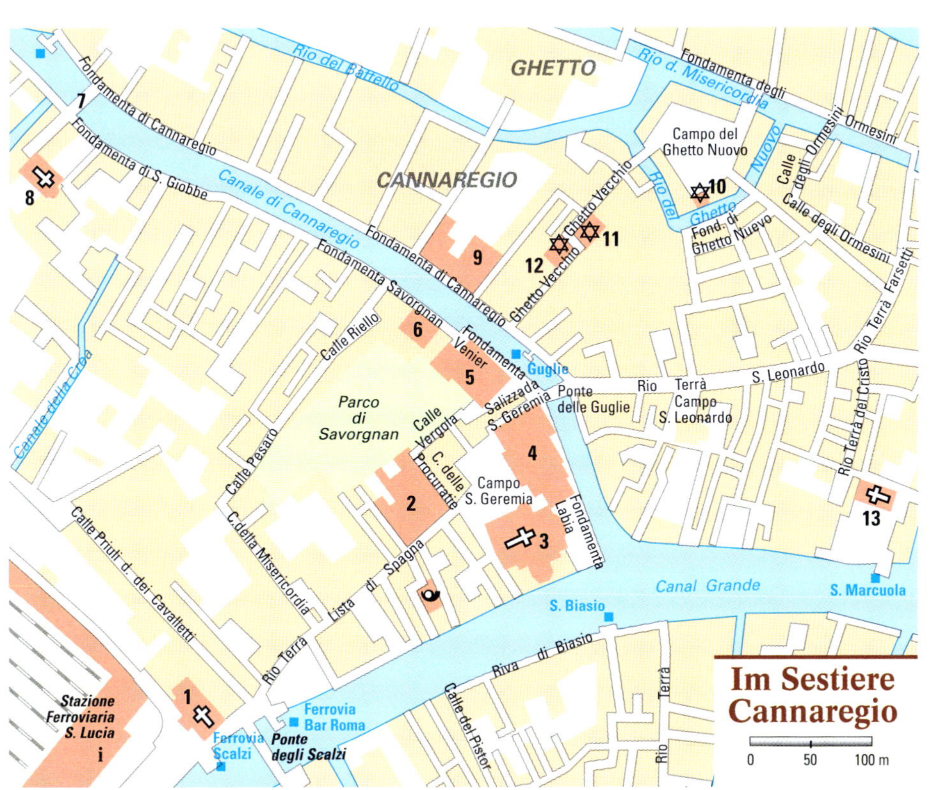

über durften die Juden zwar in der Stadt verkehren, sie hatten aber für jedes Verlassen des Ghettos einen Tribut zu entrichten. Ihre Handlungsfreiheit war durch weitere Reglementierungen eingeengt. So durften sie etwa nur die Berufe des Arztes oder Kaufmanns ausüben, der Handel mit Christen war offiziell untersagt. Trotz dieser Schikanen herrschte in Venedig eine größere Toleranz gegenüber Juden als anderswo in Europa. Das kann man nicht zuletzt aus den Schriften der 1590–1641 in Venedig lebenden jüdischen Dichterin Sara Coppio schließen, deren Korrespondenz mit dem genuesischen Geistlichen Ansaldo Céba einen wichtigen Beitrag zum Verständnis zwischen Christen und Juden darstellt.

Der wirtschaftliche Niedergang Venedigs erwies sich als besonders verhängnisvoll für die in ihrer Betätigung ohnehin stark eingeschränkten Juden. Im 17. Jh. lebten lediglich etwa 500 von ihnen im Ghetto, heute sind es nur noch rund 20 von etwa 600 in Venedig ansässigen Juden. Dem faschistischen Holocaust fielen 202 Juden Venedigs zum Opfer. Zu ihrem Gedächtnis wurden in eine Wand in der Nordecke des Campo del Ghetto Nuovo Bronzereliefs des französischen Bildhauers Arbit Blatas eingelassen, die völlig unsentimental und vielleicht gerade deshalb so erschütternd das Leiden der Verfolgten zeigen: Deportation, Zwangsarbeit, Hinrichtung und Massenvernichtung. Bei diesen Bronze-Reliefplatten handelt es sich um Repliken jener Werke, die der Bildhauer Blatas für das Denkmal des Unbekannten Jüdischen Märtyrers (Mémorial du Martyr Juif inconnu) im Pariser Stadtteil Marais geschaffen hat. 1993 wurde, etwas abgesetzt von diesen Werken, in einer benachbarten Wand (20 m nach rechts) ein weiteres Bronzerelief von der Hand desselben Künstlers angebracht. Es trägt den Titel »Der letzte Zug«.

Rundgang

Über den Ponte dei Tre Archi gelangt man auf die andere Seite des Canale di Cannaregio. Die zweite Gasse nach dem **Palazzo Nani (9),** einem Renaissancebau, führt in das ehemalige Judenviertel. Von den fünf Synagogen des Ghettos kann man drei besichtigen. Wir beginnen den Rundgang in der Südecke des Campo del Ghetto Nuovo, wo sich über einem kleinen **Museum zur jüdischen Geschichte (10)** die einstige **Synagoge der deutschen Juden,** die Scuola Tedesca, befindet (Möglichkeit zur Teilnahme an einer Führung), die als die älteste des Ghettos 1528 erbaut wurde. Ebenso wie die anderen Synagogen ist sie in einem mehrstöckigen Haus untergebracht und von außen nicht zu erkennen – eine Auflage der damaligen Baubehörde. Echt venezianisch mutet ihr trapezoider Grundriss an. Die schön geschnitzte Frauenempore kam erst im 17. Jh. hinzu.

Jüdisches Museum
am Campo del Ghetto Nuovo
Juni–Sept. 10–19, Okt.–Mai 10–18 Uhr
www.museoebraico.it

Die beiden anderen **Synagogen** liegen im Alten Ghetto. Wir suchen zunächst die **Scuola Levantina (11)** auf, in der sich die orientalischen Juden versammelten. Ihre Kassettendecke und die reich dekorierte Kanzel schnitzte Andrea Brustolon, von dem auch Möbel in der Ca' Rezzonico zu sehen sind. Schräg gegenüber befindet sich die ehemalige **Scuola Spagnola (12),** in der sich die Juden spanischer und portugiesischer Herkunft trafen. Den großen, prachtvoll dekorierten Saal entwarf Venedigs führender Barockbaumeister, Baldassare Longhena.

S. Marcuola

Wir verlassen das Ghetto am Campo del Ghetto Nuovo und wenden uns nach Süden, in Richtung auf den Canal Grande. Der Rundgang endet bei **S. Marcuola (13).** Die Kirche ist nach den beiden Titelheiligen Ermagora und Fortunatus benannt. Das Bauwerk wurde zu Beginn des 18. Jh. nach einem Plan von Giorgio Massari aufgeführt. Die dem Canal Grande zugewandte Fassade wurde nur im Sockelbereich mit Marmorplatten verkleidet, der Rest blieb unvollendet.

Der **Innenraum** ist ein einschiffiger Saal ohne begleitende Kapellen mit einem platt geschlossenen Chor. Die Ausstattung stammt sehr einheitlich aus der Erbauungszeit. Aus dem Rahmen fällt lediglich das an der linken Seite des Chores hängende Abendmahl von Tintoretto. Es ist die schon mehrfach erwähnte erste Version des Künstlers zu diesem Thema (datiert 1547). In seinem frühesten Abendmahlsbild ordnet Tintoretto den Tisch noch parallel zum Bildrand, während er in allen späteren Fassungen dieses entscheidende Requisit schräg stellt, um einen illusionären Tiefenraum zu erzeugen. Rückt später der eucharistische Gesichtspunkt mehr in den Mittelpunkt der Interpretation, so steht hier die Äußerung Christi, dass einer unter den Jüngern ihn verraten werde, im Vordergrund. Die Jünger sind in lebendigem Disput einander zugewendet. Dennoch überwiegt die Ruhe, die von Christus in der Mitte und den beiden weiblichen Randfiguren ausgeht. In der Wahl des Breitformates erweist sich der junge Tintoretto als Spross der venezianischen Malerei. Diesem äußeren Rahmen sollte er auch in der Folgezeit treu bleiben.

S. Marcuola

Laut offizieller Mitteilung sollte die Kirche S. Marcuola vormittags geöffnet sein. Tatsächlich steht man aber leider oft vor verschlossenen Türen.

Tintorettos Abendmahl-Darstellung (1547) in S. Marcuola ist die erste Version des Künstlers zu diesem Thema. Insgesamt sind in Venedig fünf weitere Gemälde des Künstlers mit demselben Motiv zu besichtigen (S. Trovaso, S. Polo, S. Giorgio Maggiore, Scuola Grande di S. Rocco, S. Simeone Grande im Sestiere S. Croce)

Cityplan SS. Giovanni e Paolo S. 272

SS. Giovanni e Paolo und umliegende Bauten

SS. Giovanni e Paolo

SS. Giovanni e Paolo ★★

SS. Giovanni e Paolo
Mo–Sa 9–12, 15.30–19.30, So 15.30–19.30
Es wird ein Eintrittsgeld erhoben. Der Chorus-Pass hat hier keine Gültigkeit.

S. Zanipolo (1), der volkstümliche Name der großen Dominikaner-Klosterkirche, ist eine Kontraktion aus Giovanni e Paolo. Damit sind jedoch nicht die bekannten biblischen Gestalten gemeint; es handelt sich in diesem Fall um zwei Märtyrer, die während der Pogrome unter Kaiser Decius (249–51 n. Chr.) den Tod fanden. Die gewaltige Backsteinkirche, die angrenzende Scuola Grande di S. Marco und das Reiterdenkmal Colleonis bilden eine Denkmälergruppe, in der – ähnlich wie am Campo S. Rocco – Schöpfungen der Gotik und der Renaissance zu einem harmonischen Ensemble verschmelzen.

Baugeschichte, Fassade und Innenraum

Die Kirche ist mit 101,5 m Länge der größte Sakralbau Venedigs. Nachdem der Doge Jacopo Tiepolo den Dominikanern gegen die Mitte des 13. Jh. einen Bauplatz im Norden der Stadt zugewiesen hatte, dauerte es noch einmal etliche Jahrzehnte, bis durch Stiftungen die ausreichenden Mittel für einen monumentalen Kirchenbau zusammengekommen waren. Die **Baugeschichte** ist nur lückenhaft überliefert. Möglicherweise wurde das Projekt noch im 13. Jh. begonnen, mit Sicherheit war das basilikale Langhaus spätestens seit den 1330er-Jahren in Bau. Entgegen der mittelalterlichen Praxis, eine Kirche von Osten nach Westen fortschreitend zu errichten, wurden zuerst die fünf Joche des Langhauses aufgezogen, das nach einer Inschrift 1369 fertiggestellt war. Im dritten Viertel des 14. Jh. entstanden das Querhaus und Teile der Kapellen. Der Bau des Chores zog sich bis in das 15. Jh. hin, als letztes wurde um 1450 die Vierung eingewölbt. Wenn sich auch die Baudaten mit denen der Frari-Kirche weitgehend decken, ist doch SS. Giovanni e Paolo im Ganzen gesehen mehr dem 14. Jh. verpflichtet. In jenem Jahrhundert entstand mit dem Langhaus der größte Teil, an der Frari-Kirche mit dem Chor nur ein Bruchteil der Gesamtsubstanz.

Die äußere Erscheinung ist steingewordenes Abbild des dominikanischen Armutsideals (Abb. s. S. 252). Die **Fassade** verzichtet auf jede Form plastischen Dekors. Die den Giebel bekrönenden Tabernakel sind spätere Hinzufügungen, dasselbe gilt für das Portal, das in seiner jetzigen Form erst 1460 angelegt wurde. Selbst auf einen Glockenturm wurde verzichtet. So schiebt sich der von starkem Höhenstreben geprägte basilikale Aufriss bestimmend in den Vordergrund. Er vermittelt eine lebhafte Vorahnung von den räumlichen Verhältnissen im Innern.

Das **Innere** zeigt sich deutlicher der Gotik verbunden, als es bei der Frari-Kirche der Fall ist. Während dort die zeitlich differenten Partien von älterem Chor und jüngerem Langhaus stilistisch unterschieden sind – der Chor steil proportioniert und lichterfüllt, das Langhaus dagegen quattrocentesk hallenartig und breit gelagert –, ist der Eindruck in SS. Giovanni e Paolo einheitlicher: Langhaus und Chor sind von demselben spezifisch gotischen Vertikalstreben geprägt. Dadurch wird auch der basilikale Aufriss mit dem sich hoch über die begleitenden Seitenschiffe erhebenden Mittelschiff deutlicher herausgebildet. Das Gewölbe erreicht die eindrucksvolle Höhe von 35 m (zum Vergleich: Chartres 36 m). Der Chor, wenngleich schon in das 15. Jh. fallend, folgt dem im 14. Jh. festgelegten Plan. Die Zahl der Trabantenkapellen, die den Hauptchor flankieren, ist gegenüber dem Schwesterbau der Franziskaner reduziert, statt drei nur zwei Kapellen auf jeder Seite. Dieser Umstand trägt des Weiteren dazu bei, dass SS. Giovanni e Paolo insgesamt einheitlicher, in sich geschlossener wirkt als die andere Bettelordenskirche. Begünstigt wird dieser Eindruck sicher auch dadurch, dass in SS. Giovanni e Paolo die einstige Chorschranke entfernt wurde, die sich in der Frari-Kirche als Querriegel in das Mittelschiff schiebt.

Querschnitt durch SS. Giovanni e Paolo

Ausstattung

In einem ersten Rundgang widmen wir uns der Ausstattung mit Altären, Bildern und Skulpturen sowie den Annexbauten (Großbuchstaben im Plan), in einem zweiten ausschließlich den Dogengräbern. Wir beginnen mit dem rechten Seitenschiff, in dessen zweitem Joch ein großes **Altarbild der Frührenaissance (A)** steht. Von der originalen Rahmung eingefasst, zeigt die Mitteltafel dieses Triptychons den hl. Vinzenz Ferrer (1346–1419), einen spanischen Dominikaner. Ihn flankieren die Heiligen Sebastian und Christophorus. Die Predella zeigt Szenen aus dem Leben des hl. Vinzenz, den oberen Abschluss bilden

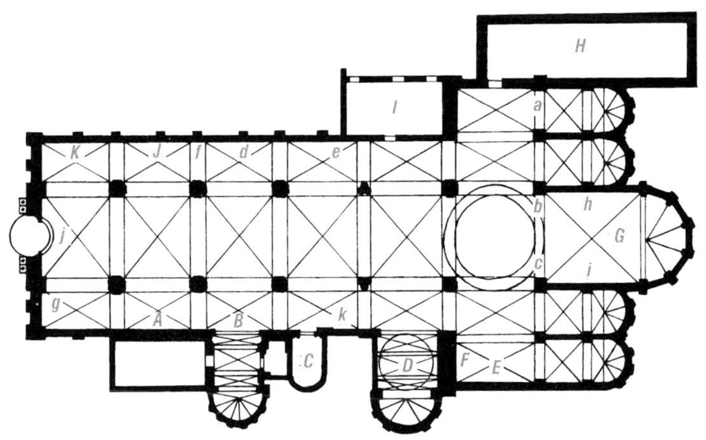

Grundriss der Dominikaner-Kirche SS. Giovanni e Paolo. Die Großbuchstaben beziehen sich auf die Denkmäler, die im ersten Rundgang besprochen werden, die Kleinbuchstaben auf die Dogengräber

LONDRA
PALACE

Der Innenraum von SS. Giovanni e Paolo, der mit 101,5 m Länge größten Kirche Venedigs

◁ Über den Dächern thront der größte Sakralbau Venedigs, die Kirche SS. Giovanni e Paolo

drei Tafeln mit der Verkündigung (links und rechts) und einer Pietà (Mitte). Gelegentlich liest man eine Zuschreibung des Bildes an Giovanni Bellini, mit dessen Stil der Altar jedoch nicht in Übereinstimmung zu bringen ist. Die scharfe Kontur, die kantige Anatomie – besonders beim hl. Sebastian – lässt eher an den Umkreis Mantegnas denken.

Im folgenden Joch öffnet sich nach Süden die 1458 errichtete **Kapelle der »Schmerzhaften Muttergottes« (B).** Der spätgotische Raum wurde erst im 17. Jh. ausgemalt, das Altarbild (Kreuzabnahme) entstammt dem 19. Jh. Bemerkenswert ist die in den Boden vor der Kapelle eingelassene **Grabplatte des Ludovico Diedo** (gest. 1466). Sie ist in Niello gearbeitet und zeigt unter einem perspektivisch verkürzten Bogen zwei wappentragende Putten.

Die angrenzende **Cappella della Pace (C)** trägt ihren Namen nach einer hier aufbewahrten byzantinischen Ikone, die den Dominikanern 1349 geschenkt worden war und der man wundertätige Kräfte nachsagte.

Im letzten Joch vor dem Querhaus öffnet sich die **Dominikus-Kapelle (D),** die als spätester der Annexbauten der Kirche erst zu Beginn des 18. Jh. angefügt wurde. Ihren Ruhm verdankt sie dem **Deckengemälde** mit der »Apotheose des hl. Dominikus« von **Giovanni Battista Piazzetta.** Das 1727 entstandene Fresko ist eines der Hauptwerke des venezianischen Rokoko. Der von einem Engelreigen himmelwärts getragene Dominikus wird in steiler Unteransicht gezeigt. In dem auf die Engel fallenden Schlagschatten und der Lichtsteigerung nach oben scheint eine entfernte Erinnerung an Tizians »Assunta« nachzuleben. Piazzetta steigert jedoch die Situation zu einer gleißenden Lichtvision. Die Unwirklichkeit des Geschehens wird durch die metallisch wirkenden Farben bekräftigt. Piazzetta, der als Maler begehrt war, aber seiner bedächtigen Arbeitsweise wegen oft sehr lange zur Fertigstellung eines Werkes benötigte, schuf mit diesem Fresko seinen einzigen Großauftrag.

Im Querschiff wenden wir uns der rechten (südlichen) Stirnwand zu, die sich in ein großes **gotisches Gruppenfenster (E)** öffnet. Es ist um 1470 entstanden und hat die von der venezianischen Profanarchitektur der Gotik geläufige Konstellation von Lanzetten und Vierpässen. Die von Muraner Glaswerkstätten geschaffenen Fenster zeigen Heiligengestalten, in deren Habitus sich bereits die aufkeimende Renaissance niedergeschlagen hat. In den Lanzettfenstern erkennt man (von links nach rechts): Georg, die Kirchenpatrone Johannes und Paulus und zuletzt Theodor. In den Kielbögen erscheinen vier weitere Heilige, die aus dem Dominikaner-Orden hervorgegangen sind, in den Vierpässen darüber die abendländischen Kirchenväter und die vier Evangelistensymbole (Abb. s. S. 266).

Das bedeutendste **Altarbild (F)** der Kirche befindet sich rechts unterhalb des Fensters. Es wurde von **Lorenzo Lotto** (1480–1556) gemalt und zeigt die »Almosenspende des hl. Antonius Pierozzi«, eines Dominikaners (1389–1459), der Erzbischof in seiner Vaterstadt Flo-

Darstellung des hl. Georg als Ritter. Ausschnitt aus dem spätgotischen Fenster im Südquerhaus der Kirche SS. Giovanni e Paolo. Die Glasbilder gehen auf Kartons von Bartolomeo Vivarini und Gerolamo Mocetto zurück

renz war und 1523 kanonisiert worden war. Lotto hatte zeitlebens ein unruhiges Wanderdasein geführt. In Venedig stand er im Schatten des alle anderen überragenden Tizian, weshalb sich Lotto 1549 endgültig entschloss, seiner Heimatstadt, in der ihm die Anerkennung letztlich versagt blieb, den Rücken zu kehren. Er übersiedelte nach Loreto, wo er sieben Jahre später starb. In der »Almosenspende« wird der Versuch Lottos erkennbar, sich dem Stil Tizians anzunähern. Haltung und Gruppierung der Armen im unteren Bildteil erinnern lebhaft an die Apostel der Frari-Assunta, wie ebenfalls die Dreigliederung des Aufbaus. Lotto staffelt die unterschiedlichen Gruppen – unten die Armen, in der Mitte zwei Geistliche, die die Gaben austeilen, zuoberst der Heilige – im Sinne einer Bedeutungssteigerung: Die Armen erscheinen als Halbfiguren und verkleinert, die beiden Priester sind zwar auch als Halbbildnisse wiedergegeben, aber perspektivisch gegenüber der anderen Halbfigurengruppe vergrößert. Der hl. Antonius schließlich wird als die Hauptfigur in voller Ansicht und an keiner Stelle überschnitten dargeboten. Gegenüber der festlich-repräsentativen Note zahlreicher Tizian-Bilder – zumindest noch in dieser Periode – formuliert Lotto trotz der Anlehnung an das große Vorbild seine eigene Sprache, die sich durch menschliches Einfühlungsvermögen auszeichnet. Das Flehentliche in Gestus und Mimik der Armen auf der einen, die milde Güte im Antlitz der Geistlichen und des Heiligen auf der anderen Seite sind eine eindrucksvolle psychologische Studie zwischenmenschlicher Beziehungen.

Ein frühes **Tafelbild des Alvise Vivarini** mit der Kreuztragung Christi hängt an der Westwand des Querhausarmes, daneben eine **Marienkrönung des Giovanni da Udine.**

Wir treten nun vor den **Hauptaltar (G).** Er ist unter Verzicht auf Gemälde als monumentale Architektur im Sinne des antiken Triumphbogens aufgebaut. Der Entwurf stammt von Venedigs führendem Barockkünstler, Baldassare Longhena, wurde aber erst nach dessen Tode fertiggestellt. Unten stehen die Titelheiligen der Kirche, Johannes und Paulus. Zwischen ihnen gibt die Durchbrechung des Altares den Blick auf die Chorfenster frei, von denen das Licht strahlend in die Altarkonstruktion flutet. Diese Form der Lichtinszenierung weist in Richtung der später im süddeutschen Barock zur Vollendung gebrachten dramatischen Altäre.

Vorbei an den Kapellen der Trinität und der Familie Cavalli gelangen wir durch einen von Säulen flankierten Zugang in der Stirnwand des nördlichen Querschiffarmes in die **Cappella del Rosario (H).** Sie wurde 1582 als Votivkapelle in Erinnerung an den Seesieg von Lepanto angelegt. Tintoretto und Jacopo Palma d. J. waren an der Ausmalung beteiligt. Aber 1867 vernichtete ein Brand die gesamte Ausstattung. Zwischen 1913 und 1932 wurde der Plafond sorgsam restauriert, an die Stelle der vernichteten Werke Tintorettos und Palmas traten **Deckengemälde Veroneses,** die auf ein bewegtes Schicksal zurückblicken. 1838 waren sie aus der säkularisierten Kirche dell'Umiltà nach Wien verschleppt worden, von wo sie erst 1919 wieder nach Venedig zurückfanden. Das Hauptbild über dem Altar stellt eine Anbetung der Könige dar, die drei anderen die Himmelfahrt Mariens, die Verkündigung sowie die Anbetung der Hirten. Ein weiteres Gemälde Veroneses mit der Geburt Christi, eingefasst von Arbeiten aus der Veronese-Nachfolge, schmückt die Rückwand. Die thronende Muttergottes des Hauptaltares ist wie die Deckenschnitzerei eine Rekonstruktion Carlo Lorenzettis nach einem Original Alessandro Vittorias.

Als letzten Annexraum lernen wir die **Sakristei (I)** kennen, deren Zugang sich im nördlichen Seitenschiff des basilikalen Langhauses befindet. Über dem Eingang erinnern Büsten an die Maler Jacopo Palma d. Ä. und seinen Neffen, Jacopo Palma d. J.; zwischen beiden eine dritte Büste, die Tizian darstellen soll. Die Sakristei entstand gegen Ende des 16. Jh., in unmittelbarem Anschluss an die Rosenkranz-Kapelle. Im Gegensatz zu dieser hat sich hier die originale Ausstattung (frühes 17. Jh.) erhalten. Die Wände sind mit Schnitzereien aus Nussbaumholz verkleidet, die **Decke** ist von **Marco Vecellio** ausgemalt: die Heiligen Dominikus und Franziskus in Anbetung der Muttergottes. Das **Altarblatt** mit einer Kreuzigung stammt von **Jacopo Palma d. J.**

Im vorletzten Joch des nördlichen Seitenschiffs befindet sich ein **Altar (J)** mit einer Kopie nach Tizians Petrus-Martyr-Bild, das sich einst in der Rosenkranz-Kapelle befand und dort 1867 ein Opfer der Flammen wurde. Der prominente Dominikaner-Heilige, der 1252 wegen seines fanatischen Eintretens für die Inquisition ermordet und bereits im Jahr darauf kanonisiert wurde, wird im Augenblick seines Todes gezeigt, da sich ihm bereits visionär der Himmel öffnet. Die Kopie lässt ahnen, dass das verbrannte Original eine der Meisterschöpfungen Tizians gewesen sein muss.

Vor dem letzten Altar dieses Seitenschiffs steht eine **Marmorstatue des hl. Hieronymus von Alessandro Vittoria (K).** Sie ist in Bewegung und Gebärde dem Hieronymus desselben Bildhauers in der Frari-Kirche ähnlich, nur hier kniet der Heilige, während er dort steht.

Dogengräber

Als erster Doge wurde Jacopo Tiepolo (1229–49) in – oder besser: an (nämlich außen, an der Westfassade) – SS. Giovanni e Paolo beigesetzt. Nachdem man mit Andrea Dandolo (gest. 1354) den letzten Dogen in San Marco bestattet hatte, wurde die Dominikaner-Kirche zur beliebtesten Grablege der Staatsoberhäupter. Insgesamt wurden 27 Dogen in SS. Giovanni e Paolo zur letzten Ruhe gebettet. Diese Bevorzugung einer bestimmten Kirche ist aus der spezifisch mittelalterlichen Sichtweise zu verstehen, wonach man die Fürbitte eines Ordens, dessen Mitglieder besonders entsagungsvoll lebten, höher bewertete als die einer Kongregation mit weniger strengen Regeln.

Aus zunächst bescheidenen Anfängen hat sich ein eigener venezianischer Grabtypus herausgebildet, dessen Entwicklung man am besten nachvollziehen kann, indem man sich entsprechend der Chronologie der Gräber durch die Kirche bewegt. Nachstehend sind elf der wichtigsten ausgewählt (Kleinbuchstaben im Plan S. 261). Sie haben zugleich exemplarische Bedeutung im Rahmen der Entwicklung des Dogen-Grabdenkmals.

Grundriss SS. Giovanni e Paolo, s. S. 261

Zuerst wenden wir uns der Cavalli-Kapelle zu. An ihrer linken Wand befindet sich das **Grab des Dogen Giovanni Dolfin (a,** 1356–61). Es besteht lediglich aus einem Sarkophagkasten, dessen Relief (Anbetung der Könige, Doge und Dogaressa vor dem thronenden Christus, Tod Mariens) von dem Bildhauer Andrea da S. Felice gemeißelt wurde. Diese schlichte Form markiert die Frühzeit des Dogen-Grabdenkmals.

Wir treten nun vor den Chor. Vorne links befindet sich das **Grab Marco Corner (b,** 1365–68) bestattet. Das Denkmal ist deutlich aufwendiger als das vorige. Der Tote erscheint als Liegefigur auf dem Sarkophag, darüber befindet sich ein fünfteiliges Retabel mit Statuen der Muttergottes, Petrus und Paulus unter Dreipassbögen sowie zwei Engeln in türmchenbekrönten Tabernakeln an den Seiten. Gegenüber dem älteren einteiligen Grab ist dieses also zweiteilig aufgebaut. Die starke S-Kurvung der Madonna und ihr in elegante Falten gelegtes Gewand lassen den Einfluss der französischen Kathedralskulptur erkennen. Nino Pisano, ein toskanischer Bildhauer, schuf das Werk.

Dem **Grab** Marco Corners gegenüber befindet sich jenes des **Michele Morosini (c),** der nach einem kurzen Doganat noch im Jahr seiner Wahl verstarb (1382). Das Denkmal zeigt wieder eine Zweiteilung mit einem Grabkasten, auf dem die Liegefigur des Toten ruht, und einem Retabel darüber. Nun stehen aber beide Teile nicht mehr isoliert, sondern sie werden nah aneinandergerückt. Das wimpergbekrönte Mosaik mit einer Darstellung der Kreuzigung überfängt das eigentliche Grab in Form eines übergreifenden Bogens. Die dreigeschossigen Tabernakel links und rechts setzen einen kraftvollen, gliedernden Akzent. Der Gisant ist das Werk eines venezianischen Bildhauers und zeigt Parallelen zu Arbeiten aus der dalle-Masegne-Werkstatt (Ikonostasis in San Marco).

Im mittleren Joch des linken Seitenschiffes führt das **Grab Tomaso Mocenigos (d,** 1414–23), der durch seine »Rede an die Nation« unsterblich wurde, den Gedanken des Morosini-Denkmals weiter. Die Zweigliederung bleibt bestimmend, nun werden beide Teile miteinander verschmolzen. Vom Retabel fließt ein Stoffbaldachin herab, der Sarkophag und Gisant seitlich umhüllt. Die Anordnung der kleinen Nischen, sowohl am Sarkophag als auch im Retabel darüber, bringt eine Tektonisierung des Gesamteindrucks mit sich. Wiederum waren toskanische Meister, Piero di Nicolò Lamberti und Giovanni di Martino aus Fiesole, tätig. Dieses Monument ist das letzte der Gotik. In Ansätzen erscheinen bereits Vorahnungen auf die Renaissance (Porträthaftigkeit des liegenden Toten, Muschelnischen, antikisierende Haltung der Figuren).

Das Grabmal des Dogen Tomaso Mocenigo in SS. Giovanni e Paolo ist das letzte gotische Dogengrab in dieser Kirche; Vorahnungen auf die Renaissance zeigen sich bereits in der antikisierenden Haltung der Figuren, in den Muschelnischen und der Porträthaftigkeit des Toten

Mit dem **Denkmal des Pasquale Malipiero (e,** 1457–62) im vorletzten Joch des linken Seitenschiffes vollzieht sich der stilistische Wandel zur Renaissance, zugleich wird die bisherige Entwicklung des Dogen-Grabmals zu einem vorläufigen Abschluss gebracht: Der Sarkophag wird in die feste Struktur eines architektonischen Rahmens eingebunden. Die Form des gotischen Retabels lebt in dem Relief im Tympanon fort (Halbfigur Christi von zwei Engeln getragen). Die bisherige Rolle der Heiligen übernehmen die für die venezianische Renaissance charakteristischen Personifikationen der Tugenden über dem Bogen. Dieses mit reicher Ornamentik dekorierte Grab ist die früheste Arbeit Pietro Lombardos in SS. Giovanni e Paolo.

Links neben dem Mocenigo-Grab befindet sich das des Dogen **Nicolò Marcello (f,** 1473–74), eine weitere Arbeit Pietro Lombardos, die architektonisch noch stärker durchgeformt ist. Sockel, Säulen, Pilaster, Gebälke – alle Details der Monumentalarchitektur werden im Kleinformat der Schaffung eines klar strukturierten Gebildes dienstbar gemacht.

Noch im Schaffen des Pietro Lombardo selbst vollzieht sich der Schritt von der Früh- in Richtung der Hochrenaissance. Das **Grab Pietro Mocenigos (g,** 1474–76) an der Stirnseite des rechten Seitenschiffes bringt einen völlig neuen Gedanken. Waren alle bisher betrachteten Denkmäler an der Wand ›schwebend‹ angebracht, so ist

Grabmal des Dogen Pietro Mocenigo: Zum ersten Mal wird ein verstorbener Doge als Standfigur dargestellt

dieses Grab als erstes bis auf den Boden herabgezogen, auf dem es mit einem Sockel aufsitzt. Die Binnenarchitektur des Grabmals wird zu einem organischen Teil der Gesamtarchitektur des Kirchenbaus. Zugleich erfährt das Format eine Steigerung. Und noch etwas fällt auf: War der verstorbene Doge bislang immer auf dem Sarkophag liegend dargestellt worden, so steht er jetzt aufrecht in Heldenpose.

Die Ikonografie beinhaltet eine interessante Verbindung christlicher und heidnisch-antiker Motive. Im bekrönenden Relief erkennt man die heiligen Frauen am Grabe des Auferstandenen, der als Vollplastik auf dem Giebel darüber erscheint. Am Sockel sind die Kämpfe des Herakles gegen den Nemeischen Löwen (links) und gegen die Hydra (rechts) dargestellt. Die Nischenfiguren sind durch ihre Kleidung und Rüstung als römische Krieger zu identifizieren, ebenfalls die drei Sarkophagträger, deren unterschiedliche Physiognomien die drei Lebensalter andeuten. Das Programm ist als Verherrlichung des Dogen und der von ihm vollbrachten Kriegstaten zu verstehen, ein Gedanke, der den älteren Beispielen fremd ist.

Wir wenden uns wieder dem Chor und dort dem bekanntesten aller Dogengräber zu, dem des **Andrea Vendramin (h,** 1476–78), einem Hauptwerk Tullio Lombardos. Die über einem mehrfach getreppten Sockel aufgehende Grabarchitektur wird in ihrer Eigenwertigkeit noch stärker betont, indem sie sich raumgreifend von der Wandfläche abhebt. Die Idee des Triumphes wird von der Gesamtanlage formuliert, die das römische Triumphbogenmotiv aufgreift. Die Steigerung ins Monumentale wird mit letzter Konsequenz vollzogen. Waren alle bisher betrachteten Figuren (mit Ausnahme der Dogengestalten) unterlebensgroß, so werden sie nun zum Teil in Lebensgröße wiedergegeben.

Das ikonografische Programm ist wiederum eine Mischung aus christlichen und antiken Momenten: Muttergottes im Tympanon, Verkündigung links und rechts davon, Tugendpersonifikationen unterhalb des liegenden Dogen, Kriegerstatuen, Seepferde am Sockel (ein klassisches Thema der antiken Sepulkralplastik). Die schönsten Figuren sind die beiden jugendlichen Krieger in den seitlichen Nischen, Meisterschöpfungen Tullio Lombardos. Man bedauert, dass die Abgrenzung des Chores keine Betrachtung der Details aus nächster Nähe erlaubt (ein Fernglas erweist sich als große Hilfe).

Gegenüber dem Vendramin-Grab veranschaulicht das **Denkmal Leonardo Loredans (i,** 1501–21), der die Geschicke der Republik in den schweren Tagen der Liga von Cambrai lenkte, wie der von Tullio Lombardo beschrittene Weg im 16. Jh. fortgesetzt wurde. Das erst 1572 fertiggestellte Monument ist als kolossale Säulenarchitektur gestaltet, eine Formation, die sich von der Einbindung in die Kirchenwand gänzlich loszusagen scheint. Der Doge sitzt zwischen weiblichen Personifikationen der Venezia (links) und der Liga von Cambrai (rechts), zwischen denen er vermittelt. Der Triumphgedanke, von Pietro Lombardo in die venezianische Sepulkralkunst eingeführt, wird in Richtung einer Darstellung des Dogen (dessen Statue von Girolamo Campagna) als souveräner Staatsmann, der über den irdischen Dingen zu thronen scheint, uminterpretiert. In einer Zeit, da Venedig den Zenit seiner Macht überschritten hatte, beginnen im Loredan-Denkmal politische Realität und künstlerischer Anspruch auseinanderzuklaffen.

Die letztmögliche Steigerung des Formates bringt das **Kolossalgrab Alvise Mocenigos (j,** 1570–77) und seiner Frau, das die gesamte Breite der Mittelschiffwand im Westen der Kirche einnimmt. Es entstand mit Unterbrechungen zwischen 1580 und 1646. Der typisch barocke Illusionismus, der das Portal der Kirche in die Anlage mit einbezieht, lässt die tatsächliche Bestimmung des Denkmals fast vergessen. Man meint an dieser Stelle eher einer ins Innere verpflanzten Kirchenfassade gegenüberzustehen. Historisch interessant ist das rechte Relief, das die Begegnung zwischen dem Dogen und König Heinrich III. von Frankreich zeigt, ein Ereignis, dessen man sich in Venedig mit nostalgischer Freude gerne erinnerte.

Das **Denkmal Silvestro Valiers (k,** 1694–1700) rechts neben der Dominikus-Kapelle ist das jüngste und zugleich auch letzte monumentale Dogengrab in Venedig. Wenn auch einige Details künstlerisch zu überzeugen vermögen, ist doch das Ganze in seiner sinnentleerten Pracht am Vorabend des Unterganges der Republik nur noch hohles Theater.

SS. Giovanni e Paolo

1 SS. Giovanni e Paolo
2 Colleoni-Denkmal
3 Suola Grande di S. Marco
4 S. Maria dei Miracoli
5 S. Maria dei Derelitti
6 S. Giustina
7 S. Francesco della Vigna

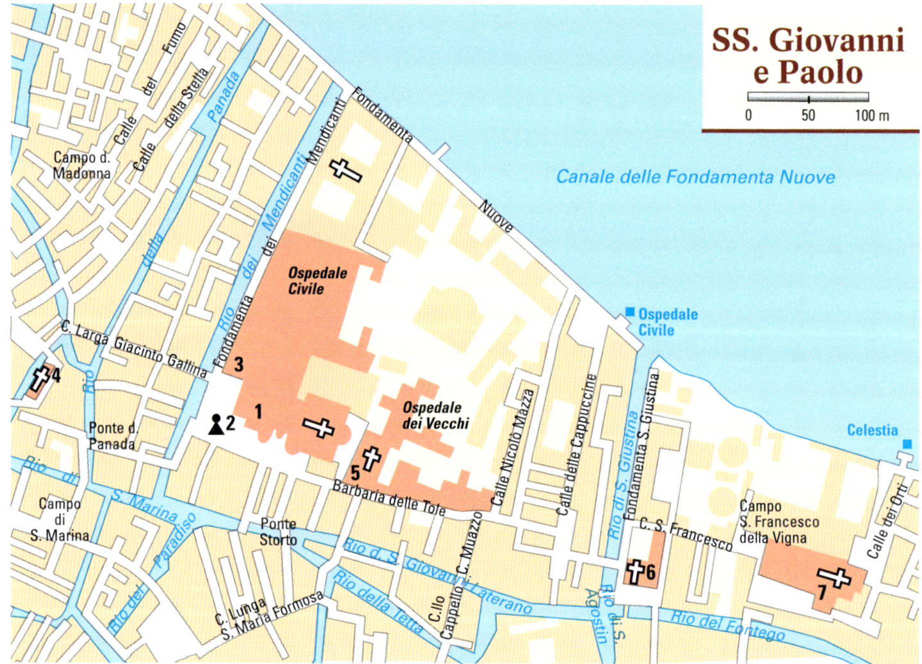

Reiterstandbild des Bartolomeo Colleoni

Colleoni-Denkmal ★

Auf dem Campo vor SS. Giovanni e Paolo ist das **Reiterstandbild des Condottiere Bartolomeo Colleoni (2)** wirkungsvoll in Szene gesetzt. Es ist ähnlich wie der Campanile von San Marco im Angelpunkt einer L-förmigen Platzanlage aufgestellt und dadurch im städtebaulichen Kontext hervorgehoben. Ein weiteres Indiz für Venedigs wenig ausgeprägten Sinn für plastische Darstellung, denn bezeichnenderweise ist auch das Colleoni-Denkmal nicht das Werk eines Venezianers. Man hatte den Florentiner **Andrea del Verrocchio** damit beauftragt. Er schuf das Wachsmodell, nach seinem Tode (1488) führte Alessandro Leopardi den Guss in Bronze aus. Vierzig Jahre zuvor hatte ein anderer Florentiner Bildhauer, Donatello, in Padua mit dem Standbild des Gattamelata das erste monumentale, in Bronze gegossene Reiterdenkmal der Nachantike geschaffen. Während jenes in der strengen Haltung von Ross und Reiter noch deutlich die Abhängigkeit vom Marcus Aurelius in Rom, dem einzigen erhaltenen Reiterporträt der Antike, erkennen lässt, ist der Colleoni des Verrocchio in einem Moment seiner Bewegung wiedergegeben. Die Köpfe von Pferd und Reiter sind leicht zur Seite gewendet, dem Drängen des Pferdes entspricht der angewinkelte, leicht vorgeschobene linke Arm des Condottiere – eine Geste, die lässig und kraftvoll zugleich ist. Seine ganze Gestalt drückt Selbstbewusstsein, ja Stolz aus. Sie ist eine sinnbildhafte Erscheinung der Renaissance und ihrer Vorstellung vom Selbstwertgefühl des Menschen.

Nach Carmagnola und Gattamelata war **Bartolomeo Colleoni** der dritte in der Reihe großer Condottiere-Gestalten, denen die Republik ihre Kriegsführung auf der *Terra ferma* anvertraute. Er wurde 1400 auf Schloss Saza nahe Bergamo geboren. Als typischer Condottiere stellte er seine Leistungen in die Dienste unterschiedlicher Herren. Anfangs focht er für Neapel, später für Mailand, wo er wegen des Verdachts auf Hochverrat ein Jahr lang (1447) ins Gefängnis geworfen wurde. Des ungeachtet führte er nach seiner Entlassung aus der Haft die mailändische Streitmacht gegen die Franzosen. Seit 1448 stand er im Sold Venedigs, das ihn 1455 zum Generalkapitän seiner Truppen ernannte. Die letzten Jahrzehnte seines Lebens verbrachte Colleoni in überraschender Friedfertigkeit. Mit seinem legendären Vermögen unterhielt er einen aufwendigen Hofstaat auf seinem Schloss Malpaga, wo er 1475 starb. Sein Testament stellte die Serenissima vor eine schwierige Entscheidung. Einerseits wollte man die hunderttausend Golddukaten einstreichen, die Colleoni zu wohltätigen Zwecken gestiftet hatte, andererseits war man nicht bereit, der arroganten Bedingung, die an die Auszahlung geknüpft war, nachzugeben. Colleoni hatte verlangt, dass man ihm ein Reiterstandbild vor San Marco errichten solle. Fünf Jahre wurde der Fall diskutiert, denn das Denkmal eines Condottiere auf der Piazza war mit dem Selbstverständnis der Serenissima unvereinbar. Schließlich fand man die Lösung: Der Erblasser hatte von San Marco gesprochen, aber nicht ausdrücklich die

Das Reiterstandbild des Condottiere Bartolomeo Colleoni auf dem Campo SS. Giovanni e Paolo ist neben dem Gattamelata von Donatello in Padua das einzige erhaltene Reiterdenkmal aus dem 15. Jh.

Kirche San Marco genannt. Also wurde das Denkmal geschaffen und vor der Scuola Grande di San Marco aufgestellt. So war dem Willen Colleonis juristisch korrekt entsprochen, und das Erbe konnte guten Gewissens angetreten werden.

Scuola Grande di S. Marco

Nach Norden beschließt die Fassade der einstigen **Scuola Grande di S. Marco (3)** den Campo SS. Giovanni e Paolo (Abb. s. S. 252). Die Scuola, 1260 gegründet, ließ den bestehenden Bau nach der Vernichtung eines mittelalterlichen Vorgängers durch ein Feuer vermutlich von Pietro Lombardo zwischen 1485 und 1495 neu errichten. Heute ist in den vormaligen Bruderschaftsbauten und den Konventsgebäuden des benachbarten Dominikaner-Klosters ein großes Krankenhaus *(Ospedale Civile)* untergebracht.

Die **Fassade** gehört neben dem Palazzo Dario am Canal Grande und der Miracoli-Kirche zu den frühesten Äußerungen der Renaissance in der Lagunenstadt. Ihre Zweiteilung ist eine Illustration der räumlichen Verhältnisse im Innern. Im linken Trakt befanden sich der Bruderschaftssaal und die Kapelle, im rechten der Albergo. Durchgehende

Canaletto, Der Platz vor SS. Giovanni e Paolo mit der Scuola Grande di S. Marco und rechts im Bild Verrocchios Reiterdenkmal des Colleoni (Gemäldegalerie Alte Meister, Dresden)

Gesimse verbinden beide Abschnitte zu einer organischen Einheit. Die Wand ist mit polychromem Marmor inkrustiert. In der unteren Zone wird mit der von den Florentinern wiederentdeckten Zentralperspektive ein verwirrendes Spiel getrieben: Löwen treten aus illusionistischen Hallen hervor, deren scheinbare Tiefe eine Öffnung des Gebäudes zum Platz vortäuscht. Dagegen sind die im darüber liegenden Geschoss von Pilastern eingefassten Fenster ›real‹. Die bekrönenden Rundgiebel sind in dieser Form seit der Gotisierung von San Marco in Venedig heimisch. Insgesamt stellt die Fassade eine originelle Mischung aus der venezianischen Lust am Theaterspielen (unten), logischer Klarheit der Renaissance (Mitte) und tradierten älteren Formen (oben) dar.

Von den **Innenräumen** kann man nur den Saal des Untergeschosses, eine flach gedeckte zweigeteilte Halle, ungehindert betreten. Eine Besichtigung eines Teils des Obergeschosses, der nicht für den heutigen Krankenhausbetrieb genutzt wird, hängt vom Wohlwollen des diensthabenden Personals ab. Wenn es einem gelingt, erreicht man über eine von Mauro Codussi entworfene Treppe den Großen Saal, der durch Säulen unterteilt ist. Der Raum ist ebenso wie die angrenzende Kapelle seiner ursprünglichen Dekoration beraubt worden. Die jetzige Ausstattung ist nachträglich zusammengestellt worden.

S. Maria dei Miracoli

S. Maria dei Miracoli ★

Wer sich vor den Dogengräbern in SS. Giovanni e Paolo und der Fassade der Scuola Grande di S. Marco von der Kunst Pietro Lombardos und seiner Söhne hat in den Bann ziehen lassen, findet in der nahen Kirche **S. Maria dei Miracoli (4)** die ideale Abrundung seiner Eindrücke. Aber auch jeder andere Venedigbesucher, sei seine Zeit noch so begrenzt, sollte an diesem Juwel der Frührenaissance nicht vorbeigehen. Anlass für den Bau war die Schenkung eines angeblich wundertätigen Marienbildes an die Klarissinnen 1477, die innerhalb kurzer Zeit so beträchtliche Mittel zusammenbrachten, dass schon vier Jahre später der Grundstein gelegt werden konnte. In einer angesichts der überreichen Dekoration des Bauwerks kaum vorstellbar kurzen Zeit von nur acht Jahren war die Kirche bereits 1489 fertiggestellt. Nach langjähriger Restaurierung erstrahlt das Bauwerk seit 1996 wieder in altem Glanz.

S. Maria dei Miracoli
Mo–Sa 10–17,
So 13–17 Uhr
Es wird ein Eintrittsgeld erhoben. Der Chorus-Pass hat Gültigkeit.

Ihre **Westseite** grenzt an den Rio dei Miracoli. Betrachtet man den kleinen, lang gestreckten Bau von dieser Seite, so scheint er wie eine Himmelsarche auf dem Wasser zu schwimmen. Die Kirche ist eines der in Venedig selten vorkommenden Beispiele eines rundum frei stehenden Bauwerks. Der **Außenbau** ist an allen vier Seiten in zwei gleich hohe Geschosse unterteilt. Die Wandflächen sind mit verschiedenfarbigen Marmorplatten verkleidet und von Pilastern gegliedert, die im ersten Geschoss eine aufgeblendete Kolonnade, im zweiten Geschoss eine Arkadenreihe tragen. Die üppige Dekoration ist jedoch nur ein Vorspiel auf den Reichtum, der uns im Innern erwartet.

Details der Marmorverkleidung der Fassade von S. Maria dei Miracoli

Der **Innenraum** ist ein von einer Tonne überwölbter Saal, an dessen nördliche Schmalseite ein überkuppelter quadratischer Chor anschließt. Der Chor liegt erhöht (darunter die – meist geschlossene – Krypta) und ist über 14 Stufen zu erreichen. Die Wände sind entsprechend der Gliederung am Außenbau in zwei Zonen unterteilt. Die schlichte Form des einschiffigen Saales ist in der oberitalienischen Baukunst des Mittelalters verwurzelt; als bekanntestes Beispiel zitieren wir die Arena-Kapelle in Padua. Auffallenderweise ist auch dort die Architektur der Rahmen für eine kostbare Ausstattung. Was für das Paduaner Beispiel die Fresken Giottos, sind hier die Marmorinkrustation und vor allem die Steinmetzkunst der Lombardi. Fußboden und Wände sind mit vielfarbigen Platten aus Marmor, Serpentin und Porphyr ausgelegt. Die gliedernden Architekturteile, vor allem die durchlaufenden horizontalen Gesimse, tragen minutiös ausgefeilte Ornamente. Die Vielfalt der Bauskulptur erfährt zum Chor eine Steigerung. Auf den Chorschranken erscheinen Halbfiguren der Heiligen Franziskus und Klara sowie einer Verkündigungsgruppe. Überschäumende Fantasie zeigt sich an den Sockeln der Eckpfeiler, die den Chorbogen tragen. Zuunterst erkennt man einen heiteren Reigen aus Putten und Fabelwesen, darüber Greifen, deren Schwänze sich in Blattranken entrollen. Die Überleitung zum Pfeilerschaft erfolgt über die antiken Ornamentmotive des Zahnschnitts und des Eierstabes. Die Pfeiler selbst sind mit zartgliedrigen Renaissancegrotesken geschmückt. Weiter sind die Gebälke, der Chorbogen, die Tondi mit den Evangelisten in den Kuppelpendentifs und die Pilaster zu beachten, alles von ornamentalen Reliefs überwuchert, die durch Ideenvielfalt ebenso begeistern wie durch ihre perfekte handwerkliche Ausarbeitung.

Die Kunstgeschichte unterscheidet verschiedene Hände: Der Gesamtentwurf geht auf Pietro Lombardo, den Leiter der Werkstatt, zurück. Die Halbfiguren auf den Brüstungen der Chorschranke werden seinem Sohn Tullio, Teile der Pfeilersockel dessen Bruder Antonio, andere Details einem namentlich nicht bekannten Meister zugeschrieben, dessen Mitarbeit auch in der Kirche S. Giobbe nachzuweisen ist.

Kirchen auf dem Weg nach S. Francesco delle Vigna

Auf dem Wege von SS. Giovanni e Paolo in Richtung Osten trifft man gleich hinter der großen Klosterkirche auf die barocke Fassade der Kirche **S. Maria dei Derelitti (5),** auch Ospedaletto-Kirche genannt, die in der überquellenden Fülle ihres plastischen Dekors ein Spätwerk Baldassare Longhenas ist. Hinter der barock überladenen Front verbirgt sich ein schlichter Saal des 17. Jh., der in überraschendem Kontrast zur Wucht der Fassade steht.

Bei der säkularisierten Kirche **S. Giustina (6)** – sie genoss große Verehrung, weil der Sieg von Lepanto auf den Namenstag der Heiligen fiel – überquert man den Rio S. Giustina, wendet sich nach links, bis rechts die Calle S. Francesco abbiegt, die geradlinig auf die Kirche S. Francesco della Vigna zuführt.

Die Kirche S. Maria dei Miracoli wirkt wie ein kostbarer Schrein ▷

S. Francesco della Vigna

Der Name der Kirche **S. Francesco della Vigna (7)** weist darauf hin, dass sich in früheren Zeiten in diesem Bereich der Lagunenstadt Weinfelder befanden. Nach der Mitte des 13. Jh. entstand in dem bis dahin unbebauten Gelände das Kloster der Minoriten, das im 16. Jh. eine neue Kirche erhielt. Den Entwurf dafür lieferte Sansovino, dessen Plan jedoch nachträglich vereinfacht wurde. Die Grundsteinlegung fällt in das Jahr 1534, der Bau wurde 1572 mit der Errichtung der Fassade abgeschlossen.

Die **Fassade** ist die erste von drei Kirchenfronten Andrea Palladios in Venedig und in ihrer Ausgewogenheit eine der herausragenden Schöpfungen der Architektur des 16. Jh. Den Architekten des humanistischen Zeitalters galt die christliche Kirche als Erbe und Nachfolger des antiken Tempels, dessen bauliche Gestalt sie auf den christlichen Kultbau zu übertragen suchten. Die antike Tempelfront war aber immer als offene Säulenhalle der Cella vorangestellt, während die geschlossene Wand einer nach innen orientierten Kirche nur die reliefartige Aufblendung der Fassade zuließ. Zudem ist der christliche Kirchenraum in der Regel dreiteilig, entweder als einschiffige Basilika bzw. Halle oder, wie hier im Fall von S. Francesco, als Saal mit angrenzenden Kapellen. Die sich daraus ergebende breitere Proportionierung der Kirche gegenüber dem Tempel machte eine direkte Übernahme der Tempelfront praktisch unmöglich. Palladio bewältigte dieses Problem, indem er einem Mittelrisalit zwei flankierende Seitenteile hinzufügte. Damit wird die Fassade zugleich ein Spiegel der tatsächlichen Raumverhältnisse und erfüllt so gesehen eine der wichtigsten Forderungen der Renaissancearchitektur. Die Ausgewogenheit dieser Lösung erklärt sich aus der Tatsache, dass Palladio alle Teile auf dieselbe Sockelhöhe stellt und damit zu einer Einheit zusammenbindet. Ferner erfüllt Palladio die Forderung nach Harmonie, indem er alle Proportionen aus einem Grundmaß, dem sog. Modulus,

Schema der Palladio-Fassade von S. Francesco della Vigna

entwickelt. Das ist in diesem Fall die kleinere Säulenstellung, deren Schäfte einen Durchmesser von zwei Fuß haben. Die große Säulenordnung verdoppelt Durchmesser und Höhe (= 4 bzw. 40 Fuß). Bei eingehender Betrachtung kann man feststellen, dass alle Maße der Fassade aus der Grundeinheit entwickelt sind.

Innenraum

Der Innenraum ist ein weiträumiger Saal mit seitlichen Kapellen, zwei den Hauptraum nicht durchdringenden Querhausarmen und einem rechteckig geschlossenen Chor. Er wird von einem segelförmig geblähten Muldengewölbe überspannt. Gliederungselemente in Gestalt von Gebälken und Pilastern werden nur sparsam und von der Wand vorspringend verwendet. So erscheint der Raum großzügig und hell, wenn auch ein wenig nüchtern und sachlich.

Nicht nur die Palladio-Fassade, auch die zum Teil bemerkenswerte **Ausstattung** rechtfertigt den Weg in diese entlegene Ecke Venedigs. Beim Eintreten gewahrt man vorn zwei Weihwasserbecken mit Statuetten des hl. Franziskus (links) und Johannes des Täufers (rechts) von Alessandro Vittoria. Derselbe Bildhauer schuf den großen Marmoraltar in der zweiten linken Seitenkapelle, ein dreiteiliges Retabel mit Statuen der Heiligen Rochus (links), Antonius Abbas (Mitte) und Sebastian (rechts), unter denen die würdevolle Mittelfigur herausragt. In der letzten Kapelle der linken Seite lehnt sich eine Darstellung Marias mit Heiligen von Paolo Veronese an Tizians Pesaro-Madonna in der Frari-Kirche an. Die Muttergottes thront – aus der Bildmitte verrückt – auf einer steil ansteigenden Treppe. Dieses 1552 entstandene Bild war Veroneses erster Auftrag in Venedig.

Im linken Seitenschiff gelangt man durch eine Tür in einen Gang, der nach links einen Blick in den **Kreuzgang** erlaubt (keine Besichtigung) und gleich gegenüber in die **Cappella Santa** führt. Deren Altarbild, Maria im Kreise der Heiligen Johannes' des Täufers, Bernhard, Hieronymus und Sebastian mit einem Stifter, wird Giovanni Bellini zugeschrieben. Eigenhändig ist sicher die schöne Madonna, die stark dagegen abfallenden übrigen Gestalten dürften von Werkstattgehilfen ausgeführt worden sein.

Wieder in die Kirche zurückgekehrt, gelangen wir links vom Chor in die **Cappella Giustiniani** mit verschwenderischem Reliefdekor aus der Zeit um 1500. An den seitlichen Wänden sind Büsten von Heiligen und den vier Evangelisten angebracht, darüber schildern je acht Platten Begebenheiten aus dem Leben Jesu (rechts) und Mariens (links). Der Marmoraltar an der Schmalseite rundet dieses kleine Lapidarium ab. Die Arbeiten dokumentieren eindrucksvoll, in welchem Maße Pietro Lombardo die Kunst der Renaissance in Venedig geprägt hat.

Zuletzt erwähnen wir ein großes **Madonnenbildnis des Antonio da Negroponte** im rechten Querhausarm aus der Zeit um 1470. Das farbenprächtige Bild entstand zwischen Gotik und Renaissance, ein echtes Werk des Übergangs.

Cityplan Jesuitenkirche zur Madonna dell'Orto S. 282

Von der Jesuitenkirche zur Madonna dell'Orto

S. Maria Assunta dei Gesuiti

S. Maria Assunta dei Gesuiti
tgl. (außer zu Zeiten der Messe) 10–12, 15.30–17.30 Uhr

Die Jesuiten erhielten erst 1657, rund einhundert Jahre nach der Gründung ihres Ordens durch Ignazio von Loyola, die Genehmigung, in Venedig ein Kloster einzurichten. Die Jesuiten lösten die Kongregation der Crociferi ab, die seit der Zeit um 1200 an dieser Stelle einen Konvent besaßen. Von den Crociferi ist nur noch ein kleines Oratorium schräg gegenüber der **Jesuitenkirche (1)** erhalten, das mit etlichen Bildern Jacopo Palma d. J. dekoriert ist (das Oratorio dei Crociferi ist nur in der Saison an Wochenenden zugänglich, Öffnungszeiten beachten!). In Teilen des Jesuitenklosters ist heute eine Kaserne untergebracht, die Kirche ist als Pfarrkirche in Gebrauch. Sie entstand 1714–29 unter tatkräftiger Beteiligung der Familie Manin. Ihre **Fassade** ist in ihrer Anlehnung an den monumentalen Barock römischer Prägung mit Kolossalsäulen und großen Statuen ein echtes Zeugnis jesuitischer Baugesinnung und zugleich in Venedig infolge ihres auftrumpfenden Pathos eher ein Fremdkörper.

Innenraum

Auch der Innenraum folgt ohne große Abwandlungen dem Vorbild der Stammkirche des Ordens, Il Gesù in Rom, der richtungweisend für die gesamte Sakralbaukunst des Barock war. Der einschiffige Saal wird von drei Kapellen je Seite begleitet. Langhaus und Querschiffarme kreuzen sich in einer ausgeschiedenen Vierung, im Osten schließt sich ein einteiliger Chor an. Die Tonnenwölbung, in die Stichkappen einschneiden, ist leicht gedrückt; dasselbe gilt für die Vierungskuppel und die Wölbung im Chor. Die Wände zeigen ein bewegtes Relief aus Säulen, Pilastern und Stuckatur. Man könnte die Kirche als den am stärksten vom Barock geprägten Bau Venedigs bezeichnen, der sich hier, wo dieser Stil sich nicht recht durchsetzte, seltsam fremd ausnimmt.

Das wichtigste **Altarbild** befindet sich in der vordersten linken Seitenkapelle, eine Laurentius-Marter von **Tizian,** aus den späten 1550er-Jahren. Das Geschehen ist in nächtliches Dunkel getaucht, einzig der Heilige, der auf einen glühenden Rost gelegt ist, wird von einem himmlischen Licht erhellt, dem er sich entgegenreckt. Die schemenhafte Andeutung der Folterknechte und die Anonymität des Bösen verleihen der Szenerie etwas Bedrückendes. Die Schilderung vermittelt eine tiefe Einsicht in die ungezügelte Aggressions- und Zerstörungsbereitschaft, die der menschlichen Natur innewohnt. Die himmelwärts ausgestreckte Hand des Gemarterten symbolisiert demgegenüber das Prinzip der Hoffnung. Tizian war über achtzig, als er das Bild zum Gedenken an seinen kurz zuvor verstorbenen Freund Lorenzo Massolo malte. Der Gedanke an den Tod wird dem Greis nichts Fremdes mehr gewesen sein. Nur so ist die Laurentius-Marter zu verstehen, als eine Rückschau auf die Wirren des Lebens und als Ausdruck der Zuversicht, dass jenseits der irdischen Qualen die Erlösung wartet.

Der Marienaltar im linken Querschiffarm zeigt eine **»Assunta« Tintorettos.** Kennzeichnend für den Stil des großen Manieristen ist die Art, wie er die himmelfahrende Muttergottes aus einem Menschenknäuel herauslöst. Wir erwähnen ferner den von gewundenen Marmorsäulen getragenen Altarbaldachin, ein Werk des Bildhauers Giuseppe Pozzo, im mittleren Seitenaltar der rechten Seite die Statue der hl. Barbara des Österreichers Johann Maria Morlaiter, der zahlreiche Altarrahmungen und plastische Bildwerke in barocken Kirchen Venedigs geschaffen hat, und zuletzt in der ersten rechten Seitenkapelle ein Altarblatt mit einer Darstellung der Schutzengel von Jacopo Palma d. J.

Am Rio di S. Caterina

Von der Gesuiti-Kirche kommt man am Rio di S. Caterina zunächst an der lang gezogenen Front des **Palazzo Zen (2)** vorbei, einem Bau der Hochrenaissance, dem vielleicht ein Plan des Architekturtheoretikers Sebastiano Serlio zugrunde liegt. Am Ende der gleichnamigen Fondamenta liegt die Kirche **S. Caterina (3),** die man nur mit etwas Glück geöffnet antrifft. Im Innern befinden sich Gemälde Tintorettos zur Katharinen-Legende und eine Kopie von Veroneses heute in der Accademia hängender mystischer Vermählung der hl. Katharina.

Bauten entlang der Strada Nova

Die im 16. Jh. erbaute Kirche **SS. Apostoli (4)** ist weithin erkennbar durch den hoch aufragenden Campanile, der ihr im 17. Jh. hinzugefügt wurde. Der äußerlich schmucklose Bau ist auch im Innern – kastenförmiger Saal, flach gedeckt, mit dreiteiligem Presbyterium – auffallend nüchtern. Ein Kleinod der Renaissancearchitektur ist die der Südseite angebaute **Cappella Corner.** Ihre Kuppel wird von vier in den Ecken frei aufgestellten Säulen getragen. Hier befand sich die Grablege der Königin von Zypern, Caterina Cornaro, vor ihrer Überführung nach S. Salvatore. Die Gräber ihres Vaters Marco und ihres Bruders Giorgio blieben in situ erhalten. Im Altar der Kapelle zeigt ein Bild Tiepolos die Kommunion der hl. Lucia (1748). Die Heilige ist in einer Stimmung verzückter Hingabe dargestellt, ihr strahlendes Weiß hebt sie von den dunkler gehaltenen Begleitfiguren ab.

Die Cappella Corner wurde an der Südseite von SS. Apostoli angebaut

Nun folgen wir der Strada Nuova in Richtung Nordwesten. Die kleine Renaissancekirche **S. Sofia (5)** am belebten Hauptweg zwischen Rialto und Bahnhof ist vollständig umbaut und fällt nach außen nur durch ihren Campanile auf. Der Raum ist in der klaren Übersichtlichkeit der frühen Renaissance gehalten. Schlanke Säulen auf hohen Sockeln tragen die Arkadenreihen der Halle. Die Gewölbe der drei Schiffe – in der

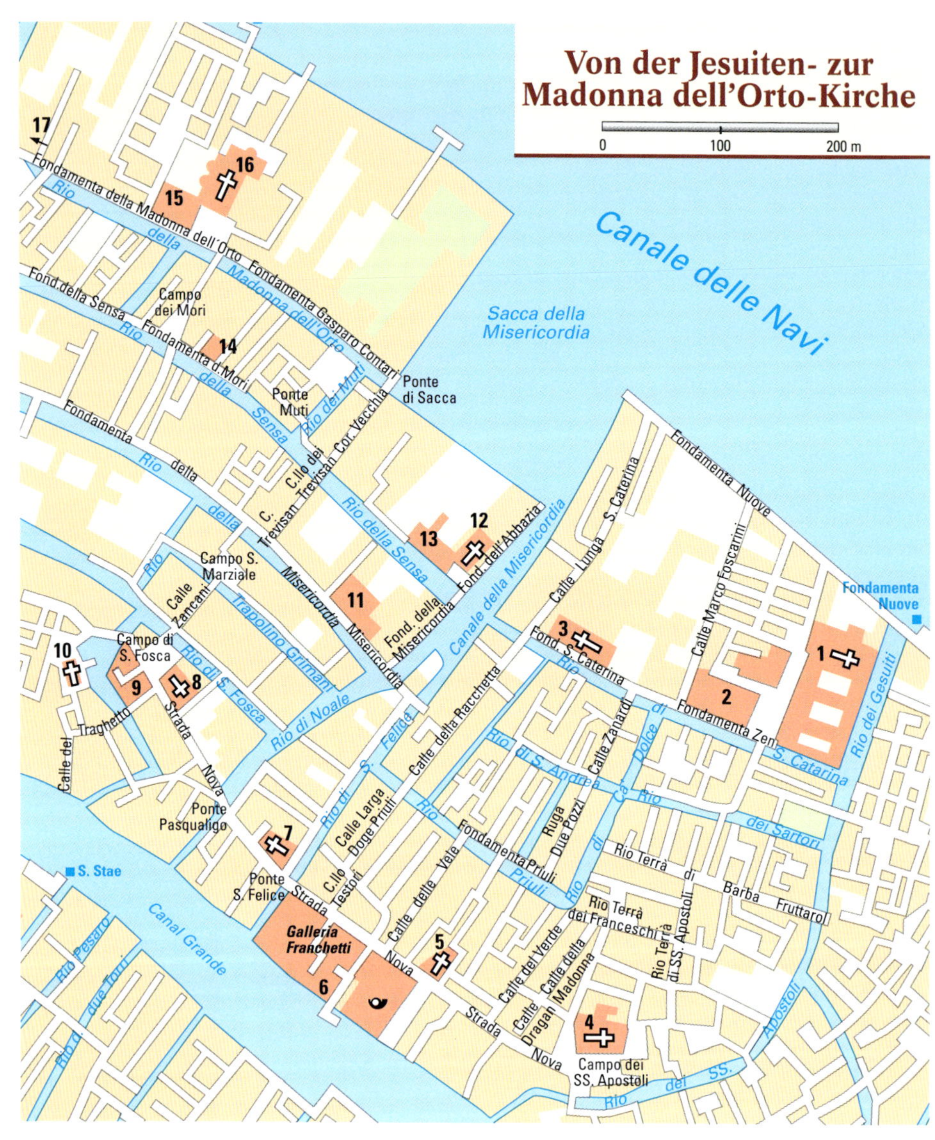

Von der Jesuiten- zur Madonna dell'Orto-Kirche

1 S. Maria Assunta dei Gesuiti
2 Palazzo Zen
3 S. Caterina
4 SS. Apostoli
5 S. Sofia
6 Ca' d'Oro
7 S. Felice
8 S. Fosca
9 Palazzo Corner
10 S. Maddalena
11 Palazzo Lezze
12 S. Maria della Misericordia
13 Scuola di S. Maria della Misericordia
14 Haus Tintorettos
15 Scuola dei Mercanti
16 Madonna dell'Orto
17 S. Alvise

Mitte eine Tonne, in den Seiten Kreuzgrate – sind auf dieselbe Höhe geführt. An das Langhaus schließt sich der einteilige Chor an. Die Kirche ist ein gutes Beispiel für die Eigenart der venezianischen Baukunst, in der selbst kleine Bauten Weiträumigkeit und Transparenz atmen.

Galleria Franchetti in der Ca' d'Oro

1895 hatte der Baron Giorgio Franchetti Venedigs berühmtesten gotischen Palazzo am Canal Grande, die **Ca' d'Oro (6;** Abb. s. S. 136), erworben und restaurieren lassen. Hier brachte er seine umfangreiche private Kunstsammlung unter, die er noch zu Lebzeiten dem italienischen Staat vermachte. Seit 1927 ist die **Galleria Franchetti** der Öffentlichkeit zugänglich. Da die von Franchetti veranlasste Restaurierung jedoch nur die Innenräume erfasste, war zuletzt eine erneute Instandsetzung erforderlich geworden, die vordringlich der Sicherung des Baubestandes diente. Die Arbeiten begannen 1969 und zogen sich über 15 Jahre hin. In einem lebendigen Wechsel von kostbarem Mobiliar, Skulpturen und Gemälden liegen die Schwerpunkte der Sammlung auf der **Kunst des 15. und 16. Jh.** Als herausragende Exponate nennen wir: der hl. Sebastian von Andrea Mantegna; eine Verkündigung von Carpaccio; eine Madonna von Giovanni Bellini; eine weitere Madonna von Alvise Vivarini; Bronzereliefs von Andrea Riccio; eine Venus vor dem Spiegel von Tizian; das Porträt eines Edelmannes von van Dyck. Zum Besitz des Museums gehören auch die Fragmente jener Fresken, die Giorgione und der damals blutjunge Tizian für die Außenseiten des Fondaco dei Tedeschi schufen. Sie befinden sich im 2. Stock der Ca' d'Oro. Reizvoll ist auch der Innenhof. In seiner Mitte steht ein Brunnen in der für Venedig kennzeichnenden Kapitellform. Das aus rotem Marmor gemeißelte Werk ist eine Arbeit von Bartolomeo Bon.

Ca' d'Oro

Mo 8.15–14, Di–So 8.15–19.15 Uhr Die Kasse schließt eine halbe Stunde vor dem Museum.

Vom Rio S. Felice zum Campo dei Mori

Wir folgen der Strada Nuova weiter in Richtung Bahnhof. Ähnlich in der Klarheit der Formen wie S. Sofia, aber im Grundriss unterschieden ist die im 16. Jh. errichtete Kirche **S. Felice (7)** am gleichnamigen Rio, die wieder den klassischen venezianischen Typ der neunzelligen Kreuzkuppelkirche vertritt. Ihre einstige Ausstattung wurde im 19. Jh. weitgehend entfernt.Die Kirche **S. Fosca (8)** wurde nach einem Brand 1733 von Grund auf neu gebaut. Reizvoll ist der kleine Campo, an dem sie liegt. Die Kirche, ihr Campanile und der spätgotische **Palazzo Corner (9)** gruppieren sich zu einem malerischen Ensemble. In der Mitte des Platzes steht ein 1892 errichtetes Denkmal des Humanisten Paolo Sarpi, des Freundes Tizians, der im Konflikt Venedigs mit Papst Paul V. (1605–07) die Interessen der Republik vertrat.

Die Gruppe kleinerer Kirchenbauten entlang der Strada Nuova beschließt der klassizistische Bau von **S. Maddalena (10).** Die Kirche

Der Campo dei Mori verdankt vier männlichen Figuren des ehemaligen Fondaco degli Arabi seinen Namen

Die Figur auf S. 285 stellt dem Volksglauben nach Sior Antonio Rioba, einen levantinischen Händler, dar ▷

des 18. Jh., ein Zentralbau mit vorgelegtem Portikus palladianischer Prägung, markiert die Überwindung des Spätbarock in Venedig. Der direkte Weg von hier zur Madonna dell'Orto-Kirche führt nordwärts, zunächst zurück über den Campo S. Fosca, dann weiter über den Campo S. Marziale und nach Überquerung zweier Kanäle über den Campo dei Mori. Wer Muße hat, sollte einen Umweg entlang dem Rio di S. Felice machen. Kurz vor dessen Mündung in den Canale della Misericordia sieht man die einzige Brücke der Stadt, die kein Geländer besitzt. In früheren Zeiten gab es mehrere solch halsbrecherisch anmutender Brücken. Ein paar Schritte weiter überquert man den Rio di Noale. Von der Brücke sieht man auf die Fassade des **Palazzo Lezze (11),** die sich nach links dem Rio della Misericordia zuwendet. Wir folgen den Fondamenta della Misericordia nordwärts. An deren Ende führt eine hölzerne Brücke auf den Campo della Misericordia, wo im rechten Winkel zueinander die Fassaden der Kirche **S. Maria della Misericordia (12;** auch S. Maria Valverde genannt) und der einstigen gleichnamigen **Scuola (13)** stehen. Ein Sottoportego unter der Scuola erlaubt das ungehinderte Weitergehen in westlicher Richtung am Rio della Sensa entlang. Bald nach Überqueren des Rio dei Muti gelangt man vor das **Haus Tintorettos (14),** das dieser mit seiner vielköpfigen Familie bis zu seinem Tod bewohnt hat. Eine Gedenktafel erinnert an den bedeutenden Manieristen (s. Lesetipp S. 286).

Wenige Schritte weiter gelangt man auf den **Campo dei Mori.** Der kleine Platz trägt seinen Namen nach vier in die Außenmauern der Häuser eingelassenen Männerstatuen, die durch Turbane als Orientalen kenntlich gemacht sind. Sie gehörten ursprünglich zu dem heute verschwundenen Fondaco degli Arabi, der an dieser Stelle gestanden hatte. Dem Volksglauben nach stellt die Figur an der Ecke Sior Antonio Rioba dar, einen levantinischen Händler. An dessen Eisennase wurden früher anonym Pamphlete gegen die Obrigkeit angebracht. Die anderen Statuen sollen Mitglieder der Familie Mastelli sein, die an diesem Platz einen Palazzo besaß.

Madonna dell'Orto

Madonna dell'Orto ★

Madonna dell'Orto
Mo–Sa 10–17, So 13–17 Uhr
Es wird ein Eintrittsgeld erhoben. Der Chorus-Pass hat Gültigkeit.

Der eher unscheinbare Norden der Stadt wartet in Gestalt der **Madonna dell'Orto-Kirche (16)** mit einer Überraschung auf. Schon die Fassade ist ein Juwel für sich und das schönste Beispiel einer gotischen Kirchenfassade in Venedig. Ihre Dreiteilung in einen größeren Mittelabschnitt mit begleitenden kleineren Seitenteilen entspricht dem basilikalen Aufriss des Innenraums. Ungewöhnlich ist die den Flanken aufgesetzte Galerie mit Apostelstatuen. Die bekrönenden Tabernakel dagegen sind ein bekanntes Motiv, das uns schon an San Marco und an den beiden großen Bettelordenskirchen begegnete. Den geschweiften Bogen über dem Portal zieren Figuren der Verkündigungsgruppe (links und rechts) und des hl. Christophorus (Mitte).

Links von der Kirche wendet die einstige **Scuola dei Mercanti (15)** ihre Fassade dem Campo zu. Das von Palladio entworfene Bauwerk ist, verglichen mit seinen anderen Werken, verblüffend nüchtern. Die Fenster bilden das einzige Gliederungselement in der rohen Ziegelwand.

Innenraum

Das Mittelschiff des basilikalen Langhauses ist mit einer flachen Holzdecke eingezogen, in den Seitenschiffen sieht man den schrägen, offenen Dachstuhl der Pultdächer. Die durch das fehlende Gewölbe problemlose Statik des Bauwerks erlaubte es, besonders schlanke Säulen aufzustellen. So entsteht der für die venezianische Sakralbaukunst immer wieder typische Eindruck von Leichtigkeit und räumlicher Weite.

In ihrer **Ausstattung** erweist sich die Kirche als ein Schatzhaus der venezianischen Malerei. Den Reigen hervorragender Werke eröffnet gleich der erste rechte Seitenaltar mit einer Darstellung Johannes' des Täufers und anderer Heiliger von Cima da Conegliano. Das Bild entstand etwa zur gleichen Zeit wie Cimas Taufe Christi in S. Giovanni in Bragora (d. h. 1494/95). Der Täufer, umgeben von Petrus, Markus, Hieronymus und Paulus, steht unter einer Architektur, die durch die

Fassade der Madonna dell'Orto (aus: Eugenio Miozzi, Venezia nei secoli, Venedig 1956)

Lesetipp

In dem Roman »Trügerisches Licht der Nacht« des spanischen Autors Juan Manuel de Prada steht das Haus Tintorettos im Mittelpunkt. Es geht in dem spannend geschriebenen Buch um Kunstdiebstahl, Kunstfälschung und Kunsthandel auf dem Schwarzmarkt. Dabei spielt auch das 1992 aus der Kirche Madonna dell'Orto gestohlene Bellini-Gemälde eine wichtige Rolle.

eingestürzte Kuppel als Ruine eingefasst ist. So gelingt es Cima selbst dort, wo er einen baulichen Rahmen schafft, durch einen ungewohnten Ausblick seinem Lieblingsthema, der Naturdarstellung, zu frönen. Man beachte etwa die kleine Eule am vorderen Kuppelrand.

Ebenfalls im rechten Seitenschiff beginnt, etwas weiter hinten, die Reihe großformatiger **Tintoretto-Bilder,** die als Geschenk des Künstlers in die Kirche kam. Im vorletzten Joch hängt der Tempelgang Mariens, der ursprünglich die beiden Orgeltüren schmückte. Beide Teile wurden später abgenommen und zusammengefügt. Die monumentale Treppe nimmt im unteren Teil die ganze Breite des Bildes ein. Die winzig kleine Maria wirkt keineswegs zerbrechlich auf dieser gewaltigen Bühne. In ihrer würdevollen Ruhe erscheint sie wie ein Sendbote des Himmels unter den dem Erdenwesen verhafteten großen Menschengestalten, die sie umgeben. Das Bild ist ein Werk des jungen Tintoretto und um 1552 datiert. In der anschließenden rechten Chorkapelle ist Tintoretto bestattet. 1937 wurde hier eine Büste des Künstlers angebracht.

Vier weitere Jugendwerke Tintorettos (um 1546) sind im Chor zu sehen. Zu beiden Seiten des Chorbogens: Jüngstes Gericht (rechts) und die Anbetung des Goldenen Kalbes (links), an den polygonalen Wandflächen der Apsisrundung: Martyrium des hl. Christophorus (rechts) und die Vision des hl. Petrus vom Kreuz (links). In der Monumentalität der Menschendarstellung zeigt sich der Einfluss Michelangelos, das Spannungsverhältnis zwischen Licht und Schatten dagegen lässt bereits die persönliche Handschrift des jungen Manieristen erkennen. Die fünf Personifikationen von Tugenden in den Lünettenfeldern darüber machen deutlich, dass Tintorettos Stärke nicht in der Darstellung der Einzelfiguren lag, sondern in der Wiedergabe bewegter Gruppen. Das mittlere Bild mit einer Verkündigung stammt von Palma d. J.

Im linken Seitenschiff öffnet sich die **Cappella Contarini,** in der Angehörige dieser bedeutenden Patrizierfamilie beigesetzt sind. Die Porträtbüsten Tomaso und Gaspare Contarinis sind Arbeiten Alessandro Vittorias. Das Altarbild, ein weiteres Werk Tintorettos, zeigt die hl. Agnes, wie sie den Sohn eines römischen Präfekten wieder zum Leben erweckt. Dieses 1569 entstandene Bild verdeutlicht, wie Tintoretto sich seit seinen frühen Arbeiten, die man hier so zahlreich studieren kann, entwickelt hat. Die auf dramatische Effekte zielende Bewegtheit der frühen Periode ist einer stärkeren Verinnerlichung gewichen. In psychologischen Einzelstudien ergründet Tintoretto die Vielschichtigkeit der menschlichen Gefühlsskala: Agnes kniet in furchtloser Demut, der Präfekt weicht erschrocken zurück, voller Neugier beugen sich von rechts drei Gestalten zu dem Geschehen.

Vorbei an den beiden kleineren Kapellen der Familien Morosini und Vendramin gelangen wir in die vorderste Kapelle der linken Seite. Sie wurde 1526 von den Venier gestiftet und enthielt ein Madonnenbildnis von Giovanni Bellini, das 1992 bei einem nächtlichen Diebstahl brutal aus dem originalen Rahmen herausgebrochen und entwendet wurde – ein unschätzbarer Verlust!

S. Alvise

Der Rundgang im Norden der Stadt lässt sich bei der Kirche S. Alvise **(17)** abschließen. Im Innern der im 17. Jh. umgebauten gotischen Kirche ist noch die alte Nonnenempore über dem Eingang erhalten. Eine weitere Kostbarkeit sind drei Gemälde Tiepolos mit Szenen aus der Passion. Geißelung und Dornenkrönung an der rechten Langhauswand sind Jugendwerke mit klar umrissener Kontur. Die sehr viel mehr malerische Kreuztragung im Chor zitiert die Darstellung Tintorettos zu diesem Thema in der Scuola di S. Rocco, stellt jedoch das Erbarmungswürdige am Leiden Christi stärker in den Vordergrund.

S. Alvise
Mo–Sa 10–17, So 13–17 Uhr Es wird ein Eintrittsgeld erhoben. Der Chorus-Pass hat hier Gültigkeit.

Reisen & Genießen

Restaurants

An den Fondamenta di S. Giobbe liegt das äußerlich völlig unscheinbare Lokal Dalla Marisa, das frisch zubereitete Spezialitäten der venezianischen Küche bietet, im Herbst auch Wild. Bei schönem Wetter sitzt man draußen am Canale di Cannaregio. Sehr zu empfehlen! So, Mo, mittags geschlossen.

Dalla Marisa
Fondamenta di S. Giobbe, 652
Tel. 041 72 02 11
mittlere Preisklasse

Nahe dem Hotel Ai Mori d'Oriente liegt die unauffällige und im Innern betont schlicht gehaltene Osteria Anice Stellato, wo neben wenigen Touristen vor allem Einheimische speisen. Hier wird dem Gast einfache traditionelle venezianische Küche angeboten. Empfehlenswert sind *polpettine di pesce*, Fischbällchen. Es wird jedoch auch mit exotischen Gewürzen experimentiert. Die Mitnahme eines Wörterbuchs ist ratsam, damit man die Karte versteht. Mo, Di geschlossen.

Anice Stellato
Fondamenta della Sensa, 3272
Tel. 041 72 07 44
mittlere Preisklasse

Vini da Gigio ist eine überaus gemütliche Trattoria, in der neben typischen Fischgerichten auch Rind und Wild serviert wird. Außerdem besitzt sie eine gut sortierte Weinkarte.

Vini da Gigio
Fondamenta San Felice, 3628
nahe der Schiffsstation Ca' d'Oro
hinter S. Felice
Tel. 041 528 51 40
untere Preisklasse

Einkaufen

Hinter der Miracoli-Kirche befindet sich ein Fachgeschäft für in venezianischem Karton oder Leder gebundene Alben, Kalender etc. Die im Atelier von Paolo Olbi handgearbeiteten Stücke sind besonders edel und geschmackvoll – aber das hat natürlich auch seinen Preis. Die Produkte werden noch in einer zweiten Niederlassung angeboten, die sich in der Calle della Mandola zwischen Campo S. Angelo und Campo Manin befindet.

Paolo Olbi
Campo S. Maria Nuova, 6061
Calle della Mandola, 3653
www.olbi.atspace.com

Stadtteile im Osten

Von S. Zaccaria über das Arsenal zum Campo S. Maria Formosa

Cityplan Von S. Zaccaria über das Arsenal S. 293

S. Zaccaria

Stadtteile im Osten

Besonders sehenswert: S. Zaccaria, Scuola di S. Giorgio degli Schiavoni

Das Nonnenkloster ist eine karolingische Gründung, die die besondere Gunst des Staates genoss. Zahlreiche Töchter aus den führenden Geschlechtern waren Nonnen in **S. Zaccaria (1).** Obwohl der heutige Klosterkomplex aus der zweiten Hälfte des 15. Jh. stammt, sind Reste der gotischen und der vorgotischen Anlage erhalten geblieben. Seit der Säkularisation dienen die Konventsgebäude als Kaserne; deshalb kann man nur die Kirche – sie ist heute Pfarrkirche – besichtigen. Sie wurde um 1460 mit der Errichtung des Langhauses begonnen und um 1500 mit dem Bau des Chores fertiggestellt.

S. Zaccaria ★

Die **Fassade** ist ein Werk des Übergangs, in dem sich Stilelemente der Gotik mit solchen der Renaissance mischen. Die beiden unteren Geschosse wurden von Antonio Gambello ausgeführt, dessen Arbeit Mauro Codussi zu Ende brachte. Das zweite Geschoss mit seinen kleinen Rundnischen erscheint wie eine späte Erinnerung an die Arkadenreihen der veneto-byzantinischen Paläste. Darüber lässt das Bestreben Codussis nach einer akzentuierteren Gliederung den fortschreitenden Einfluss der Renaissance erkennen. Das deutliche Vertikalstreben, die Vielzahl der Geschosse und die Kleinteiligkeit der Anlage sind der Tradition der Gotik verhaftete Elemente, die Ausführung der Einzelformen (Muschelnischen, Rundbogenfenster, Säulengliederung etc.) gehört der Renaissance an. Die Fassade ist nicht nur eine kurios anmutende Zwittererscheinung, sie ist zugleich das vielleicht eindrucksvollste Beispiel dafür, in welchem Maße sich die konservative Gesinnung der Lagunenstadt noch über die Mitte des 15. Jh. hinaus den ›modernen‹ Strömungen verweigerte.

Innenraum

Ähnlich zwischen zwei Welten stehend und nicht weniger eindrucksvoll präsentiert sich der Innenraum. Obwohl es sich streng genommen um eine dreischiffige Basilika handelt, erhebt sich das Mittelschiff nur derart geringfügig über die Seitenschiffe, dass aus der Perspektive des Betrachters der Eindruck einer Halle entsteht. Ein Unikum sind die Säulen: Sie fußen auf einem kunstvoll gemeißelten Sockel, über dem zunächst ein oktogonaler Pfeiler aufgeht, der sich erst weit über unseren Blicken in den runden Säulenschaft verlängert.

Der **Chor** ist nach Art der für Venedig ungewöhnlichen Form des Pilgerkirchentyps mit Umgang und Kapellenkranz angelegt. Der Innenraum zeigt dieselbe Mischung von Motiven der Gotik und der Renaissance wie die Fassade. Der Grundriss folgt einem mittelalterlichen Muster, der Aufriss mit Rundbögen, einem eher hallenartigen als ba-

◁ Die Fassade von S. Zaccaria, in der sich die Stile der Gotik und der Renaissance mischen

Grundriss von S. Zaccaria

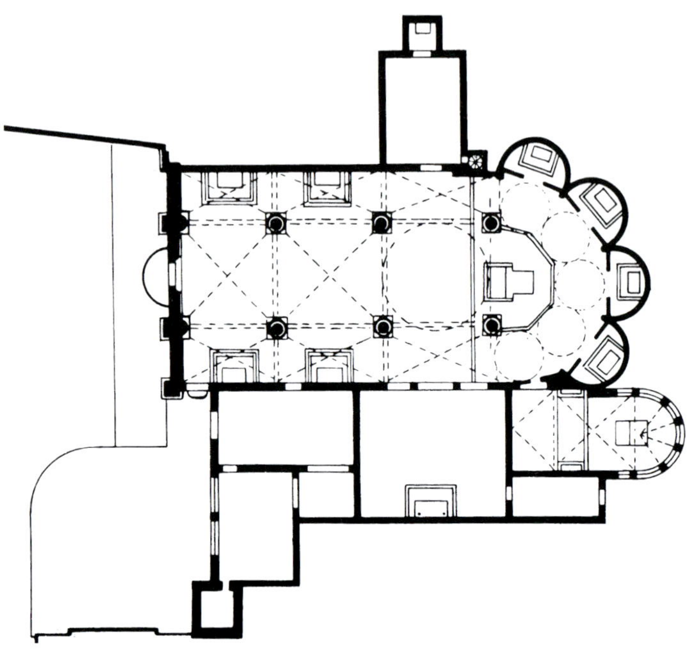

silikalen Gesamteindruck und gratlosen Kuppeln über den fünf Jochen des Chorumgangs zeigt sich von der Renaissance inspiriert. Ein Rätsel bleibt, warum innerhalb der Abgrenzung vom Chorhaupt zum Umgang im oberen Teil noch einmal gotisches Maßwerk erscheint. Ein köstlicher Anachronismus, wenn man bedenkt, dass der Chor als letzter Teil der Kirche erst gegen das ausgehende 15. Jh. entstand.

Das Juwel der Kirche ist der **Altar Giovanni Bellinis** im linken Seitenschiff. Er entstand im Jahr 1505, ein Jahr bevor Dürer zum zweiten Mal in Venedig weilte und von dort in einem Brief an seinen Freund Willibald Pirckheimer berichtete, Giovanni Bellini sei »sehr alt, doch im Malen immer noch der Beste«. Der Altar ist eines jener Beispiele, denen man den Behelfstitel »Sacra Conversazione« gegeben hat. Nirgendwo wird die Hilflosigkeit dieses Terminus deutlicher als hier. Maria sitzt still in sich gekehrt auf einem marmornen Thron. Jeder der vier Heiligen, die sie rahmen, erscheint andachtsvoll in sich versunken. Die ›Konversation‹ findet nicht statt, aber gerade durch die stimmungsvolle Ruhe wirkt die Sakralität des Bildes so nachhaltig. Die ganze Gruppe ist in die geometrische Form eines gedrückten Dreiecks eingebunden. Maria, eine großartige Freifigur, wird lediglich von dem zu ihren Füßen musizierenden Engel leicht überschnitten. Die Heiligen dagegen werden enger zusammengerückt, links Petrus und Katharina, rechts Lucia und Hieronymus. Die Farbakzente setzen der gelbe Überwurf Petri, das blaue Gewand der Muttergottes und

S. Zaccaria
Mo–So 10–12, 16–18 Uhr
Der Eintritt ist frei, für die Besichtigung der Krypta und der Sakristei wird eine Gebühr erhoben. Für die Beleuchtung der »Sacra conversazione« von Bellini sollte man Münzen bereithalten.

der schwer herabfließende rote Mantel des Hieronymus. In symmetrischer Verteilung werden diese Farben an anderen Stellen wieder aufgegriffen. Dazwischen funkelt smaragden das Grün auf: am Mantelfutter der Maria, in den Gewandungen der Katharina und des Engels. Darüber wölbt sich ein Kuppelraum mit abschließender apsidialer Rundung. Die gemalte Architektur setzt sich in den Pilastern des originalen Rahmens aus Marmor fort. Allerdings erkennt man,

Die Sacra Conversazione von Giovanni Bellini in der Kirche S. Zaccaria zeigt die thronende Muttergottes, umgeben von den Heiligen Petrus, Katharina, Lucia und Hieronymus. Die gemalte Architektur setzt sich in den seitlichen Pilastern des Marmorrahmens fort

dass das Bild (im Zuge der Säkularisation) vorübergehend entfernt und dabei leider am oberen Rand beschnitten wurde. Zu beiden Seiten der Architektur werden Ausblicke in eine Landschaft erkennbar. Die Gesamtwirkung wird von einer Ruhe geprägt, die dennoch nichts Statisches hat.

Wir wenden uns nun der schräg gegenüber liegenden **Sakristei** zu (Eingang im rechten Seitenschiff). Diese einstige, dem hl. Athanasius geweihte Kapelle war früher der Nonnenchor. Die Wände sind mit einem kunstvoll geschnitzten spätgotischen **Chorgestühl** verkleidet. Gegenüber dem Eingang befindet sich der **Altar** mit einem Jugendwerk **Tintorettos,** die Geburt Johannes' des Täufers. Das Geschehen spielt sich in klar umrissenen Raumverhältnissen ab, lediglich von oben her strömt goldenes Gewölk in die Wöchnerinnenstube. Die Ammen im Vordergrund mit dem Knäblein bilden eine geschlossene Gruppe. Diese ›gefügten‹ Verhältnisse lassen im Zusammenklang mit dem frischen Kolorismus noch nicht die visionären, von extremen Hell-Dunkel-Kontrasten lebenden späteren Werke des Künstlers ahnen. Jugendlich-keck wirkt der Vogel, der auf dem Rand der Kupferschale sitzt, um von dem Badewasser des Säuglings zu trinken.

Durch die ehemalige **Cappella dell'Addolorata,** wo heute Reste des Kirchenschatzes in Vitrinen ausgestellt sind, gelangt man in die **Cappella di S. Tarasio,** den Chor des gotischen Vorgängers der heutigen Kirche. Hier sind drei reich geschnitzte und vergoldete **Altäre** aufgestellt, späte Äußerungen der zu Ende gehenden Gotik (datiert 1443/44). Für die Kunstgeschichte Venedigs von epochaler Bedeutung sind die **Fresken** in den Gewölbekappen. Sie wurden 1442 von dem Florentiner **Andrea del Castagno** (1421–57) geschaffen und stellen die erste Malerei der Renaissance in der Lagunenstadt dar. Im mittleren Gewölbeabschnitt thront Gottvater, seitlich erscheinen Evangelisten und Heilige. Auch die innere Laibung des Chorbogens mit Brustbildern von Propheten in Medaillons stammt von dem toskanischen Künstler. Die Gestalten sind als frei stehende Großfiguren wiedergegeben. Sie stehen zwar auf Wolken, aber sie schweben nicht, sondern sind in ihrem Stand klar definiert und zudem in schwer fallende, antikisierende Gewänder gekleidet. Eine jede ist als individuelle Persönlichkeit aufgefasst. Der revolutionäre Realismus dieser Bilder muss in der Kunstszene Venedigs wie ein Paukenschlag gewirkt haben, wenn man sich die etwa gleichzeitigen Werke heimischer Maler (z. B. in der Accademia) vergegenwärtigt. Es kann als sicher gelten, dass diese Kapelle ein Studienort der heranwachsenden Künstlergeneration wurde, die der von Castagno vorgetragenen neuen Gedankenwelt bald zum Durchbruch verhalf.

Den ältesten Bauteil erreicht man über eine Treppe von der Cappella di S. Tarasio aus: die **Krypta.** Sie gehört noch zum vorgotischen Bau der Abtei. Da sie vermutlich im 11. Jh. entstand, ist sie eines der frühesten erhaltenen Zeugnisse der Baukunst in Venedig. Kleine, kräftige Säulen teilen sie in drei gleiche Schiffe, deren Boden heutzutage meist unter Wasser steht.

S. Giorgio dei Greci

Wir verlassen den Campo S. Zaccaria rechts über den schmalen Campo S. Provolo und folgen den Fondamenta dell'Osmarin. An der Mündung des Rio S. Severo steht der **Palazzo Priuli (2),** ein schönes Beispiel der spätgotischen Palastarchitektur mit einem originellen Eckfenster. Seine Außenwände waren einst mit Fresken Jacopo Palmas d. J. dekoriert, von denen jedoch nichts erhalten ist.

Hinter der nächsten Brücke taucht rechts die Kirche **S. Giorgio dei Greci (3)** auf. Ihre Lage macht die Kirche der Griechen zu einer der stimmungsvollsten der ganzen Stadt. Sie steht inmitten eines von Oleanderbüschen bewachsenen, umfriedeten Hofes und wendet ihre halb von Bäumen versteckte Fassade dem Rio dei Greci zu. Besorgniserregend wirkt in dieser Idylle der abenteuerlich schiefe Campanile.

Nachdem die Gemeinde der Griechen Ende des 15. Jh. – sie soll damals etwa 10 000 Seelen gezählt haben – die offizielle Genehmigung zur Ausübung des orthodoxen Kultes erlangt hatte, erbaute sie zwischen 1540 und 1560 eine eigene Kirche. Der in seinen Abmessungen ausgewogene Saal wird im Zentrum von einer Kuppel be-

Von S. Zaccaria über das Arsenal

1 S. Zaccaria
2 Palazzo Priuli
3 S. Giorgio dei Greci
4 Museo di Icone
5 Palazzo Gritti-Badoer
6 S. Giovanni in Bragora
7 S. Martino
8 Arsenal
9 Museo Navale
10 Scuola di S. Giorgio degli Schiavoni
11 Palazzo Malipiero
12 Palazzo Donà
13 Palazzo Priuli-Ruzzini
14 S. Maria Formosa
15 Querini-Stampalia

Museo di Icone
Mo–Sa 9–12.30, 13.30–16.30, So 10–17 Uhr

S. Giovanni
Mo–Sa 9–11, 15.30–17, So 15.30–17 Uhr Die Öffnungszeiten werden nicht immer genau eingehalten. Zur Not muss man ein paar Minuten warten. Es wird ein Eintrittsgeld erhoben. Der Chorus-Pass hat Gültigkeit.

herrscht. Das Presbyterium ist durch eine hohe, mit zahlreichen Ikonen geschmückte Ikonostasis vom Kirchenraum abgetrennt.

Museo di Icone im Istituto Ellenico

Im S. Giorgio dei Greci benachbarten **Palazzo Flangini** wurde ein griechisches Kulturzentrum und zugleich ein sehenswertes **Ikonen-Museum (4)** eingerichtet.1959 hat das Istituto Ellenico im Palazzo Flangini das Ikonen-Museum eröffnet. Hier sind rund 150 Ikonen des 14. bis 18. Jh. ausgestellt. Der überwiegende Teil entstammt der sog. nachbyzantinischen Zeit, also der Epoche nach der Eroberung Konstantinopels durch die Türken 1453. Als herausragende Exponate nennen wir: Muttergottes mit Heiligen (Inv.-Nr. 28), Christus Pantokrator (29), Christus in der Vorhölle (38) und Christus Pantokrator (194), allesamt Arbeiten aus dem 14. Jh. Für die byzantinische Weltgerichtsikonografie besonders aufschlussreich ist die großformatige Ikone des Malers Frangias Kavertzas aus dem mittleren 17. Jh. (53).

Der Campo Bandiera e Moro mit S. Giovanni in Bragora

Obwohl noch nicht weit von San Marco entfernt, hat man bei Betreten des **Campo Bandiera e Moro** das Gefühl, das hektische Getriebe des Zentrums bereits weit hinter sich gelassen zu haben. Nur selten verirren sich Touristen in diese Ecke, und man sieht deshalb fast nur Venezianer. Der Name des Platzes, der früher den der Kirche trug, erinnert an zwei Patrioten, die im 19. Jh. im Kampf um die Unabhängigkeit gefallen sind. Der Name »in Bragora« dagegen ist nicht restlos geklärt. Er kommt möglicherweise aus dem venezianischen Dialekt, in dem *bragola* eine Marktstätte bezeichnet. Die Nordseite des Campo begrenzt die spätgotische Fassade des **Palazzo Gritti-Badoer (5).** In der daneben auf den Campo mündenden Calle della Morta sollen häufiger Personen, die dem Zehnerrat missliebig waren, meuchlings ermordet worden sein.

In der Südostecke des Platzes steht die äußerlich unscheinbare gotische Kirche **S. Giovanni in Bragora (6),** eine dreischiffige Basilika mit offenem Dachstuhl. Der Raum wirkt durch das viele Holz und aufgrund seiner überschaubaren Dimensionen geradezu anheimelnd. Er birgt ein Hauptwerk der venezianischen Malerei der Frührenaissance: das große Bild an der Schmalseite hinter dem Hochaltar. Es stammt von Cima da Conegliano und zeigt eine Taufe Christi. Das Bild leitet seine von Ruhe und Kontemplation durchwaltete Stimmung aus einem konsequent geometrisch durchdachten Aufbau her. Landschaft und Himmel nehmen je eine quadratische Bildhälfte ein; Taube und Christus markieren die senkrechte Mittelachse. Alle Figuren sind in ein Dreieck eingebunden, das seine Fußpunkte bei dem Täufer und

Kompositionsschema des konsequent geometrisch durchdachten Aufbaus der »Taufe Christi« von Cima da Conegliano in S. Giovanni in Bragora

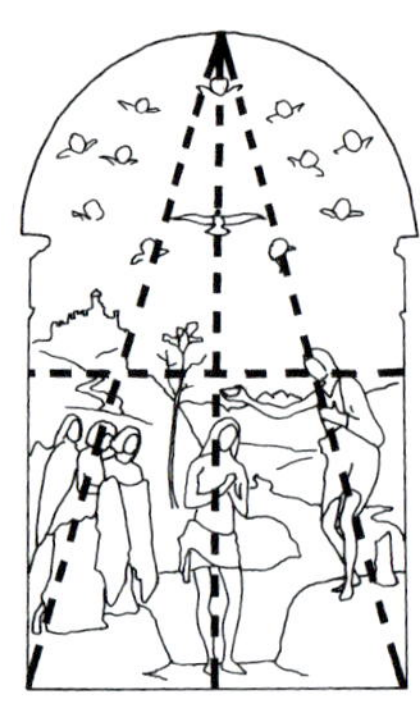

der Engelsgruppe, seine Spitze in dem obersten der Puttenköpfe hat. Unvergleichlich ist die Wiedergabe der Natur. Die Landschaft ist in ein mildes Frühlicht der aufgehenden Sonne getaucht, das eine fast monochrome Stimmung des ganzen Bildes bewirkt. Im Hintergrund erscheint eine Andeutung von Cimas Geburtsort Conegliano. Die genaue Ausarbeitung auch der kleinsten Details lässt die große Liebe des Künstlers zur Natur erkennen.

Ferner sind in der Kirche zu beachten: eine Marmorpietà des 15. Jh. (in der ersten rechten Seitenkapelle); Reste des vergoldeten Schreins des hl. Johannes Elemosinario (an der linken Wand der zweiten rechten Seitenkapelle); eine byzantinisierende Reliefikone mit der Muttergottes, 13. Jh. (über dem Durchgang zur Sakristei); Fußwaschung und Abendmahl des Tizian-Schülers Paris Bordone (an den Seitenwänden des Chores); ein Triptychon von Bartolomeo Vivarini (in der linken Chorkapelle) und zwei Bilder Alvise Vivarinis, der Auferstandene und eine Madonna (an der linken Seitenwand, vor der seitlichen Chorkapelle).

Vier Löwen flankieren den Landeingang des Arsenals

Zum Arsenal

Auf dem Weg zum Arsenal streifen wir die Kirche **S. Martino (7),** die um 1550 nach einem Entwurf Sansovinos erbaut wurde. Sie ist S. Giuliano, ebenfalls von Sansovino, eng verwandt: Der Grundriss beschreibt ein Quadrat. Die vier Wände sind mit je einer größeren Mittelkapelle und zwei kleineren zu beiden Seiten gleich gestaltet – nur die Chornische ist etwas tiefer als die anderen. Diese einfache Struk-

Der Landeingang des Arsenals

Arsenal
Im Rahmen der Kunst- bzw. der Tanzbiennale sind Teile des Arsenals zugänglich: www.labiennale.org. Für Sonderführungen muss man sich vier Wochen im Voraus anmelden: www.vogliadarte.it

tur wird von der Ausstattung des 17. und 18. Jh. unvorteilhaft überdeckt. Zu beachten ist aber der kleine Marmoraltar in der Mittelkapelle der linken Seite aus der zweiten Hälfte des 15. Jh. Er wird von vier knienden Engeln getragen und stand einst in der heute zerstörten Kirche S. Sepolcro. Die Engel sind zart empfundene Werke Tullio Lombardos.

Die Herkunft des Werftnamens Arsenal ist nicht restlos geklärt. *Arsenale* leitet sich möglicherweise von dem arabischen *darsina-a* ab, was soviel wie Werkstatt, Arbeitsplatz bedeutet (nach Lorenzetti). Bis in das 12. Jh. war der Schiffsbau in Venedig eine Angelegenheit privater Werften, wurde aber nach Gründung des **Arsenals (8)** 1104 mehr und mehr ein Staatsmonopol. Nach wiederholten Erweiterungen umfasste das Gelände im 16. Jh. mehr als 30 ha; rund 16 000 Arbeiter waren dort beschäftigt. Da neben dem Schiffsbau auch die Waffenschmiede der Republik im Arsenal untergebracht war, wurde das ganze Gebiet wie eine Festung ummauert, mit Wehrtürmen versehen und war nur durch zwei Zugänge – einen zu Lande, den anderen zu Wasser – zu erreichen.

Der *Ingresso di Terra* wurde in seiner heutigen Gestalt 1460 angelegt und markiert den Einzug der Renaissance in Venedig. Deutlich klingt das Motiv des antiken Triumphbogens an, das in der Folge in so vielfältigen Variationen (bei Kirchenportalen, Chorbögen, Dogengräbern etc.) aufgegriffen wurde. Das Portal wird von gekuppelten, frei stehenden Säulen gefasst. In der Attika darüber symbolisiert ein großes Relief mit dem Markuslöwen die Macht der Serenissima. Die anderen Löwen, die neben dem Eingang aufgestellt sind, wurden in Griechenland erbeutet. Neben dem Tor flankieren zwei Wehrtürme die Schiffseinfahrt ins Arsenal. In früheren Zeiten verhinderte nächtens eine zwischen den Türmen gespannte Kette die Durchfahrt.

Museo Storico Navale

Museo Storico Navale
Mo–Fr 8.45–13.30, Sa 8.45–13.00 Uhr

Einen Einblick in den Schiffsbau und das Seewesen, dieses für Venedig existenzielle Kapitel, gewährt das **Museo Storico Navale (9),** das nur wenige hundert Meter von hier an der Mündung des Rio dell'Arsenale in den Canale di S. Marco liegt.

Die Sammlung, in der Schiffsmodelle aller Epochen den breitesten Raum einnehmen, erstreckt sich über vier Stockwerke.

Im Parterre sind Kanonen und Modelle wichtiger venezianischer Festungen ausgestellt. Im ersten Stock ist neben zahlreichen Modellen von Galeeren und Segelschiffen ein Modell des Bucintoro, der einstigen Prachtgaleere des Dogen, das wichtigste Exponat. Im selben Raum werden Fragmente des letzten, 1797 zerstörten Bucintoro, den Goethe noch gesehen hat, aufbewahrt. Das zweite Stockwerk ist der Kriegsmarine gewidmet: Schiffsmodelle, Waffen, Trophäen, Urkunden etc. Im obersten Geschoss dokumentieren weitere Schiffsmodelle den Weg der Schiffsbautechnik bis in das Dampfschifffahrtszeitalter. Daneben sind etliche Gondeln, zum Teil noch mit den originalen *felze,* den kleinen Überdachungen, ausgestellt.

Scuola di S. Giorgio degli Schiavoni

Scuola di S. Giorgio degli Schiavoni ★

Wir wenden uns nun wieder dem Stadtzentrum zu und erreichen, über den Campo Bandiera e Moro zurückkehrend, von dort durch die Salizzada S. Antonin und die Fondamenta Forlani die **Scuola di S. Giorgio degli Schiavoni (10).** Die Bruderschaft der Dalmatiner wurde im 14. Jh. gegründet und erhielt ihr bestehendes Gildehaus im 16. Jh. Im Untergeschoss ist vollzählig der **Gemäldezyklus** erhalten, den **Vittore Carpaccio** im ersten Jahrzehnt des 16. Jh. für die Scuola gemalt hat.

Scuola di S. Giorgio degli Schiavoni

Di–So 9–12, 15–18 Uhr

Der Zyklus schildert Szenen aus den Viten der Heiligen Georg, Tryphon und Hieronymus, den drei Patronen der Bruderschaft. Er beginnt an der linken Längswand. Zwei breitformatige Bilder zeigen den Kampf Georgs mit dem Drachen und seinen triumphalen Einzug in die Stadt Silena in Libyen. An der Altarseite folgen: Georg tauft das libysche Königspaar, dessen Tochter er von dem Ungeheuer befreit hatte. Das Altarblatt mit einer Darstellung der Muttergottes wird dem Sohn Vittore Carpaccios, Benedetto, zugeschrieben. Das Bild rechts daneben erzählt, wie der hl. Tryphon noch als Kind die Tochter des römischen Kaisers Gordian von einem Dämon (in Gestalt eines Ungeheuers) erlöst. An der rechten Langseite werden zunächst zwei Szenen aus dem Leben Jesu eingeschoben, beide in Hochformat: Christus am Ölberg und die Berufung des Apostels Matthäus. Die drei folgenden Bilder sind dem hl. Hieronymus gewidmet, der in Venedig wegen seines Attributs – des Löwen – ohnehin allgemein geschätzt war und als Nationalheiliger der Dalmatiner (der Kirchenvater wurde 340 n. Chr. in Stridone in Dalmatien geboren) in deren Bruderschaftshaus natürlich besondere Verehrung genoss. Das erste Bild erzählt von der Bändigung des Löwen, im zweiten ist der Tod des Heiligen zu sehen, und das letzte zeigt den Kirchenvater in seiner Studierstube (dieses Bild ist auch als Darstellung des hl. Augustinus interpretiert worden, dem nach einer Legende der hl. Hieronymus in einer Lichtvision erschienen sein soll).

Nachdem man im Verlauf des in diesem Kapitel beschriebenen Rundgangs zwei Hauptwerke der frühen Renaissancemaler Bellini und Cima kennengelernt hat, lässt sich die Eigenart Carpaccios im Vergleich zu jenen präzise formulieren. Im Gegensatz zu der kontemplativen Haltung der beiden anderen Hauptvertreter der venezianischen Malerei um 1500 ist Carpaccio ein beredter Erzähler. Mit einer sichtbaren Lust am Fabulieren geht er auch auf die nebensächlichsten Details ein. Besonders deutlich wird dies am »Hieronymus im Gehäus«. Um den gelehrten Kirchenvater sind alle Attribute wissenschaftlicher Tätigkeit verstreut: Bücher, Noten, Lesepult etc. Der Heilige selbst blickt wie fragend aus dem Fenster, durch das ein hel-

Das Gemälde von Carpaccio in der Scuola di S. Giorgio degli Schiavoni (um 1502) zeigt den hl. Hieronymus in seiner Studierstube. Die Szene ist aber auch als »Vision des hl. Augustinus« gedeutet worden

ler Lichtschein auf seinen Schreibtisch fällt. Neben der sehr sachlichen Beschreibung zeigt sich Carpaccio auch als Humorist. Dem Heiligen schaut ein Spitz neugierig bei der Arbeit zu. Von echter Komik ist die Szene mit der Bändigung des Löwen. Während der Heilige der Bestie in aller Seelenruhe begegnet, stürzen die Mönche in kopfloser Flucht davon. An anderer Stelle steigert sich Carpaccios Realismus ins Makabre. Auf dem Bild mit dem Drachenkampf Georgs scheut er sich nicht, von dem Monstrum angenagte Leichenteile in der Gegend zu verstreuen. Andererseits vermag er dann auch wieder seelische Zustände ergreifend zum Ausdruck zu bringen. In der Darstellung des Todes des hl. Hieronymus etwa knien die trauernden Mönche in sichtlicher Betrübnis um den Leichnam herum. Ähnliche Einfühlsamkeit lässt die Szene mit Christus im Garten Gethsemane erkennen.

Nach Verlassen der Scuola di. S. Giorgio degli Schiavoni wenden wir uns wieder in Richtung des Stadtzentrums. Etwa auf halbem Wege zwischen San Marco und SS. Giovanni e Paolo führt dieser Rundgang zum Campo S. Maria Formosa.

Campo S. Maria Formosa

Der Platz ist von einigen stattlichen Palazzi gerahmt. Seine südliche Schmalseite nimmt der **Palazzo Malipiero (11)** aus dem 16. Jh. ein,

ein schönes Beispiel der Renaissance; über die Hälfte der östlichen Langseite erstreckt sich der gotische **Palazzo Donà (12),** und die schmale Nordflanke schließt der **Palazzo Priuli-Ruzzini (13),** ein Bauwerk des ausgehenden 16. Jh. Von den Fenstern und Balkonen verfolgten die Bewohner früherer Zeiten die Stierkämpfe und öffentlichen Feste, für die der Campo – wie natürlich auch zahlreiche andere – oftmals als Schauplatz diente.

Die dem Campo zugewandte **Fassade** der Kirche **S. Maria Formosa (14)** entstand im frühen, der Campanile im ausgehenden 17. Jh. Der Bau selber ist ein Werk Mauro Codussis und entstand in den 1490er-Jahren. Ungewöhnlich ist für Venedig, dass die Kirche fast völlig frei steht (Abb. s. S. 300). Der Innenraum ist als dreischiffige Basilika mit Querhaus und dreiteiligem Presbyterium angelegt. Da jedoch das Langhaus kaum tiefer ist als die beiden Querhausarme, zudem diese beidseitig von Kapellen flankiert und deshalb ebenso breit wie das Langhaus sind, wirkt das Ganze wie ein Zentralraum, in dem denn auch nach altem venezianischem Muster die Vierungskuppel den Mittelpunkt markiert. Die schlanke Gestalt der Pfeiler lässt die Anlage luftig wirken und ihre Ausmaße großzügig erscheinen.

Unter den zahlreichen **Altären** sind besonders zu beachten: eine Schutzmantelmadonna von Bartolomeo Vivarini (erster rechter Seitenaltar), datiert 1473, ein Werk der ausgehenden Gotik; eine Pietà von Palma d. J. in der zweiten rechten Seitenkapelle; ein Altar der hl. Barbara von Jacopo Palma d. Ä., ein sechsteiliges Retabel, im rechten Querhausarm. In den großen Feldern der unteren Zone erscheinen die hl. Barbara (Mitte), zu ihren Seiten die Heiligen Sebastian und Antonio Abbas, darüber in kleineren Feldern Dominikus und Johannes der Täufer zuseiten einer Pietà. Palma, bei seinen Auftraggebern als Meister schöner Frauenporträts geschätzt, schuf mit der Barbara ein geradezu klassisches Frauenideal. Unter dem tizianesken Rot des schweren Gewandes zeichnen sich die kraftvollen Umrisse des Körpers ab. Das Gesicht ist jugendlich glatt, mit einem leicht sinnlichen Zug um die Lippen. Dennoch ist das Bild ohne Anzüglichkeit, es ist sinnbildhafter Ausdruck von Lebensgenuss und Freude an der souveränen Erscheinung einer schönen Frauengestalt.

Wir verlassen die Kirche durch das zweite Portal in der Westwand. Zurückschauend stellt man überrascht fest, dass das Bauwerk zu dieser Seite eine **zweite Fassade** besitzt (1542), die sich dem Rio zuwendet und vom Campo aus nicht zu sehen ist. Das ist wieder bezeichnend venezianisches ›Theater‹, eine Kirche mit zwei Gesichtern!

S. Maria Formosa

Mo–Sa 10–17, So 13–17 Uhr. Es wird ein Eintrittsgeld erhoben. Der Chorus-Pass hat Gültigkeit.

Pinacoteca Querini-Stampalia

www.querinistampalia.it Di–So 10–18 Uhr Sa 17 Uhr findet gelegentlich ein kostenloses Kammerkonzert auf historischen Instrumenten im Festsaal des Palastes statt.

Pinacoteca Querini-Stampalia

Etwas versteckt an einem kleinen Campo nahe der Kirche S. Maria Formosa liegt der **Palazzo Querini-Stampalia (15),** der mitsamt seiner Kunstsammlung im 19. Jh. durch Schenkung vom Familienbesitz in Staatseigentum überging. Im ersten Stockwerk des Renaissancepalazzo befindet sich eine reiche **Bibliothek,** im Obergeschoss die **Pinakothek** mit einer umfangreichen Gemäldesammlung. Ähnlich wie in der Ca' Rezzonico liegt der Charme der Galerie darin, dass man die Kunstwerke nicht in einem sterilen musealen Zusammenhang, sondern in der Wohnatmosphäre eines gediegenen alten Patrizierhauses erlebt.

Unter zahlreichen unbedeutenderen Werken heben wir das Besondere hervor: Als historisches Dokument interessant ist der Bilderzyklus in **Saal 1.** Er wurde um die Mitte des 18. Jh. von Gabriel Bella gemalt und zeigt, neben etlichen Veduten, Ansichten venezianischer Feste und Szenen aus dem Alltagsleben. **Saal 2:** zwei wichtige gotische Tafelbilder, eine Kreuzigung von Michele Giambono und eine Marienkrönung von Donato und Catarino Veneziano von 1372. Der wichtigste Raum ist **Saal 8.** Er enthält zwei Werke Giovanni Bellinis, eine Madonna mit Kind und eine Darbringung Christi im Tempel, mit der für Bellini eigenen Betonung sanfter Beseeltheit, sowie zwei Porträts des Francesco Querini und seiner Frau Paola von Jacopo Palma d. Ä. Nahtlos fügt sich in diese qualitätvolle Sammlung die Maria mit dem Christus- und dem Johannesknaben von Lorenzo di Credi. In den **Sälen 12 und 13** hängen Genreszenen von Pietro Longhi.

Die Kirche S. Maria Formosa von Mauro Codussis steht völlig frei auf einem Platz, was in Venedig ungewöhnlich ist. Direkt dahinter liegt etwas versteckt der Palazzo Querini-Stampalia mit einer umfangreichen Gemäldesammlung

Im Sestiere di Castello

Übersichtskarte s. vordere Innenklappe und S. 293

S. Maria della Pietà (S. Maria della Visitazione)

Wir beginnen unseren nächsten Rundgang wiederum am Dogenpalast und folgen der Riva degli Schiavoni stadtauswärts. Kurz nach dem Ponte Sepolcro (Rio dei Greci) erreicht man die spätbarocke, 1745–60 von Giorgio Massari errichtete Kirche S. Maria della Pietà. Ihre palladianisch-klassisch gehaltene Fassade war zunächst unfertig geblieben und wurde erst 1906 nach dem Massari-Entwurf vollendet.

Der **Innenraum** ist wie die meisten Kirchen des Barock ein einschiffiger Saal. Die Abrundungen der Ecken nähern den Grundriss dem im römischen Barock geborenen Oval an. Dieser Eindruck wird durch das gemuldete Gewölbe noch verstärkt, dessen **Fresken** Tiepolo nach seiner Rückkehr aus Würzburg (1754/55) ausgeführt hat. Das Bild im Hauptraum zeigt Personifikationen von Frieden und Stärke sowie die Aufnahme der Muttergottes in den Himmel. Das Deckengemälde im Chor ist eine Allegorie des Glaubens und der Kirche. Die Kompositionen sind gedrängter und in sich geschlossener als in den rund zwanzig Jahre früher entstandenen Fresken der Gesuati-Kirche.

Die an die Kirche angrenzenden Baulichkeiten waren einst Sitz einer bereits im 14. Jh. gegründeten karitativen Institution. Jedes Jahr am Palmsonntag stattete der Doge ihr seinen Besuch ab. Seit dem 16. Jh. beherbergte das Ospizio eine **Musikschule,** die ihre große Blüte erlebte, als 1703 Antonio Vivaldi als Chorleiter und Violinlehrer ihre Führung übernahm. Der musizierende Engelreigen in Tiepolos Deckenfresko ist als Anspielung auf diese Funktion des Instituts zu verstehen. An Vivaldi erinnert auch eine Gedenktafel an der Außenwand der Kirche zur Calle della Pietà. Und während des ganzen Jahres finden in S. Maria della Pietà in unregelmäßigen Abständen Konzerte statt, in deren Mittelpunkt traditionell Werke von Antonio Vivaldi und seiner Zeitgenossen stehen.

S. Maria della Pietà

Die Kirche ist in der Regel geschlossen. Den Innenraum erlebt man im Rahmen eines der seltenen Konzerte. Man kann sein Glück versuchen, indem man in der Gasse rechts neben der Kirche an der Pforte zu der sich dort befindenden Schule klingelt und darum bittet, die Kirche besichtigen zu dürfen. Die Erfolgsaussichten sind jedoch gering.

Ins Sestiere di Castello

Von der Brücke aus, die über den Rio dell' Arsenale führt, blickt man auf den kleinen Campo S. Biagio. Linker Hand erhebt sich das **Museo Storico Navale (9;** s. S. 296), im rechten Winkel dazu die Fassade der einstigen Kirche **S. Biagio.** In ihr wurden nach der Säkularisation private Wohnungen eingerichtet. Von dort folgen wir der breiten Via Garibaldi, einem zugeschütteten Kanal, die sich nach Osten in die Fondamenta S. Anna verlängert. Diese führt geradlinig auf die einstige Bischofsinsel mit der ehemaligen Kathedrale. Auf dem Wege dorthin kommt man durch ein malerisches Viertel, in dem früher in erster Linie die Familien der Dockarbeiter lebten, die im nahen Arsenal beschäftigt waren.

S. Pietro di Castello

S. Pietro di Castello
Mo–Sa 10–17, So 13–17 Uhr
Es wird ein Eintrittsgeld erhoben. Der Chorus-Pass hat Gültigkeit.

Hier am Ostrand der Stadt, auf der Insel Olivolo, hatte der Bischof von Venedig – seit dem 15. Jh. Patriarch genannt – bis zum Ende der Republik seinen Sitz. Erst im 19. Jh. wurde San Marco in den Stand einer Kathedralkirche erhoben. Die periphere Lage von S. Pietro führt nachdrücklich vor Augen, dass Staats- und Bischofskirche nicht den gleichen Rang hatten; die Dominanz lag eindeutig bei San Marco.

Der bestehende Bau entstand nach 1619 (bis auf den Campanile, der 1482–90 von Mauro Codussi erbaut wurde) über den Grundmauern eines mittelalterlichen Vorgängers. Die **Fassade** war bereits einige Jahre zuvor errichtet worden; nachdem man zunächst einen Entwurf von Palladio eingeholt hatte, wurde dann aber der weniger bekannte Francesco Smeralda mit der Ausführung beauftragt, der Anregungen Palladios aufgriff.

Der **Innenraum** ist eine dreischiffige Basilika mit weit ausladenden Querhausarmen und dreiteiligem Chor. Über der Vierung erhebt sich eine Kuppel. Obwohl in seinen Proportionen ausgewogen, durch die großen Fensteröffnungen von Licht durchflutet und nach einer Restaurierung in einen vorzüglichen Zustand gesetzt, wirkt der Raum merkwürdig seelenlos. Die wenig akzentuierte Gliederung, die fantasielose Verwendung der Pilaster und Gebälke, die lediglich wie aufgesetzt erscheinen, ohne eine prägende Kraft zu erreichen, bewirken einen Gesamteindruck von sinnentleerter, kalter Pracht. Hier wird noch einmal spürbar, welche untergeordnete Rolle der Bischof im Leben Venedigs spielte.

Die **Ausstattung** bietet dagegen einige bemerkenswerte Dinge: Im rechten Seitenschiff steht neben dem ersten barocken Seitenaltar die sogenannte Cattedra des hl. Petrus, ein marmorner Thron, der im 13. Jh. aus unterschiedlichen Teilen kompiliert wurde. Interessant ist die Rückenlehne mit islamischen Skulpturfragmenten. In der linken Seitenkapelle neben dem Chor befindet sich eine Kreuzigungsgruppe aus dem 14. Jh. Weiter sehenswert im linken Seitenschiff: die Vendramin-Kapelle mit der Ausstattung von Baldassare Longhena und die Capella Landò mit einem spätantiken Mosaikfragment.

Giardini Pubblici und Biennale-Gelände

◁ Blick von S. Giorgio Maggiore auf die Riva S. Biagio und Via Garibaldi, im Hintergrund der Campanile der Kirche S. Pietro di Castello

Beiderseits des Rio di S. Elena (auch Rio dei Giardini genannt) breiten sich die Parkanlagen der Giardini Pubblici aus. Eine große Fläche darin belegt das Gelände der Kunst-Biennale, das nur während der Ausstellungsmonate der Öffentlichkeit zugänglich ist. Ende des 19. Jh., als Venedig, in Bedeutungslosigkeit abgesunken, auf der Suche nach einer neuen Identität war, wurde die Biennale gegründet, heute das älteste Forum zeitgenössischer Kunst in Europa. Auf der **Ur-Biennale,** die im April 1895 eröffnete, wurden in einem eigens für dieses Ereignis errichteten Pavillon 516 Werke von 285 Künstlern vorgestellt, darunter von dem deutschen Maler Max Liebermann. Der Erfolg übertraf die kühnsten Erwartungen: 224 327 Besucher wurden gezählt, und der Zustrom hielt an. 1899, bei der dritten Biennale, waren es schon etwas mehr als 300 000 Besucher, 1909 gab es einen über Jahrzehnte ungebrochenen Rekord: 457 960 Besucher! Erst 1976 wurde diese Marke mit 692 000 Besuchern wieder übertroffen.

Geschichte

Nach und nach errichteten alle großen Nationen eigene Pavillons, und die Biennale wurde neben der Präsentation der zeitgenössischen Kunst zu einer Bühne nationaler Selbstdarstellungen, eine Tendenz, die in den Jahren vor dem Zweiten Weltkrieg geradezu peinliche Formen annahm. Zudem fungierte die Ausstellung ungeschminkt als Kunstmarkt, weshalb progressive Kräfte gegenüber etablierten Kunstrichtungen immer eher das Nachsehen hatten. Die Stadtväter heizten das Geschehen nach Kräften an, um dem Tourismus als einer verlässlichen Einnahmequelle vitale Impulse zu vermitteln. Während der Jahre 1939–45 ruhte die Biennale, danach knüpfte man beinahe bruch-

Alljährlich finden im Wechsel die Kunst- und Architektur-Biennale in den Giardini statt. Insbesondere während der Kunst-Biennale gibt es zahlreiche Ausstellungen im Arsenal und in der ganzen Stadt. 2008 verwandelten die Portugiesen Eduardo Souto de Moura und Angelo de Sousa den Fondaco Marcello, eine leerstehenden Handelsniederlassung gegenüber von San Tomà, in eine Spiegelfassade

los an die zuvor geübte Praxis an, doch sollte die Biennale auch fortan ein Austragungsort politischer Gegensätze bleiben. Die Sowjetunion, obwohl 25-mal auf der Biennale vertreten, ging ebenso ohne eine preisliche Anerkennung aus wie zahlreiche Künstler aus Staaten der Dritten Welt. So wurde der Kalte Krieg auch auf dieser Bühne ausgetragen.

Einen Einschnitt brachte das unruhige Jahr 1968. Unter dem Druck zahlreicher Proteste, die namentlich linke Gruppierungen vorbrachten, wurde fortan auf Preisverleihungen verzichtet, Löwen, Pokale und Plaketten verschwanden in der Versenkung. Doch folgten zahllose Querelen, Kompetenzrangeleien und Diskussionen um den Fortgang des Spektakels, sodass die Biennale 1974 aus organisatorischen Gründen ausfallen musste. Wenige Jahre später, 1986, kehrte man sang- und klanglos zur alten Praxis der Preisverleihungen zurück. Dennoch weht immer wieder ein frischer Wind durch die Strukturen der Ausstellungsorganisation. 1992 wurde bewusst auf eine Biennale verzichtet, um im Jahr 1995 anlässlich des 100. Geburtstags eine eindrucksvolle Jubiläumsschau zu organisieren. Dabei kam es zu verschiedenen spektakulären Neuerungen: Zum ersten Mal in der Geschichte der Biennale wurde mit dem Franzosen Jean Clair ein Ausländer auf den Posten des Organisationsleiters berufen, zum ersten Mal übertrug Deutschland die Ausrichtung seiner Präsentation mit Arbeiten von Martin Honert, Katharina Fritsch und Thomas Ruff gleichfalls einem Ausländer, nämlich dem aus der Schweiz stammenden damaligen Direktor des Museums Moderner Kunst in Frankfurt, Jean-Christophe Ammann.

Gelände

Auf dem Biennale-Gelände stehen jetzt knapp 30 **Pavillons,** die in den Jahren zwischen 1907 und 1964 entstanden sind. Die architektonisch interessantesten Gebäude sind die Pavillons der Niederlande, erbaut von dem Architekten Gerrit T. Rietveld, Venezuelas, entworfen von Carlo Scarpa, und Finnlands, von Alvar Aalto ganz in Holz errichtet, alle genannten Beispiele entstanden im Ausstellungsjahr 1954. Der deutsche Pavillon, bereits in der Kaiserzeit vor dem Ersten Weltkrieg erbaut, erhielt seine heutige Gestalt während der NS-Zeit. Seine Erscheinung, die unübersehbar aus dem Geist des Faschismus heraus entstanden ist, hat namhafte Künstler immer wieder zu kritischen Auseinandersetzungen mit der Architektur veranlasst. 1970 umnagelte Günther Uecker als Provokation einen der kantigen Pfeiler der Eingangshalle, 1988 kreierte Felix Droese, ein Schüler von Joseph Beuys, den Namen »Haus der Waffenlosigkeit« für den deutschen Pavillon.

Während der Biennale werden auch zahlreiche andere Gebäude der Stadt, die nicht selbst auf dem Biennale-Gelände stehen, in das Ausstellungsprogramm miteinbezogen, ehemalige Scuolen und aufgelassene Kirchen.

S. Elena

Durch die ausgedehnten Grünanlagen des Parco della Rimembranze erreicht man den äußersten Südostzipfel der Stadt. Dort steht in völliger Abgeschiedenheit die spätgotische **Kirche der hl. Helena,** der Mutter Kaiser Konstantins des Großen, die der Legende zufolge das Kreuz Christi wiederaufgefunden hat. Nach der Säkularisation stand das Gebäude leer, bis es 1926 restauriert und wieder als Kirche eingerichtet wurde. In dem schlichten Saal ist von der alten Ausstattung nichts erhalten geblieben. Das **Portal** hat jedoch ein bemerkenswertes Stück der Bauplastik bewahrt. Im Tympanon ist der Admiral Vittore Cappello in Anbetung der hl. Helena dargestellt. Cappello war 1467 im Kampf gegen die Türken gefallen. Die Figuren sind Arbeiten Antonio Rizzos, der die Statuen Adams und Evas am Arco Foscari des Dogenpalastes geschaffen hat. Ähnlich wie bei jenen Hauptwerken des Künstlers geht es Rizzo auch in dieser Gruppe nicht nur um das Porträthafte, das für sich allein schon eine der großen Errungenschaften des 15. Jh. war, sondern auch um den Gefühlsausdruck des knienden Kommandanten im Anblick der Heiligen. Die andächtige Demut, ja hingebungsvolle Zuwendung paart sich in reizvollem Kontrast mit der äußeren Erscheinung der virilen Gestalt. Diese psychologische Studie ist in der eben aufkeimenden Renaissance Venedigs eine bahnbrechende Leistung gewesen.

Wer nicht wieder den langen Fußweg zurück in die Stadt auf sich nehmen möchte, hat nur wenige Schritte zur nahen Vaporetto-Station S. Elena.

Reisen & Genießen

Restaurants

Das Restaurant Corte Sconta mit einem gemütlichen Innenhof ist bekannt für seine exquisite venezianische Küche mit hausgemachten Nudeln und Fischgerichten in allen Varianten: als *antipasto* zum Beispiel Venusmuscheln mit Ingwer, Seespinne oder Stockfisch, als *primo piatto* Spaghetti mit Tintenfisch. Das Restaurant liegt nahe dem Campo Bandiera e Moro hinter S. Giovanni in Bragora.

Corte Sconta
Calle del Pestrin, 3886
Tel. 041 522 70 24
mittlere bis obere Preisklasse

Nicht weit von S. Maria Formosa befindet sich das interessanteste Weinlokal Venedigs, die Enoteca Mascareta. Hier werden kleinere Gerichte gereicht, der bekannte Sommelier Mauro Lorenzon empfiehlt dazu den passenden Wein. Es ist immer eine kleine, aber außerordentlich gute Auswahl lokaler Weine aus dem Veneto präsent. Eine freundliche Anlaufstation für jeden Weinliebhaber.

Enoteca Mascareta
Calle Lunga S. Maria Formosa, 5183
Tel. 041 523 07 44
www.ostemaurolorenzon.it
untere Preisklasse

S. Polo

Vom Campo S. Polo zum Campo S. Giacomo dell'Orio

Cityplan Campo S. Polo zum Campo S. Giacomo dell'Orio S. 311

Campo S. Polo

S. Polo

Besonders sehenswert: S. Polo

Der **Campo S. Polo,** zwischen der Frari-Kirche und dem Rialto gelegen, ist der zweitgrößte Platz Venedigs nach der Piazza San Marco. Er wird von der Kirche S. Polo und großen Palastfronten gerahmt und war bis in das frühe 19. Jh. häufig Schauplatz rauschender Feste und der in Venedig so beliebten Stierhatzen. Ursprünglich zog sich an seiner östlichen Langseite ein Kanal hin, der später zugeschüttet wurde. Man muss sich deshalb anstelle der heutigen Pflasterung einen Wasserlauf zu Füßen des gotischen **Palazzo Soranzo (1)** vorstellen, der fast die ganze Ostseite des Platzes einnimmt. Es handelt sich um einen breiten Doppelpalast, dessen linker Trakt im 14. Jh., der rechte in genauer Entsprechung des älteren Teils im 15. Jh. entstand. Er war der Sitz eines der ältesten Patriziergeschlechter der Stadt, das seine Herkunft auf eine römische Adelsfamilie namens Superanzii in Altinum zurückführte. Noch heute leben – einer der ganz seltenen Fälle in Venedig – Nachfahren der Soranzos in dem Palast.

Gegenüber, an der Westseite des Campo, schließt sich der **Palazzo Corner-Mocenigo (2)** an die Kirche S. Polo an, ein Bauwerk der Renaissance, dessen Entwurf von Michele Sanmicheli stammen soll. Die dem Platz zugewandte Seite ist die Rückansicht des Palastes, die Fassade ist auf den Rio di S. Polo ausgerichtet. Dies ist um so bemerkenswerter, als sich gegenüber dem Palazzo keine Fondamenta befinden, von denen aus man die Fassade betrachten könnte. Der Palazzo Corner-Mocenigo, dessen Fassade man nur in Schrägansicht von der kleinen Brücke über den Rio di S. Polo sehen kann, führt damit nachdrücklich vor Augen, dass der Front zum Wasser, selbst wenn sie noch so versteckt lag, größere Bedeutung beigemessen wurde als der zum Land gerichteten Seite. Dasselbe gilt für den **Palazzo Albrizzi (3),** ebenfalls 16. Jh., der sich hinter dem Palazzo Soranzo versteckt. Seine Fassade sieht man nur von der Brücke über den Rio della Madonnetta.

◁ *Der Palazzo Soranzo auf dem Campo S. Polo*

Museo di Palazzo Mocenigo

Im Palazzo Corner-Mocenigo **(2)** ist das **Museum für historische Kostümkunde** untergebracht, dem ein kleines wissenschaftliches Institut angeschlossen ist (Centro Studi di Storia del Tessuto e del Costume). Der Palazzo, seit 1945 in den Besitz der Stadt, prunkt mit seiner Ausstattung des 18. Jh., vor allem schönen Rokoko-Wand- und Deckenbildern. In Vitrinen sind historische Kostüme aus derselben Epoche ausgestellt. Der Besuch des wenig bekannten Museums ist eine ideale Ergänzung zum Museo del Settecento Veneziano in der Ca' Rezzonico.

Museo di Palazzo Mocenigo
Di–So 10–16 Uhr
Es gilt das Sammelticket für die Städtischen Museen.

S. Polo ★

S. Polo
Mo–Sa 10–17,
So 13–17 Uhr
Es wird ein Eintrittsgeld erhoben. Der Chorus-Pass hat Gültigkeit.

S. Polo

In den Sockel des 1362 errichteten Campanile, des ältesten Teils der Kirche **S. Polo (4),** wurden liegende Löwen von einem vermutlich romanischen Vorgängerbau eingemauert. Die Kirche selbst, die man durch ein spätgotisches Seitenportal betritt, entstammt dem mittleren 15. Jh., jedoch wurde das Innere der dreischiffigen Basilika im 19. Jh. drastisch verändert. So hat man die alten Arkaden durch klassizistische Kolonnaden ersetzt, was den Raumeindruck empfindlich stört. Mittelalterlich ist noch das hölzerne Gewölbe des Mittelschiffs.

Unauffällig in einer Ecke im Halbdunkel des rechten Seitenschiffs gewahrt man ein wichtiges **Werk Tintorettos,** ein Abendmahl. Dieses in die zweite Hälfte der 1560er-Jahre zu datierende Bild ist seine dritte Version zu diesem Thema. Die älteste Fassung in S. Marcuola zeigt das Geschehen noch rein erzählerisch und in der Anordnung der Personen in klassischem Sinn ausgewogen. In S. Trovaso kommt der symbolische Aspekt hinzu, indem dort das Brot als Bildmittelpunkt die Eucharistie verkörpert. Diesen Weg symbolisierender Hintergründigkeit geht Tintoretto nunmehr entschieden weiter. Indem Christus sich weit vornüberbeugt, um seinen Jüngern das Brot zu reichen, wird der Opferungsgedanke betont in den Vordergrund gestellt. Ein Jünger gibt einem am Boden liegenden Mann die lebensspendende Speise weiter, eine symbolische Handlung für die Freigebigkeit gegenüber dem Bedürftigen. Der Knabe mit dem Apfel in den Händen bringt die Tilgung der Erbsünde durch Christus zum Ausdruck. Der Frucht haftet, dank Christi Erlösungswerk, nicht länger der Makel der Versuchung an.

Keinesfalls sollte man auf die Besichtigung der **Sakristei** verzichten (Eingang neben dem Tintoretto-Gemälde im Mittelschiff). An ihren Wänden hängt ein Zyklus mit den Stationen des Kreuzweges von Domenico Tiepolo, dem Sohn Giovanni Battistas. Die Bilder sind mit dem vom Vater bekannten lockeren Pinselstrich ausgeführt. Eindrucksvoll ist die lückenlose Geschlossenheit des Zyklus.

Wir wenden uns danach dem **Hochaltar** zu. Den dort befindlichen spätgotischen Kruzifixus flankieren zwei Bronzestatuen Petri und Pauli von Alessandro Vittoria. Der **Altar der linken Chorkapelle** stammt von Veronese. Er zeigt eine Vermählung Mariens, in die ein älteres Gnadenbild mitten hineingesetzt ist, eine kuriose Collage. Der **Altar der rechten Chorkapelle,** eine Muttergottes mit dem hl. Johannes Nepomuk, ist eine Arbeit Tiepolos.

Casa Goldoni
Mo–Sa 10–17,
im Winter nur bis 16 Uhr

Casa Goldoni

Nur wenige Schritte vom Campo entfernt steht in der Calle dei Nomboli der spätgotische **Palazzo Centani (5),** in dem 1707 Venedigs führender Komödiendichter des 18. Jh., **Carlo Goldoni,** geboren wurde.

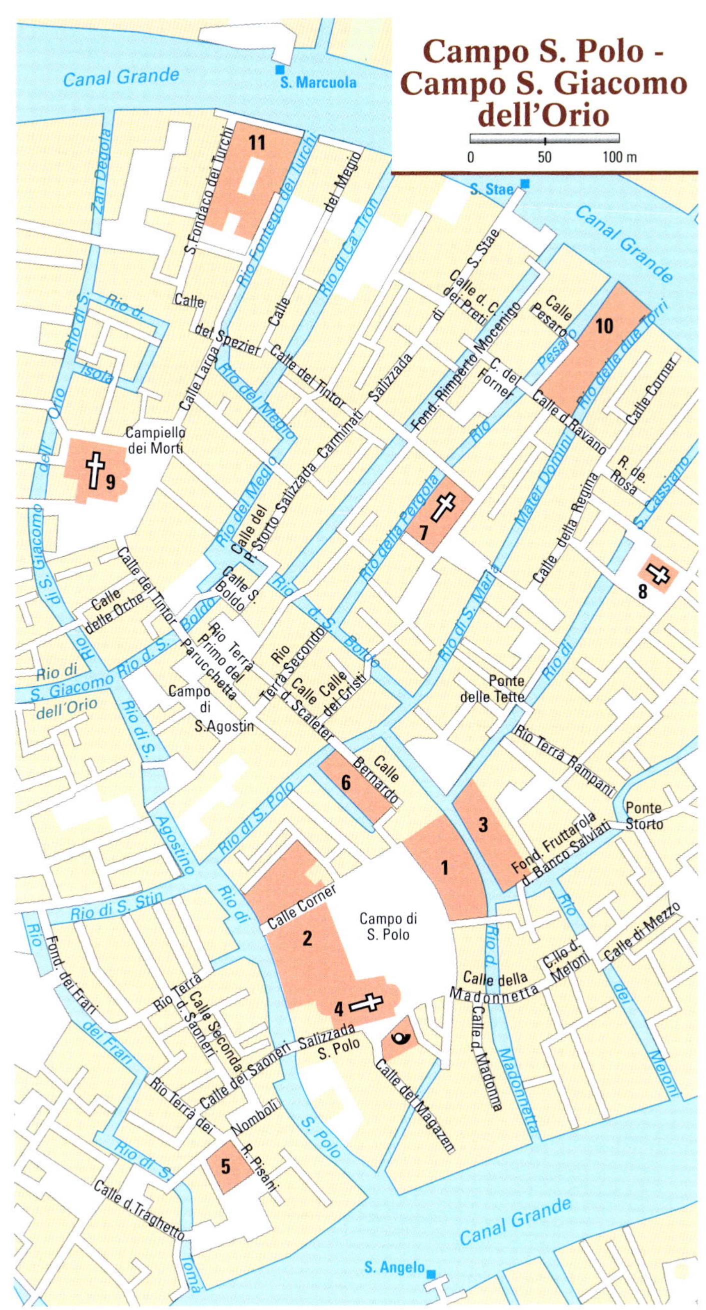

Campo S. Polo – Campo S. Giacomo dell'Orio

1 Palazzo Soranzo
2 Palazzo Corner-Mocenigo
3 Palazzo Albrizzi
4 S. Polo
5 Palazzo Centani/Goldoni-Museum
6 Palazzo Bernardo
7 S. Maria Mater Domini
8 S. Cassiano
9 S. Giacomo dell'Orio
10 Ca' Pesaro
11 Fondaco dei Turchi

Szenenbild zu Goldonis Komödie »La buona madre«, Illustration aus der Werkausgabe von 1761

Nach einem Studium der Rechtswissenschaften hatte er zunächst die Laufbahn eines Advokaten eingeschlagen. Neben seinem Beruf widmete er sich mit Hingabe dem Theater. Er schrieb zahlreiche Lustspiele, in denen er das Leben der Venezianer und ihre Alltagssorgen immer wieder in den Mittelpunkt stellte. In der besonderen Ausprägung der Sitten- und Charakterkomödie mit unterschiedlichen Handlungsstätten (Szenenwechsel) orientierte er sich an Molière.

1761 hat man Goldoni, der sich mittlerweile ganz dem Theater verschrieben hatte, an das italienische Theater in Paris berufen. Nach Ablauf seines dortigen Vertrages wurde er Erzieher der Töchter Ludwigs XVI. Goldoni starb am 6. Januar 1793 in Paris, zwei Wochen bevor der französische König guillotiniert wurde.

»Man singt auf den Plätzen, auf den Straßen und auf den Kanälen. Die Händler singen, wenn sie ihre Waren anpreisen, die Arbeiter singen, sobald sie ihre Arbeitsplätze verlassen, die Gondolieri singen, während sie auf Kundschaft warten.«
Carlo Goldoni

Sein großer Kontrahent auf den Bühnen Venedigs war **Carlo Gozzi** (1720–1806), Verfasser bissiger Satiren, in denen er die von Goldoni eingeführte französische Mode aufs Korn nahm. Gozzi selbst versuchte in seinen Komödien, die klassische **Commedia dell'arte** mit ihren stehenden Charaktermasken (Arlecchino, Scaramuccia, Pantalone u. a.) und dem festen Szenarium zu erneuern.

Später wurden Gozzis Werke von den Romantikern als Inspirationsquelle entdeckt. Heute hat man im Palazzo Centani ein kleines **Goldoni-Museum** eingerichtet.

S. Maria Mater Domini

Wir verlassen den Campo S. Polo an dessen Nordostecke und kommen an dem spätgotischen **Palazzo Bernardo (6)** vorbei. Nach Überqueren des Rio di S. Maria Mater Domini folgen wir nach rechts der Calle del Cristo nördlich bis zur Kirche **S. Maria Mater Domini (7).** Die 1502–40 errichtete Kirche ersetzte einen romanischen Vorgänger, der wie der Neubau der Renaissance eine Kreuzkuppelkirche war. Die klar gegliederte Fassade könnte unter Mitwirkung Sansovinos entstanden sein, den man beim Bau der Kirche zu Rate gezogen hatte. Im Innern legen sich um die zentrale Kuppel vier kreuzgrat- und vier tonnengewölbte Trabantenräume. Die Anlage erinnert stark an Sansovinos untergegangene S. Geminiano-Kirche, die uns in der Kopie von S. Maurizio überliefert ist.

Sehenswert sind zwei Bilder unbekannterer Renaissancekünstler. Der zweite **Altar** der rechten Seite stammt von **Vincenzo Catena** (1520). Der Titel, Martyrium der hl. Christina, trifft nur bedingt zu, denn die Heilige, die ihren Martertod bereits hinter sich hat – sie wurde mit einem Mühlstein beschwert ertränkt –, erwartet kniend ihre Aufnahme in den Himmel. Catena, um 1470 in Venedig geboren und ebenda 1531 gestorben, stand anfangs unter dem Einfluss Bellinis und Cimas. Später ließ er sich von seinem Freund Giorgione und dessen neuartiger Landschaftsauffassung inspirieren. In demselben zeitlichen Rahmen steht gegenüber der zweite **Altar** der linken Seite, den **Pier Francesco Bissolo** malte (1512). Er zeigt die Verklärung Christi auf dem Berge Tabor in der von Bellini und Cima bekannten klaren Ordnung der Figuren. Bissolo, wohl im selben Jahr wie Catena in Venedig oder Treviso geboren, war vermutlich ein Schüler Bellinis, dessen Stil er getreulich kopierte. Er starb 1554 in Venedig.

S. Cassiano

Wer von der Kunst Tintorettos begeistert ist, wird von S. Maria Mater Domini einen Abstecher zur Kirche **S. Cassiano (8)** unternehmen, um dort weitere Werke des großen Manieristen aufzuspüren. Die außen völlig schmucklos gehaltene Kirche, ein Bauwerk des 17. Jh., ist eine dreischiffige Halle, deren Gewölbe – in den Seiten Kreuzgrate, in der Mitte Tonne mit eingeschnittenen Stichkappen – auf dieselbe Höhe gezogen sind.

Die **Tintoretto-Gemälde** befinden sich im Chor. Das linke Bild zeigt eine Kreuzigung. Der kompositorische Aufbau vollzieht sich in einer klaren Aufwärtsbewegung, die von der am Boden zusammengesunkenen Maria über die Leiter mit den beiden Männern, die die INRI-Tafel am Kreuze befestigen, zu dem Gekreuzigten führt. Ein eindringliches psychologisches Moment ist die Blickbeziehung zwischen Mutter und Sohn. Die dunklen Wolken und der Wald der aufgepflanzten Lanzen im Hintergrund verleihen dem Geschehen eine Aura des Unheimlichen und Bedrohlichen. Dem Tenor von Abschied, Trauer und Tod wird das Bild gegenüber als positive Antwort entgegengestellt. Wir sehen Christus in der Vorhölle. Als strahlender Sieger über den Tod erscheint der Heiland in der Szenerie. Die Toten sind nur schemenhaft umrissen. Einzig Evas weiß schimmernder Körper ist hervorgehoben, in ihrer makellosen Schönheit einer der vollkommensten Akte der venezianischen Malerei. Bei der Auferstehung in der Mitte sind durch eine ungeschickte Restaurierung die Farben arg verfälscht, der vorherrschende Gelbton ist ein Fremdkörper auf Tintorettos Palette. Diese Bilder entstanden um 1568, etwa zur selben Zeit wie das Abendmahl in S. Polo, und sind ebenso wie dieses bezeichnend für die Tiefgründigkeit des reifen Tintoretto.

S. Giacomo dell'Orio

Der Ursprung des Namens der Kirche **S. Giacomo dell'Orio (9)** gibt Rätsel auf. Möglicherweise steckt das Wort *lauro* darin. Demnach hätte neben der Kirche einst ein Lorbeerbaum gestanden, in der Zeit ihrer Gründung (9. Jh.) noch heidnischer Brauch (nach Lorenzetti). Der bestehende Bau wurde wiederholt verändert. Von 1225 stammt das Querschiff der basilikalen Anlage, das Langhaus erhielt seine jetzige Gestalt im 15. Jh., das dreiteilige Presbyterium wurde erst nach der Wende zum 16. Jh. angelegt, wobei Teile der Bausubstanz des romanischen Vorgängerbaus in die Neuerrichtung einbezogen wurde, was zumindest am Außenbau noch gut ablesbar ist. Obwohl S. Giacomo zu den ältesten Kirchen der Stadt zählt, kommt doch schon in dieser Frühzeit ein genuin venezianisches Raumgefühl zum Tragen. Die Anlage atmet trotz ihrer bescheidenen Ausmaße eine überraschende Luftigkeit; nichts ist gedrängt. Die lockere Gruppierung der Säulen verwischt den kreuzförmigen Grundriss, der erst bei einem Blick in das Gewölbe recht zu Bewusstsein kommt.

Innenraum

Die **Ausstattung** weist keine Sensationen auf, ist aber in ihrer Vielgestaltigkeit ein lebendiger Spiegel venezianischer Geschichte. Im rechten Querschiffarm führt eine Tür in die **Neue Sakristei,** die der Kirche 1903 angebaut wurde. In ihr ist eine kleine Pinakothek untergebracht. Die Bilder stammen aus dem einstigen Besitz aufgelassener Kirchen. Das Deckengemälde von 1577 mit der Personifikation des Glaubens und den vier Kirchenvätern stammt von Veronese.

S. Giacomo dell'Orio

Mo–Sa 9–18, So 13–18 Uhr Es wird ein Eintrittsgeld erhoben. Der Chorus-Pass hat Gültigkeit.

Wieder zurück in der Kirche, folgt auf die neue Sakristei die Cappella del Santissimo, die ihre heutige Gestalt mit einer Kuppelwölbung 1753 erhielt. Der **Chor** hat das Aussehen des frühen 16. Jh. bewahrt. Die Sacra Conversazione Lorenzo Lottos an der Rückwand stand bis zu der von dem Zweiten Vatikanischen Konzil beschlossenen Neugestaltung der Liturgie auf dem Altar. Das 1546 datierte Bild ist ein Al-

Die Kirche S. Giacomo dell'Orio ist eine der ältesten Kirchen des Viertels S. Polo

terswerk des Künstlers, etwas kühl und nicht mehr von jener Einfühlsamkeit wie etwa die Almosenspende in SS. Giovanni e Paolo.

Über dem **Altar** hängt ein goldgrundiges Kruzifix der Gotik. Links ist eine Muttergottes-Statuette aus dem frühen 14. Jh. aufgestellt, die ursprünglich zu einer Verkündigungsgruppe gehörte. Sie stand bis 1972 an der Fassade von S. Maria Mater Domini und wurde dann aus konservatorischen Gründen hierher überführt. Ungewöhnlich ist ein ikonografisch bemerkenswertes Detail: Maria hält in ihrer linken Hand eine Spindel – der Verkündigungsengel überrascht sie beim Spinnen. Dieses Motiv hat seinen Ursprung in der frühchristlichen Kunst Syriens und hat in Europa nur selten Nachfolge gefunden. Die

Statuette könnte demzufolge nach einem Vorbild aus dem Osten gearbeitet worden sein; dafür spricht auch der byzantinisierende Stil der Figur. Etwa in dieselbe Zeit gehört die kleine Skulpturengruppe mit Muttergottes, Engel und Stifter über dem Eingang zur Alten Sakristei (neben der linken Chorkapelle). Dort werden weitere Gemälde aufbewahrt, u. a. zwei Werke Jacopo Palmas d. J., eine Madonna mit Heiligen und das Mannawunder. Am nordwestlichen Vierungspfeiler verdient ein polychromes **Taufbecken** aus Marmor Beachtung. Der Rundgang führt im linken Seitenschiff vorbei an der Cappella di S. Lorenzo und dem Baptisterium zurück in den südlichen Querhausarm. Dort fällt eine Säule aus grünem Marmor auf, eine antike Spolie, die dem mittelalterlichen Bauwerk inkorporiert wurde.

Museen am Canal Grande

Dieser Rundgang lässt sich mit dem Besuch der direkt oder nahe am Canal Grande gelegenen Museen verbinden: der Galleria d'Arte Moderna und des Museo d'Arte Orientale in der Ca' Pesaro, des Naturkundemuseums im Fondaco dei Turchi.

Im Palazzo Pesaro

Seit Bestehen der Biennale hat Venedig eine kluge Einkaufspolitik in Sachen moderner Kunst verfolgt. Regelmäßig wurden seit 1897 prämierte Arbeiten erworben, sodass die **Galleria d'Arte Moderna** im zweiten Stock der **Ca' Pesaro (10)** heute eine der bedeutendsten Sammlungen der Kunst des 20. Jh. in Italien besitzt. Zu ihrem Bestand gehören Werke von Franz von Lenbach, Max Klinger, Franz von Stuck, Max Liebermann, Auguste Rodin, Marc Chagall, Gustav Klimt, Emil Nolde, Paul Klee, Joan Miró, Wassily Kandinsky, Max Ernst, Hans Arp und anderen.

Ebenfalls in der Ca' Pesaro, im dritten Stockwerk, ist das **Museum asiatischer Kunst** eingerichtet, dessen Grundstock die private Sammlung des Grafen de Bardi bildet. Sie umfasst eine große Zahl fernöstlicher Kunstgegenstände und Erzeugnisse des Kunstgewerbes, wie japanische Malerei, chinesische Keramik und indische Skulpturen.

Galleria d'Arte Moderna/Museo d'Arte Orientale

Nov.–März Di–So 10–17 Uhr, April–Okt. Di–So 10–18 Uhr, an hohen Feiertagen geschlossen

Museo di Storia Naturale im Fondaco dei Turchi

Dem naturkundlich Interessierten bietet das Museo di Storia Naturale im **Fondaco dei Turchi (11)** eine reiche Ausbeute. Die Sammlung der präparierten Tierarten reicht von Meerestieren aller Art über heimische und exotische Säuger bis hin zu Vögeln und einer entomologischen Abteilung mit einer sehenswerten Schmetterlingssammlung. Die große Besonderheit des Museums ist, innerhalb der paläontologischen Abteilung, das vollständig erhaltene Skelett eines Dinosauriers, das 1973 in der südlichen Sahara gefunden wurde.

Museo di Storia Naturale

Di–Fr 9–13, Sa/So 10–16 Uhr

Reisen & Genießen

Restaurants

In freundlicher Atmosphäre genießt der Gast im kleinen Restaurant Da Fiore venezianische Spitzenküche, vor allem die fein zubereiteten einheimischen Fische. Es ist ratsam, Tische mindestens zwei Wochen im Voraus zu reservieren. Ein Platz auf dem kleinen Balkon des Restaurants ist besonders einladend.

Da Fiore
Calle del Scaleter, 2002
nahe dem Campo S. Polo
Tel. 041 72 13 08
www.dafiore.net
obere Preisklasse

Die Osteria Vecio Fritolin, deren Name auf die venezianischen Fischbratereien des 18. Jh., die *fritoli*, zurückgeht, ist in ihrer Weise einzigartig. Neben Appetithäppchen wie frittiertem Fisch oder Bigoli-Nudeln in Sardellen-Zwiebelsauce serviert die Wirtin Irina Freguia auch Raffiniertes wie Muscheln mit Zucchiniblüten, Gänsebrust mit Fenchel, Steinbutt oder Angussteak. In uriger Atmosphäre genießt man venezianische Fischspezialitäten. Reservierung empfohlen. So abends und Mo geschlossen.

Vecio Fritolin
S. Croce, 2262, Calle della Regina
auf halber Strecke zwischen den Kirchen S. Maria Mater Domini und S. Cassiano
Tel. 041 522 28 81
www.veciofritolin.it
untere Preisklasse

Am Campo S. Giacomo dell'Orio liegt nahe der Chorpartie der Kirche die urige Taverna Capitan Uncino der Brüder Sardi, in der man in familiärer Atmosphäre typisch venezianisch und ausgesprochen günstig tafelt: im Winter in der gemütlichen Gaststube, im Sommer auf dem Campo vor dem Lokal.

Capitan Uncino
S. Croce, 1501
Tel. 041 72 19 01
untere Preisklasse

Einkaufen

Im Teatro delle Maschere im Stadtteil S. Polo, 200 m von der Pescheria entfernt, kann man nicht nur Masken und Kostüme käuflich erwerben, sondern zur Karnevalszeit auch ausleihen.

Il Teatro delle Maschere
Calle dei Boteri, 1564
Tel. 041 275 92 05

Und jetzt noch zwei Tipps für Damen mit Hang zur Nostalgie: Im Geschäft mit dem Namen Colorcasa am Campo S. Polo (dort wo sich der Platz verengt und der Durchgang zum Rialto beginnt) kann man atemberaubend schöne Stoffe finden.

Colorcasa
San Polo, 1989/1991
www.colorcasavenezia.it

Im Laboratorio Arte e Costume da Monica Daniele, ganz nah dem Campo S. Polo, wird eine Kollektion ausgefallener Hutkreationen angeboten.

Laboratorio Arte e Costume
Calle Scaleter, 2235

In der Holzwerkstatt Furlanetto, in der Nähe der Casa Goldoni, fertigt Guiseppe Carli noch die klassischen *forcole,* in die die Gondoliere ihre Ruder einlegen. Allemal ein originelles Souvenir.

Furlanetto
Calle dei Nomboli, 2768

Ausflug in die Lagune

Friedhofsinsel S. Michele

Karte Die Inseln
S. 320

Ausflug in die Lagune

Besonders sehenswert: Murano, Torcello

Knapp einen Kilometer von den Fondamenta Nuove, auf halber Strecke nach Murano, liegt die Friedhofsinsel S. Michele (s. Klappenkarte vorne: G8). Das Eiland war im 13. Jh. von Camaldulenser-Mönchen besiedelt worden, deren Kloster im Zuge der Säkularisation zu Beginn des 19. Jh. aufgelöst wurde. Erst gegen Ende des 19. Jh. wurde die Insel systematisch zum Zentralfriedhof von Venedig ausgebaut.

Kirche San Michele in Isola

Vom alten Kloster sind noch die Kirche und der Kreuzgang erhalten. Den mittelalterlichen **Kirchenbau** ersetzte Mauro Codussi nach 1469 durch den bestehenden, der kurz nach der Wende zum 16. Jh. fertiggestellt war. Es ist das erste Werk Codussis in Venedig und zugleich eine der frühesten Renaissancearchitekturen der Stadt. Anstatt der bis dahin üblichen gotischen Ziegelmauer mit aufgesetzten Dekorteilen wird an dieser Stelle erstmalig – noch kurz vor S. Zaccaria – die Fassade mit istrischem Marmor verkleidet. Die Dreiteilung durch aufgeblendete Pilaster macht den Bau nach außen hin als Basilika kenntlich. Unsicherheit herrscht aber noch in der Gewichtung der Proportionen. So sind z. B. die seitlichen Rundbogenfenster größer als das Portal, eine für das Formempfinden der Renaissance unbefriedigende Lösung. Wie ein Zitat toskanischer Bauweise mutet die Rustizierung der unteren Fassadenpartie an, ein Motiv, das in der venezianischen Baukunst kaum Nachfolge fand. Links an die Fassade grenzt der kleine Zentralbau der Cappella Emiliana, die der Klosterkirche 1530 angefügt wurde.

Betritt man den **Kirchenraum,** so verhindert zunächst eine tief herabgezogene Empore den Blick in das Innere. Ihre Sockel und Pilaster sind mit qualitätvoller Ornamentik aus dem Lombardo-Umkreis dekoriert. Erst nach Durchschreiten der Empore, die dem vorderen Teil der Kirche den Charakter eines Vorraumes verleiht, erfasst man die basilikale Konstruktion. Die weit auseinander stehenden Säulen der Arkadenbögen ermöglichen den unverstellten Blick in die Seitenschiffe. So entsteht ein ausgewogenes Verhältnis von Länge zu Breite, wie es für die venezianische Architektur des Mittelalters bereits charakteristisch war und in der Renaissance zum unverwechselbaren Wesensmerkmal der Sakralbaukunst Venedigs wurde. Die wichtigsten Stücke der Ausstattung wurden nach Aufhebung des Klosters in alle Winde zerstreut. An Ort und Stelle blieben nur unbedeutendere Dinge.

Im vorderen Teil der Kirche führt eine Verbindungstür in die **Cappella Emiliana,** ein Kleinod der Renaissancearchitektur. Es ist das einzige Beispiel eines Rundbaus des 16. Jh. in Venedig. Der Grundriss ist ein Hexagon, das von einer Kuppel überwölbt wird. Die Wände sind mit steinernen Altären geschmückt. Bau und Ausstattung sind das Werk lombardischer Künstler.

◁ SS. Maria e Donato auf der Insel Murano

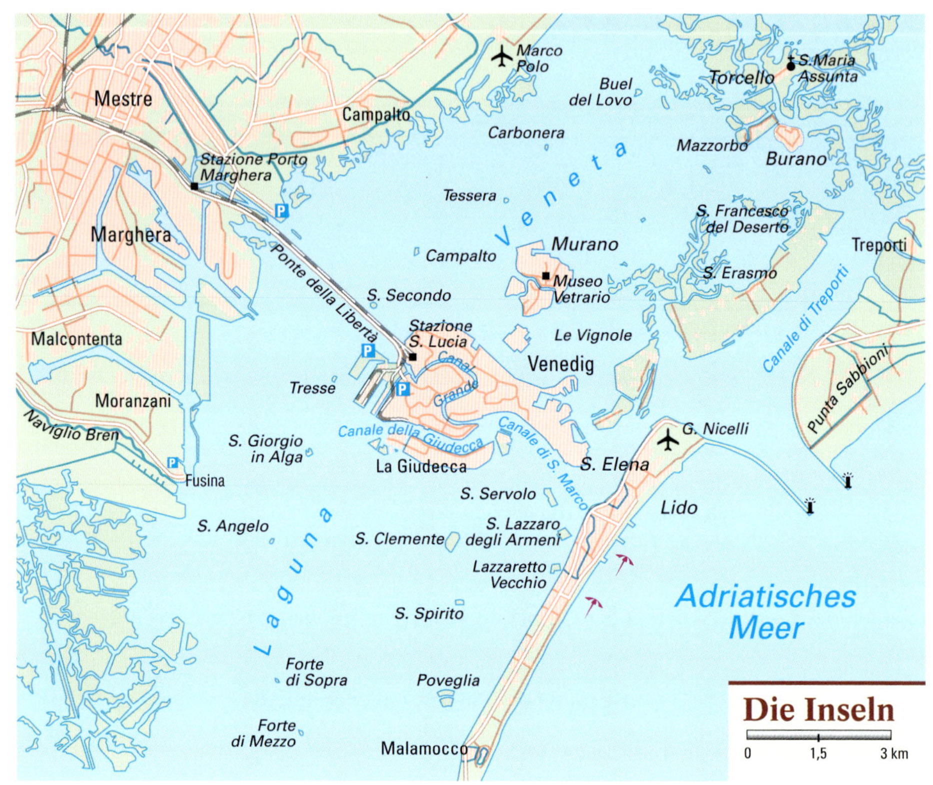

Ein Blick in den **Kreuzgang** aus dem mittleren 15. Jh. rundet den Besuch von S. Michele ab. Von ganz eigenem Reiz ist ferner ein Rundgang über den **Friedhof.** Hinweisschilder weisen den Weg zu den Gräbern Ezra Pounds und Igor Strawinskys.

Murano

***Murano** ★*

***Besonders sehenswert:** S. Pietro Martire, Glasmuseum, SS. Maria e Donato*

Schon im 13. Jh. wurden die ersten Glaswerkstätten auf Murano angesiedelt. Die Kunst der Glasherstellung ist seither ununterbrochen bis in unsere Tage fortgeführt worden. Man sollte deshalb die Gelegenheit wahrnehmen, einen (kostenlosen) Blick in eine der zahlreichen Werkstätten zu werfen. Allerdings ist der überwiegende Teil der heutigen Produktion eine wenig ersprießliche Konzession an den Geschmack des Massentourismus. Glaserzeugnisse früherer Zeiten sind im Glasmuseum ausgestellt. Auf dem Wege dahin besuchen wir die Kirche S. Pietro Martire, die man am Ende der Fondamenta del Vitral erreicht.

S. Pietro Martire

Die mittelalterliche **Klosterkirche** der Dominikaner, S. Giovanni Battista, fiel im 15. Jh. einem Brand zum Opfer und wurde nach ihrer Neuerrichtung (zwischen 1477 und 1511) dem Petrus Martyr geweiht, einem der prominentesten Dominikaner-Heiligen. Der Grundriss des Renaissancebaus folgt getreulich dem mittelalterlichen Vorgänger. Es ist eine dreischiffige Basilika ohne Querhaus und mit einem dreiteiligen Presbyterium. Obwohl die Kirche, die seit 1813 Pfarrkirche ist, in den Jahren ihrer Auflösung (1808–13) erhebliche Verluste erlitten hat, sind dennoch bemerkenswerte Teile ihrer Ausstattung erhalten geblieben.

Das bedeutendste Werk ist eine Madonna mit Heiligen von **Giovanni Bellini** an der rechten Seitenwand. Das 1488 entstandene Bild vertritt den Typus des Dogen-Votivbildes. In der Bildmitte thront, leicht erhöht, die Muttergottes mit dem Christuskind. Rechts steht die prachtvoll gewandete Gestalt des hl. Augustinus, ihm gegenüber kniet der Doge Agostino Barberigo, den der hinter ihm stehende hl. Markus dem Schutz der Madonna empfiehlt. Zwei musizierende Engel zuseiten des Thrones runden das Gruppenbildnis ab. Einem Theatervorhang gleich wallt dahinter eine rotsamtene Stoffbahn nieder, zu deren Seiten Ausblicke in eine Landschaft frei werden. In der breitformatigen Anlage, der theatermäßigen Inszenierung und der feierlichen Repräsentation, in der sich die Motive von Andacht und Porträt miteinander verbinden, ist dieses Werk ein wichtiger Schritt zu den Dogen-Votivbildnissen des 16. Jh., wie sie im Dogenpalast so zahlreich anzutreffen sind.

Das rechts daneben befindliche Bild mit einer Himmelfahrt Mariens wird zwar in der Beischrift als Werk Bellinis ausgewiesen, ist aber mit Sicherheit eine Werkstattarbeit. Der direkte Vergleich zwischen beiden Gemälden lässt das beträchtliche künstlerische Gefälle auf An-

Giovanni Bellini, Maria mit Christuskind und den Heiligen Augustinus und Markus sowie dem knienden Dogen Agostino Barberigo (S. Pietro Martire)

hieb erkennen. Zu erwähnen sind noch zwei Bilder Paolo Veroneses im linken Seitenschiff, der hl. Hieronymus und eine Darstellung Petri, der der hl. Agathe im Kerker erscheint. Ersteres ist durch eine Restaurierung in seinen Farben verfälscht worden, das andere dagegen zeigt den typisch samtigen Glanz der Palette Veroneses.

Rundgang

Palazzo Mula

Über den **Ponte Vivarini,** dessen Name daran erinnert, dass die Künstlerfamilie der Vivarini auf Murano beheimatet war, überquert man den Canale degli Angeli. Nach links blickt man auf den **Palazzo Mula,** der in der Spätgotik (15. Jh.) erbaut, im 16. Jh. durch Aufstockung eines Mezzanins erhöht wurde. Im Zuge dieser Erweiterung wurden in die Außenwände Relieffragmente der veneto-byzantinischen Epoche eingelassen. Hinter dem Palazzo (nicht zugänglich) befindet sich ein Park. Er ist das einzig erhaltene Beispiel eines Gartens der Renaissance auf Murano, von denen es früher etliche gab. Murano war beliebt als Sommerfrische. Zahlreiche Patrizierfamilien besaßen Ferienvillen auf der Insel.

Glasmuseum

An den Fondamenta Cavour wenden wir uns nach rechts. Nach einer scharfen Biegung gelangt man an den Canale di Donato, an dem sich, untergebracht im **Palazzo Giustinian,** das Glasmuseum befindet. Im Parterre des **Museo Vetrario di Murano** sind Beispiele der römischen Glaskunst, im Obergeschoss die venezianischen Erzeugnisse ausgestellt. Aus der venezianischen Frühzeit sind keine Stücke erhalten geblieben, die Sammlung setzt erst mit dem 15. Jh. ein. Den Hauptteil des Bestandes nehmen Exponate aus der Blütezeit der Glasbläserkunst auf Murano ein (16./frühes 17. Jh.). Besonders originell ist der letzte Raum, in dem die Gegenstände nicht museal in Vitrinen aufbewahrt werden, sondern ein ganzer Tisch mit Murano-Gläsern gedeckt ist, angefangen von den unterschiedlichen Weinpokalen bis hin zu gläsernen Tellern und Schüsseln.

Nachdem im Laufe des 13. Jh. die Kunst der Glasherstellung in Venedig Fuß gefasst hatte, wurden die Werkstätten, die damit zum ersten Mal urkundliche Erwähnung fanden, in den 1290er-Jahren auf Beschluss der Signoria auf Murano konzentriert. Durch eine geschickte Politik gegenüber den Angehörigen der Glasbläserzunft sicherte sich die Serenissima für lange Zeit in diesem Wirtschaftszweig ein Monopol in Europa. Einerseits wurden den Glasbläsern weitreichende Privilegien gewährt – bis hin zur Möglichkeit, in Patrizierfamilien einzuheiraten –, andererseits hat man sie, falls sie Murano verließen, für vogelfrei erklärt und ihren Besitz konfisziert. So erreichte

Museo Vetrario di Murano
Fondamenta Giustinian, 8
Mo–Sa 9–12, 15–18 Uhr

dieses Kunsthandwerk im Laufe des 16. Jh. eine große Blüte und belieferte alle Länder Europas, wobei die Spiegel der wichtigste Exportschlager waren. Damals wohnten mehr als 30 000 Menschen auf Murano – heute sind es nicht einmal mehr 10 000. Der allmähliche Rückgang fiel mit der politischen und wirtschaftlichen Krise Venedigs zusammen. Im Laufe des 17. Jh. setzten sich zahlreiche Handwerker in andere europäische Länder ab, wo sie ihre bis dahin in der Lagune so sorgsam gehüteten Geheimnisse weitervermittelten. Neue Zentren der Glasherstellung entstanden in England, Frankreich, Spanien und besonders in Böhmen. Den schwersten Rückschlag erlitt die heimische Produktion, nachdem es den Franzosen gelungen war, großformatige Spiegel herzustellen, eine technische Neuerung, der die Venezianer nichts Gleichwertiges entgegenzusetzen hatten. Damit war ihr Monopol endgültig gebrochen, und mit der abnehmenden Nachfrage ging auch die Zahl der Betriebe auf Murano zurück. Erst gegen Ende des 19. Jh. nahm die Produktion dank des kauffreudigen Reisepublikums wieder zu. Seitdem wird in den Werkstätten auf Murano neben ernstzunehmender Glaskunst vorwiegend Konfektionsware für den Massentourismus produziert.

Palazzo Trevisan

Dem Glasmuseum gegenüber liegt auf der anderen Seite des Canale di S. Donato der **Palazzo Trevisan,** der um 1550 für den Patriarchen von Aquileia errichtet worden war. Abweichend von dem üblichen Schema der venezianischen Palastfassade mit der Trennung dreier Vertikalabschnitte werden diese hier durch verbindende Horizontalgesimse zusammengefasst. Gleich hinter dem Glasmuseum gelangt man auf den Campo SS. Maria e Donato mit der gleichnamigen Kirche.

SS. Maria e Donato

Die Kirche (Abb. S. 318), deren Ursprung im Dunkeln liegt, ist eine der ältesten Gründungen in der Lagune und war Domkirche des Bischofs von Torcello. Dem Patrozinium der Maria wurde das des hl. Donatus im 12. Jh. hinzugefügt, nachdem man Reliquien dieses Heiligen aus Sizilien erworben hatte. Dies war möglicherweise der Anlass für die Errichtung des bestehenden Neubaus, der in der ersten Hälfte des 12. Jh. aufgeführt wurde. Die spätere Barockisierung hat man anlässlich einer Restaurierung im 19. Jh. wieder entfernt und das Bauwerk auf seine romanischen Formen zurückgeführt. In dem weichen Lagunengrund sind die tragenden Bauteile, Außenmauern und Säulen, auf ein Fundament aus Pfählen und mehreren Ziegelschichten gesetzt. Dazwischen aber konnte das immer wieder aufsteigende Wasser sein allmähliches Zerstörungswerk vollführen. So war Anfang der 1970er-Jahre der kostbare Mosaikfußboden akut von der Vernichtung be-

Die große Kostbarkeit der Kirche SS. Maria e Donato ist das Fußbodenmosaik aus Marmorstückchen

droht. Eine private amerikanische Initiative hat die dringend notwendig gewordene Restaurierung finanziert, die in den Jahren zwischen 1973 und 1979 durchgeführt wurde.

Innenraum

Das auffälligste Bild bietet die **Chorpartie.** Sie ist in zwei Geschosse gegliedert, die aus Arkadenreihen bestehen (unten aufgeblendet, oben offen). Die Vermutung, wonach es sich hierbei um eine Verwandtschaft mit Bauten der Lombardei und der rheinischen Romanik mit ihren Zwerggalerien handelt, bleibt spekulativ. Naheliegender scheint, es sei an dieser Stelle das alte veneto-byzantinische Motiv der Arkadenreihung auf den Kirchenbau übertragen worden. Im Übrigen ist der Ziegelbau nach außen recht schlicht gehalten. Gliederungselemente weisen nur die Stirnwände der Querschiffarme mit aufgeblendeten Lisenen und Rundbögen auf. Der Innenraum wirkt nach den wiederholten Restaurierungen ein wenig steif, wie überhaupt der heutigen Lage der Kirche nach Abriss der einst angrenzenden Bauten des dazugehörigen Baptisteriums, des Rathauses und eines Bruderschaftshauses etwas Museales anhaftet. Dennoch vermittelt die dreischiffige Basilika einen Eindruck feierlicher Erhabenheit.

Die große Kostbarkeit der Kirche ist das aus kleinen Marmorstückchen gelegte **Fußbodenmosaik,** dessen ornamentale Muster eine enge Verwandtschaft mit dem der Markuskirche zeigen. Dank der großzügigen Restaurierung – der gesamte Boden wurde stückweise abgetragen und anschließend auf ein Betonfundament gebettet – konnte dieses wichtige Zeugnis romanischer Dekorationskunst gerettet werden. Gleichfalls aus der Erbauungszeit stammt das Mosaik der Apsiswölbung, wo in einem funkelnden Goldgrund ein Bildnis der Muttergottes erscheint.

Nach dem Besuch dieser Kirche geht man auf demselben Weg zurück, den man zuvor gekommen ist. Bald nach der Kirche S. Pietro Martire überqueren wir den Rio del Vitral und gelangen am Ende der Viale Garibaldi an den Anlegesteg, von wo die Linienschiffe nach Burano verkehren. Die Fahrtzeit dorthin beträgt etwa 30 Minuten.

Burano

In kunstgeschichtlicher Hinsicht hat die Insel Burano wenig zu bieten. Dennoch sollte man auf dem Wege nach Torcello den Besuch dieser Insel nicht versäumen. Abseits des quirligen Großstadtbetriebes erlebt man hier die unverfälschte Idylle einer alten Fischersiedlung, deren Häuser in leuchtenden Farben gestrichen sind. Die seit Jahrhunderten gepflegte Kunst der **Spitzenweberei** ist heute noch auf Burano lebendig. In verschiedenen Werkstätten hat der Besucher Gelegenheit, den Frauen bei der Arbeit zuzusehen. Wer sich sein Tages-

Auf Burano sind alle Häuser leuchtend bunt getüncht

programm so eingerichtet hat, dass er zur Mittagszeit auf Burano ist, findet einige zum Teil recht ansprechende Restaurants, die mit verlockenden Fischspezialitäten aufwarten.

Dem nimmermüden Kunstpilger bietet die Kirche **S. Martino,** ein Bau des 16. Jh., in der Kapelle der hl. Barbara eine Kreuzigung von Tiepolo. Es handelt sich um ein Frühwerk des Künstlers.

Torcello

Torcello ★

Anfahrt

Torcello wird nicht von den Linienschiffen angesteuert, die die Inseln in der nördlichen Lagune mit Venedig verbinden. Man gelangt dorthin nur mit einem regelmäßig verkehrenden Shuttle von Burano nach Torcello und zurück. Das Schiff fährt halbstündlich.

S. Maria Assunta

Mo–So 10.30–17.30 Uhr, im Winter 10.30–16 Uhr

Den Ausflug in die nördliche Lagune, die man auch *laguna morta* nennt, da sich hier der Wechsel von Ebbe und Flut nicht mehr bemerkbar macht, beschließt der Besuch der einstigen Bischofsinsel Torcello. Hier gewinnt man einen lebendigen Eindruck von der Ursprünglichkeit der Lagunenlandschaft. Aus der endlosen Weite des Wassers und der Gruppe spärlich bewachsener Eilande ragt einsam der Campanile des mittelalterlichen Domes auf. Das Erlebnis von Torcello ist eine wesentliche Hilfe bei dem Versuch, sich eine Vorstellung von Venedig in seiner Frühzeit zu machen.

Die Insel erlebte ihre Blütezeit zwischen dem 9. und 12. Jh. Danach sank sie in Bedeutungslosigkeit ab. Erhalten blieben mit dem Dom und S. Fosca gewichtige Zeugen vom einstigen Rang Torcellos.

S. Maria Assunta

Die Kathedrale S. Maria Assunta wurde um 640 gegründet und in karolingischer Zeit umgebaut und vergrößert; ihr heutiges Aussehen erhielt sie zu Beginn des 11. Jh. In der klaren Struktur des basilikalen Aufbaus mit offenen Dachstühlen über den einzelnen Schiffen lebt noch der Geist frühchristlichen Bauens nach. Durch die Erhöhung der Kirche im frühen 11. Jh. macht sich daneben zugleich das typisch mittelalterliche Höhenstreben bemerkbar. Aus dieser Zeit des Umbaus stammt die marmorne Ikonostasis.

Marmorreliefs an der Ikonostasis der Kathedrale S. Maria Assunta

Mosaiken

Die Mosaiken, denen Torcello seine heutige Berühmtheit verdankt, entstanden in der Hauptsache im 12. Jh. Sie zeigen in der Apsiswölbung die Muttergottes mit den Aposteln. Die Mosaiken der rechten Seitenkapelle fallen noch in das 11. Jh. Sie sind damit die ältesten in der Kirche und stehen dem byzantinischen Einfluss näher als die Werke des 12. Jh., die in der Haltung der Figuren weniger statisch, bewegter und erzählerischer sind. Dieselbe Stilentwicklung ist an den Mosaiken von San Marco zu beobachten. Vorzüglich erhalten ist das große, die ganze Westwand einnehmende Mosaik mit der Darstellung des Weltgerichts, das traditionell im Westen einer mittelalterlichen

Das große Mosaik »Das Jüngste Gericht« in der Kathedrale S. Maria Assunta auf Torcello entwickelt das Thema in sechs Teilen (von oben nach unten): Christus am Kreuz; Christus befreit die Seelen aus der Vorhölle; Christus als Weltrichter in der Mandorla; der leere Herrscherthron Gottes; die Seligen; die Verdammten

Kirche seinen Platz hat. In mehreren Streifen übereinander werden die unterschiedlichen Begebenheiten geschildert. In den beiden unteren erkennt man die Auserwählten (links) und die Verdammten (rechts). Darüber erscheint die Hetoimasia, der leere Thron Christi, der von Engeln bewacht wird. Davor knien Adam und Eva. Weitere Engel blasen Posaune, um die Toten aufzuwecken. Im vierten Streifen sitzt der Weltenrichter in einer Mandorla, umgeben von Engeln und Aposteln als den Beisitzern des Jüngsten Gerichts. Darüber erscheint Christus als Überwinder der Hölle, deren zertretene Tore zu seinen Füßen liegen. Zuoberst schließlich endet das personenreiche Szenarium mit einer Darstellung der Kreuzigung.

Vor dem Dom sind noch die Grundmauern des einstigen **Baptisteriums** zu sehen.

S. Fosca
Mo–S. 10.30–16.30 Uhr, im Winter 10.30–15 Uhr

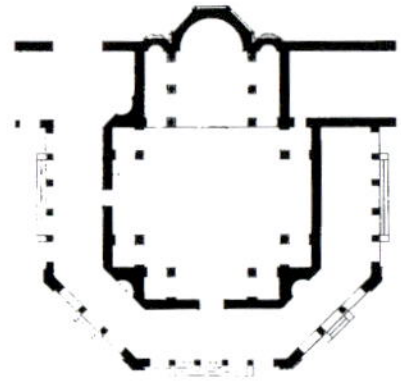

Grundriss S. Fosca

S. Fosca

Neben dem Dom ist die romanische Kirche S. Fosca als zweiter Sakralbau des Mittelalters auf Torcello erhalten. Es handelt sich um einen quadratischen Bau des 11. Jh., dem im 12. Jh. ein rechteckiger Chor sowie außen eine offene Vorhalle angefügt wurden.

Der zentrale Grundriss erklärt sich in diesem Fall aus der Tatsache, dass das Sanktuarium, für die Gebeine der ravennatischen Märtyrerin Fosca errichtet, ein Memorialbau ist. Schon in der griechischen Antike war für den Grabbau der zentrale Grundriss festgelegt worden. Das Innere erscheint wie eine Übersetzung der Baugedanken von San Marco ins Kleinformat.

Lido

Der Lido di Venezia ist eine von den drei lang gezogenen Sandbänken, zwischen denen schmale Durchbrüche den Schiffsverkehr zwischen der Lagune und dem offenen Meer ermöglichen. Ohne diese schützende, von der Natur geschaffene Barriere wäre Venedig längst in den Fluten der Adria versunken. Der Lido (eigentlich: Strand) ist 12 km lang und verfügt über ausgedehnte Strände. Kunstgeschichtlich Sehenswertes ist nicht vorhanden, es sei denn, man interessiert sich für die baulichen Ausdrucksmöglichkeiten des ausgehenden 19. Jh. mit seinen orientalisierenden Hotelpalästen. Wer jedoch Venedig im Sommer besucht, wird einen Abstecher zum Lido als erholsamen Kontrast zu dem erfüllten Besichtigungsprogramm empfinden.

Chioggia

Die Schiffsfahrt durch die südliche Lagune nach Chioggia dauert etwa eineinhalb Stunden. Von Pellestrina an kann man auf viele Kilometer die *murazzi* sehen, jenen aus istrischen Steinblöcken gefügten Damm gegen die Flut, der die letzte große Bauanstrengung der zu Ende gehenden Republik war.

Chioggia selbst ist seit alters ein betriebsamer Fischereihafen. Die beiden Hauptachsen des Städtchens sind die parallel zueinander verlaufenden Corso del Popolo und die Wasserstraße des Canale della Vena. Sehenswert sind der alte **Kornspeicher** am Corso und der Dombezirk am Ende der Hauptstraße. Der **Dom** ist ein Barockbau, der 1633–74 nach einem Plan Baldassare Longhenas errichtet wurde. Es handelt sich um eine groß angelegte dreischiffige Basilika mit tiefem Presbyterium. Eine Kostbarkeit bietet die neben dem Dom stehende kleine Kirche **S. Martino,** die im ausgehenden 14. Jh. erbaut wurde. Gemeint ist das Altarbild mit der thronenden Muttergottes und Heiligen sowie mit Szenen aus dem Leben des hl. Martin. Das Werk gilt als Arbeit des Paolo Veneziano, des ersten venezianischen Malers von Rang (datiert 1349).

Reisen & Genießen

Restaurants

… auf Burano

Vorzüglich speist man auf Burano in dem mit Bildern (die meisten sind vom Chef Mario gemalt) voll gehängten Ristorante Galuppi. Gerne zeigt der Ober dem Gast eine Gouache mit einer Karnevalsszene, die der Autor dieses Kunst-Reiseführers gemalt hat.

Galuppi
Via Baldassare Galuppi, 468
Burano
Tel. 041 73 00 81
obere Preisklasse

Schräg gegenüber dem Galuppi tafelt man in historischem Ambiente in dem renommierten Restaurant Da Romano. Hier befand sich einst die Schule der Spitzenklöpplerinnen. Gut und stilvoll, aber teuer.

Da Romano
Via Galuppi, 221,
Burano
Tel. 041 73 00 30
obere Preisklasse

… auf Torcello

Eine gute Adresse für eine Mittagsmahlzeit auf Torcello ist das nahe dem Dom in einem weitläufigen Garten gelegene Ristorante Villa'600, wo man herrlich unter einer Pergola sitzen kann. Mi geschlossen.

Villa'600
Fondamenta Borgognoni, 12, Torcello
Tel. 041 527 22 54
www.villa600.it
obere Preisklasse

… auf Murano

Auf Murano liegt schräg gegenüber der Kirche S. Pietro Martire auf der anderen Seite des Kanals das nette Restaurant Busa alla Torre, wo man bei Sonnenschein sehr schön draußen sitzt. Gute Küche und bezahlbar. Nur mittags geöffnet.

Busa alla Torre
Campo S. Stefano, 3
Murano
Tel. 041 73 96 62
mittlere Preisklasse

Einkaufen

Murano-Glas kann man in unzähligen Geschäften erstehen, aber authentischer noch ist es natürlich, wenn man sich am Ort der Entstehung, eben auf Murano selbst, umtut. In einigen Manufakturen kann man auch bei der Herstellung zuschauen. Während noch vor wenigen Jahren fast ausschließlich wenig Ansprechendes für das Massenpublikum produziert wurde, findet man heute in vielen Auslagen märchenhafte Designs für Vasen, Schalen etc. – aber die Preise sind gleichfalls ›märchenhaft‹.

Glaskunst auf Murano

Glossar kunstgeschichtlicher Begriffe

Akanthus

Akanthus Distelähnliche Pflanze. Die Form ihrer gezackten oder gelappten Blätter findet sich zuerst an korinthischen Kapitellen. Symbol der Unsterblichkeit.

Akroterfiguren Bekrönende Elemente, meist aufrecht stehende Giebelverzierung, sowohl der Spitze als auch der seitlichen Ecken des Giebeldreiecks.

Andron Korridor im Erdgeschoss des venezianischen Palazzo.

Apsis (griech. = Bogen, Rundung) Die das Ende des Chors, gelegentlich auch der Seitenschiffe bildende Altarnische über meist halbrundem, selten auch polygonalem Grundriss.

Architrav Der waagerechte Steinbalken über Säulen, Pfeilern oder Pilastern.

Archivolte Rahmenleiste an der Stirnseite eines Bogens oder die (meist plastische) Innengliederung einer Bogenlaibung. Geläufiges Motiv an romanischen und gotischen Portalen.

Arkade (lat. = Bogen) Bogenstellung, d. h. ein Bogen über Säulen oder Pfeilern. Arkade kann auch die fortlaufende Reihe von Bögen bedeuten.

Attika Aufmauerung über einem Gesims, zum Teil als eigenes Geschoss ausgebildet.

Baldachin Gewölbter, dachartiger Aufbau über Statuen oder Altären. In der gotischen Kunst Symbol des Himmels.

Basilika (griech. = Königshalle) Die römische Basilika, ursprünglich Markt- oder Gerichtshalle, ist eine flachgedeckte Säulenhalle mit drei oder mehr Schiffen und einer apsidialen Rundung im Osten. Längsrichtung und Höhenstufung der Schiffe, wobei das Mittelschiff sein Licht von der über die Seitenschiffe aufsteigenden Fensterzone, dem sog. Licht- oder Obergaden, empfängt, sind die Wesensmerkmale der B., die in ihren zahlreichen Abwandlungen zum wichtigsten Typ des christlichen Kultbaus wurde. In Venedig ist es irritierend, dass San Marco, eine Kreuzkuppelkirche, im Volksmund Basilika genannt wird. Als Bestimmung des Bautyps von San Marco ist dies unzutreffend.

Basis Fuß einer Säule oder eines Pfeilers, der den Druck der Stütze auf eine größere Grundfläche verteilt.

Blende Das einem Baukörper vorgelegte, der Dekoration oder Gliederung dienende ›blinde‹ architektonische Motiv, das nicht räumlich in Erscheinung tritt, z. B. Blendarkade.

Campanile Frei stehender Glockenturm.

Chiaroscuro Hell-Dunkel-Malerei.

Chor (griech. = Tanz, Tanzplatz) Ursprünglich Raum für den Chorgesang der Geistlichen, seit dem 15. Jh. übliche Bezeichnung für den Altarraum und seine Annexe.

Chorschranke Lettner. Trennwand zwischen Laienraum und dem Altarraum bzw. dem Teil einer Kirche, der den Geistlichen vorbehalten ist.

Cinquecento (ital. = fünfhundert) In Italien die geläufige Bezeichnung für das 16. Jh.

Fiale Turmartige Verzierung mit spitzem Dach in der gotischen Baukunst, häufig als oberer Abschluss von Strebepfeilern.

Fondaco (arab. *funduq* = Karawanserei, Lagerhaus) Herberge und Handelskontor.

◁ Gondeln vor San Giorgio Maggiore

Fresko (ital. = frisch, im Gegensatz zu *secco* = trocken) Auf feuchten Verputz aufgetragenes Wandgemälde, das durch gleichzeitiges Abbinden von Putz und Farbe besonders haltbar ist.
Gisant Liegendes Abbild eines Verstorbenen auf einem Sarkophag.
Groteske Vegetabiles Rankenornament mit eingebundenen Darstellungen von Tieren, Menschen und/oder Fabelwesen. Häufiges Motiv in der römischen Kunst, besonders in der Wandmalerei, das im 15. Jh. wiederentdeckt wurde, zum Teil in Grotten (deshalb der Name). Gehört zum gängigen Formenschatz der Renaissance.
Halle Raum mit mehreren Schiffen von gleicher Höhe.
Ikonostase Mit Bildern geschmückte Trennwand zwischen Kirchenraum und dem Allerheiligsten in frühchristlichen und byzantinischen Kirchen.
Joch Gewölbeeinheit innerhalb einer Folge gleicher Einheiten sowie der dadurch bestimmte Raumabschnitt. Als Joch wird auch der von Pfeiler zu Pfeiler (bzw. von Säule zu Säule) reichende Abschnitt einer Brücke bezeichnet.
Kämpfer Die oberste Platte eines Pfeilers oder einer Säule, die als Auflage für Bögen oder Gewölbe dient.
Kalotte (franz. = Käppchen) Kuppelform, die mittels eines horizontal geführten Schnittes durch eine Kugel oberhalb ihres Großkreises (Äquator) entsteht. Auch Bezeichnung für eine Viertelkugel als Wölbung über einer Apsis auf Halbrundgrundriss.
Kapitelsaal Wichtiger Versammlungsraum eines Klosters, in der Regel hallenartig und an der Ostseite des Kreuzganges gelegen. Im Kapitelsaal finden außer Beratungen und Lesungen (von daher der Name) jene außerliturgischen Feste statt, die nicht an die Kirche selbst gebunden sind.
Kassettendecke Eine flache oder gewölbte Decke mit vertieften Feldern, die quadratisch, polygonal oder rund sein können.
Kolonnade Offener Gang mit Säulen oder Pfeilern, der im Gegensatz zur Arkade mit geradem Gebälk bzw. Architrav abschließt.
Konche (griech. = Muschel) Andere Bezeichnung für Apsis oder apsidiale Rundung.
Korbbogen Gedrückter, also nicht halbrunder Bogen.
Krypta Unterkirche, meist unter dem Chor.
Lanzettfenster Extrem hohes und schmales Fenster mit spitzbogigem Abschluss. Typisch für die hochgotische Architektur. Meist werden mehrere Lanzetten mit einem Rundfenster darüber zu einem sog. Gruppenfenster zusammengefasst.
Lisene Vertikale Mauerverstärkungen ohne Basis und Kapitell zur Gliederung von Fassaden.
Loggia Offener, von Säulen oder Pfeilern getragener Gang oder Saal.
Lünette (franz. = kleiner Mond) Halbkreisförmiges Bogenfeld über Fenstern oder Portalen.
Maßwerk Das geometrisch (mit dem Zirkel) ›gemessene‹ Bauornament der Gotik, zumeist aus Rundstäben gebildet. Tritt zum ersten Mal an der Kathedrale von Reims auf.
Mezzanin Zwischen- bzw. Halbgeschoss.
Narthex Vorhalle der antiken und später christlichen Basilika.
Oktogon Achteck.
Okulus (lat. = Auge) Kreisfenster.
Ottocento (ital. = achthundert) In Italien die geläufige Bezeichnung für das 19. Jh.

Joch

Kämpfer über Kapitell

Vierpass

Pass Bezeichnet eine runde Fenster- oder Ornamentform, die aus einzelnen Kreissegmenten gebildet wird. Je nach Anzahl der Segmente spricht man von einem Dreipass, Vierpass etc. Der Vierpass ist eine verbreitete Fensterform der gotischen Palastarchitektur Venedigs.
Pendentif Hängezwickel. Über vier Pendentifs erfolgt in der Regel die Überleitung von einem quadratischen Grundriss zum Rund einer Kuppel.
Piano nobile Bezeichnung für die Obergeschosse aristokratischer Wohnbauten.
Pietà Vesperbild. Darstellung der Maria mit dem Leichnam Christi. In der Kunst der Frührenaissance Venedigs besonders beliebtes Thema.
Pilaster Flacher, der Wand aufgeblendeter Pfeiler.
Polychromie Vielfarbigkeit.
Polygon Vieleck (Sechseck, Achteck etc.)
Polyptychon Mehrteiliges Altarbild.
Portego Haupthalle des venezianischen Palazzo im ersten Stockwerk.
Portikus Von Säulen bzw. Pfeilern getragene offene Vorhalle.
Predella Sockelzone eines Altarbildes bzw. Altaraufsatzes.
Presbyterium Andere Bezeichnung für Chor. Bestimmt in der Regel die Gesamtheit einer Choranlage mit Hauptapsis und begleitenden Seitenkapellen.
Quattrocento (ital. = vierhundert) In Italien geläufige Bezeichnung für das 15. Jh.
Reliquiar Behältnis zur Aufbewahrung der sterblichen Überreste eines Heiligen bzw. Teilen davon oder für die seinem Andenken geweihten Gegenstände.
Retabel Altarbild, gemalt oder plastisch, ein- oder mehrteilig.
Risalit Vorspringender Teil einer Fassade.
Rustika Roh behauene Quadersteine, meist am Sockel eines Gebäudes. In der toskanischen Architektur häufig, in der venezianischen nur selten verwendetes Motiv.
Saal Einschiffiger Raum.
Sacra Conversazione (ital. = heiliges Gespräch) Gängige Bezeichnung für Darstellungen der Muttergottes mit Heiligen, ohne dass real eine Unterhaltung erkennbar ist.
Säulenordnung Die wichtigsten Grundformen sind die auf die Antike zurückgehenden Ordnungen Dorisch (ohne Basis, schlichtes Kapitell), Ionisch (mit Basis und Volutenkapitell) und Korinthisch (mit mehrfach profilierter Basis und Akanthusblatt-Kapitell).
Sanktuarium Heiligtum. Meist findet der Begriff auf kleinere Kirchen oder Kapellen Anwendung, die im Verband mit einem größeren Bau stehen.
Seicento (ital. = sechshundert) In Italien geläufige Bezeichnung für das 17. Jh.
Sepulkralplastik Grabplastik.
Settecento (ital. = siebenhundert) Bezeichnung für das 18. Jh.
Soffitto Flachdecke.
Stichkappe Kleines, in ein größeres Gewölbe von den Seiten her eindringendes Gewölbe.
Tabernakel Turmartige Bekrönung mit spitzem Dach, häufig als Abschluss eines Strebepfeilers, ähnlich der Fiale, aber im Unterschied zu jener offen, so dass im Innern oftmals Figuren aufgestellt sind. Daneben bezeichnet der Begriff auch den Aufbewahrungsort von Kelch und Hostie.
Tambour (franz. = Trommel) Zylindrischer Unterbau einer Kuppel, der sich über die Dachzone des jeweiligen Gebäudes erhebt.

Thermenfenster Römische Fensterform. Ein Halbrund, das von zwei senkrechten Stegen in drei Abschnitte unterteilt wird.
Tondo Gemälde oder Relief in rundem Format.
Tonnengewölbe Wölbung mit halbkreisförmigem Querschnitt.
Torresello (ital. torre = Turm) Die den Mittelteil flankierenden Seitentrakte des venezianischen Palazzo.
Trecento (ital. = dreihundert) In Italien geläufige Bezeichnung für das 14. Jh.
Triptychon Dreiflügeliger Altar.
Tympanon (griech. = Handpauke) Das halbrunde Bogenfeld über einem Portal, meist mit plastischem Dekor.
Vedute Originalgetreue Wiedergabe einer bestimmten topografischen Situation.
Verkröpfung Herumführen eines Gesimses oder Gebälkes um Pfeiler bzw. Säulen oder Mauervorsprünge.
Vierung Der Durchdringungsraum von Lang- und Querhaus einer Kirche. Ist dieser Teil vom Langhaus oder den Querarmen nicht abgesondert, spricht man von nicht ausgeschiedener V., andernfalls von ausgeschiedener V. Über der V. kann sich ein Vierungsturm oder eine Vierungskuppel erheben.
Volute Spiralform, die häufig an Giebeln und Kapitellen vorkommt.
Wimperg Giebelförmige Bekrönung gotischer Fenster und Portale.
Zentralbau Bau, dessen sämtliche Teile auf einen Mittelpunkt bezogen sind (Quadrat, Kreis, Polygon). Während das Abendland in der Regel dem längsgerichteten Bau (Basilika, Halle, Saal) den Vorzug gab, ist der Z., der der Architektur des Ostens entstammt, in Venedig stets beliebt gewesen, meist in der Form der neunzelligen Kreuzkuppelkirche (quadratisches, überkuppeltes Zentrum, an den Seiten vier tonnengewölbte Raumteile, in den Ecken vier wiederum überkuppelte Quadrate).

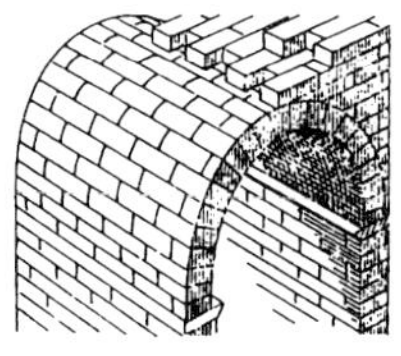

Tonnengewölbe

Wimperg

Gondelfahrt auf einem Kanal im Südosten von Cannaregio ▷

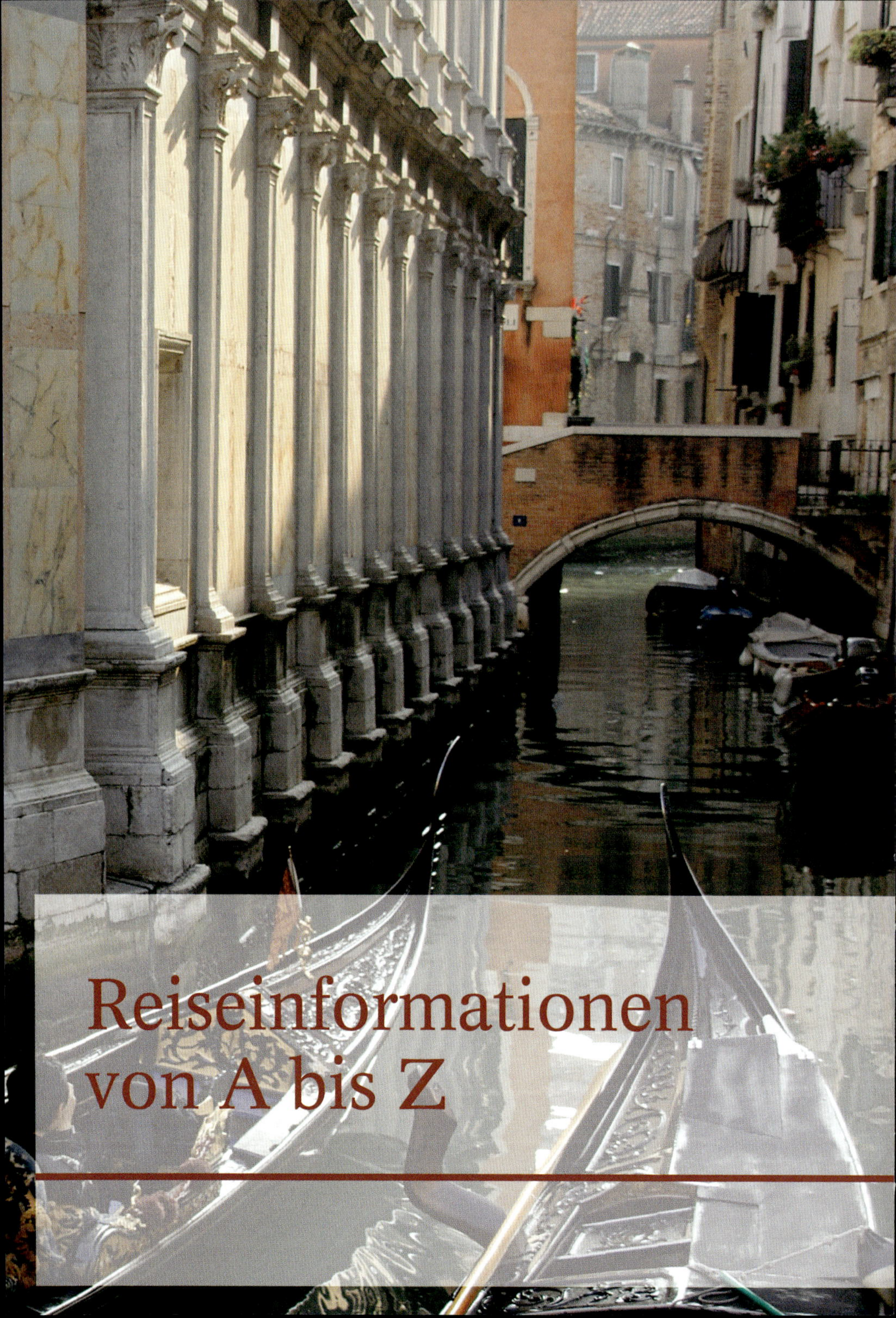

Reiseinformationen von A bis Z

Anreise

... mit dem Flugzeug

Von Berlin, Frankfurt, Stuttgart, Düsseldorf, München, Wien und Zürich gibt es Linienflüge nach Venedig. Die Maschinen landen auf dem Aeroporto Internazionale Marco Polo.

Der Transfer in die Stadt erfolgt entweder mit Linienbussen, die am Piazzale Roma halten, oder mit Booten, die die Station S. Marco ansteuern.

... mit dem Auto

Wer in den Wintermonaten die Alpen überqueren will, erkundige sich vorsichtshalber beim ADAC unter Tel. 018 05 10 11 12 nach dem aktuellen Straßenzustand. Die Pannenhilfe des ACI ist in ganz Italien unter Tel. 116 zu erreichen. Abschleppen auf Autobahnen darf nur der Pannenhilfswagen des ACI. Die Gebühr dafür entfällt für die Inhaber eines internationalen Schutzbriefes.

Am schnellsten erreicht man Venedig über die Autobahn (gebührenpflichtig). Man gelangt in die Stadt über den 4 km langen Damm, der bei Mestre beginnt.

Da es im gesamten Stadtgebiet von Venedig (außer rund um den Piazzale Roma und auf dem Lido) keinen Autoverkehr gibt, muss man sein Fahrzeug in einem der Parkhäuser am Piazzale Roma oder auf den Großparkplätzen auf dem Tronchetto abstellen. In der Hochsaison (Karneval und Sommermonate) sind diese in der Regel überfüllt; dann hilft meist ein Trinkgeld an den Parkwächter weiter.

Oder aber man lässt seinen Wagen gleich auf dem Festland, entweder in Mestre, von wo man mit Bahn oder Bus nach Venedig gelangt, oder in Fusina, von wo man per Schiff über die Brenta die Stadt erreicht. Letzteres ist der historische Weg, den alle Reisenden früherer Zeiten nahmen.

... mit der Bahn

Die bequemste Anreisemöglichkeit ist eine Zugfahrt. Von München ist man ca. 7 Stunden unterwegs. Endstation ist der Hauptbahnhof S. Lucia direkt am Canal Grande. Hier legen auch alle wichtigen Linienboote an, mit denen man zu seinem Quartier fährt.

Ärztliche Versorgung

Apotheken sind im Sommer 8.30–12.30 und 16–20 Uhr, im Winter 8.30–12.30 und 15.30–19.30 Uhr geöffnet. In der Farmacia Gioco Internazionale (S. Marco Nr. 1473, nahe S. Moisè) spricht man Deutsch.

Über die diensthabenden Apotheken nach Geschäftsschluss und an Feiertagen informieren das Monatsprogramm »Un ospite di Venezia« sowie die Tagespresse.

Auskunft/Internetadressen

Informationen für eine Reise nach Venedig (Hotelverzeichnisse, Ortsprospekte, Veranstaltungskalender und vieles andere mehr) erhält man kostenlos und unverbindlich beim Staatlichen Italienischen Fremdenverkehrsamt (ENIT), das in der Bundesrepublik Deutschland, in Österreich und in der Schweiz Außenstellen unterhält.

Folgende Büros sind in der Regel Mo–Fr 10–17 Uhr geöffnet:

Deutschland
Italienische Zentrale für Tourismus ENIT
Barckhausstraße 10
60325 Frankfurt/Main
Tel. 069 23 74 34
Fax 23 28 94
frankfurt@enit.it

Kostenfreie Servicenummer für den deutschsprachigen Raum: Tel. 008 00 00 48 25 42 (nur für Prospektbestellung).

Österreich
Kärntnerring 4
1010 Wien
Tel. 01 505 16 39
Fax 01 505 02 48
delegation.wien@enit.at
www.enit.at

Schweiz
Uraniastr. 32
8001 Zürich
Tel. 043 466 40 40
Fax 043 466 40 41
info@enit.ch
www.enit.ch

Internet
www.enit.it – Staatliches Italienisches Fremdenverkehrsamt (ENIT)
www.italia.it – Offizielle Seite des italienischen Fremdenverkehrsministeriums
www.turismovenezia.it – Venezianisches Tourismusbüro
www.venezia.net – Italienische Seite mit Kulturprogrammen und Events
www.doge.it – Touristische Infos in Englisch

Diplomatische Vertretungen

Die diplomatischen Vertretungen sind nur vormittags für Publikumsverkehr geöffnet.

Bundesrepublik Deutschland
Konsulat
Campo S. Angelo, 3816
Tel. 041 523 76 75
Fax 041 522 76 55

Österreich
Honorarkonsulat
Fondamenta Condulmer, 251
Tel. 041 524 05 56
Fax 041 524 21 51

Schweiz
Konsulat
Dorsoduro, 810
Tel. 041 522 59 96
Fax 041 244 38 63

Einreisebedingungen und Zollbestimmungen

Für die Einreise aus den Mitgliedsstaaten der EU wie auch der Schweiz gelten die Bestimmungen der EU, die den unbeschränkten Aufenthalt zulassen. Ausweispapiere müssen mitgeführt werden, ebenso Führerschein und Fahrzeugpapiere, wenn man mit dem Auto anreist.

Ein- und Ausfuhrbeschränkungen von Waren gibt es nicht, sofern sie mit sich geführt werden und dem eigenen Bedarf dienen. Kontrollen werden bei der Einreise aus einem EU-Land gemäß dem Schengener Abkommen nicht mehr durchgeführt. Stichproben sind – insbesondere bei Einreise aus der Schweiz – freilich jederzeit möglich.

Erforderlich für die Mitnahme von Tieren ist ein Impfpass mit dem Nachweis einer Tollwutimpfung, die nicht älter als 12 Monate und nicht jünger als 4 Wochen sein darf. Für Hunde sind Maulkorb und Leine im ganzen Stadtgebiet von Venedig Pflicht.

Eigentumsdelikte sind in Venedig erfreulich selten. Dennoch empfiehlt sich vorsichtshalber der Abschluss einer Reisegepäck-Versicherung.

Essen und Trinken

Unter den Spezialitäten der venezianischen Küche sind vor allem die diversen Fischgerichte zu nennen. Zu den Köstlichkeiten zählen: *aragosta* (Hummer, Languste), *anguilla* (auch *bisato* genannt, Aal), *coda di rospo* (wörtlich: Krötenschwanz = Seeteufel), *cozze* (Miesmuscheln, meist in Weißweinsud gekocht), *datteri di mare* (Meeresdatteln, eine Muschelart), *fritto misto* (Gemisch aus panierten, in Öl gebackenen Tintenfisch-Ringen und kleinen Fischen und/oder Krabben bzw. Scampi), *grancevola* (Meeresspinne), *orata* (Goldbrasse), *San Pietro* (Sankt Petersfisch), *sogliola* (Seezunge). Da der Fischbestand der Adria jedoch knapp geworden ist, gehören die Fischgerichte zu den teuersten Speisen auf der Karte.

Als weitere Spezialitäten nennen wir: *bigoli* (Spaghetti aus dunklem Mehl), *risi bisi* (eigentlich: *riso e bisi,* Reis mit Erbsen), *risotto* (Reiseintopf, meist mit Muscheln), *castradino* (Hammelbraten), *fegato alla veneziana* (Leber in Öl und mit viel Zwiebeln gebacken, die gängige Beilage dazu ist Maisbrei = Polenta), *trippa alla trevisana* (gekochte Kutteln). Daneben findet man natürlich alle Gerichte, die typisch für die italienische Küche sind.

Ein Menü beinhaltet in etwa folgende Gänge: Man beginnt mit einer Pasta, d. h. einer Mehlspeise *(spaghetti, tortellini, lasagne, cannelloni etc.)*. Darauf folgt das Hauptgericht, wozu man separat die Beilage *(contorno)* oder einen Salat *(insalata)* bestellt. Zum Abschluss nimmt man Käse *(formaggio)* und/oder eine Süßspeise *(dolce)*. Eine Köstlichkeit ist das *tiramisù* (wörtl.: Zieh mich hinauf, ein Dessert, das aus likörgetränkten Biskuits, Creme und geraspelter Schokolade besteht). Dazu trinkt man den Wein des Hauses *(vino della casa)*, möglichst offen vom Fass *(aperto)*. Eine ideale Verdauungshilfe nach einem reichhaltigen Mahl ist, neben dem Espresso, ein Grappa, ein aus gepressten Trauben destillierter Tresterschnaps.

Im Restaurant

Bei der Lokalsuche und der Speiseauswahl ist zu beachten: Im Bereich der beiden touristischen Brennpunkte (San Marco und Rialto) findet man zwar eine große Auswahl an Restaurants, die aber in der Regel stattliche Preise verlangen. Typische Lokale, in denen man gut und noch einigermaßen preiswert isst, findet man vor allem im Dorsoduro zwischen der Accademia und dem Campo S. Barnaba, im Norden der Stadt und im Bereich zwischen S. Zaccaria und dem Arsenal. Bekannt für ihre Fischspezialitäten sind die Restaurants auf Burano (empfehlenswert: das Restaurant Galuppi). Fischliebhaber sollten am Montag einem Fleischgericht den Vorzug geben, da montags der Fischmarkt geschlossen ist und die auf der Karte angebotenen Fische dann in der Regel aus der Tiefkühltruhe kommen.

Die meisten Lokale in Venedig sind auf den Fremdenverkehr eingerichtet und präsentieren Speisekarten in mehreren Sprachen. Auch die Ober beherrschen oft Grundkenntnisse in Deutsch und Englisch. Dies erweist sich vor allem dann als hilfreich, wenn man sich über die Art der Zubereitung eines Gerichts informieren möchte. Dass ein Gast übervorteilt wird, kommt – gottlob – nur selten vor. Dennoch sollte man die Rechnung aufmerksam studieren. Gesondert wird immer das *coperto*, das Gedeck, berechnet. Darin ist u. a. der Konsum des Brotes enthalten. Auch der Service wird oft extra berechnet. Aber auch in diesem Fall gibt man normalerweise ein Trinkgeld von etwa 10 % der Endsumme.

In den Reisen & Genießen-Kästen des Reiseführers empfiehlt der Autor einige Restaurants, die neben einer ausgesprochen angenehmen Atmosphäre eine lokaltypische und verlässlich gute Küche gewährleisten (für Mahlzeiten am Abend sollte man telefonisch einen Tisch reservieren).

Feiertage

1. Januar – Neujahrstag/Capodanno
6. Januar – Heilige Drei Könige/Epifania
Ostersonntag – Pasqua
Ostermontag – Pasquetta, Lunedì dell'Angelo
25. April – Tag der Befreiung/Liberazione
1. Mai – Tag der Arbeit/Festa del Lavoro
15. August – Mariä Himmelfahrt/Ferragosto
1. November – Allerheiligen/Ognissanti
8. Dezember – Mariä Empfängnis/Immacolata
25. Dezember – 1. Weihnachtstag/Natale
26. Dezember – 2. Weihnachtstag/Santo Stefano
Die kirchlichen Feiertage Christi Himmelfahrt, Fronleichnam und Pfingstmontag sind in Italien normale Arbeitstage.

Feste und Veranstaltungen

Kulturelle Veranstaltungen

Während des ganzen Jahres wird in Venedig ein breit gefächertes Veranstaltungsprogramm angeboten. Die führenden Theater sind das **Teatro La Fenice** (Opernhaus), die **Theater Malibran, Goldoni** und **del Ridotto.** In Kirchen und Palästen werden Konzerte veranstaltet. Besonders reichhaltig ist das Angebot während der Karnevalszeit. Karten für die Theater erhält man nur an den dortigen Vorverkaufskassen.

Man sollte auch die sehr lebendige Ausstellungsszene beachten. Alle zwei Jahre findet von Juni bis September die **Internationale Kunst-Biennale** statt.

Über alle diese Aktivitäten informiert das monatlich erscheinende Programmheft »Un ospite di Venezia«, das man kostenlos an verschiedenen Stellen, nicht zuletzt in den Hotels erhält. Am besten informiert ist immer:

Azienda Autonoma di Soggiorno e Turismo
Ca' Giustinian
S. Marco, 4089
(zwischen Piazza di S. Marco und S. Moisè, am Ende der Calle del Ridotto)
Tel. 041 522 63 56
Fax 041 71 90 78
www.unospitedivenezia.it

Traditionelle Feste

Aus der Vielzahl der Feste früherer Zeiten haben sich einige wenige bis in unsere Tage gehalten oder sind, wie der Karneval, zu neuem Leben erweckt worden. Die wichtigsten sind:

- **Februar/März:** Karneval. Früher dauerte er Wochen, im 18. Jh. sogar Monate. Heute feiert man das große Maskenfest erst während der letzten zehn Tage vor Aschermittwoch.
- **Juli:** Am dritten Sonntag des Juli wird das Redentore-Fest zur Erinnerung an die Erlösung von der Pest 1576 veranstaltet. Am Vorabend findet auf dem Canale della Giudecca ein Schiffskorso mit anschließendem Feuerwerk statt.
- **September:** Am ersten Sonntag dieses Monats findet alljährlich die Regata Storica auf dem Canal Grande statt. An den prachtvollen, mehrere Kilometer langen Schiffskorso mit Hunderten historischer Boote und festlich kostümierter Bootsführer schließt sich ein sportlicher Wettkampf an. Es beginnt mit der Regatta der Jugendlichen, dann folgt das Rennen der Frauen. Den Abschluss bildet der Wettkampf der Männer. Beste Möglichkeit zum Zuschauen bietet sich von der Tribüne am Palazzo Balbi oder von einem der zahlreichen Lastkähne, die an diesem Tag von den Schiffseigentümern bestuhlt und zu schwimmenden Logen umfunktioniert werden. Das Verweilen auf den Brücken über den Canal Grande ist während der Veranstaltung nicht gestattet.
- **November:** Am 21. dieses Monats wird das Fest der Madonna della Salute zur Erinnerung an die Errettung von der Pest 1630 begangen. Über eine Pontonbrücke bewegt sich die Prozession von der Schiffsstation S. Maria del Giglio hinüber zur Salute-Kirche.

Geld

Banken in Venedig haben vor- und nachmittags geöffnet. Immer, auch So und feiertags, 8–19 Uhr durchgehend geöffnet ist die Filiale der Banca Nazionale delle Communicazioni im Bahnhof.

Klima und Reisezeiten

Die beste Reisezeit ist Oktober und November, wenn der Hauptstrom der Touristen die Stadt verlassen hat, aber in der Regel noch milde Temperaturen herrschen. Die kältesten und regenreichsten Monate sind Februar und März.

Falls es Hochwasser *(aqua alta)* gibt, hängen in allen Wartehäuschen der städtischen Verkehrsbetriebe Stadtpläne aus, auf denen markiert ist, wo Gehsteige auf Eisenböcken aufgestellt sind, über die man sich trockenen Fußes fortbewegen kann.

Neben dem üblichen Reisegepäck sollte man bei einer Fahrt nach Venedig folgende Dinge mitnehmen: Gummistiefel (November bis Februar), regenfeste Kleidung, ein Fernglas (für die Betrachtung hoch gelegener Details) und einen Taschenspiegel (hilfreich bei der Betrachtung von Deckenbildern), überdies ausreichend Kreditkarten.

Literaturtipps

Kunst- und Kulturgeschichte

Jacob Burckhardt: Die Kultur der Renaissance in Italien (1860), Stuttgart 2009
Peter Burke: Die Renaissance in Italien, Berlin 1992
Roger Crowley: Venedig erobert die Welt – Die Dogen-Republik zwischen Macht und Intrige, Stuttgart 2011, s. S. 41
Ennio Concina: Kirchen in Venedig, München 1996
DuMont Bildatlas Venedig, Venetien: Hervorragende Fotos kombiniert mit wertvollen Reiseinformationen, Ostfildern 2010
DuMont Bildband Venedig: Faszinierende Bildstrecken und informative Texte. Ostfildern 2012
Sylvia Ferino-Pagden (Hrsg.): Der späte Tizian und die Sinnlichkeit der Malerei, Wien/Venedig 2007/08 (Katalog zur Ausstellung im Kunsthisto-

rischen Museum in Wien 2007 und in der Accademia in Venedig 2008)
Norbert Huse/Wolfgang Wolters: Venedig – Die Kunst der Renaissance, München 1996
Norbert Huse: Venedig – Von der Kunst, eine Stadt im Wasser zu bauen, München 2008
Frederick Ilchman (Hrsg.): Titian, Tintoretto, Veronese – Rivals in Renaissance Venice, Houston/Paris 2009/10 (Ausstellungskatalog Museum of Fine Arts Boston, Louvre Paris)
Arne Karsten: Kleine Geschichte Venedigs, München 2008
Harald Keller: Die Kunstlandschaften Italiens, Frankfurt/M. 1994
Marianne Koss: Bildnisse des Begehrens – Das lyrische Männerporträt in der venezianischen Malerei des frühen 16. Jh., Berlin 2006
Heinrich Kretschmayr: Geschichte von Venedig, 3 Bände (1905, 1920, 1934), Aalen 1986 (das grundlegende Standardwerk mit reicher Quellensammlung)
Filippo Pedrocco: Tiepolo, Köln 2003
Gerhard Rösch: Der venezianische Adel – Zur Genese einer Führungsschicht, Sigmaringen 1989
Norbert Schneider: Venezianische Malerei der Frührenaissance, Darmstadt 2002
Giovanna Sciré Nepi u. a.: Die Malerei in Venedig, München 2003

Belletristik

Alfred Andersch: Die Rote (1960), Zürich 2006
Eva Gesine Baur: Venedig – Stadt der Frauen. Liebe, Macht und Intrige in der Serenissima, München 2005
Hans Bender: Der Hund von Torcello (1969), Aachen 2007
Joseph Brodsky: Ufer der Verlorenen (1991), München 2001
Giacomo Casanova: Memoiren, Klagenfurt 2005
Thomas Coryate: Beschreibung von Venedig (1608), Heidelberg 1988
Carlo Fruttero/Franco Lucentini: Der Liebhaber ohne festen Wohnsitz (1988), München 2008
Johann Wolfgang Goethe: Italienische Reise (1829), Frankfurt/Main 2008
Ernest Hemingway: Über den Fluss und in die Wälder (1950), Hamburg 2003
Patricia Highsmith: Venedig kann sehr kalt sein (1967), Zürich 2004
Donna Leon: Aqua alta (1997), Zürich 2009
Ian McEwan: Der Trost von Fremden (1981), Zürich 1985
Eduardo Mendoza: Die unerhörte Insel (1989), Frankfurt/M. 1993
Hanns-Josef Ortheil: Venedig – Eine Verführung. Oasen für die Sinne, München 2004
Juan Manuel de Prada: Trügerisches Licht der Nacht (1997), München 2007
Hannu Raittila: Canal Grande, München 2006
Petra Reski: Alles über Venedig, München 2007
Petra Reski: Palazzo Dario (1999), Berlin 2007
Rainer Maria Rilke/Birgit Haustedt: Mit Rilke durch Venedig (2006), Frankfurt/M. 2009
Herbert Rosendorfer: Venedig. Eine Einladung (1993), Köln 2008
Fulvio Tomizza: Die venezianische Erbin (1989), München/Wien 1991

Notruf

Erste Hilfe, Unfallrettung: 113 (einheitlich in ganz Italien)
Rotes Kreuz: 041 863 46
Polizei: 112
Die **Stadtpolizei** (Vigili Urbani) hat ihren Hauptsitz im Palazzo Loredan nahe der Rialto-Brücke, Tel. 041 274 82 04. Man kann sich auch an die Polizeistation am Markusplatz wenden, Tel. 041 274 73 11, oder an die polizeiliche Hilfe für Ausländer bei den Carabinieri, Tel. 041 520 47 77.
Fundbüro: Das Fundbüro befindet sich im Rathaus, Palazzo Farsetti, nahe der Rialto-Brücke. Gegenstände, die auf einem der Linienschiffe vergessen wurden, kommen ins Fundbüro der Verkehrsbetriebe Actv, Tel. 041 272 21 79; oder Auskunft der Actv: Tel. 041 528 78 86.

Öffnungszeiten

Sehenswürdigkeiten

Die hier genannten Öffnungszeiten sind nur als allgemeine Orientierungshilfe zu verstehen, da immer wieder Änderungen vorgenommen werden. Oftmals unterliegt eine bestimmte Öffnungszeit vorher nicht absehbaren Unwägbarkeiten, gelegentlich sind Kirchen, die gerade restauriert werden, ganz geschlossen. Grundsätzlich lässt sich feststellen, dass die Öffnungszeiten in den Wintermonaten verkürzt ausfallen.

Die **Kirchen** sind in der Regel von der Frühmesse (7, 8, selten auch erst um 9 Uhr) bis 12 Uhr und am Nachmittag von 17–19 Uhr geöffnet. Während der Gottesdienste oder anderer kirchlicher Feiern (Trauungen, Trauerfeiern) sind Besichtigungen nicht gestattet. Bei Kirchen, die gesicherte Öffnungszeiten haben, sind diese im Haupttext in der Marginalspalte aufgeführt.

16 Kirchen sind in einer Gruppe zusammengeschlossen. Hier hat man einen Eintritt zu bezahlen, entweder bei jedem Besuch einzeln, oder, was ratsamer ist, man ersteht das Sammelticket, das verglichen mit den Einzeleintritten sehr günstig ist. Dieses Sammelticket nennt sich **Chorus-Pass** und ist an jeder Kasse der zur Gruppe gehörenden Kirchen erhältlich. Folgende Kirchen kann man mit dem Chorus-Pass besichtigen: Il Redentore, Madonna dell'Orto, S. Alvise, S. Giacomo dell'Orio, S. Giobbe, S. Giovanni Elemosinario, S. Maria Formosa, S. Maria del Giglio, S. Maria Gloriosa dei Frari, S. Maria dei Miracoli, S. Maria del Rosario (I Gesuati), S. Pietro di Castello, S. Polo, S. Sebastiano, S. Stae, S. Stefano.

Alle **Museen** der Stadt sind am 25. Dezember sowie am 1. Januar geschlossen. Einige – jedoch nicht die Accademia – sind auch an den Feiertagen 25. April, 1. Mai, 1. So im Juni und am 15. August geschlossen.

Alle Städtischen, also nicht-staatlichen Museen kann man mit einem **Sammelticket** besuchen – unbedingt für alle diejenigen zu empfehlen, die ein paar Tage in Venedig weilen und mehr sehen als nur den Dogenpalast. Dieses Ticket gilt für folgende Museen bzw. Denkmäler: Dogenpalast, Museo Civico Correr, Ca' Rezzonico, Casa Carlo Goldoni, Palazzo Mocenigo (Museum für Kostümkunde), die beiden Museen in der Ca' Pesaro und das Glasmuseum auf Murano.

Geschäfte

Die üblichen Öffnungszeiten der Geschäfte sind im Sommer 9–13 und 16–20 Uhr, im Winter 8–13 und 15.30–19.30 Uhr. Sonntag- und Montagnachmittag bleiben die Läden geschlossen.

Post

Die Hauptpost ist im Fondaco dei Tedeschi (neben der Rialto-Brücke) untergebracht und ist Mo–Sa 8.30–18.30 Uhr geöffnet. Ein anderes großes Postamt befindet sich nahe San Marco, hinter der Ala Napoleonica.

Ansichtskarten und Briefe nach Deutschland, Österreich, in die anderen EU-Staaten und in die Schweiz werden mit 0,65 € frankiert und als beschleunigte *posta prioritaria*-Sendungen befördert. Briefmarken *(francobolli)* erhält man in der Post und in Tabakläden.

Programmvorschlag

Im Folgenden wird eine Zeiteinteilung für einen achttägigen Aufenthalt vorgeschlagen. Wer kürzer bleibt, streicht von unten das Programm tageweise zusammen.

1. Tag: Vormittags Rundgang auf der Piazza und der Piazzetta, anschließend Besuch der Markuskirche. Am Nachmittag Schiffsfahrt auf dem Canal Grande, eventuell mit Ausstieg an folgenden Stationen: S. Marcuola, Ca' d'Oro, Rialto, Ca' Rezzonico (mit dem Traghetto übersetzen zum Palazzo Grassi und zurück), S. Maria della Salute.

2. Tag: Vormittags Besuch des Dogenpalastes; am Nachmittag Frari-Kirche und Scuola Grande di S. Rocco.

3. Tag: Vormittags Besuch der Gemäldegalerie in der Accademia; am Nachmittag SS. Giovanni e Paolo und die nahe Kirche S. Maria dei Miracoli.

4. Tag: Vormittags Rundgang im Rialto-Bezirk mit Besichtigung der Kirchen S. Giacomo di Rialto, S. Giovanni Crisostomo und S. Salvatore; am Nachmittag Besuch der beiden Palladio-Kirchen S. Giorgio Maggiore und Il Redentore auf der Giudecca-Insel.

5. Tag: Rundgang vom Markusplatz zur Kirche S. Zaccaria, anschließend S. Giovanni in Bragora, eventuell weitergehen bis zum Arsenal. Am Nachmittag Besuch der Scuola di S. Giorgio degli Schiavoni mit dem Carpaccio-Zyklus, dann zum Campo S. Maria Formosa mit der gleichnamigen Kirche.

6. Tag: Vormittags Rundgang von S. Moisè über S. Maria del Giglio nach S. Stefano. Am Nachmittag S. Maria della Salute, dann Spaziergang auf dem Zattere-Kai zur Gesuati-Kirche. Zum Abschluss eventuell noch S. Sebastiano mit der Deckenmalerei Veroneses. Rückweg über den Campo S. Margherita.

7. Tag: Rundgang im Norden der Stadt, beginnend an der Kirche I Gesuiti, dann SS. Apostoli und Ca' d'Oro (Besuch der Galleria Franchetti). Nachmittags zur Kirche Madonna dell'Orto, anschließend durch das ehemalige Ghetto nach S. Giobbe.

8. Tag: Ganztägiger Ausflug in die nördliche Lagune. Zum Auftakt nach Murano (S. Pietro Martire, SS. Maria e Donato und das Glasmuseum); anschließend nach Burano (dort Mittagessen). Am Nachmittag nach Torcello.

Reisen mit Handicap

Venedig ist wegen der vielen Brücken und unebenem Untergrund für Behinderte ein beschwerliches Reiseziel. Allerdings sind inzwischen etliche Brücken entlang der Hauptrouten mit Aufzügen für Rollstühle ausgestattet. Über die Info-Stellen der APT (s. unter Tourist-Information), das PR-Büro im Rathaus (Ca' Farsetti, San Marco, 4136, Mo–Fr 9–13 Uhr, Tel. 041 274 81 44) bzw. über die Büros von Informhandicap (s. u.) kann man die Schlüssel erhalten. Drei Rundgänge für Gehbehinderte sind auf www.comune.venezia.it (The Tourist/Maps) zusammengestellt.

In der Altstadt gibt es mehrere Toiletten für Menschen mit Handicap, u. a. am Piazzale Roma, der Stazione Marittima, auf beiden Seiten der Rialto-Brücke, im Dogenpalast, auf dem Biennale-Gelände und auf dem Campo San Luca.

Die Vaporetti liegen auf gleichem Niveau wie die Anlegestellen, weshalb das Ein- und Aussteigen bei den meisten Linien meist unschwer ist.

Unterkünfte, die behindertengerecht ausgestattet sind, finden sich nur im Vier- und Fünf-Stern-Bereich. Sie sind im offiziellen Hotelverzeichnis mit einem entsprechenden Symbol gekennzeichnet.

Auskünfte, Broschüren, Stadtpläne usw. für Behinderte bietet der städtische **Service Informhandicap**
(geöffnet Di, Do 15–17, Mi und Fr 9–13 Uhr):
Centro Culturale Candiani
Piazzale Candiani, 5
30174 Venedig-Mestre
Tel. 041 274 61 44
www.comune.venezia.it/informahandicap

Die ›Filiale‹ im PR-Büro des Rathauses von Venedig (Ca' Farsetti) ist Do 15–17 Uhr geöffnet. Info und Hilfe fur behinderte Bahnreisende:
Tel. 041 78 55 70 bzw. www.fs-on-line.it

Reiseveranstalter

Alle namhaften Reiseveranstalter bieten geführte Gruppenreisen nach Venedig an. Zu verweisen ist u. a. auf Studiosus in München.

Sprachführer

Piazza bedeutet im Italienischen Platz. In Venedig gibt es jedoch nur eine Piazza, nämlich die Piazza di San Marco. Alle anderen Plätze nennt man **Campo**. Dieselbe Differenzierung gilt für kleinere Plätze. **Piazzetta** nennt man lediglich den Platz zwischen Dogenpalast und Markusbibliothek sowie die Piazzetta dei Leoncini an der Nordseite der Markuskirche. Alle anderen kleinen Plätze heißen **Campiello.**

Canal (ohne e am Ende) gibt es ebenfalls nur einen, den Canal Grande, den die Venezianer auch **Canalazzo** nennen, in einer für den venezianischen Dialekt typischen Kontraktion von Canal und Palazzo. Andere große Kanäle heißen **Canale,** die kleineren Wasserwege **Rio.**

Corte ist die Bezeichnung für Hof, die Verkleinerungsform lautet **Cortile.** Gerät man in eine scheinbare Gasse, die aber als Cortile ausgewiesen ist, so befindet man sich höchstwahrscheinlich in einer Sackgasse. Dasselbe gilt in der Regel für Gassen mit dem Zusatz **Ramo;** sie enden meist (aber nicht immer) an einem Kanal. Vorsicht ist allemal geboten, wenn man – besonders bei Dunkelheit – in einen Ramo gelangt. Die Gasse heißt **Calle,** im Diminutiv **Callesella.** Wichtigere Wege heißen oft **Salizzada;** so nannte man früher die gepflasterten Wege.

Zahlreiche Gassen, die auf den Canal Grande führen, heißen **Calle del Traghetto.** Da aber längst nicht mehr alle Traghetto-Stationen früherer Zeiten in Betrieb sind, führen nur wenige dieser Gassen tatsächlich zu einem Fährboot (s. unter Verkehrsmittel).

Ein **Rio terra** ist ein zugeschütteter Kanal, also immer begehbar. Mit **Fondamenta** werden die Gehwege an den Kais bezeichnet (Singular- und Pluralform sind gleich).

Sottoportego schließlich werden Gassen genannt, die man entweder durch einen Durchgang erreicht, oder die unter einem Portikus hindurchführen. Sie bieten oftmals gute Abkürzungsmöglichkeiten, locken den Unkundigen aber ebenso oft ins Abseits.

Telefonieren

Intenationale Vorwahlen:
Deutschland: 0049
Österreich: 0043
Schweiz: 0041
Italien: 0039
Wer aus Deutschland, Österreich oder aus der Schweiz anruft oder faxt, muss – abweichend vom sonst international üblichen Verfahren – auch die erste Null der Rufnummer mitwählen.

Toiletten

Stille Örtchen sind in Venedig Rarität. Sehr sauber und hygienisch ist die öffentliche Anstalt nahe San Marco hinter der Ala Napoelonica, eine andere ist nicht weit entfernt an der Anlegestation San Marco/Valaresso. Im Notfall geht man in ein Café, wo man aber mindestens einen Espresso bestellen sollte, da die Benutzung in der Regel nur den Gästen gestattet ist. In einigen Lokalen und Bars kann man das WC auch ohne Konsum benutzen, dann muss man aber eine kleine Gebühr bezahlen.

Tourist-Information

Azienda di Promozione Turistica
Tel. 041 529 87 11
Orte und Öffnungszeiten:
Flughafen Marco Polo, 9.30–16.30 Uhr
San Marco 71, 9–15.30 Uhr
Bahnhof Santa Lucia, 8–18.30 Uhr
Palazzina del Santi, 10–18 Uhr

Unterkunft

In Saisonzeiten empfiehlt es sich, schon im Voraus ein Quartier zu reservieren. Über Klassifikation, Ausstattung, Lage und Preise von Hotels und Pensionen informieren die Verzeichnisse, die das ENIT bereithält. Der einfachste Weg ist ein kurzer Anruf im gewünschten Hotel, wobei der des Italienischen Unkundige immer mit Englisch, oft auch mit Deutsch weiterkommt.

Wer in Venedig eintrifft, ohne ein Quartier vorbestellt zu haben, wendet sich an die Vertretung der Ente Provinciale del Turismo (E.P.T.) in der Bahnhofsvorhalle.

Hotels

Nachstehend nennen wir einige ausgewählte Hoteladressen, beginnend mit Häusern der 2-Sterne-Kategorie; es folgen Adressen im 3-Sterne Bereich. Zuletzt nennen wir noch einige wenige Hotels der Luxuskategorie.

Mein persönlicher Tipp:
Hotel Messner * bis ***
Dorsoduro, 217–217
Tel. 041 522 74 43
Fax 041 5 22 72 66
www.hotelmessner.it
Ein freundlicher kleiner Familienbetrieb nahe der Salute-Kirche mit eigenem Restaurant. Die Zimmer sind auf drei verschiedene Gebäude verteilt

und von 1 Stern bis 3 Sterne klassifiziert, einige mit Blick über den Kanal, andere zum Garten. Für venezianische Verhältnisse durchaus erschwinglich, vor allem im Ein-Stern-Bereich. Sehr geschmackvoll, aber auch teurer sind die Zimmer der Junior-Suite im Drei-Sterne-Trakt.

Hotel Galleria**
Dorsoduro, 878
Tel. 041 523 24 89
Fax 041 520 41 72
www.hotelgalleria.it
Besonders verkehrsgünstig gelegenes Haus direkt neben der Accademia. Einige Zimmer mit Blick auf den Canal Grande (Aufpreis).

Pensione Seguso**
Dorsoduro, 779
Tel. 041 528 68 58
Fax 041 522 23 40
www.pensionesegusovenice.com
Ein Haus direkt am Zattere-Kai. Einige Zimmer mit Blick auf die Giudecca-Insel.

Hotel Bel Sito & Berlino***
San Marco, 2517
Tel. 041 522 33 65
www.hotelbelsito.info
Gegenüber der Giglio-Kirche befindet sich das gutbürgerliche Hotel Bel Sito & Berlino mit ruhigen und zum Teil herrlich plüschig eingerichteten Zimmern. Die Lage ist sehr zentral, außerdem nahe der Vaporetto-Station S. M. del Giglio. Sehr anzuraten für Reisende, denen die langen Fußwege in Venedig zu schaffen machen.

Hotel Scandinavia***
Campo S. Maria Formosa, 5240
Tel. 041 522 35 07
www.scandinaviahotel.com
Wer den Blick auf die vielgestaltige Fassade von S. Zaccaria in aller Ruhe genießen möchte, quartiert sich am besten im Hotel Scandinavia ein, das der Kirche am Campo S. Zaccaria schräg gegenüber liegt. Für Zimmer mit Blick auf den Campo und auf die Kirchenfassade ist allerdings ein Aufpreis zu bezahlen. Zimmerpreise ab 200 € aufwärts, in der Nebensaison etwas darunter.

Hotel Nazionale***
Lista di Spagna, 158
Tel. 041 71 61 33
Fax 041 71 53 18
www.venere.com/de/hotel/venedig/hotel-nazionale
Nahe dem Bahnhof gelegenes Hotel mit schöner Veranda, in der das Frühstück serviert wird.

Hotel San Cassiano***
S. Croce, 2232
Tel. 041 524 17 68
Fax 041 72 10 33
www.sancassiano.it
In dem bezaubernden kleinen Palazzo am Canal Grande, der Ca' Favretto (schräg gegenüber der Ca' d'Oro), wohnte im 19. Jh. der venezianische Maler Giacomo Favretto. Das Hotel hat elegant eingerichtete Innenräume im typisch venezianischen Stil.

Pensione Accademia***
Dorsoduro 1058
Tel. 041 521 01 88
Fax 041 523 91 52
www.pensioneaccademia.it
Dies ist eine der schönsten Adressen in Venedig. Ein kleiner Palazzo aus dem 17. Jh. am Rio San Trovaso nahe dessen Einmündung in den Canal Grande; zum Grundstück gehört ein großer Garten. Sehr beliebt und entsprechend frequentiert – man muss lange im Voraus buchen. DZ ab 140 €.

Hotel Giorgione****
SS. Apostoli, 4587
Tel. 041 522 58 10
Fax 041 523 90 92
www.hotelgiorgione.com
Ein wenig bekanntes 4-Sterne-Hotel nahe SS. Apostoli. Stilvoll eingerichtete Zimmer, stimmungsvoller Innenhof. Interessant: Außerhalb der Saison gibt es deutliche Preisnachlässe.

Hotel Savoia e Jolanda****
Riva degli Schiavoni, 4187
Tel. 041 520 66 44
Fax 041 520 74 94
www.hotelsavoiajolanda.it

Wer sich einmal die Besonderheit eines Quartiers mit Blick auf den Bacino di San Marco und die Insel San Giorgio Maggiore gönnen möchte, sei auf dieses Haus aufmerksam gemacht (DZ schon ab 200 €, Suite mit Lagunenblick ab 300 €).

Hotel Ai Mori d'Oriente****
Fondamenta della Sensa 3319
Tel. 041 711 001
www.morihotel.com
In dem von Touristen wenig frequentierten Stadtteil Cannaregio befindet sich das Hotel Ai Mori d'Oriente. Es liegt nahe dem Campo dei Mori an den Fondamenta della Sensa. Die Zimmer sind urgemütlich und im Stil eines orientalischen Märchenpalastes eingerichtet. Hochpreisig, aber in der Vor- und Nachsaison und gegebenenfalls an Werktagen günstigere Preise. Es lohnt sich nachzufragen.

Luxushotels

Die am höchsten klassifizierten Hotels Venedigs sind das Cipriani auf der Giudecca-Insel, das am Canal Grande gelegene Hotel Gritti Palace sowie das Hotel Danieli am Bacino di San Marco.

Hotel Cipriani
Giudecca, 10
Tel. 041 520 77 44
Fax 041 520 39 30
www.hotelcipriani.it
Wer weiter weg vom Treiben der Satdt logieren möchte, ist in diesem erstklassigen Hotel bestens untergebracht. Der große Garten, der Swimmingpool, die Tennisplätze und der private Yachthafen sind einzigartig für die venezianische Hotellerie. Hoteleigenes Bootstaxi von San Marco. DZ ab 870 €.

Hotel Gritti Palace
Campo Santa Maria del Giglio, 2467
Tel. 041 79 46 11
Fax 041 520 09 42
www.gritti.hotelinvenice.com
Der luxuriöse, im Auftrag des Dogen Andrea Gritti im 16. Jh. entstandene Palast, zählt zu den nobelsten Hotels Europas. Auch für *non residenti* lohnt sich für einen Drink in der reizenden Bar oder auf der schönen Terrasse mit Blick auf den Canal Grande ein tiefer Griff ins Portemonnaie. DZ ab 460 €.

Hotel Danieli
Riva degli Schiavoni, 4196
Tel. 041 522 64 80
Fax 041 520 02 08
www.danieli.hotelinvenice.com
Dieses Luxushotel umfasst einen Palast aus dem 15. Jh. und einen Anbau aus der Nachkriegszeit. Eindrucksvoll sind sein als Lobby genutzter gotischer Hof und das Dachrestaurant mit einem herrlichen Ausblick auf das San-Marco-Becken. DZ ab 550 €.

Kirchliche Unterkünfte

Einige kirchliche Organisationen unterhalten ebenfalls erschwingliche Unterkünfte. In den unten angegebenen Häusern muss man allerdings bis spätestens 22.30 bzw. 23 Uhr im Haus sein, sonst steht man vor verschlossener Tür.

Casa Caburlotto
Santa Croce 316
Fondamenta Rizzi
Tel. 041 71 08 77
Liegt nahe dem Piazzale Roma.

Casa Cardinal Piazza
Cannaregio 3539A
Fondamenta Gasparo
Contarini
Tel. 041 72 13 88
Liegt nahe der Vaporetto-Station Madonna dell'Orto, hat einen schönen Garten.

Jugendherberge

Wer bereit ist, am Komfort Abstriche zu machen und einen Schlafraum mit anderen Reisenden zu teilen, kommt in der Jugendherberge auf der Giudecca-Insel unter (keine Altersbegrenzung):

Ostello di Venezia
Fondamenta delle Zitelle, 86
Tel. 041 523 82 11
Fax 041 523 56 89
www.hostelbooking.com

Ferien mit dem Hausboot

Eine der schönsten und zugleich erholsamsten Varianten, sich Venedig und die Inseln in der Lagune zu erschließen, ist eine Fahrt mit einem Hausboot. In dem Dorf Casier, das etwa 3 km südöstlich von Treviso am Flüsschen Sile liegt, befindet sich die Basis-Station, von der man wahlweise zu einer einwöchigen oder zu einer Drei-Tage-Fahrt übers Wochenende aufbricht. Man erreicht die Lagune über die Mündung des Sile, von hier dauert die Fahrt nach Venedig noch etwa 3 Stunden (6 Stunden Fahrt insgesamt von Casier). Es hat einen kaum beschreibbaren Reiz, wenn man am frühen Abend entweder auf Torcello oder auf der benachbarten Insel Burano anlegt, zu einem Abendessen in einem der dortigen Lokale aufbricht, und sich anschließend in der gemütlichen Schlafkabine des Hausbootes zur Ruhe niederlegt.

Eine zweite Basis-Station befindet sich in Porto Levante im Po-Delta ca. 20 km südlich von Chioggia. Von hier führt die Route durch die südliche Lagune nach Venedig.

Diese ca. 12 m langen Schiffe – es gibt unterschiedliche Modelle – sind sehr komfortabel ausgestattet, haben in der Regel 2 Duschbäder und 2 WCs sowie eine voll eingerichete Küche.

Jeder Volljährige kann ein Hausboot mieten, ein Führerschein ist nicht erforderlich. Aber einige Dinge sind zu beachten: Wer noch nie zuvor ein Hausboot gelenkt hat, sollte in diesem Fall sehr gründlich nach der Übernahme des Schiffes Lenk- und Anlegemanöver üben. Besser ist es, wenn man zuvor schon andernorts Erfahrungen gesammelt hat, da die Verhältnisse in der Lagune u. U. schwieriger sein können als etwa auf einem ruhigen Kanal in Frankreich. Von einer Fahrt zu Zweit ist abzuraten. Für die Anlegemanöver sind drei Personen erforderlich: einer lenkt das Boot, die beiden anderen springen mit den Leinen an Land und vertäuen das Schiff am Bug und am Heck.

Es ist strikt auf die markierten Routen zu achten, Fahrten außerhalb der Markierungen sind streng verboten und gefährlich! Gerade in der Lagune riskiert man, auf Sandbänken aufzulaufen. Das Befahren des Canal Grande und des gesamten inneren Stadtbereichs von Venedig ist nicht gestattet. Aber es besteht zentrumsnah die Möglichkeit des Anlegens neben der Palladio-Kirche S. Giorgio Maggiore in dem kleinen Hafenbecken mit Namen Certosa. Von hier gelangt man in wenigen Minuten mit dem Linienschiff zum Molo bzw. zum Dogenpalast und zu San Marco.

Der europaweit größte Vermieter ist die Firma Le Boat, die aus dem Zusammenschluss der drei früheren Veranstalter Crown Blue Line, Emerald Star und Conoisseur hervorgegangen ist. Die zentrale Vermietung in Deutschland:

Le Boat
Theodor-Heuss-Str. 53-63
61118 Bad Vilbel
Tel. 06101 557 91 12
Fax 06101 557 91 22
www.leboat.de
In der Vor- und Nachsaison gibt es attraktive Preisnachlässe.

Verkehrsmittel

Das einzige öffentliche Verkehrsmittel Venedigs ist das Schiff. Das Linienschiff nennt man *vaporetto,* das (sehr teure) Taxiboot *motoscafo.* Daneben gibt es am Canal Grande mehrere Fährboote, die sog. *traghetti.*

Die Billetts für die Linienschiffe löst man an den kleinen Fahrkartenhäuschen vor den Anlegestellen. Man kann auch auf den Schiffen selbst beim Personal die Karte nachlösen, was aber einen Aufschlag kostet. Koffer werden extra berechnet.

Wer mehr als drei Fahrten an einem Tag unternimmt, löst am besten das 24-Stunden-Ticket (gilt auch für die Verbindungen nach Murano, Burano und Torcello). Bei einem mehrtägigen Aufenthalt kauft man sich am besten das vergleichsweise günstige Drei-Tage-Ticket, bei einem Aufenthalt von mehr als drei Tagen das 7-Tage-Ticket, mit dem man besonders günstig davonkommt.

Achtung: Alle diese Fahrscheine müssen vor jeder einzelnen Fahrt an einem der orangefarbenen Stempelautomaten, die sich an jeder Station befinden, entwertet werden (Piepton abwarten). Es werden oft Kontrollen durchgeführt. Wer keinen gültigen Fahrschein vorzeigen kann, muss mit einer empfindlichen Buße rechnen. Auch gegenüber Ausländern wird kein Pardon gewährt.

Wichtige Vaporetto-Linien

(s. auch der Plan des Actv auf der hinteren Umschlagklappe)

Linie 1, auch Accelerato genannt, verkehrt vom Piazzale Roma über den Canal Grande zum Lido und zurück. Da dieses Schiff jede Station am Canal Grande ansteuert, dauert die Fahrt recht lange, und man hat Gelegenheit, die Denkmäler an der berühmten Wasserstraße mit Muße zu betrachten. Die Stationen sind nacheinander: Piazzale Roma, Ferrovia S. Lucia (Bahnhof), Riva di Biasio, S. Marcuola, S. Stae, Ca' d'Oro, Mercato, Rialto, S. Silvestro, S. Angelo, S. Tomà (Frari), Ca' Rezzonico, Accademia, S. Maria del Giglio, S. Maria della Salute, Vallaresso (S. Marco), S. Zaccaria, Arsenale, Giardini Pubblici (Biennale-Gelände), S. Elena, Lido (Gesamtfahrzeit: eine knappe Stunde). Das Schiff verkehrt tagsüber alle 10 Minuten, während der späten Nachtstunden (durchgehend) stündlich.

Linie 3 verkehrt zwischen dem Großparkplatz Tronchetto über den Bahnhaf nach Murano.

Linie 6 ist eine Direktverbindung von S. Zaccaria zum Lido. Verkehrt alle 20 Min. Fahrzeit 15 Min.

Linie 12 ist eine Verbindung zwischen Venedig (Fondamenta Nuove) und den Inseln Murano, Burano und Torcello.

Linie 4.1/4.2 (Murano) sowie **5.1/5.2** (Lido) umfahren die Stadt in beiden Richtungen, werden daher auch Circolare genannt.

Linie 2, auch Diretto genannt, ist eine schnelle Direktverbindung zwischen Piazzale Roma bzw. Bahnhof und S. Marco (Vallaresso). Hält nur an wenigen Stationen und ist die einzige Linie, die an der Station San Samuele (schräg gegenüber der Accademia) hält. Dies ist besonders zu beachten, wenn eine Ausstellung im Palazzo Grassi stattfindet, der sich an dieser Station befindet.

Traghetto

Da der Canal Grande nur vier Brücken hat, sind die Traghetto-Stationen sehr hilfreich, um größere Umwege zu vermeiden. Die Überfahrt erfolgt in gondelartigen Booten. Mittags sowie sonn- und feiertags meist kein Betrieb. Die Stationen:

- Stazione – Fondamenta S. Simeone Piccolo (am Bahnhof)
- S. Marcuola – Fondaco dei Turchi (bei der Vaporetto-Station S. Marcuola)
- S. Sofia – Pescheria (nahe der Ca' d'Oro)
- Riva del Carbon – Riva del Vin (nahe der Rialto-Brücke)
- Ca' Garzoni – S. Tomà (nahe Frari)
- S. Samuele – S. Barnaba (bei den Palazzi Grassi und Rezzonico)
- S. Maria del Giglio – S. Gregorio (nahe der Salute-Kirche)

Gondeln

Eine individuelle Fahrtroute kann man mit den Gondeln unternehmen, die romantischste, aber auch kostspieligste Möglichkeit der Fortbewegung. An folgenden Punkten findet man feste Stationen:

- Bacino Orseolo (hinter den Alten Prokuratien)
- Calle Vallaresso (bei der Station S. Marco)
- Riva del Carbon (nahe der Rialto-Brücke)
- Riva degli Schiavoni (beim Hotel Danieli)
- am Molo (direkt vor dem Dogenpalast)
- am Campo S. Moisè
- an der Vaporetto-Station S. Sofia
- an der Vaporetto-Station S. Tomà
- am Bahnhof
- am Piazzale Roma

Unterwegs in der Lagune

Wenn man morgens aufbricht, ist der Besuch der Inseln S. Michele, Murano, Burano und Torcello ein erfülltes Tagesprogramm. Zwar bieten private Unternehmen Schiffsfahrten dorthin an (außer nach S. Michele) – Abfahrt bei San Marco –, allerdings wird das Programm auf einen halben Tag zusammengedrängt, sodass es kaum möglich ist, die Denkmäler mit Muße zu erleben. Namentlich auf Murano werden die Teilnehmer lediglich durch eine Glasbläserei geschleust und müssen dann die Insel gleich wieder verlassen. Unser Vorschlag geht deshalb von der Benutzung der öffentlichen Linienschiffe aus, die bei den Fondamenta Nuove ablegen.

Ein Vorschlag für einen ganztägigen Ausflug (s. auch unter Programmvorschlag): Man besteigt zunächst an den Fondamenta Nuove das Linienschiff Nr. 4.1 oder 4.2 nach Murano und steigt bereits an der ersten Station, Cimitero S. Michele, aus. Von dort geht es wiederum mit Nr. 4.1 oder 4.2 weiter nach Murano. Nach den Besichtigungen auf Murano geht man zu Fuß zur Haltestelle »Faro« (Leuchtturm) auf der Ostseite der Insel, wo das Linienschiff Nr. 12 nach Burano anlegt (ein Tipp: vor der Abfahrt von den Fondamenta Nuove schaut man am besten nach den Abfahrtszeiten der Linie 12, da diese Schiffe nicht allzu häufig verkehren. Der Abfahrtszeit von Venedig rechnet man knapp 10 Min. zu und kann so errechnen, wann das Schiff in Murano zur Weiterfahrt nach Burano anlegt).

Zeitungen

Eine große Auswahl an deutschsprachigen Tages- und Wochenzeitungen erhält man am Bahnhofskiosk oder an dem gut bestückten Kiosk vor der Accademia.

Register

 Der Haupteintrag ist **fett** hervorgehoben

 Der Haupteintrag ist **fett** hervorgehoben

Der Haupteintrag ist **fett** hervorgehoben

Der Haupteintrag ist **fett** hervorgehoben

Verzeichnis der Karten und Grundrisse

Kartografie:
DuMont Reisekartografie, Fürstenfeldbruck

Abbildungsnachweis

Archiv für Kunst und Geschichte, Berlin: S. 21 (Bibliothèque Nationale, Paris, Ms. 2810); 140, 145, 149 (Bildarchiv Monheim); 47, 174, 235 (Cameraphoto); 308 (Champollion); 128 (Electa); 15, 34, 51, 68, 69, 230/231, 259, 291, 321; 19, 26/27, 36, 37, 298 (Lessing); 71 (Museo Fiorentino, Florenz)

Bildagentur Huber, Garmisch-Partenkirchen: S. 300 (Carassale); 74, 88/89, 277, 288 (Fantuz); 98 (Fischer);80 (Gräfenhain); 85, 131, 194 (Huber); 107 (Simeone)

dpa/picture-alliance, Frankfurt: S. 8/9, 44, 49, 54/55 (akg); 171, 179, 182, 242, 252 (akg/Cameraphoto); 139 (akg/Schuetze, Rodemann); 315 (dpa/Frank Baumgart)

DuMont Bildarchiv, Ostfildern: S. 78, 110/111, 135, 151, 165, 318, 329 (Lubenow); 156 (Wrba)

Thorsten Droste: S. 112, 113, 159, 166, 207 u., 213 (3), 276, 284, 285, 295 o., 324, 325

Gemäldegalerie Alte Meister, Dresden: S. 274

Lisa Hammel, Dortmund/ Annet van der Voort, Drensteinfurt: S. 72/73, 91, 100, 136, 160, 191, 256, 264, 269, 273, 281, 295, 326, 327

iStockphoto: S. 187

Peter Kuhnle, Radolfzell: Umschlagklappe vorne, Umschlagrückseite oben, S. 143, 201, 214

laif, Köln: S. 198 (Galli); 153 (Klein)

mauritius images, Mittenwald: S. 188 (imagebroker/Pigozne); 206 (JIRI); 146 (Rossenbach); 254 (SuperStock)

Scala, Florenz: S. 102

Sebastian Schaffmeister, Köln: S. 266

Susanne Schapowalow/ Heaton, Hamburg: Titel

Martin Thomas, Vaals: S. 93, 270

Erika Van der Meulen, Köln: S. 92

VG Bild-Kunst, Bonn: S. 209 (Alexander Calder, »Sabot«, 1963)

Walter M. Weiss, Wien: S. 1, 115, 124, 209, 251, 262/263, 302/303, 305, 330/331, 336

Alle anderen Abbildungen stammen aus dem Verlagsarchiv.

Umschlagvorderseite: Canal Grande mit S. Maria della Salute
Vordere Umschlagklappe: Palazzi am Canal Grande
Vordere Umschlagklappe innen: Cityplan Venedig
Vignette (S.1): Markuslöwe am Arsenal
Hintere Umschlagklappe: Plan der Vaporetti
Hintere Umschlagklappe innen: Übersichtsplan Canal Grande
Umschlagrückseite: Cityplan (Ausschnitt); Morgenstimmung am Molo; Palazzo Pisani-Moretta und Palazzo Contarini delle Figure; Entenjagd in der Lagune, Gemälde von Pietro Longhi

Über den Autor:
Thorsten Droste studierte Kunstgeschichte, Archäologie und Geschichte und promovierte 1978 zum Dr. phil. Er arbeitete bis zu seinem Tod im Dezember 2011 als freier Autor und Fotograf und veranstaltete Studienreisen. Er veröffentlichte zahlreiche Bücher zur Kunst Oberitaliens, Frankreichs und Spaniens. Im DuMont Reiseverlag erschienen von ihm die Kunst-Reiseführer »Burgund«, »Frankreich – Der Südwesten«, »Paris« und »Provence«.

Bitte schreiben Sie uns, wenn sich etwas geändert hat!
Alle in diesem Buch enthaltenen Angaben wurden vom Autor nach bestem Wissen erstellt und von ihm und dem Verlag mit größtmöglicher Sorgfalt überprüft. Gleichwohl sind – wie wir im Sinne des Produkthaftungsrechts betonen müssen – inhaltliche Fehler nicht vollständig auszuschließen. Daher erfolgen die Angaben ohne jegliche Verpflichtung oder Garantie des Verlages oder des Autors. Beide übernehmen keinerlei Verantwortung und Haftung für etwaige inhaltliche Unstimmigkeiten. Wir bitten dafür um Verständnis und werden Korrekturhinweise gerne aufgreifen:

DuMont Reiseverlag, Postfach 31 51, 73751 Ostfildern
E-Mail: info@dumontreise.de

5., aktualisierte Auflage 2012

Grafisches Konzept: Ralf Groschwitz, Hamburg
Printed in Poland